辉煌中国70年

中国金融70年
70 YEARS OF CHINA'S FINANCE

◎王国刚 等／著

中国财经出版传媒集团
经济科学出版社
Economic Science Press

图书在版编目（CIP）数据

中国金融70年/王国刚等著. —北京：经济科学出版社，2019.9（2021.9重印）

（辉煌中国70年）

ISBN 978－7－5218－1039－4

Ⅰ.①中… Ⅱ.①王… Ⅲ.①金融－经济史－研究－中国－1949－2019 Ⅳ.①F832.97

中国版本图书馆 CIP 数据核字（2019）第 220521 号

责任编辑：齐伟娜　孙怡虹
责任校对：杨　海
技术编辑：李　鹏

中国金融70年
王国刚　等/著

经济科学出版社出版、发行　新华书店经销
社址：北京市海淀区阜成路甲28号　邮编：100142
总编部电话：010－88191217　发行部电话：010－88191540
网址：www.esp.com.cn
电子邮箱：esp@esp.com.cn
天猫网店：经济科学出版社旗舰店
网址：http://jjkxcbs.tmall.com
北京季蜂印刷有限公司印装
787×1092　16开　25.25印张　390000字
2019年9月第1版　2021年9月第2次印刷
ISBN 978－7－5218－1039－4　定价：98.00元
（图书出现印装问题，本社负责调换。电话：010－88191510）
（版权所有　侵权必究　打击盗版　举报热线：010－88191661
QQ：2242791300　营销中心电话：010－88191537
电子邮箱：dbts@esp.com.cn）

辉煌中国 70 年
编委会

编委会主任：蔡　昉
编委会成员：高培勇　金　碚　金维刚　王国刚
　　　　　　魏后凯　张车伟　张燕生

总　序

新中国70年经济发展历程和启示

蔡　昉

习近平总书记指出,"无论我们走得多远,都不能忘记来时的路","历史是最好的教科书"。回顾和理解中华人民共和国的经济建设和发展的光辉历程、伟大成就和宝贵经验,应该把新中国成立70年、改革开放40年和党的十八大以来三个重要历史时期凸显出来进行考察,弄清楚前后承继创新的有机联系和发展逻辑。

在实现宏伟目标的过程中,通过把握历史发展大势,不断总结经验教训和修正错误,抓住历史变革时机,党领导人民团结奋斗,经过了70年光辉历程,创造了人类历史罕见的发展奇迹,积累了有益的经验并上升为中国智慧,产生了与中国日益提高的国际地位相匹配的世界意义。中国智慧和中国方案不仅对于我们自身进一步前行弥足珍贵,也是对人类社会发展规律探索的中国贡献。

孔子在谈到人的70岁年龄时说:七十而从心所欲,不逾矩。将其用来形容中华人民共和国70年走过的经济发展道路和取得的辉煌成就,可以进行一个引申性的解读,即经过长期的探索我们加深了对一般发展规律的认识,也形成了中国特色社会主义的道路、理论、制度、文化,更坚定树立了"四个自信"。

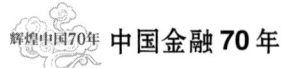

一、经济发展历程

中华人民共和国成立以来，中国由新民主主义走向社会主义，确立了社会主义基本制度，开创和拓展了中国特色社会主义道路，把社会主义理想在中国大地变为现实，为中华民族实现伟大复兴提供了重要的制度保障。党的十一届三中全会具有深远的转折意义，开启了改革开放和社会主义现代化的伟大征程。党的十八大以来，中国特色社会主义进入新时代，近代以来久经磨难的中华民族迎来了从站起来、富起来到强起来的伟大飞跃，中国特色社会主义迎来了从创立、发展到完善的伟大飞跃。

中华人民共和国成立后，中国共产党领导实施了土地改革，使农业经济摆脱封建土地制度的束缚，近3亿无地少地的农民分到了7亿亩土地和大量的农具、牲畜和房屋等，免除了每年向地主缴纳约350亿千克粮食的地租；完成了对农业、手工业和资本主义工商业三个行业的社会主义改造，奠定了社会主义工业化基础。

在新中国成立后的前30年中取得历史性发展成绩的同时，也犯了急于求成和"左"的错误，使国家发展遭遇了严重的挫折。特别是在经济建设中，忽视客观经济规律的作用，以集中计划代替市场机制，导致在微观层面生产和劳动的激励机制缺失，在宏观层面资源配置效率低下，国民经济结构失衡以及积累与消费比例失调等弊端。特别是在"文化大革命"期间，党的工作重心远离了经济建设。到了"文化大革命"后期，我国的国民经济濒临崩溃的边缘，人民温饱都成问题，国家建设百业待兴。

正视前30年计划经济的体制弊端和经济建设中的错误和挫折，中国共产党勇于拿起手术刀革除自身病症，靠自己解决自身的问题。党的十一届三中全会重新确立了解放思想、实事求是的思想路线，把全党的工作重心转向经济建设，从此中国进入改革开放这个崭新的时期。习近平总书记指出："改革开放是我们党的一次伟大觉醒，正是这个伟大觉醒孕育了我们党从理论到实践的伟大创造。"改革开放就是革除病症，消除一切阻碍提高社会生产力、增强国家综合实力和改善人民生活水平的体制障碍与弊端。

首先，以从计划经济向社会主义市场经济体制转变为取向不断推进经济体制改革。从实行家庭联产承包制、废除人民公社到农村承包地"三权"分置；从提高农产品价格、取消农业税到打赢脱贫攻坚战；从促进乡镇企业发展到实施乡村振兴战略；从对国有企业放权让利、发展非公有制经济、建立现代企业制度，到深化国资国企改革、发展混合所有制经济，坚持"两个毫不动摇"；通过双轨制过渡的方式推动价格形成机制改革，发育产品市场和要素市场，到使市场在资源配置中起决定性作用和更好发挥政府作用。

其次，不断扩大全方位对外开放，日益走近世界舞台中央。从兴办经济特区、沿海、沿边、沿江、沿线和内陆中心城市对外开放，到加入世界贸易组织；从扩大对外商品贸易到引进外商投资；从"引进来"到"走出去"；从以资源比较优势参与全球分工体系，到国内国际联动开放发展；从共建"一带一路"、设立自由贸易试验区，到谋划中国特色自由贸易港；从多边贸易体制的积极参与者、坚定维护者，到经济全球化的积极推动力量和国际经贸规则改革负责任的参与方。

最后，从以经济体制改革为主转向全面深化经济、政治、文化、社会、生态文明体制和党的建设制度改革。特别是党的十八大以来，一系列重大改革扎实推进。按照党的十九大确定的路线图和时间表，在庆祝中华人民共和国成立70周年之后，2020年我们将全面建成小康社会、实现第一个百年奋斗目标，随后就要乘势而上开启全面建设社会主义现代化国家的新征程，向第二个百年奋斗目标进军。可见，中国正处在"两个一百年"奋斗目标相交汇的历史时点上，面对着实现中华民族伟大复兴中国梦的千载难逢机遇。

二、奇迹般的成就

1949年新中国成立，结束了半殖民地半封建社会的历史，中国人民从此站了起来，从此不断创造伟大的成就。在前30年即1949~1979年期间取得的成就为改革开放时期的发展奠定了不可低估的物质基础。

首先，结束了旧中国战乱频仍的灾难，国民经济迅速得到恢复和发展，人民开始安居乐业，生活状况得到极大的改变。随着死亡率大幅度下降，人口转变从高出生率、高死亡率和低自然增长率的第一阶段，进入高出生率、低死亡率和高自然增长率的第二阶段，成为改革开放以后向低出生率、低死亡率和低自然增长率转变的一个必经阶段。这一时期，健康事业和教育事业得到大的发展，积累了经济发展必要的人力资本，为改革开放后经济高速增长时期收获人口红利，创造了必要的条件。

其次，提出了中国建设社会主义现代化的宏伟目标。在新中国成立前后和20世纪50年代，毛泽东主席就多次提出建设现代化问题。例如，1957年毛泽东在党的八届三中全会上提出，将我国建设成为一个具有现代工业、现代农业和现代科学文化的社会主义国家。后来他在现代化内容中又加上了现代国防。根据毛泽东建议，周恩来总理分别在1964年第三届全国人民代表大会第一次会议和1975年第四届全国人民代表大会第一次会议上正式提出了"四个现代化"（1975年表述）："全面实现农业、工业、国防和科学技术的现代化。"

第三，建立起独立的比较完整的工业体系和国民经济体系。虽然新中国成立之前已经存在一定比重的工业经济，但真正意义上的工业化是从第一个五年计划时期开始的，并取得了明显的成效。1953年，全国83.1%的劳动力从事农业生产，工业就业比重仅占8.0%，工业增加值占国内生产总值（GDP）比重仅为17.6%。"一五"期间，工业总产值实际增长了81.0%，工业增加值占GDP比重在"一五"结束时增加到23.2%，提高了5.6个百分点。直到改革开放前，我国工业化水平不断提高，工业增加值占GDP比重在1978年达到44.1%。

最后，结束了长期以来经济停滞落后的状况，实现了较快的经济增长。自鸦片战争以后，中国GDP增长率长期处于徘徊不前的状态，经济总量占世界的比重和人均GDP与世界平均水平的比率都一路下降。到中华人民共和国成立之前这两个指标都降到了谷底。根据国际数据进行比较，1913~1950年期间，GDP年均增长率的世界平均水平为1.82%，而中国为-0.02%，也就是说中国经济增长处于停滞状态。由于人口的较快增长，这期间中国的人均GDP反而大幅度下降了20.5%。

新中国经济建设开始以后，这种状况得到根本的改变。1952~1978年期间，中国GDP的年均实际增长率为4.4%，略快于当时被定义为高收入国家的增长速度（4.3%），但是，仍然低于世界平均水平（4.6%）。正是在这个时期，世界上很多国家和地区，特别是日本和亚洲"四小龙"迅速发展，实现了对发达国家的赶超。也就是说，这个时期中国经济和人民生活水平，从纵向比较来看发生了天翻地覆的变化；然而，如果进行横向的比较，仍然落后于世界的发展。

实行高度集中的计划经济体制，造成了劳动和生产积极性不足、资源配置效率低下、经济结构失调等诸多弊端。特别是一系列政治运动干扰了经济建设的正常进行，使得在新中国成立后的前30年里中国经济落后于世界的发展潮流，未能实现对发达国家的赶超，仍然是一个贫穷落后的国家。这一时期的"大跃进"和"文化大革命"对国民经济造成巨大的损害，最终使这一时期人民生活水平的改善甚微。到改革开放前夜的1978年，全国农村有约2.5亿人口未能解决温饱问题，人均年收入不到100元。按照世界银行确定的标准，按照不变价购买力计算，每人每天收入低于1.9美元就意味着处于绝对贫困状态。据此，1981年中国有高达8.8亿绝对贫困人口。

从1978年开始，经济体制改革率先从农村起步，通过调动劳动和生产的积极性显著增加了农产品产量和农民收入，降低了贫困发生率；随后改革推进到城市部门，通过价格改革和发育市场、搞活国有企业和发展非公有制经济，加快了经济增长速度；与此同时，对外开放以多种方式渐进地得到推进。上述改革开放措施，针对了计划经济体制弊端，从改善微观激励机制入手，进而赋予企业和农户自主配置生产要素的权利，在不断消除阻碍资金、劳动力等生产要素流动的体制障碍的条件下，资源重新配置带来效率的改进，也通过引进外资、发展外向型经济和扩大贸易，把资源比较优势转化为国际竞争力。

1978~2018年期间，中国的GDP年平均实际增长率高达9.4%，是同期世界上最快的增长速度。而在世界经济发展的其他历史时期，也未见在如此长的时间里以如此快的速度增长的先例。史无前例的高速增长，使中国的经济发展水平在40年中实现了奇迹般的赶超。根据世界银行数据，从人均GDP来看，1978年中国属于典型的低收入国家。随着改革时期高速增长的持续，中国于1993年跨入中等偏下收入国家行列，继而在2009年跨入中等偏上收入国家行列，并同时在经济总量上超过日本成为世界第二大经济体。2018年，中国现价人均GDP达到9771美元，距离高收入国家的门槛已经近在咫尺。

更为世人所瞩目的是中国减贫事业取得的成就。1981年生活在世界银行绝对贫困标准（按 2011 年购买力平价计算每天低于 1.91 美元）以下的全球人口共 18.9 亿人，其中中国贫困人口高达 8.8 亿人，占世界贫困人口的 46.4%。2015 年，全球贫困人口减少到 7.5 亿人，中国则只剩下 960 万人，仅占全球贫困人口的 1.3%。这期间，中国对世界减贫的直接贡献高达 76.2%。实际上，2015 年之后中国按照高于世界银行的标准继续实施农村脱贫攻坚战略，2018 年末，全国农村贫困人口仅剩 1660 万人，贫困发生率为 1.7%。

在新中国成立以来的 70 年中，中国社会生产力的提高、综合国力的增强和人民生活水平的改善，都显现出历史性跨越的特点，创造了人类发展历史上罕见的奇迹。英国古典经济学的先驱大卫·休谟在 1742 年的一篇文章中曾经预言，当艺术和科学的发展在一个国家达到至真至善之后，将不可避免地走向衰微，此后艺术和科学极少有可能甚至永远不会在同一国家得到复兴。

历史上，中华文明曾经达到过辉煌的高峰，科学技术也长期在世界上居于领先地位，然而，在西方国家纷纷跟进工业革命，加快科技和经济发展的同时，近代以来的中国发展却大大落后了。直到新中国成立以后特别是改革开放以来，中国的经济、社会和科技发展才再创辉煌。迄今为止中国在各个领域赶超与发展所创造的奇迹，已经打破了这个"休谟预言"，并且将继续打破这个预言。

三、弥足珍贵的经验

新中国发展和建设的探索历程、改革开放时期取得的经济奇迹，特别是党的十八大以来在"五位一体""四个全面"全面创造的新辉煌，表现出的是一幅波澜壮阔、气势磅礴的历史画卷。这里仅选择有限角度和一些侧面进行概括，从中观察这个过程所体现的中国智慧和中国方案。

第一，从国情出发进行建设和推进改革开放。中国以建立社会主义市场经济体制为改革取向，是根据自身国情进行的选择，而不是照抄照搬任何先验的发展模式。虽然改革开放也意味着学习和借鉴国际上先进的技术、管理和发展经验，我们在过去的改革开放过程中也的确从各种有益的国际发展经验中得到启发、获得助益，然而，我们从未原封不动地照抄照搬他国的模式和路径，而是服从于发展生产力、提高综合国力和改善民生的根本目的，坚持了渐进式改革方式，秉持了改革促进发展、发展维护稳定、边改革边分享的理念，因而走出了一条符合自身国情的独特改革开放发展分享之路。

第二，发展经济必须形成适用的体制机制，调动各方面的积极性。针对传统经济体制的弊端，改革首先从建立有效的激励机制出发，取得"点石成金"的效果。实行农村家庭联产承包制、价格形成机制改革、鼓励和发展非公有制经济、打破国有企业"大锅饭"、调整中央和地方财政事权和支出责任关系等一系列改革措施，都着眼于改善激励机制，从而立竿见影地取得了调动劳动积极性、增强经营活力、加快经济增长的效果，同时也使改革获得了最广泛的共识，得到社会各方面的拥护、支持和积极参与。

第三，坚持建立社会主义市场经济体制的改革方向。矫正计划经济体制下的资源配置低效率问题，围绕建立和完善产品市场和生产要素市场进行改革，不断消除妨碍资金、劳动力、土地和其他资源要素有效配置的体制障碍，促进了生产要素的积累、流动和重新配置，在使其得到有效利用的同时，提高了劳动生产率。

第四，坚持改革开放发展同步推进，国内经济发展与参与国际分工联动。中国的经济改革与对外开放是同时发生的。始于1979年建立经济特区，先后经历了沿海城市开放到全面开放过程；于1986年提出恢复关贸总协定缔约国地位的申请，到2001年加入世界贸易组织。贸易扩大、引进外资和沿海地区外向型经济发展，为转移劳动力提供了大量就业机会，引导产业结构转向符合资源比较优势，也为制造业产品赢得了国际竞争力。2018年，中国引进的外商直接投资净流入额占到全球的19.0%，出口货物和服务总额占世界的10.6%。

第五，坚持在发展中保障和改善民生，实现共享发展。世界发展经验和教训表明，经济增长、技术变迁和经济全球化，总体上无疑都具有做大"蛋糕"的作用，却并不能自动产生分好"蛋糕"的效果，即不存在所谓收入分配的"涓流效应"。中国经验表明，只有坚持以人民为中心的发展思想，通过体制机制建设和政策体系安排，才能解决好这个做大"蛋糕"和分好"蛋糕"的两难。

四、关于这套系列丛书

这里呈现给读者的"辉煌中国70年"书系共包括八部专著,分别从中国经济的整体、中国财政、中国金融、中国对外经济贸易、中国工业发展、中国农村发展、中国社会保障和中国人口发展等领域,回顾经济发展历程,展示改革开放辉煌成就,提炼世界意义和经验启示。每部著作力图以史实为基础,对中国70年经济建设和社会发展做出简明且全面的梳理,以编年史的手法将我国经济发展的历史经验讲清楚、讲透彻,并对未来做出展望。在习近平新时代中国特色社会主义经济思想的指导下,本丛书力争在总结中国经济发展智慧、提出解决人类发展问题的中国方案方面,从学术角度做出贡献。

本丛书所选择的八个方面,尚不能充分反映新中国经济发展70年的全貌。虽然作者和编者团队分别认真写作和编辑,付出了努力,但是,囿于我们的学识和能力,不足和遗漏之处也在所难免,敬请读者提出宝贵意见和建议。同时作者和编者也愿意承担必要的责任。

在丛书即将付梓之际,还有一些感谢的话要说。

丛书从2017年底开始策划到最终出版,历时近两年时间。期间召开了多次讨论会,就丛书的写作方式、内容安排做出了统一部署。丛书写作过程中,各位作者付出了大量的时间和心力,最终将这套丛书呈现在读者面前。

丛书的选题与出版得到了相关部门的关注与肯定。2018年7月,丛书被国家新闻出版总署列入"十三五"国家重点出版物出版规划项目;2019年,丛书入选中宣部2019年主题出版重点出版物项目。这些荣誉,既是对丛书选题和作者的肯定,也是对我们的鞭策与鼓励,让我们不敢懈怠。

丛书出版得到了中国财经出版传媒集团和经济科学出版社的大力支持。他们以出版人独到的眼光和敏锐的视角捕捉到了这一有意义的选题并以强大的执行力付诸实施,保证了丛书得以高质高效地展现给读者。

最后,当然还要感谢我们的读者,你们的关注和阅读一直是我们前进的动力。

2019年8月

前　言

《中国金融70年》是"辉煌中国70年"系列丛书中的一本。自2017年7月20日，由经济科学出版社组织召开第一次编委会之后，该书的写作就进入了工作程序。此后，编委会多次开会，进一步研讨写作内容、体例和相关问题，达成了一系列共识，与此对应，本书的作者们也几次拟定和修改写作大纲。2019年4月，各位作者将初稿完成并汇集于我，我进行了1个多月的编撰修改，于2019年5月10日将终稿交付出版社，经编辑进一步加工整理和各章作者的修改完善后，本书终于可以提交给读者了。

本书共十三章，第一章具有总论特点，概要论述了新中国70年金融发展的历程、成就和经验。第二章至第十三章具有分论特点，分别从货币政策、银行业、证券业、保险业和信托业等金融各业，从货币市场、债券市场、股票市场、证券投资基金市场、资产管理市场、融资租赁市场和外汇市场等金融子市场，论述了新中国70年间金融发展历程，以期能够较为全面地反映中国金融发展的各方面情况。

新中国70年的金融发展是一篇规模宏大的论题，各种事件、相关资料、研究文献等浩如烟海，可以从不同角度进行分析描述，撰写论著。我们的研讨和写作，本着以史为主、史论结合的方法展开，同时，贯彻与时俱进的精神，尽可能贴近当今的金融改革发展，以史论今，使读者了解到中国金融今天的前行与昨天的发展紧密相连，同时与昨天的状况相比又有了全新的进展。这个历史过程，是众多前辈和今人不忘初心、筚路蓝缕、砥砺前行的结果。其中的艰辛、磨难、奋进、创新和喜悦，只有亲历者才有深切体会。我们虽感同身受，但很可能把握得不够准确、描述得不够真切，故恳请同仁批评指正。

本书各章的作者分别为：王国刚（第一章）、费兆奇和杨晓龙（第二章）、罗煜（第三章）、郑联盛（第四章和第十章）、石晓军（第五章）、孙娟娟（第六章）、费兆奇和赵会玉（第七章）、徐枫（第八章）、姚云（第九章）、苏薪茗和张庆（第十一章）、杨博钦（第十二章）、林楠（第十三章）。

王国刚

2019年9月18日于北京

目　录
CONTENTS

第一章　中国金融 70 年的历程、成就和经验 …………………… **1**
　　第一节　中国金融 70 年发展的简要历程／1
　　第二节　中国金融 70 年的历史成就／22
　　第三节　中国金融 70 年的历史经验／37

第二章　中国的货币与货币政策 …………………………………… **46**
　　第一节　中国货币制度演进／46
　　第二节　中国货币政策工具演进／54
　　第三节　中国货币政策操作演进／62
　　第四节　新常态下中国货币政策面临的挑战／67

第三章　中国银行业的发展 ………………………………………… **73**
　　第一节　计划经济时期的银行业／73
　　第二节　改革初期的银行业／74
　　第三节　市场化改革时期的银行业／76
　　第四节　股份制改革时期的银行业／84
　　第五节　次贷危机之后的银行业／92

第四章　中国证券业的发展 ………………………………………… **103**
　　第一节　中国证券业发展的历史脉络／103
　　第二节　中国证券业市场体系／111
　　第三节　中国证券业的对外开放／121

第五章 中国保险业的发展 ········· 130

第一节 新中国前十年的保险业（1949～1958 年）/ 130

第二节 财产险的风险响应式发展 / 133

第三节 中国寿险业的发展 / 139

第四节 寿险渠道的演进与迭代 / 143

第五节 商业健康险的发展 / 147

第六节 保险投资的市场化进程 / 151

第七节 凡过往皆序章：八个取舍 / 155

第六章 中国信托业的发展 ········· 158

第一节 中国信托业的艰难探索 / 158

第二节 中国信托业的规范发展 / 162

第三节 中国信托业的高速发展 / 166

第四节 信托业回归本源 / 178

第七章 中国货币市场的发展 ········· 181

第一节 中国货币市场的发展简况 / 181

第二节 同业拆借市场 / 184

第三节 债券回购市场 / 194

第四节 票据市场 / 200

第五节 货币市场基金 / 207

第八章 中国债券市场的发展 ········· 212

第一节 政府债券市场的发展 / 212

第二节 金融债券市场的发展 / 220

第三节 企业债券市场的发展 / 223

第四节 信贷资产证券化市场的发展 / 228

第五节 债券交易市场的发展 / 232

第九章 中国股票市场的发展 ········· 236

第一节 中国股票市场发展的简要历程 / 236

第二节 中国股票交易的市场化改革 / 241
第三节 中国股票市场的新发展 / 253

第十章 中国证券投资基金市场的发展 ······ 256
第一节 中国证券投资基金的发展简况 / 256
第二节 证券投资基金市场简况 / 263
第三节 证券投资基金的运作状况 / 269
第四节 证券投资基金的监管体系 / 273

第十一章 中国资产管理市场的发展 ······ 280
第一节 中国资产管理市场的起步 / 280
第二节 中国资产管理市场的探索发展 / 283
第三节 中国资产管理行业的高速发展 / 288
第四节 中国资产管理市场的规范发展 / 294

第十二章 中国融资租赁市场的发展 ······ 307
第一节 融资租赁市场的萌芽发展 / 307
第二节 融资租赁市场在调整中发展 / 311
第三节 融资租赁市场的恢复性发展 / 314
第四节 融资租赁市场的快速成长 / 318
第五节 融资租赁市场进入新时代 / 325

第十三章 中国外汇市场的发展 ······ 330
第一节 中国外汇市场发展的历史演进 / 330
第二节 人民币汇率形成机制的历史演进 / 340
第三节 金融开放中的"三位一体"协同效应 / 348

中国金融大事记（1949～2019年）/ 353
参考文献 / 376

中国金融70年的历程、成就和经验

1949年10月1日,毛泽东主席在北京天安门城楼庄严宣告中华人民共和国成立,标志着中国结束了长达100多年的半封建半殖民地社会,经济社会发展进入了一个全新的历史时期,也标志着中国金融迈出了史无前例的发展步伐。70年来,中国金融不忘初心、牢记使命、砥砺前行、大胆创新,在支持国民经济快速健康可持续发展的同时,积极推进市场化、法治化、国际化和现代化建设,形成了符合中国国情的制度较为完善、机制较为灵活、门类较为齐全、结构较为合理、功能较为充分和监管较为有效的金融体系,取得了举世公认的伟大成就,给发展中国家的金融改革发展提供了可供借鉴的宝贵经验。

第一节 中国金融70年发展的简要历程

70年的中国金融发展大致可分为三个时期:社会主义金融体系的探索时期、中国特色社会主义金融体系的建设时期、中国现代金融体系的构建时期。

一、社会主义金融体系的探索时期(1949~1978年)

1949~1978年的29年是中国探索建立社会主义金融体系的时期。这段历史大致可分为五个阶段：

第一阶段为1949~1952年，这是国民经济恢复时期的新中国金融体系萌芽阶段。1840年鸦片战争之后，中国就陷入了长期的战乱。国民政府留给新中国的是经济凋零、百业颓废、物资奇缺、失业严重、财力短缺、物价飞涨的一片废墟，为了尽快恢复国民经济，同时，支持华中、西南和西北的解放战争，中央政府采取了一系列措施，其中包括：

1. 统一货币并确立人民币的法律地位。在合并华北银行、北海银行和西北银行的基础上，1948年12月1日，中国人民银行发行了第一套人民币。人民币的发行主要通过三条路径展开：一是对解放区边币的收兑。其中，人民币兑陕甘宁边币为1∶40000，兑冀热辽边币为1∶5000，兑鲁西币与华中币为1∶100，兑中州币为1∶3，兑南方币则为250∶1。二是对金圆券和银圆券的收兑。人民币与金圆券的收兑比例在各地不尽相同，天津为1∶6，北京为1∶10，南京为1∶2500，上海为1∶100000；人民币与银圆券的收兑比例，广州为1500∶1，重庆为100∶1①。三是向民族工商业发放人民币贷款，推进人民币在银行体系和生产流通环节的使用。在此过程中，政务院明令禁止携带人民币出入境，禁止私运、伪造和变造人民币。通过这些举措，新生的中华人民共和国很快建立了以人民币为法定货币的统一货币制度，为经济、财政和金融等运行的恢复创造了必要的货币条件。

2. 关闭证券交易所。随着天津、北京和上海的解放，为了抑制由金融投机商所掀起的金融风暴，整治金融秩序，经中央批准，当地的人民政府决定整合乃至关闭证券交易所。其中，上海证券交易大楼于1949年6月10日查封。另外，为了疏导游资，经中央批准，新设的天津证券交易所于1949年6月1日开业，北京证券交易所于1950年2月开业，但一年多后，这两家证券交易所又结束了它们的历史使命②。

3. 建立新的金融机构。随着解放区的扩展，尤其是北京、天津、上海等大型城市的解放，以中国人民银行为中心的新中国金融机构体系沿着五条路径逐步形成：一是接管改组。如对中国银行、交通银行的接管改组。

---

① 参见黄达：《黄达文集（1952－1986）》（上），中国人民大学出版社1999年版。
② 参见马庆泉主编：《中国证券史（1978－1998）》，中信出版社2003年版。

二是新设。如 1949 年成立了中国人民保险公司，1951 年成立了农业合作银行（即中国农业银行的前身）。三是整顿改造。到 1952 年基本完成了对 1032 家民族资本的银行、钱庄、信托公司、保险公司及其分支机构的分阶段整顿改造。四是取消特权。对在华外商银行实行了取消特权但允许它们在遵守中国政府法令的情况下继续营业，保护其合法权益。五是建立农村信用社。到 1953 年，建立了 9400 个农村信用社、20000 多个农村信用互助组[①]。

4. 实现外汇管理的集中统一。一方面，建立外汇指定银行制度，制定统一的人民币汇率，实行供汇与结汇制度，既做好外币兑换，取缔地下钱庄，打击外币黑市活动，又强化对外汇收入的管理，合理使用外汇。另一方面，实行人民币、外汇和金银的进出国境管理制度，建立新的国际清算机制。到 1952 年，国家外汇收入扭转了中华人民共和国成立前外汇收支长期逆差的局面。

5. 遏制严重的通货膨胀。新中国成立初期，受"国统区"长期滥发货币和物资匮乏的影响，同时，各种投机商兴风作浪，引致各主要城市的物价飙升，严重威胁着人民群众生活和工商业的经营运作。1949 年 10 月以后，中央政府果断出击，运用经济、政治、行政等多方面举措，在上海、北京、天津等地先后展开以打击银元黑市活动、粮食投机、棉纱投机为重点的斗争，同时，实行了国有贸易机构抛售物资、兴办折实储蓄存款、发行折实国债吸收流通货币等政策，遏制住了通货膨胀延续的势头，终使物价趋于稳定。

第二阶段为 1953~1957 年，这是新中国金融体系的初建阶段。在恢复国民经济的基础上，1953 年中国经济进入第一个五年计划时期。围绕新民主主义经济向社会主义经济过渡时期的"总路线"，服务于"一五计划"的各项任务，在学习苏联经验的基础上，中国迈出了建立高度集中的金融管理体制的步伐。这一阶段中，金融方面的举措主要包括：

1. 建立高度集中的金融机构体系。主要表现有三：一是将公私合营银行纳入中国人民银行体系，使它们成为中国人民银行领导下的专业银行；

---

① 参见李扬等著：《新中国金融 60 年》，中国财政经济出版社 2009 年版。

二是建立中国农业银行、中国人民建设银行等,直属中国人民银行领导;三是大力发展农村信用合作社,到1956年,全国97.5%的乡建立了信用合作社。通过这些方式,形成了中国人民银行总行对全国金融机构的集中管理体制。

2. 实行高度集中的金融管理机制。在高度集中的金融体系中,中国人民银行对全国的信贷资金实行"统存统贷"管理。1953年以后,各家银行开始编制信贷计划并逐级上报,由中国人民银行总行统一平衡全国信贷收支后予以审批。另外,针对工商企业之间的商业信用占企业流动资金的20%左右的状况,为了将信用集中掌控,中国人民银行决定取消商业信用,规定各类企业一律通过中国人民银行办理结算。通过这些举措,形成了高度集中的信贷计划管理体制。

3. 建立集中统一的利率管理机制。进入1953年以后,中国人民银行代表国家统一制定利率并负责贯彻执行。到1956年9月,中国人民银行已经统一了所有存款和贷款的利率管理,由其提出利率水平的具体方案报国务院审批后执行。

4. 建立高度集中的外汇管理体制。"一五计划"时期,以私营金融业和私营进出口商为管理重心的外汇管理体制逐步退出,形成了高度集中的外汇管理体制:一是外汇收支实行全面的指令性计划管理,各单位和个人的外汇收入必须交售给中国银行,不准相互买卖外汇,外汇使用必须执行国家计划;二是全国外汇收支计划由国家计划委员会(以下简称"国家计委")负责汇总和综合平衡,报国务院批准后进行纵向分配;三是外汇收支活动中所需要的人民币资金和外汇资金分开管理,人民币资金由中国人民银行管理,外汇资金由中国银行管理;四是人民币汇率实行严格的管控,运用行政手段予以管理。

第三阶段为1958~1960年,这是"大跃进"背景下的金融管控放松阶段。1958年5月,中共八大二次会议正式通过了"鼓足干劲,力争上游,多快好省地建设社会主义"的社会主义建设总路线,提出争取在15年或者更短时间内在主要工业产品的产量方面赶上乃至超过英国。8月28日,中共中央北戴河会议批准了"二五计划"意见书,其中提出在"二五计划"期间,工农业总产值要比1957年增长7.4倍,基本建设投资3850

亿元、比"一五计划"时期增长 6.8 倍，重大工业建设项目 1000 个以上。此后，全国各地和各条战线迅速掀起了"大跃进"热潮。"大跃进"各项指标的落实离不开货币金融的支持，中国金融管理体制和机制也发生了一些重要调整。

1. 下放信贷权限。在工业、商业和财政等权限下放的背景下，信贷体制也做了类似调整。中国人民银行提出，从 1959 年起，实行"存贷下放、计划包干、差额管理、统一调度"的管理方针，具体表现在：中国人民银行总行负责管理中央财政存款和中央企业贷款，其他的存贷款权限全部下放给各地，实行差额包干；在计划包干的差额范围内，各地多吸收存款就可以多发放贷款；贷款大于存款的差额由中国人民银行总行予以补助。这一方针在实践中造成了信贷管理放松，资金敞口供给，为信用的严重膨胀留下了隐患。一个突出的实例是，为了支持商业系统的"大跃进"，中国人民银行提出了"收购多少物资，银行就供应多少资金"的指导思想，导致银行流动资金贷款增加额远大于企业库存物资的现象发生。

2. 废弃金融制度。为了激励人民群众首创精神的发挥，一些地方将各种规章制度视为桎梏，提出"要相信人民群众""填平与群众之间的鸿沟"，由此，1958 年以后，对金融制度进行了"大破大立、先破后立"，将一些行之有效的金融制度也废止了，给各地的银行工作造成严重混乱。

3. 实行流动资金的"全额信贷"。1958 年之前，国营企业①的流动资金定额部分由财政拨给、超定额部分由银行贷款支持。国务院规定，从 1959 年 1 月起，国营企业（包括地方国营企业）和公私合营企业经营中所需流动资金（不分定额和超定额）一律由中国人民银行以信贷方式统一供给、统一管理，同时，国营企业经营中所需增加的定额流动资金，由各级财政列入预算后，全额拨交给当地的中国人民银行作为信贷资金，由此，形成了流动资金的"全额信贷"机制。这种机制进一步加剧了信贷失控，为挪用银行贷款进行计划外基本建设（以下简称"基建"）留下了方便之门。

4. 停办国内保险业。在"大跃进"期间，一些人强调国家和集体的经济实力已经十分雄厚，不再需要通过保险机制来防范相关的经济风险，

---

① 1993 年第八届全国人民代表大会第一次会议通过《宪法修正案》后，改称"国有企业"。

由此，国内的保险业务被取消了，这使得起步不久的新中国保险业发展遭到挫折。

5. 纠偏未果。"大跃进"所引致的经济、财政和金融方面的混乱状况，在1958年底就引起了中央的警觉。1959年5月，李先念在中国人民银行全国会议上指出，信贷管理权力过于分散是银行工作的一个主要缺点，为此，需要采取四项措施：一是抓集中统一，下放给各区、县的信贷资金管理权限应尽快收回；二是要坚持信贷计划，坚决执行合理的规章制度，加强流动资金管理；三是工业贷款、农业贷款和商业贷款应当分别管理，不能相互挪用；四是停止计划外的商品赊销和预付货款等。但这些纠偏的举措尚未有效实施，就被反右倾斗争给打断了。

第四阶段为1961～1966年，这是中国金融体系的纠错完善阶段。为了克服"大跃进"给国家财政经济造成的重重困难，1960年9月30日，中共中央批转国家计委党组《关于1961年国民经济计划控制数字的报告》，提出了要对国民经济实行"调整、巩固、充实、提高"的方针。在此背景下，金融系统中前期发生的差错得到一定程度的纠正，金融活动的秩序有所恢复。

1. 冻结机关团体的银行存款。由于当时一些地方财政出现赤字，地方金库存款减少，同时，全国各机关团体在银行的存款达到100亿元左右，为了平衡财政金融的资金，回笼前期货币信贷投放的过多货币以稳定物价，国务院决定，对机关团体的银行存款实行临时性冻结措施。

2. 调整信贷管理机制。主要举措有四：一是改变1958年以后实行的差额包干政策，强化中国人民银行总行的季度信贷计划管理机制；二是调整国营企业流动资金的供应机制，工交运输部门经核定的定额流动资金中80%由财政部门通过企业主管部门下拨给国营企业，剩余的20%由财政部门划拨给银行，再由银行贷放给国营企业；三是将农业贷款利率下调到月息四厘八（即"人民公社化"之前）的水平，以减轻农业生产的负担；四是严格控制货币投放，包括控制超定额贷款、工资开支、农副产品收购价格、农业信贷等，禁止财政向银行透支。

3. 全面落实银行工作"六条"。1962年3月，中共中央和国务院出台了《关于严格控制财政管理的决定》和《关于切实加强银行工作的集中统一，严格控制货币发行的决定》，即财政工作"六条"和银行工作"六条"（后被简称为"双六条"）。银行工作"六条"的主要内容：一是银行业务实行完全的垂直管理，上收前期下放的各项权力；二是严格信贷计划管理，非经中国人民银行总行批准，任何地方的党政机关、企业、事业单位等均不得在计划外增加贷款；三是严格划清银行信贷资金与财政资金的边界，不得将银行资金用于财政支出；四是严格现金管理和结算纪律；五是建立货币金融情况的定期报告制度，加强各级银行同当地党委的联系，各家银行的地方分行应定期向当地党委和政府报告货币投放、回笼和流通的情况，贷款增减和还款情况，工资基金支付情况，企业亏损的财政弥补情况，银行贷款挪用情况等；六是严格财政管理。

银行工作"六条"的实施将金融系统的运行纳入计划经济体制之中，一方面维护了金融运行秩序的稳定，推进了货币发行、流通和回笼进入正常轨道，促进了信贷资金的使用效益提高，扭转了城乡居民储蓄存款下滑的趋势，保障了国家外汇收入超额完成计划目标；另一方面积极有效地促进了工农业生产的发展、经济结构的调整和经济效益的提高，保障了国民收入增长、财政收支平衡和城乡居民收入增加。到1965年，各项经济指标已经达到历史最好的水平。

第五阶段为1967~1978年，这是中国金融体系陷入混乱和拨乱反正的阶段。1966年5月16日，中共中央政治局扩大会议通过了《中国共产党中央委员会通知》（即"五一六通知"），提出一套"左"的理论、路线、方针和政策，标志着中国进入长达10年的"文化大革命"。"文化大革命"期间，新中国成立以后的各项经济制度、指导思想、方针政策、运行机制和工作秩序几乎被完全否定，与此对应，金融工作的基本制度、工作原则、管理体制、业务流程和运作方式也几乎被完全抛弃。

1. 金融工作的基本制度被否定。突出的现象是将坚持财政信贷综合平衡视为"用财政信贷卡经济"，以姓"社"姓"资"的意识形态界定金融业务活动，使得一些传统的金融活动被划入资本主义范畴而被废止。例如，将银行结算制度视为"封资修的大杂烩"，造成结算工作处于无章可循、各自为政的混乱格局中，一直到1972年才重新建立结算制度。又如，将储蓄存款的利息视为"不劳而获的剥削"，储蓄存款被指责为"公私融合论",一些地方的储蓄网点设置了"有息存款"和"无息存款"窗口,给储蓄存款的居民施加政治压力。再如,对点名批判或重点审查的人,不经法律程序(实际上砸烂"公检法"以后也已无法律程序可言),随意冻结他们的存款、查抄他们的存单、提取他们的存款。

2. 金融管理基本被取消。"文化大革命"开始以后,与各级政府机关受冲击、被裁撤等相一致,中国人民银行总行的各职能司局被大量撤并,仅留下了"政工"和"业务"两个"组"维持工作。1969年,在国务院所属各部、委、办精简合并过程中,中国人民银行总行被并入财政部,留下从事金融业务工作的干部仅剩87人,由此,金融管理基本处于瘫痪状态。在此背景下,一些地方财政部门随意挪用银行信贷资金成为合法行为且公开化,货币发行权力也大大分散了。

3. 国外金融业务受到严重冲击。一些人将向国外保险公司进行再保险的业务说成是"依靠帝、修的保险公司,保我社会主义国家的险",要求停办国外保险业务;一些人将侨汇业务说成是"为外国资本家服务",侨汇是"敌特活动经费",提出应"枪毙"侨汇;一些人将以高股息吸引华侨投资的政策视为"资本主义经营思想",主张予以取消。

4. 金融业务陷入混乱。随着"文斗"转向"武斗",一些地方的"武斗"派别运用武力到银行强行提款、拦截银行库款、抢劫国家金库等现象时有发生,在此背景下,银行等金融机构已难以维持正常营业。这种状况一直延续到中央军委决定对银行及其分支机构实行军事管制措施以后才有所好转。

5. 两次转机的流产。在"文化大革命"期间,曾有两次可能的转机,但终因政治运动的冲击而未能如愿。第一次是1971年9月"林彪反革命集团"被粉碎之后,金融工作出现可能纠偏的转机;中央强调,要切实保证银行系统的纵向业务管理,统一制度、统一计划、统一货币发行和统一资金调度,严格划清财政资金和信贷资金,银行资金不得用于基建、弥补企业亏损和职工福利,这次转机因"批林批孔"政治运动的冲击无疾而终。第二次是1975年邓小平复出后提出全面整顿国民经济,要求保证货币发行权集中于中央,各级政府部门必须严格执行货币投放回笼计划和现金收支计划,银行等金融机构需强化信贷管理工作,由此，银行等金融业再次获得恢复的机会，但因"反击右倾翻案风"的冲击，又无果而终。

6. 大规模整顿纠偏起步。1976年10月打倒"四人帮"以后，恢复濒临崩溃的国民经济成为一项十分紧迫的任务。1977年11月，国务院出台了《关于整顿和加强银行工作的几项规定》，强调各级银行应切实贯彻"发展经济、保障供给"的总方针和各项金融政策，整顿规章制度和各项金融工作，整顿各单位在银行和信用社开立的账户（对近250万个账号进行处理），整顿签发空头支票和出租出借支票的问题；在银行系统内展开清资金、清账务、清财务的"三清"工作，整顿货币发行、银行统计、金银管理和出纳工作；同时，充实银行系统的骨干力量，尤其是加强业务第一线的力量。

1949~1978年的29年作为探索建立社会主义金融体系的时期，虽然受各种因素影响，中国金融体系的建设历经曲折磨难，但在正反两方面的实践中也深刻体现了金融发展中的三个规律性现象：第一，金融系统的建设和发展离不开经济政治环境的稳定，或者说，经济政治环境的不稳定必然引致金融运行的不稳定，也必然引致金融发展出现挫折、混乱、倒退等现象。第二，金融系统应始终以服务实体经济为己任，在经济发展中扩展金融发展的空间和深度，因此，经济发展的程度和水平决定了金融系统发展的程度和水平。第三，金融体制机制是经济体制机制的重要构成部分，金融体制机制应与经济体制机制的要求相适应，经济体制机制的调整和变化必然引致金融体制机制的相应调整和变化。

二、中国特色社会主义金融体系的建设时期（1979~2017年）

1979~2017年的38年是中国特色社会主义金融体系的建设时期。1978年12月，中共十一届三中全会决定"把工作重心转到现代化建设上来"，标志着中国迈出经济体制改革的步伐。金融是经济体系的核心构成部分，随着发挥市场决定性作用的经济体制改革的推进和国民经济的稳步快速发展，中国金融在有效支持经济快速增长的同时形成了门类比较齐全、功能较好发挥、市场化程度不断提高、国际化水平持续增强的完整体系。中国金融先后经受住了1997年的亚洲金融危机和2008年的全球金融危机的考验。中国金融在改革中发展、在发展中改革。从这个意义上说，中国金融的改革之路同时就是中国金融的发展之路。在38年的建设时期中，中国金融选择了一条符合中国国情之路，走出了与西方金融发展不同的道路，为创建和完善中国金融理论提供了丰富的实践资源。

1979～2017年的38年历史大致可分为五个阶段：

第一阶段为1979～1984年，这是中国金融体系恢复阶段。主要表现在：

1. 中国人民银行的独立设置。1978年之前，中国仅剩一家金融机构——中国人民银行。它隶属于财政部，兼营中央银行和商业银行的部分职能，主管着货币发行和存款贷款等事务，因此，并不存在符合市场经济要求的金融体系。1977年12月，国务院决定将中国人民银行从财政部分离出来，设立为由国务院直接管辖的独立机构，这标志着中国金融体系进入恢复时期。

2. 恢复和设立专业金融机构。在改革开放的背景下，1979年成为中国主要金融机构恢复运作元年。2月，为了支持农业发展，国务院出台了《关于恢复中国农业银行的通知》，将与农业存贷款等相关业务从中国人民银行划出，专设了中国农业银行。3月，为了适应对外开放和国际金融业务发展的需要，将与外汇相关的业务从中国人民银行分离，恢复了中国银行，同时，设立了国家外汇管理局。10月，为了加大推进改革开放的力度，开辟吸收利用外资、引进先进技术设备和管理经验的新路径，在邓小平亲自倡导和批准下，中国国际信托投资公司投入运作，它的主要业务集中在金融、实业和其他服务业领域。11月，全国保险工作会议在北京召开，标志着中国人民保险公司恢复了经营。同年，第一家城市信用社在河南成立，随之在全国引发了组建城市信用社的热潮。1980年以后，金融机构的恢复和组建进一步展开。1983年5月，国务院批准恢复中国人民建设银行，专营国家基本建设投资相关的业务。1983年9月，国务院出台《关于中国人民银行专门行使中央银行职能的决定》，决定"成立中国工商银行，承办原来由人民银行办理的工商信贷和储蓄业务"；1984年1月，中国工商银行开业，与此对应，中国人民银行成为专门履行中央银行职能，监管各类金融活动的金融机构。由此，中国初步形成了以中国人民银行为中央银行，工、农、中、建为专业银行,中国人民保险公司和中国国际信托投资公司为辅佐的金融体系。

3. 恢复发行国债。为了支持经济发展,在资金紧缺的条件下,中国突破了长期存在的"既无内债又无外债"的观念束缚,从1981年开始发行国债,筹集建设资金。

4. 调整人民币汇率。为了支持出口创汇,加大了人民币对美元的贬值程度,从1978年底的1.5771元:1美元下调到1984年底的2.7957元:1美元[①]。

5. 迈出金融领域对外开放步伐。1979年,日本输出入银行在北京设立了中国第一家外资银行代表处,由此,拉开了中国银行业对外开放的序幕。

第二阶段为1985~1991年,这是中国金融体系的扩展阶段。1984年10月,中共十二届三中全会决定加快以城市为重点的经济体制改革,提出了"应把是否有利于发展社会生产力作为检验一切改革得失成败的最主要标准",由此,中国的经济体制改革从农村走向城市。中国经济改革和经济发展中贯彻着"计划经济为主、商品经济为辅"的总方针。在这一阶段,中国金融改革发展的代表性举措主要包括:

1. 发挥银行信用机制。1985年以后,将原先由财政对国营企业的流动资金拨款改为银行贷款(即"拨改贷"),由财政投资建设国营企业、国营项目改为银行贷款(即"投改贷"),由此,运用银行信用的膨胀机制缓解了经济发展中的资金紧缺困难,为中国跳过发展中的贫困陷阱创造了金融条件。

2. 强化制度建设。为了加强对金融机构和金融交易活动的监管,中国人民银行抓紧制定并出台了一系列管理制度。

3. 抑制通货膨胀。在1984~1985年和1988年间两次应对通货膨胀,实行了紧缩的宏观政策,为中国的宏观经济调控积累了经验。

4. 调整人民币汇率。通过持续的人民币贬值支持了出口创汇和引进外资。1991年底,人民币与美元的比值降低到5.4342元:1美元。

5. 发展股份制银行。1986年7月,交通银行重新组建,成为第一家股份制商业银行;此后,中信银行、兴业银行等股份制商业银行纷纷建立。

---

① 引自苏宁主编:《中国金融统计(1949-2005)》,中国金融出版社2007年版。

6. 开始股票交易的试点工作。1984年，上海小飞乐、延中等股份公司的股票有了私下交易；1987年，上海工商银行的信托投资公司在静安寺设立了第一个证券交易营业部；1990年12月19日，上海证券交易所开业；1991年7月1日，深圳证券交易所投入营运。与此同时，专门从事国债、股票承销和交易业务的证券公司也随之发展起来。

7. 发展信托投资公司。为了支持多种经济成分的发展，给非国营企业（包括乡镇企业）以资金支持，同时，为了加大引进外资的力度，全国各地发展了一大批信托投资公司。

8. 加大对外开放。1992年，美国友邦保险有限公司在上海设立了分公司，成为第一家进入中国保险市场的外资保险公司，标志着中国保险市场的对外开放。

第三阶段为1992~2001年，这是中国金融体系的市场化改革阶段。1992年10月，中共十四大确定了中国经济体制改革的目标是建立社会主义市场经济体制，在此背景下，中国金融体系迈入了市场化改革进程。1993年12月25日，国务院在《关于金融体制改革的决定》中提出，中国金融体制改革的目标是，建立在国务院领导下独立执行货币政策的中央银行宏观调控体系；建立政策性金融与商业性金融分离，以国有商业银行为主体、多种金融机构并存的金融组织体系；建立统一开放、有序竞争、严格管理的金融市场体系。在这一阶段中，中国金融改革发展中具有代表性的举措主要包括：

1. 加强了金融立法工作。市场经济是法治条件下的经济，为此，立法先行。1995年以后，中国先后制定了《中国人民银行法》《商业银行法》《保险法》《证券法》和《票据法》等一系列法律，改变了长期以来金融活动缺乏法律规范的状况，对规范各类金融机构的市场行为起到积极重要的作用。

2. 设立专业化金融监管部门。1992年10月，将股票等证券业务的监管工作从中国人民银行划出，设立了中国证券监督管理委员会（以下简称"证监会"）；1998年11月，将保险业的监管工作从中国人民银行划出，设立了中国保险监督管理委员会（以下简称"保监会"），专职对商业保险市场进行监管。

3. 实行分业经营、分业监管的新体制。1993年7月以后，面对着经济过热的状况，中国进行了"金融整顿"，实行了金融机构与其所办的实体企业分离，银行业、证券业、保险业和信托业分离的"两个分开"新体制，由此，形成了分业经营、分业监管的金融体系。

4. 实行了政策性金融与商业性金融的分离。1994年，中国将原先由工、农、中、建等银行从事的政策性业务划出，专门设立国家开发银行、农业发展银行和进出口银行等3家政策性银行，由此，分离了银行的政策性业务和商业性业务。在此背景下，工、农、中、建等银行迈出了商业化经营运作的步伐，从专业银行转变为国有独资商业银行，贷款的发放对象从国有企业扩大到各类企业。

5. 剥离了银行业中存在的不良贷款。1999年，中国从工、农、中、建4家商业银行中剥离出了13000亿元的不良贷款，同时，从国家开发银行中剥离出了1000亿元不良贷款。为了处置这些不良贷款，组建了中国华融金融资产管理公司等4家金融机构。

6. 外汇双轨制改革。1993年，中共十四届四中全会做出了《关于建立社会主义市场经济体制若干问题的决定》，强调指出："改革外汇管理体制，建立以市场供求为基础的有管理的浮动汇率制度和统一规范的外汇市场，逐步使人民币成为可兑换的货币。"1993年12月28日，中国人民银行出台的《关于进一步改革外汇管理体制的公告》中强调，从1994年1月1日起，实现人民币汇率并轨，实行以市场供求为基础的、单一的、有管理的浮动汇率制；实行银行结汇、售汇制度，取消外汇留成和上缴、经常项目正常对外支付用汇的计划审批；建立银行间外汇交易市场，改进汇率形成机制；取消任何形式的境内外币计价结算，境内禁止外币流通，禁止指定金融机构以外的外汇买卖；停止发行外汇券，已发行流通的外汇券可继续使用，逐步回笼。人民币与美元的兑换价贬值到了8.7元∶1美元（1994年底的交易价格为8.44元∶1美元）。

7. 人民币经常项目可兑换。1996年12月1日，按照《国际货币基金组织协定》第八条款的要求，中国实现了人民币经常项目可兑换。

8. 取消了信贷规模的计划管理。1998年，中国人民银行取消了对工、农、中、建等国有专业银行的贷款规模管控，由此，中国人民银行更加注重运用货币政策进行调控。

9. 开始实施货币政策调控。从 1999 年起,中国开始实施稳健的货币政策,每年公布货币政策调控的中间目标,这标志着计划经济体制机制从央行操作层面的退出。稳健的货币政策是指,以人民币币值稳定为最终目标,有效处理好防范金融风险与支持经济增长的关系,保持货币供应量适度增长,支持国民经济持续稳步发展。

10. 银行间市场建立。从 1996 年起,在整顿全国各地资金市场的基础上,借助于外汇交易市场的电子系统,中国建立了银行间交易市场。从最初的资金拆借发展到债券交易、债券回购交易等,成为中国主要的货币市场。

11. 加快利率市场化改革。从 1993 年起,利率市场化改革就提到了金融改革的议事日程。1996 年 6 月 1 日,中国人民银行放开了银行间同业拆借利率,标志着利率市场化改革的起步。按照"先外币后本币、先贷款后存款、先长期后短期、先大额后小额"的顺序,到 2004 年累计放开、归并或取消的本、外币利率管理种类已达 118 种①。

12. 建立期货交易市场。1999 年 5 月,在原先 3 家期货交易所合并的基础上,上海期货交易所正式开业,标志着由上海期货交易所、郑州商品交易所(设立于 1990 年)和大连商品交易所(设立于 1993 年)构成的期货交易市场格局形成。

第四阶段为 2002~2013 年,这是中国金融体系国际化改革阶段。2001 年 12 月 11 日,中国正式加入世界贸易组织(WTO),其中安排了银行业和保险业对外开放的过渡期,由此,加快金融体系的国际化成为必然选择。在这一阶段中,中国金融改革发展中具有代表性的举措主要包括:

1. 国有商业银行的股改上市。2003 年 12 月,汇金公司向中国建设银行和中国银行注入 450 亿美元的资本,标志着国有商业银行股改上市工作的起步。此后,中国建设银行和中国银行分别于 2004 年完成股份公司改制,中国工商银行于 2005 年完成股份公司改制,中国农业银行于 2008 年完成股份公司改制。2005 年以后,工、农、中、建分别在中国境内和香港发股上市。工、农、中、建等国有独资商业银行转变为国有控股商业银行。

2. 货币政策调控机制创新。2002 年 9 月,在国债数额难以满足公开市

---

① 参见中国人民银行《2004 年第四季度货币政策执行报告》。

场操作的条件下，中国人民银行开始发行债券（又称"央行票据"）。2003年9月21日，在外汇数额持续增加的背景下，中国人民银行开始运用法定存款准备金率机制，从商业银行等金融机构获得人民币资金对冲外汇占款，创造了主要通过从商业银行等金融机构获取人民币资金对冲外汇占款（而不是大量发行货币对冲外汇占款）的新机制，有效防范了通货膨胀；到2012年2月，法定存款准备金率已达20.5%。2004年10月29日，中国人民银行放弃先前的存贷款法定利率制度，开始实行存贷款基准利率制度，为继续推进利率市场化创造了条件。2005年7月21日，中国人民银行发布公告，"开始实行以市场供求为基础、参考一篮子货币进行调节、有管理的浮动汇率制度"；从当日19:00时起，人民币对美元的交易价格调整为8.11元人民币兑1美元。

3. 金融监管强化。2003年4月，国务院决定设立中国银行业监督管理委员会（以下简称"银监会"），将对商业银行等金融机构的监管工作从中国人民银行划出，至此，形成了"一行三会"的金融监管格局。中国银监会设立后，在加强商业银行等金融机构的监管、风险防范和化解、金融产品创新和金融市场发展等方面做了大量具有专业性水平的工作，推进了中国银行业的专业化发展。其中，银行业的不良贷款余额和不良贷款率从2003年的25377亿元和19.6%分别降低到2013年的5921亿元和1.0%，为防范系统性金融风险、保障金融稳步健康发展创造了基础性条件。

4. 债券市场加速发展。2004年6月，中国人民银行和中国银监会联合发布《商业银行次级债券发行管理办法》，推进了商业银行发行债券的工作；2005年5月，中国人民银行出台了《短期融资券管理办法》，标志着实体企业短期债券的问世；2008年4月，中国人民银行出台了《银行间债券市场非金融企业债务融资工具管理办法》和《非金融企业中期票据业务指引》，标志着实体企业的中期票据启动。到2013年底，中国境内经营性机构的债券余额从2004年底的2605.42亿元增加到62632.43亿元。

5. 股权分置改革。2005年4月29日，中国证监会出台了《关于上市公司股权分置改革试点有关问题的通知》，由此，股权分置改革开始启动。股权分置改革是针对中国上市公司股权中长期存在的流通股和非流通股并存从而股权不平等的现象而实施的，目的在于实现非流通股的可流通、同股同权；9月4日，中国证监会又出台了《上市公司股权分置改革管理办法》，预示着股权分置改革的全面展开。这一改革为中国股市的进一步发展提供了基础性条件，是推动中国股市在2006~2007年间快速上行的主要成因。

6. 履行加入世界贸易组织的承诺。在2001年加入世界贸易组织以后，中国的银行业、证券业和保险业就进入了5年过渡期。按照国民待遇的要求，过渡期内外资设立保险公司和商业银行法人机构应享受与中资同等待遇，为此，中国境内金融机构的对外开放呈现加速走势。2006年底，中国银行业结束过渡期，取消了外资银行经营人民币业务和客户限制，同时取消其他的非审慎性限制，外资银行已经在中国境内设立了195家分行、14家法人机构，经营运作的资产总规模达到1000多亿美元，占中国境内银行业资产总额的2%左右。中国已经批准设立8家中外合资证券公司和24家中外合资基金管理公司（其中11家中外合资基金管理公司的外资股权已达49%；沪深证券交易所各有4家特别会员，并各有39家和19家境外证券经营机构直接从事B股业务）。外资保险公司数量从原先的18家增加到47家，国际上主要的跨国保险公司均已进入中国；外资保险公司实现保费收入259.2亿元，占市场份额的4.59%。

7. 支持小微企业发展。2010年2月，中国银监会宣布对小企业的信贷投放将做到"两个不低于"（即对小企业的贷款增速不低于全部贷款增速，对小企业的贷款增量不低于上年），由此，有效提高了银行业对小微企业贷款的支持力度。2004年5月，经国务院批准，深圳证券交易所设立中小企业板；2009年5月，按照中国证监会《首次公开发行股票并在创业板上市管理暂行办法》规定的创业板市场在深圳证券交易所投入运作；2012年5月，沪深证券交易所分别出台了《中小企业私募债券业务试点办法》，以进一步拓宽中小微型企业融资渠道，由此，证券市场支持中小企业发展的政策进一步提速。

8. 金融产品创新层出不穷。2005年4月，中国银监会出台了《信贷资产证券化试点管理办法》，随后中国建设银行和国家开发银行分别以个人住房抵押贷款和信贷资产为支持，在银行间市场发行了第一期资产证券化产品。2005年11月，中国银监会《商业银行个人理财业务管理暂行办法》开始实施，标志着规范的银行理财产品正式问世，此后，银行理财产品快速发展，成为居民个人金融投资的重要对象；在此背景下，通过银信合作、银证合作、银基合作和银保合作等方式，理财产品的资金大量流入实体经济部门，成为银行信贷资金的重要补充。2006年8月，中国证监会出台《合格境外机构投资者境内证券投资管理办法》，标志着合格境外机构投资者（QFII）的运作正式展开；2007年4月，中国证监会出台《合格境内机构投资者境外证券投资管理试行办法》，标志着合格境内机构投资者（QDII）的运作正式展开。

9. 中资金融机构加速国际化。进入21世纪以后，中资金融机构在"走出去"战略的指引下，加快了到海外设立分支机构和通过并购设立分支机构的步伐，其中，既包括银行业，也包括证券业和保险业。2012年底，16家中资银行业金融机构在海外设立了1050家分支机构，覆盖了亚洲、欧洲、美洲、非洲和大洋洲的49个国家和地区。[①] 这表明，中国金融机构国际化程度已大大提高。

第五阶段为2014~2017年，这是中国金融体系全面深化改革阶段。2013年11月12日，中共十八届三中全会做出了《关于全面深化改革若干重大问题的决定》，中国经济改革迈入了一个新的历史阶段，与此对应，中国金融体系改革也迈入了新的历史时期。这一时期的经济体制改革，紧紧围绕使市场在资源配置中起决定性作用而展开，坚持和完善基本经济制度，加快完善现代市场体系、宏观调控体系和开放型经济体系，加快转变经济发展方式，加快建设创新型国家，推动经济更有效率、更加公平、更可持续发展。

1. 货币政策调控的针对性和灵活性明显增强。为了支持实体经济发展，2014年国务院出台了一系列降低企业融资成本、缓解流动性不足的措施，在此背景下，央行密切关注经济和金融运行的动态，在坚持稳健的货币政策总基调条件下，先后采取了两次定向降准和多次运用常备借贷便利的措施（同时，将常备借贷便利从1~3个月的短期向3年的中期扩展），及时调控流动性，有效缓解了流动性紧张的状况，提高了货币政策操作的灵活性。

2. 金融市场价格浮动空间进一步扩大。2014年3月17日起，人民币

---

① 中国银行业监督管理委员会：《中国银行业监督管理委员会2012年报》，第33页。

与美元的汇率浮动区间由每日的 1% 扩大到 2%，由此，人民币汇价形成中市场机制发挥的作用空间进一步扩大，受各种供求因素（包括美国退出量化宽松、美元升值和国际贸易条件变化、国际资本流动等）影响，与 2013 年相比，人民币汇价的双向波动幅度有所扩大。2014 年 11 月 22 日，根据经济运行状况的要求，继 2012 年 7 月以后，中国人民银行再次下调了人民币存贷款基准利率，同时，放开了贷款利率的上限和下限的限制；2015 年 10 月 24 日，中国人民银行在下调存贷款基准利率过程中，放开了存款利率的下限，自此，人民币存贷款利率的浮动空间已全部放开。

3. 取消或公开行政审批事项。2014 年 2 月 19 日，中国人民银行公开了行政审批事项目录，将行政审批事项界定在 21 项以内。继 2013 年 11 月 14 日中国银监会对外公布修订后的《中资商业银行行政许可事项实施办法》，取消中资商业银行开办证券投资基金托管业务和合格境外机构投资者境内证券投资托管业务行政审批等事项之后，2014 年 6 月 23 日，中国银监会又发布了《关于推进简政放权改进市场准入工作有关事项的通知》，变"机构筹建延期和开业延期审批"等 7 项行政审批为报告制管理。2014 年 2 月 18 日，在前期工作的基础上，中国证监会再次取消了 3 项行政审批事项，同时，公布了尚存的 63 项行政审批事项目录，并计划在未来 3 年内再取消 18 项行政审批事项。2014 年 2 月 27 日，中国保监会出台了《关于取消行政审批项目的通知》，取消行政审批事项 2 项，并公布了尚存的行政审批事项。这一系列行政审批事项的取消和公开，都表明了金融监管部门贯彻党的十八届三中全会决定的总取向，提高了市场机制在配置金融资源方面的决定性作用程度。

4. 建立存款保险制度。2015 年 5 月 1 日，《存款保险条例》开始实施，成为金融安全网的重要构成部分，也为民营银行的发展提供了制度保障。

5. 发展民营银行。在十八届三中全会的全面深化改革决定的指引下，2015 年 6 月 22 日，国务院办公厅转发了中国银监会《关于促进民营银行发展指导意见的通知》，明确了发展民营银行的指导思想、基本原则、准入条件、许可程序、监管机制等，为民营银行的发展提供了制度保障。到 2016 年，新批准设立的民营银行达到 14 家。

6. 防控股市风险。2015年6月12日A股市场的上证指数上行到5166.35点以后急速下行，出现了"踩踏性恐慌抛售"；7月初，国务院和金融监管部门紧急出手，采取了一系列措施，避免了股灾蔓延可能引致的金融危机。

7. 建立宏观审慎评估（MPA）体系。从2016年起，中国人民银行将差别准备金动态调整机制上升为宏观审慎评估机制，从资本和杠杆情况、资产负债情况、流动性情况、定价行为、资产质量情况、跨境业务风险情况、信贷政策执行情况等7个方面对金融机构的行为进行多维度引导，为形成"货币政策＋宏观审慎政策"双支柱的金融调控政策框架准备了条件。此后，2017年将表外理财纳入MPA广义信贷指标范围，2018年又把同业存单纳入MPA同业负债占比指标考核，将跨境资本流动纳入宏观审慎管理范畴。

8. 加快普惠金融的发展。2016年1月15日，国务院发布了《推进普惠金融发展规划（2016－2020年）》。这是中国第一个关于普惠金融的国家级战略规划，它明确了推进普惠金融发展的指导思想、基本原则和发展目标，对推进普惠金融实施、加强领导协调、试点示范工程等方面做出了相关安排。

9. 整治互联网金融。2013年以后，互联网金融案件频发，严重影响了社会生活秩序的稳定，有鉴于此，2016年4月12日，国务院办公厅出台了《关于印发互联网金融风险专项整治工作实施方案的通知》，对专项整治的工作目标和原则、重点整治问题和工作要求、整治措施和整治效果等做出了明确规定，标志着中国互联网金融发展迈入一个新的阶段。

10. 人民币入篮。2016年10月1日，人民币被纳入国际货币基金组织（IMF）特别提款权（SDR）的一篮子货币，成为继美元、欧元、日元、英镑后入篮的第五种货币，这既是SDR创建以来首次纳入发展中国家的货币，也反映了国际社会对人民币和中国金融体系改革成就的认可。

11. 把防控系统性金融风险放在更加重要的位置。2016年12月，中央经济工作会议强调："要把防控金融风险放到更加重要的位置，下决心处置一批风险点，着力防控资产泡沫，提高和改进监管能力，确保不发生系统性金融风险"。这不仅指出了金融工作的底线，而且明确了金融工作的重心。2017年12月,中央经济工作会议将防范金融风险列为2018~2020年的3年三大攻坚战首位。

12. 明确金融工作的"三位一体"任务。2017年7月14日至15日,第五次全国金融工作会议召开,习近平主席在讲话中明确提出了"服务实体经济、防控金融风险、深化金融改革"的金融工作"三位一体"任务,强调防止发生系统性金融风险是金融工作的永恒主题。会议决定设立国务院金融稳定发展委员会,强化人民银行宏观审慎管理和系统性风险防范职责。

13. 银行业步入严监管时期。2017年以后,针对金融创新过程中,金融各业合作所引致的银行业出现的突出问题,中国银监会展开了"三三四"专项检查,即"三违反"("违法、违规、违章")、"三套利"("监管套利、空转套利、关联套利")和"四不当"("不当创新、不当交易、不当激励、不当收费"),重点突破风险高企及"脱实向虚"问题,推进银行业服务实体经济的程度提高。到2018年底,银行系统的风险资产规模缩减了12万亿元左右,金融乱象得到了有效遏制,金融风险整体可控。

14. 进一步扩大金融对外开放。2017年7月2日,中国人民银行与香港特区金融管理局发布公告,决定批准香港与内地"债券通"上线,其中,"北向通"于2017年7月3日上线试运行。2017年11月9日,外交部宣布,中国将大幅放宽金融业(包括银行业、证券基金业和保险业)的外资市场准入限制。2017年12月13日,经国务院批准,银监会放宽对除民营银行外的中资银行和金融资产管理公司的外资持股比例限制,实施内外一致的股权投资比例规则。

由上不难看出,1979~2017年的38年间,在改革开放高歌猛进的推进下,中国金融体系的建设进入了高速发展时期,不仅有效迈过了一些发展中国家曾经折戟的"贫困陷阱",基本消解了金融抑制的负面效应,而且在一个经济转型的发展中大国构建了金融机构门类比较齐全、金融市场层次比较清晰、金融产品供给比较充分和金融机制比较灵活,同时金融运行的法治化比较到位、金融监管比较合理、能够有效防范和化解金融风险的金融体系,令世界各国刮目相看。

三、中国现代金融体系的构建时期（2018年之后）

2017年10月在中共十九大报告中，习近平总书记明确指出："中国特色社会主义进入新时代，我国社会主要矛盾已经转化为人民日益增长的美好生活需要和不平衡不充分的发展之间的矛盾"。我国经济已由高速增长阶段转向高质量发展阶段，为此，要继续深化供给侧结构性改革，"把发展经济的着力点放在实体经济上，把提高供给体系质量作为主攻方向，显著增强我国经济质量优势"；要"着力加快建设实体经济、科技创新、现代金融、人力资源协同发展的产业体系"；要"健全金融监管体系，守住不发生系统性金融风险的底线"。进入新时代以后，在构建现代金融体系方面，中国推出一系列新的改革开放措施，其中包括：

1. 加大防范金融风险的力度。2017年12月，中央经济工作会议提出了2018~2020年的3年攻坚任务，将防范金融风险列为首位。进入2018年以后，在防范系统性金融风险方面，中国采取了一系列重要举措。2018年7月31日，在分析上半年经济金融运行情况后，中央政治局明确提出了"六个稳定"，将"稳金融"列于第二位，强调要"把防范化解金融风险和服务实体经济更好结合起来，坚定做好去杠杆工作，把握好力度和节奏，协调好各项政策出台时机"。

2. 完善金融监管框架。继2017年11月成立了国务院金融稳定发展委员会之后，2018年3月全国人民代表大会又通过了中国银监会与中国保监会合并设立"中国银行保险监督管理委员会"（以下简称"银保监会"）的议案，由此，中国金融监管框架从原先的"一行三会"调整为"一委一行两会"，既为深化金融改革发展、促进金融稳定提供了监管体制机制保障，又为金融监管从以机构监管为主向行为监管为主打下了监管基础。

3. 调整资产管理机制。2018年4月27日，中国人民银行等五部委出台了《关于规范金融机构资产管理业务的指导意见》，资产管理新规系列政策的出台开始起步；随后，7月20日中国人民银行又出台了《关于进一步明确规范金融机构资产管理业务指导意见有关事项的通知》，9月28日银保监会发布《商业银行理财业务监督管理办法》，由此，中国资产管理市场的发展进入更加规范的阶段。

4. 加快金融业对外开放步伐。2018年4月,习近平主席在亚洲博鳌论坛上宣布:要进一步放宽银行、证券、保险行业外资持股比例,放宽外资金融机构设立限制,扩大外资金融机构在华业务范围,拓宽中外金融市场合作领域。4月11日,中国人民银行宣布了进一步扩大金融业对外开放的时间表和具体措施,明确11项金融开放政策,中国金融业对外开放明显提速。

5. 进一步明确金融发展方向。2019年2月22日,在主持中央政治局第十三次集体学习时,习近平总书记强调,要正确把握金融本质,深化金融供给侧结构性改革,平衡好稳增长和防风险的关系;要构建风险投资、银行信贷、债券市场、股票市场等全方位、多层次金融支持服务体系;要抓住完善金融服务、防范金融风险这个重点,推动金融业高质量发展。

构建与新时代经济发展要求相适应的现代金融体系是未来一段时间内中国金融改革发展的主题,这标志着中国金融改革发展繁荣方兴未艾。在新时代,通过攻坚克难,以服务实体经济和人民群众需要为己任,在中国特色道路上健康快速发展,中国金融体系将以崭新的创新力、竞争力和发展力屹立于国际金融体系。

第二节 中国金融70年的历史成就

新中国70年(尤其是改革开放40年)发展中,在国民经济快速发展的支持下,金融体系得到了快速健康的发展,而金融体系的快速健康发展又有效地支持了国民经济的改革开放和稳健发展,由此,形成了金融体系发展与国民经济发展有机结合、相得益彰的内在机制。

一、推进经济发展和人民生活水平提高

引导经济资源的有效配置和优化配置是金融的最基本功能。发挥这一功能的目的在于推进国民经济发展、保障经济良性运行和人民群众的生活水平提高。从表1-1中可见,第一,经济增长得益于金融的有效支持。1952~

2018年间，中国的国内生产总值（GDP）从679.1亿元增加到了900309.0亿元（增长1324.7倍）、人均GDP从119.0元增加到了64644.0元（增长542.2倍），与此同时，流通中的货币（M_0）从27.5亿元增加到了73208.4亿元（增长2661.1倍）、各项贷款余额从108.0亿元增加到了1334507.9亿元（增长12355.6倍）。M_0和各项贷款以快于GDP增长的速度增长，既保障了生产规模和商品流通规模扩大所需的资金数量，也保障了各项分配、积累和投资等规模扩大所需资金数量。值得一提的是，在1995年之前，金融机构人民币信贷收支表长期处于贷款余额大于存款余额（即"贷差"）的状况。其中，贷款余额与存款余额之间差幅最大的是1960年，人民币各项贷款余额达到983.9亿元，而各项存款余额仅为468.5亿元，差幅高达1.1倍。如果简单贯彻"量入为出"的信贷平衡机制投放贷款，则经济增长必然受到严重限制。第二，中国经济快速增长中的物价水平总体上保持平稳。1952~2018年间，在经济快速增长背景下有时也曾发生过通货膨胀（或较高的物价上涨），个别年份的通货膨胀率甚至超过了两位数（例如，1961年CPI增长率达到了16.1%，1993~1995年间分别达到了14.7%、17.1%和24.1%），但与这段时间内主要发达国家和发展中国家的物价上涨水平相比，中国的物价水平波动率尚属平稳。为了平抑通货膨胀，货币当局选择了紧缩货币的政策，取得了明显的效果。面对1961年的通货膨胀，货币当局在1962~1965年间收紧了M_0的投放数量，使得流通中的货币量从1961年的125.7亿元分别减少到了106.5亿元、89.9亿元、80亿元和90.8亿元，同时，各项贷款余额从1960年的983.9亿元大幅缩减至1961~1964年的814.8亿元、691.7亿元、576.5亿元和588.75亿元，由此，支持了经济运行秩序的平稳。第三，人民群众生活水平大幅提高。1952~2018年，全社会零售商品总额从276.8亿元增加到380987.0亿元，增长了1375.4倍，大于同期GDP的增长倍数，这体现出城乡居民生活水平的改善程度快于GDP的增长程度。另外，1952~2017年城镇职工工资总额从68.3亿元增加到129889.1亿元（增长1900.7倍），1952~2018年城乡居民储蓄存款余额从8.6亿元增加到697170.7亿元（增长81065.4倍），也都印证了在经济快速增长的同时金融有效支持了人民群众生活水平以更快的速度改善这一事实。

表 1-1　中国经济发展的部分主要经济指标（1952~2018 年）

年份	GDP总额（亿元）	人均GDP（元）	CPI	零售商品总额（亿元）	职工工资总额（亿元）	流通中的货币(M_0)（亿元）	储蓄存款余额（亿元）	各项贷款余额（亿元）
1952	679.1	119.0	102.7	276.8	68.3	27.5	8.6	108.0
1960	1470.1	220.0	102.5	696.9	296.7	95.9	66.3	983.9
1970	2279.7	279.0	100.0	858.0	334.3	123.6	79.5	1048.0
1980	4587.6	468.0	107.5	2140.0	772.4	346.2	395.8	2478.1
1990	18872.9	1663.0	103.1	8300.1	2951.1	4557.9	7119.6	17511.0
2000	100280.1	7942.0	100.4	39105.7	10954.7	14652.7	64332.4	99371.1
2010	422119.3	30808.0	103.3	158008.0	47269.9	44628.2	303302.5	479195.6
2018	900309.0	64644.0	102.2	380987.0	129889.1	73208.4	697170.7	1334507.9

注：由于个别年份缺乏对应科目的数据，所以，表中 1990 年的 M_0 为 1993 年 3 月份数据，2018 年的职工工资总额为 2017 年数据。

资料来源：国家统计局网站、中国人民银行网站；苏宁主编：《中国金融统计（1949-2005）》，中国金融出版社 2007 年版；《中国统计年鉴（1991）》，中国统计出版社 1991 年版。

对发展中国家而言，固定资产投资是经济起飞中必不可少的推动力。固定资产投资的数量、结构和质量直接影响着社会扩大再生产从而影响经济增长的规模、速度和质量，也决定着经济发展的后劲。从实物面看，可供固定资产投资使用的物质资料数量、品种和质量由 GDP 中的储蓄率决定，从这个意义上说，中国经济的高速增长得益于长期的高储蓄率。但储蓄转换为投资的效率（甚至储蓄的数量多少从而储蓄率的高低）在一定程度上受制于金融机制的发挥程度。就此而言，金融机制的状况严重影响着储蓄率、储蓄向投资的转换效率和固定资产投资。从表 1-2 中可见，1952~2017 年的 65 年中，中国的"资本形成总额"从 153.7 亿元增加到 363955.0 亿元（增长 2366.96 倍），"固定资产形成总额"从 80.7 亿元增加到 349369.0 亿元（增长 4328.23 倍），这些变化得益于固定资产投资的快速增加。从固定资产投资的资金来源看，在 1980 年之前，"国家预算内投资"占"全社会固定资产投资总额"的比重较高，1952 年为 82.42%，1960 年为 72.44%，1970 年为 74.08%，但进入改革开放以后，这一结构就迅速发生了变化，1980 年降低到 32.95%，

1990年降低到8.7%，2017年仅为6.06%。这一变化主要来自金融对固定资产投资资金来源的有力支持。虽然在表1-2中"国内贷款"所占比重并不引人注目，但实际上"自筹和其他资金"也主要来源于国内贷款，由此，将二者相加，它们占"全社会固定资产投资总额"的比重在1990年为85.01%，2017年则高达93.60%。毫无疑问，改革开放40年来，中国固定资产投资大幅增长从资金供给角度看主要获益于以银行信贷为主的金融支持。

表1-2 中国固定资产投资总额和资金来源（1952~2017年）单位：亿元

年份	资本形成总额	固定资产形成总额	全社会固定资产投资总额	国家预算内投资	国内贷款	利用外资	自筹和其他资金
1952	153.7	80.7	91.6	75.5	—	—	—
1960	575.0	473.0	416.6	301.8	—	—	—
1970	744.9	545.9	368.1	272.7	—	—	—
1980	1623.1	1345.8	910.9	300.1			
1990	6555.3	4636.1	4517.0	393.0	885.5	284.6	2954.4
2000	34526.1	33527.7	33110.3	2109.5	6727.3	1696.3	22577.4
2010	196653.1	185827.3	285779.2	13012.8	44020.8	4703.6	224042.0
2017	363955.0	349369.0	639369.4	38741.7	72435.1	2146.3	526046.3

注：表中1952年、1960年和1970年三个年份的"全社会固定资产投资总额"为"全民所有制单位固定资产投资"，这三个年份的"国家预算内投资"为"全民所有制单位基本建设投资中的国家预算内投资"。

资料来源：国家统计局网站；《中国统计年鉴（1991）》，中国统计年鉴出版社1991年版。

资金融通是金融服务于实体经济的一项基本功能。资金供给的多少，不仅直接影响着经济增长的快慢和就业率的高低，也直接影响着物价水平的波动。从表1-3中可见，由资金供给增量引致的社会融资存量规模持续增加，其增长率明显高于同期经济增长率；同时，向实体经济供给的资金主要通过"人民币贷款""委托贷款""信托贷款""银行汇票""企业债券"和股票等渠道投入企业经营运作中，支持了企业的投资和职工就业，从而支持了实体经济的发展。

表1-3　　　　　社会融资存量规模（2014~2018年）　　　　单位：万亿元

年份	总量	其中							
		人民币贷款	外币贷款	委托贷款	信托贷款	银行汇票	企业债券	地方债券	股票
2014	122.86	81.43	3.47	9.33	5.35	6.76	11.69	—	3.80
2015	138.28	92.75	3.02	11.01	5.45	5.85	14.63	—	4.53
2016	156.00	105.19	2.63	13.20	6.31	3.90	17.92	—	5.77
2017	174.71	119.03	2.48	13.97	8.53	4.44	18.44	—	6.65
2018	200.75	134.69	2.21	12.36	7.85	3.81	20.13	7.27	7.01

资料来源：中国人民银行网站。其中："总量"为社会融资存量规模总量，"外币贷款"为外币折合成人民币之后的数据，"银行汇票"为未贴现的银行承兑汇票，"地方债券"为地方政府专项债券，"股票"为非金融业境内股票融资。

二、建立功能比较完备的金融体系

在改革开放之前，中国金融体系几乎完全局限于货币发行和货币数量调控。1978年2月，中国人民银行从财政部分立出来以后，中国迈出了建立门类齐全、功能完备的金融体系步伐。40多年来，中国金融体系发展的成就主要表现在六个方面：

第一，建立了比较系统完整的金融制度体系。现代经济是法治条件下的市场经济。1992年10月，在明确了建立社会主义市场经济新体制之后，中国就加快了金融体系的立法工作。1993年之后，先后出台了《中华人民共和国公司法》《中华人民共和国中国人民银行法》《中华人民共和国商业银行法》《中华人民共和国保险法》《中华人民共和国证券法》《中华人民共和国票据法》《中华人民共和国信托法》《中华人民共和国银行业监督管理法》《中华人民共和国外商投资法》等法律，补充修改了《中华人民共和国民法总则》《中华人民共和国刑法》等有关条款，[1] 同时，进一

---

[1] 后文相应简称为《公司法》《中国人民银行法》《商业银行法》《保险法》《证券法》《票据法》《信托法》《银行业监督管理法》《外商投资法》《民法总则》《刑法》。

步完善修改了相关行政法规和部门规章,形成了一套比较完整且适应经济金融发展需要的金融制度体系,使得各项主要金融活动处于有法可依、依法办事的格局中,金融运作的法制化程度大大提高。

第二,建立了货币政策和宏观审慎政策"双支柱"调控框架。按照国际货币组织的规范性要求,1994年中国推出了多层次货币供应量划分标准,将人民币供应量划分为M_0、M_1、M_2和M_3(在此后的实施中,实际上仅运用了前三个口径的货币供应量),为货币政策调控体系和调控中间目标的选择打下了基础。1999~2018年的20年间,除了在抵御美国金融危机冲击的2008~2010年外,中国基本坚持了实施稳健的货币政策,在保持币值基本稳定的条件下支持了经济快速增长。同时,货币政策的中间目标从初期的M_0绝对量、M_1增长率、M_2增长率和新增贷款数额的多目标结构逐步收敛到M_2增长率单一目标,表现出了货币政策形成机制和实施机制逐步成熟。面对错综复杂的国内外经济金融形势变化,强化了货币政策调控的针对性、灵活性和前瞻性,在对冲外汇占款、精准施策过程中对调控结构、调控工具、调控方式和调控机制等进行了一系列金融创新,避免了货币政策"大水漫灌"式调控的负面效应。2009年,中国人民银行提出要逐步建立宏观审慎管理机制,将其纳入宏观调控政策框架,以强化跨周期的逆风向调节功能,保持金融体系稳健,增强金融持续支持经济发展的能力。2016年,中国人民银行推出了宏观审慎评估体系(MPA),同时,将差别准备金动态调整和合意贷款管理机制纳入该体系,由此,建立了具有中国特色的货币政策和宏观审慎政策"双支柱"调控框架。

利率形成机制的市场化改革是金融体系发展中不可回避的一个重心。中国的利率市场化改革设想早在1993年就已提出。1996~2014年间,中国逐步放开了银行间同业拆借利率、债券回购利率、票据利率、债券市场利率、外币存贷款利率、人民币存款利率下限、人民币贷款利率浮动区间等。2014年11月22日放开了贷款利率的上下限浮动区间,2015年10月24日放开了存款利率的上下限浮动区间,至此,商业银行的存贷款利率行政管控仅剩存贷款基准利率。进入2018年以后,中国人民银行提出,应继续深化利率市场化改革,着力消解存贷款基准利率与货币市场利率"双轨制"的状况，推进统一的利率市场化形成机制的建立。

人民币汇率形成机制的市场化改革是中国金融体系发展中的另一个重心。1994 年，中国实现了官方管制汇率与市场汇率的并轨，建立了外汇交易市场，迈出了人民币汇率改革的第一步。2005 年 7 月 21 日，中国启动了人民币汇率市场化形成机制的改革，改变了盯住美元的单一汇率制度，建立了以市场供求为基础、参考一篮子货币进行调节、有管理的浮动汇率制度。从操作看，每个交易日闭市后，中国人民银行公布的次日美元等外币兑人民币的中间价，由当日外汇交易市场中美元等外币兑人民币的汇率收盘价决定。此后，中国逐步扩大了人民币汇率交易的浮动区间，2015 年 8 月 11 日，中国人民银行出台进一步完善人民币汇率中间价形成机制的措施，即由做市商在每日外汇市场开盘前，参考上日外汇市场收盘汇率，综合考虑外汇供求情况以及国际主要货币汇率变化向中国外汇交易中心提供中间价报价。2017 年 5 月底，外汇市场自律机制秘书处宣布在人民币中间价报价模型中引入"逆周期因子"，由此，人民币兑美元汇率中间价形成机制由"收盘价 + 一篮子货币汇率变化"调整为"收盘价 + 一篮子货币汇率变化 + 逆周期因子"。进入 2019 年以后，中国外汇市场的发展将更加重视发挥市场机制在形成外汇交易价格中的决定性作用。在加大金融对外开放的背景下，加大外资机构进入外汇市场的比重。

第三，建立了门类比较齐全的金融机构体系。从中华人民共和国成立初期到改革开放的近 30 年期间，中国的金融活动基本局限于货币范畴，即政府运用货币数量调控物价，与此对应，有限的几家银行囊括了金融机构范畴。1978 年迈出改革开放步伐以后，随着经济发展和人民生活水平的提高，各类金融机构应运而生，形成了银行业、证券业、保险业、信托业、基金业、租赁业、担保业和资产管理业等。其中，银行业金融机构包括了中央银行、国有控股商业银行、政策性银行、金融控股公司、外资银行、股份制商业银行、城市商业银行、财务公司、汽车金融公司、农村商业银行、农村合作银行、农村信用社、村镇银行和小额贷款公司等；证券业金融机构包括证券公司、基金管理公司、期货公司、直投公司、投资者保护基金、证券金融公司、证券交易所、期货交易所、全国中小企业股份转让系统有限公司等;保险业金融机构包括财产保险公司、人寿保险公司、健康保险公司、再保险公司、保险经纪公司等;租赁业金融机构包括金融租赁公司、中资融资租赁公司和外资融资租赁公司等;资产管理业金融机构包括金融资产管理公司、银行系资产管理公司、银行系直投公司、银行系债转股公司、银行系理财公司、证券系直投公司、基金系直投公司和保险系资产管理公司等。此外,还有各种类型的准金融机构,包括投资公司、私募基金管理公司、财富管理公司、典当公司和由地方政府批准设立的金融服务公司等。

从2014年12月国家统计局公布的第三次全国经济普查数据看(见表1-4),到2013年末,中国境内共有金融业企业法人单位2.9万个,从业人员514.0万人,分别比2008年末增长8.4%和4.1%。在表1-5中,主要金融机构家数不包括小额贷款公司、村镇银行等,所以,金融机构的家数明显少于表1-4,但将这些主要金融机构的资产数额与表1-4中同类数据进行对比可以看到,到2018年,仅"银行"类资产就已达2682401.00亿元,大大超过了2013年金融机构资产总额1620312.7亿元;同时,这些金融机构的资产总额也大大超过了表1-1中2018年的"GDP总额"和表1-3中2018年的"社会融资存量规模"。这既反映了中国金融机构发展的状况和速度,也反映了它们在国民经济发展中的影响力和推动力。

表1-4　　　　中国金融机构简要情况(2013年)

项目	金融机构法人单位（万个）	金融机构从业人员（万人）	金融机构资产总额（亿元）
货币金融服务	1.5	369.5	1493978.0
资本市场服务	0.1	26.2	30409.7
保险业	1.2	112.3	84069.5
其他金融业	0.1	6.0	11855.5
合　计	2.9	514.0	1620312.7

资料来源:国家统计局《第三次全国经济普查公告(第二号)》。

表1-5　　　　　　　中国主要金融机构家数和资产

机构类型	2016年 数量（家）	2016年 资产（亿元）	2017年 数量（家）	2017年 资产（亿元）	2018年 数量（家）	2018年 资产（亿元）
银行	2441	2322532.00	2997	2524040.00	3257	2682401.00
证券公司	129	57900.00	131	61400.00	131	62600.00
保险公司	213	153764.66	222	169377.32	225	183308.92
基金公司	109	1346.32	113	—	120	—
信托公司	68	5569.96	68	6578.99	68	7193.15
期货公司	149	5439.41	149	5232.82	149	—
财务公司	236	44570.74	247	—	253	—

资料来源：《中国金融年鉴（2017）》，中国金融出版社2018年版；万得（Wind）数据库；中国银保监会网站。

第四，建立了种类比较合适的金融市场体系。20世纪90年代初，随着市场经济发展和实体企业的股份制改革推进，中国开始建立金融市场。先后建立了股票市场、债券市场、期货市场和金融衍生产品市场。其中，股票市场由上海证券交易所、深圳证券交易所、全国中小企业股份转让系统有限公司、各地的股权交易市场等构成；债券市场由银行间市场、证券交易所市场和银行等金融机构柜台市场构成；期货市场由上海期货交易所、大连商品交易所、郑州商品交易所和中国金融期货交易所等构成。从表1-6中可以看出，1990~2018年，中国债券市场上的债券只数从14只增加到了42657只（增长3045.9倍），债券余额从906.10亿元增加到857394.71亿元（增长945.3倍）；沪深股市的上市公司数量从8家增加到3584家，总市值从23.82亿元增加到487551.38亿元（增长20464.43倍），年成交额从29.56亿元增加到496729.25亿元（增长16803.1倍）。根据表1-7中数据计算可知，2001~2018年，中国商品期货市场得到快速发展，上海、大连和郑州三个商品期货交易所的交易品种从5种增加到了51种，年成交额从28318.88亿元增加到了1719577.50亿元。商品期货市场的快速发展，既提高了金融服务于实体经济的能力，给相关大宗商品的生产和现货交易以期货市场的参考信息，又给金融机构和金融投资者的运作提供了新的交易对象和避险工具。在商品期货市场、债券市场、股票市场发展的基础上，2006年以后，中国进一步推出了金融衍生产品市场，挂牌的交易品种从股指期货拓展到国债期货。其中，股指期货的上市品种包括沪深300股指期货、上证50股指期货和中证500股指期货，国债期货的上市品种包括2年期国债期货、5年期国债期货和10年期国债期货，2018年股指期货的交易额达到157403.70亿元，国债期货的成交额达到103819.28亿元。

表1-6　　　　　　中国债券市场和股票市场的发展

年份	债券数量（只）	债券余额（亿元）	沪深股市上市公司数量（家）	上市公司市值（亿元）	年成交额（亿元）
1990	14	906.10	8	23.82	29.56
1995	31	4502.50	323	3938.39	915.42
2000	218	26498.46	1088	50752.32	29252.17
2005	501	59494.26	1381	34952.96	12029.12
2010	2431	169647.19	2063	305214.87	239831.18
2015	19045	480613.35	2827	584464.41	1217275.45
2018	42657	857394.71	3584	487551.38	496729.25

注：上海证券交易所于1990年12月19日正式开业，当年股市成交额缺乏统计数字，所以，表中1990年的"年成交额"为1991年数字。

资料来源：Wind咨询。

表1-7　　　　　　中国商品期货市场发展

年份	上海期货交易所		大连商品交易所		郑州商品交易所	
	品种数（个）	成交额（亿元）	品种数（个）	成交额（亿元）	品种数（个）	成交额（亿元）
2001	3	8558.49	2	19760.39	0	0
2002	3	16396.88	2	20832.07	0	0
2003	3	60539.91	2	39895.99	0	0
2004	4	84326.42	4	50968.53	1	11640.36
2005	4	65402.03	4	47416.75	1	21629.60
2006	4	126100.57	5	52153.16	3	31792.59
2007	5	231304.66	7	119245.41	3	59172.38
2008	6	288719.90	7	274853.31	3	155568.73
2009	8	737583.45	8	376437.00	3	191086.75

续表

年份	上海期货交易所		大连商品交易所		郑州商品交易所	
	品种数（个）	成交额（亿元）	品种数（个）	成交额（亿元）	品种数（个）	成交额（亿元）
2010	8	1234794.78	8	417059.05	3	617913.30
2011	9	434534.36	9	168756.19	3	334185.15
2012	10	445976.86	9	333211.17	10	173636.50
2013	11	604167.73	14	471527.27	11	188978.31
2014	12	632353.25	16	414944.31	15	232399.30
2015	14	635552.63	16	419359.74	16	309794.68
2016	14	849774.91	16	614052.98	16	310297.11
2017	14	899310.34	16	520070.60	18	213661.15
2018	16	815417.14	17	521956.61	18	382203.75

资料来源：Wind 咨询。

第五，建立了比较合理有效的金融监管体系。金融业是一个高风险产业。70 年来，中国始终重视将金融业的各种金融活动置于严格的金融监管之下。进入市场化取向的改革开放以后，更是不断强化金融监管的科学性和有效性。从 1992 年 10 月起，陆续建立了专业化金融监管机构，专职对应金融业务活动和金融市场的监管，使得中国金融监管的法治化程度、专业化程度和有效性程度大大提高；同时，通过与国际金融监管部门、发达国家金融监管部门之间建立信息沟通、协同监管和加入国际金融监管组织等机制，基本实现了金融监管的国际对接，使得中国金融监管的国际化水平大大提高。在完善金融监管体制机制过程中，各金融监管部门既尊重市场规则，根据金融市场化改革的进程，适时修改完善金融监管的制度体系和监管方式，为金融市场的创新提供充分空间；又守住底线，坚决打击违法违规的金融行为，从而保障了中国金融在改革开放的发展中充满活力，不犯大错。

中国的金融监管体系的形成和发展始终从中国国情出发，建立了中央和地方两层金融监管机制。2018 年 3 月以后，"一委一行两会"的框架建立标志着中央金融监管体系迈入了新时代。中央金融监管部门着力于对全国性金融活动和涉及系统性金融风险的监管，将金融监管重心从原先的机构监管为主转向行为监管（或功能监管）为主。各地方金融工作办公室（或"金融工作局"）主要负责地方性小微金融机构和金融行为的监管，着力防范和化解地方性金融风险。由此，形成了"条块"机制较为协调的覆盖全国各种金融活动的网格式监管体系。

第六，充分运用现代科技成果提高金融服务质量。20世纪80年代以后，电子化、互联网、手机技术和智能科技等现代信息技术快速发展，金融作为信息产业的构成部分理所当然地需要及时且规模化运用这些现代科技的最新成果来提高自己的服务质量。2017年底，中国的银行卡在用发卡数量达到66.93亿张，比2007年的15亿张增长了3倍以上；全国人均持有银行卡4.84张，比2007年的1.13张增加了3.71张；银行卡跨行支付系统联网商户2592.60万户，比2007年的73.92万户增长了34.07倍；联网POS机具3118.86万台、自动取款机（ATM）96.06万台，分别比2007年的118.12万台和12.3万台，增长了25.4倍和6.81倍。由此，推进了银行卡交易笔数从2007年的136.12万笔增加到2017年的1494.31万笔，交易金额从111.47万亿元增加到761.65万亿元。在这个过程中，借助高新技术的运用，金融领域发生一系列新的变化：一是借助计算机网络及电子传输技术，实现了各家商业银行之间划款的同城通兑、异地划款即时到账和异地取款便利，改变过去曾经困扰实体企业和城乡居民的同城不可通兑、在途资金时间过长和异地取款难等问题。二是借助互联网技术等，实现了网上缴纳水、电、电话等日常费用，展开了网上证券交易、网上划款、电子保单交易和网上购物等，推进了第三方支付的发展。三是借助手机技术的发展，将手机功能与互联网相接，既推进了手机支付的发展，也推进了普惠金融的发展。在运用现代科技成果的背景下，客户离柜率达到了70%左右（有的银行已达95%以上），银行、证券、保险等金融业的物理网点的功能也发生了实质性转变。

三、有效防范化解金融风险

有经济活动和金融活动必有相应的经济风险和金融风险。中国作为一个经济转型的发展中大国，在经济转型和经济发展过程中金融风险的发生由多方面成因引致。以银行为例，不良资产的形成主要成因包括：一是改革开放中各种探索性政策因素引致了一些不良资产形成。例如，1984年以后，为了推进国有企业改革深化和保障经济增长，在财政投资资金严重不足的条件下，对固定资产投资和基本建设投资实行了"投改贷"政策。在这一政策操作中，那些效益较好的投资项目在投入经营运作后，可以较快地运用现金流归还银行贷款本息，而那些效益不佳或投资失败的项目，它们的贷款就只好由银行背着，由此，引致不良贷款的严重发生。二是为了维护经济社会生活秩序的稳定，在财政资金不足的条件下，只好运用银行资金进行扶贫解困，由此，引致一部分银行贷款成为不良资产，如"饺子贷款"。三是在正常的经营运作中，由于市场竞争及其他因素，一部分国有企业经营陷入长期亏损、无力偿付贷款本息的境地。为了给它们减负，政府出台政策，要求银行对它们予以本息减免。例如，1996年以后，在"优化资本结构"政策下，银行系统按照1996年100亿元、1997年200亿元、1998年300亿元、1999年400亿元和2000年600亿元的规模给进入试点城市的相关企业减免贷款债务，由此，引致相关银行的不良贷款增加。四是财务规则不合理引致不良资产形成。20世纪90年代中期之前，中国的实体企业和金融机构普遍实行资金平衡表，财务规则中只反映"资金来源"和"资金使用"，缺乏"资本"和"负债"概念，由此，引致了经营运作中的资金、资产等机制的混乱。例如，在20世纪80年代中期之后的近10年时间内，曾盛行着"借鸡下蛋"式全负债企业。一旦企业经营不善，就将后果全部推给银行负担。五是银行经营过程中由贷款对象拖欠到期本息等引致的不良资产。

防范化解金融风险的政策取向在20世纪90年代中期就已提出。20多年来，中国采取的措施主要有六类：第一，有效清理处置不良资产。金融机构不良资产的清理处置，不仅表现在1999年对工、农、中、建四大行的1.3万亿元不良资产剥离和2004年以后在这些银行进行股份制改制过程中的不良资产剥离，而且表现在信托投资公司、农村信用社及其他金融机构整顿中的不良资产处置。第二，整顿金融机构的经营运作。例如，从1982年到2007年，信托投资公司先后经历了6次大整顿；1993年以后，证券公司先后经历了3次大调整，基金业经历了2次大调整；1995年以后，保险业先后经历了2次大调整。在整顿金融机构过程中，为了维护金融秩序的稳定，中国对一些被整顿的金融机构（如中国投资银行、广东信托投资公司、中国农村信托投资公司等）实行了行政托管经营模式。2016年以后，对互联网金融（尤其是P2P等）展开了整治；2018年又对资产管理（尤其是影子银行）的乱象进行了整顿。第三，补充资本金。1998年，为了抵御亚洲金融危机的冲击，增强国有独资商业银行的经营运作实力，财政部通过发行特种国债，向工、农、中、建四大行补充了2700亿元资本金。2003年以后，为了支持四大行的股改和发股上市，汇金公司向四大行注入了巨额资本金，其中，仅2013年12月30日，汇金公司就一次性向中国建设银行和中国银行分别注入225亿美元（总计450亿美元）的资本金。在各类商业银行发股上市以后，充分利用股市机制，根据业务拓展的需要，适时增发股份募集资本，使得它们的资本充足率达到《巴塞尔协议》规定的要求和监管部门的监管要求。第四，抑制金融市场的异常波动。在拆借市场、期货市场、债券市场和股票市场等金融市场走势出现严重异常的情况下，监管部门为维护市场秩序的稳定，果断出手，抑制异常波动的延续。例如，2013年6月20日，拆借市场的隔夜拆借利率突然飙升到13.34%，相关金融监管部门紧急出手，抑制了银行间市场利率波动向债市和股市的蔓延。又如，2015年7月初，在A股市场出现大幅下跌走势的异常波动下，多个金融监管部门联手出台了"组合拳"措施，避免了股市波动转化为金融危机。第五，强化金融机构的内控机制。进入21世纪之后，在加入世界贸易组织的背景下，各家金融监管部门都加强了对相关金融机构经营运作风险的监管，出台了风险内控的指引等相关制度并适时展开监督检查，要求它们建立比较完善的风险内控机制。一旦发现风险隐患，及时予以处置和防范。第六，坚决打击违法违规金融活动。既对各种非法集资、电信诈骗、内幕交易、操纵股价、"老鼠仓"等行为进行了坚决打击，又对金融机构的各种不规范经营运作及时予以纠正。

从表1-8中的数据可见，2003~2012年的10年间，中国银行业不良贷款总额从24406.0亿元减少到了4929.0亿元，不良贷款率从17.8%降低到了1.0%，实现了总额与比率的"双降"。2013~2018年的6年间，在经济增速从高位向中高位调整的过程中，银行业的不良贷款总额、损失类余额和不良贷款率、损失类占比等指标有所上升,不良贷款总额从5921.0亿元增加到20254.0亿元、不良贷款率从1.0%上升到1.8%、损失类余额从809.0亿元增加到3143.0亿元、损失类占比从0.1%上升到0.3%,但同期坏账准备的数额从16740.0亿元增加到了37734.0亿元,因此,由不良贷款引致的银行业风险依然总体可控。

表1-8　　　　　　　　中国银行业不良资产一览

时间	不良贷款（亿元）	不良贷款率（%）	损失类余额（亿元）	损失类占比（%）	贷款坏账准备（亿元）	拨备率（%）
2003年6月	24406.0	17.8	6747.0	4.9	—	—
2004年	17176.0	13.2	5202.0	4.0	—	—
2005年	13133.6	8.6	4806.8	3.2	—	—
2006年	12549.2	7.1	4685.3	2.7	—	—
2007年	12684.2	6.2	5877.1	2.9	—	—
2008年	5602.5	2.4	569.8	0.3	—	—
2009年	4973.3	1.6	627.9	0.2	—	155.0
2010年	4293.0	1.1	658.7	0.2	—	218.3
2011年	4279.0	1.0	670.0	0.2	11898.0	278.1
2012年	4929.0	1.0	630.0	0.1	14564.0	295.5
2013年	5921.0	1.0	809.0	0.1	16740.0	282.7
2014年	8426.0	1.3	992.0	0.2	19552.0	232.1
2015年	12744.0	1.7	1539.0	0.2	23089.0	181.2
2016年	15122.0	1.7	2391.0	0.3	26676.0	176.1
2017年	17057.0	1.7	2842.0	0.3	30944.0	181.4
2018年	20254.0	1.8	3143.0	0.3	37734.0	186.3

资料来源:根据中国银保监会网站资料整理。

2013年以后,随着中国经济步入新常态,经济增速从高位转向中高位,防范化解金融风险日渐突出,为此,历年的中央经济工作会议都强调要防范金融风险、守住不发生系统性金融风险的底线,为此,采取了一系列防范化解金融风险的有效举措。2017年12月,中央经济工作会议更是将"防范金融风险"列入2018~2020年的3年攻坚战首位,强调防范化解金融风险（尤其是守住不发生系统性金融风险的底线）是金融工作的根本性任务。正是由于对防范化解金融风险的高度重视且不断采取有效政策措施将防范金融风险的工作落到实处，在几十年的经济发展中，中国才没有发生大的金融震荡，更没有发生金融危机。

第三节 中国金融70年的历史经验

70年的中国金融，虽曾经历了曲折坎坷和波动起伏，但作为中国经济的一个构成部分，始终本着符合国情、实事求是的基本精神，走出了一条与西方金融发展不同的道路，为发展中国家的金融发展积累了宝贵的历史经验。

一、坚持以推进经济发展为第一要务

对发展中国家来说，经济发展既具有增强国力、改善人民生活和提高国际竞争力等方面的经济意义，也具有维护国家主权、民族独立和社会生活秩序稳定等方面的政治社会意义，因此，它是一个根本性问题。

在经济起步阶段，发展中国家面临着百废待兴的众多困难，如生产力低下、技术落后、就业压力大、市场供给不足、物价上涨和资金严重短缺等，同时伴随着市场机制不健全、法治程度较低、社会矛盾突出、经济社会风险严重等问题，但这一切问题都是发展中的问题。发展中的问题只能通过加大发展力度、在发展中解决，亦即离开了发展也就失去了解决问题的基础和手段。新中国成立以来，虽然受各种因素影响，中国金融的发展困难重重，同时也遇到了一系列过去从未遇到过的新问题、新情况和新矛盾，但坚持经济发展的总取向始终没有改变，与此对应，坚持金融发展的总取向也始终没有改变。

在一个贫穷落后的发展中大国中，尤其是长期实行计划经济体制机制的社会主义国家中，发展以市场经济为取向的经济，是前无古人的艰难探索，不仅需要勇气，更需要智慧和持之以恒的努力。在70年的历程中，

从财政、信贷、外汇和物资的四大平衡到实施积极财政政策与稳健货币政策相协调的宏观经济调控政策，从推行"两参一改三结合"的企业管理方法到实行以股份制为代表的现代企业制度，从供给制探索到承认商品经济不可逾越再到建立社会主义市场经济新体制，中国金融一直在探索中前行。既然是探索，就不可能选择一蹴而就的行动方式，也不能期待通过毕其功于一役的决战来实现前行的目标，这决定了中国只能走"摸着石头过河"和"渐进式展开"的道路。

"摸着石头过河"，看似简单易懂，却深藏着中国金融发展的内在机理和基本机制。一是目标和取向清晰，即"过河"；二是方法基本明确，即"摸着石头"探索；三是实践创新，即如何"摸石头"没有条条框框的限制，发挥实践中亲历者的聪明才干和创造精神；四是逐步前进，即摸着石头一步一步踏实前行，不急于求成，一旦发现问题就及时解决，以避免大的失误；五是没有确定的时空限制，即留有充分的时空选择，可以有先行者，也可以有后行者，避免共振效应。从金融发展角度而言，砥砺前行中虽然有过一些波动曲折但始终没有犯大的错误，这有效地保障了适合国情且能够有效发挥市场机制的金融体系建设，保障了金融服务于实体经济的能力增强。

二、坚持维护金融运行秩序的稳定

金融活动，不论从金融机构角度看还是从金融市场参与者角度看，都是一项以营利为目的的商业性活动，这决定了金融产品属于私人品范畴，金融交易是私人品的交易活动。但与市场经济中实体产品交易相同的是，金融交易中贯彻着"公开、公平、公正"的原则，客观要求有着一个良好的市场运行秩序。现代市场经济是一个法治条件下的市场经济，金融市场的运行秩序属于公共品范畴。

在计划经济的30年中，经济资源主要由政府配置，由此，中国金融由政府主导是必然的。在中国金融的体制转轨过程中，从稳定金融运行秩序和开发建设金融市场出发，在一定时期内，金融改革开放依然应该由政府主导。内在机理是，金融体制改革是对已有金融体系的根本性改造，它不仅涉及金融制度、金融体制和金融监管,也不仅涉及金融市场、金融产品和金融机构,而且直接影响着经济社会生活秩序的稳定。如此巨大的变革,客观上需要以金融运行秩序的稳定为前提条件。一旦金融运行秩序不稳定,必将严重影响金融各项功能的正常发挥、金融市场的开放进程和金融发展成果的巩固,也必将直接威胁到实体经济乃至整个国民经济的发展,由此,也就谈不上金融改革的继续深化了。在此背景下,再好的金融改革方案也是不能实施的。因此,在推进金融改革开放过程中,金融运行秩序的稳定"压倒一切"。

由政府主导金融改革开放,在中国的实践中具体地表现在五个方面:

第一,主要金融机构实行国有独资或国有控股。改革开放和体制转型需要付出巨大的代价。如果主要金融机构采取的是非国有模式,在利益驱动之下,那些需要付出代价而暂时缺乏收益的改革事项就难以有效推进和落实,这不仅将严重影响改革开放进程和经济发展进程,甚至可能使得改革开放半途而废。在国有独资或国有控股模式下,主要金融机构的市场行为既要重视经济效益又要兼顾社会效益,承担必要的改革成本,在金融改革中发挥稳定器功能,这有利于推进各项金融改革举措的落实。另外,在金融对外开放过程中,一旦主要金融机构被外资控股,则通过金融机制延伸到对国民经济命脉的掌控,就将威胁到国家的经济主权,与此对比,由国有控股主要金融机构有利于避免这种被动局面的形成。

第二,主要金融业务的经营权应由金融监管部门审批或核准。金融业属于特许产业,有着较严格的准入条件和监管要求。对发展中国家而言,如何建立适合本国国情的金融体系是一个探索过程,其中很可能出现反复曲折。如果贸然将金融业务范围放开,很容易因金融机构彼此间无序竞争带来金融市场混乱,在金融效应外溢下,引致经济社会生活秩序的动荡,这决定了金融业务的经营权应根据法治条件、经济发展要求、经济转型进度和金融监管能力逐步放松,因此,审批权的存在有其内在合理性。事实上,在发达国家中,金融业务也是依法审批的。

第三,主要金融产品的面世经过金融监管部门的论证和审批。金融产品是金融交易的对象,既承载着金融交易各方的权益,也承载着金融服务于实体经济的机制。金融产品的种类、规模、价格、流程和衍生程度等直接制约着金融市场的发展、金融风险的集聚和分散、金融服务满足各类市场参与者的程度。从20世纪70年代展开的金融创新主要表现为金融产品创新，它不仅引致了金融市场功能和结构的深刻变化，而且引致了金融体系的主导机制、金融结构和金融运行机制的深刻调整。在市场机制尚不成熟的条件下，贸然放开金融产品的面世，将因鱼龙混杂、良莠不齐而引致金融机构和准金融机构的经营运作混杂，金融市场交易混乱，形成种种金融乱象，这不仅不利于金融的健康可持续发展，更可能因金融市场秩序的紊乱带来系统性金融风险，给金融和经济的后续前行造成难以估量的困难。因此，在法治不充分、金融市场不成熟等条件下，金融产品的问世需经充分论证和监管部门审批，是一个两害相权取其轻的选择。

第四，主要金融市场的设立由金融监管部门审批。金融市场是各种金融交易活动的总和，金融市场的运行状况直接影响着各方参与者的权益。20世纪90年代初期，随着建立市场经济新体制的展开，一些地方曾陷入随意设置资金市场、股票交易市场和商品期货市场的混乱局面，交易规则由市场组织者随意更改，市场参与者的权益难以得到有效保障。在此背景下，中国对金融市场进行了整顿，明确了设立金融市场应具备的各方面条件并由金融监管部门进行审批，此后，金融市场发展进入有序轨道。一个值得关注的问题是，发达国家的金融市场建设，在历经200多年的探索、磨难、曲折和试错中前行，才有了今天的成就；对发展中国家而言，在当今国际竞争中已无如此长的时间可供试错了，因此，不能拿发达国家的历史套用到发展中国家的如今实践。可选择之策是，根据本国国情和经济金融发展的需要，有序地设立金融市场体系，按照"宁愿慢些但要好些"的思路，在借鉴他国经验的基础上，走出自己的路。

第五，各项金融活动置于金融监管部门的有效监管之下。金融活动存在着种种风险，既有从实体经济部门转移来的风险，也有金融机构经营运作、金融市场波动带来的风险，还有因政策不协调、体制机制改革不到位所引致的风险。要有效防范化解金融风险，避免因这些风险扩散、蔓延和聚集爆发给经济金融运行带来的震荡，必须将各种金融活动置于金融监管全覆盖之下，同时，建立必要的预警机制和应急机制，处置突发性金融事件。

在中国以市场取向为主的金融改革开放过程中，各方对政府主导的金融改革开放颇有微词，政府各部门在具体政策选择中和调控监管力度行为上也存在种种不协调之处，由此引致了一些摩擦、矛盾和效率损失，但这在探索前行过程中是不可避免的。与稳定金融运行和金融发展秩序相比，问题不在于不切实际地放松乃至放弃"由政府主导金融改革开放"的总构架，而在于如何在这一构架内加速推进金融运行和金融资源配置中的市场机制形成和成长。由此可以理解，为什么中国金融改革开放没有循着西方国家"自由放任、自由竞争"的老路展开，而要按照走"中国特色社会主义道路"来发展。在政府主导的金融改革开放过程中，随着各项金融制度的建立，按照法治化规范展开进一步的金融改革开放势在必行。在此条件下，根据金融市场进一步发展的内在要求，提高市场机制在配置金融资源方面的决定性作用，改变政府部门行政机制对金融运行和金融发展的过多干预，就成为金融改革深化的重要内容，为此，维护金融稳定的机制将从以行政机制为主转向以法治机制为主。

三、始终坚持"以我为主"的发展原则

发展中国家在金融改革发展中，为了摆脱贫困的恶性循环陷阱，需要引进外资。在引进外资的同时，引进海外先进的科学技术、管理经验等，以提高本国的资源配置效率、推进体制转轨、缩小与国际水平的差距。对中国来说，加速经济发展和金融发展毕竟是本国之事，我们需要利用外资，但不能依赖外资。就此而言，中国计划经济30年的主要问题不在于坚持了"独立自主"的以我为主原则，而在于在主要西方国家对中国实行封锁的条件下，受计划经济体制制约，中国未能有效地开拓国际市场（包括国际金融市场），从而通过对外开放，引入国际资源，加速经济建设。在改革开放40年的历史中，中国金融始终坚持"以我为主"的原则，积极发挥金融机制集中和配置国内各种资源的作用，有效地支持了中国经济的快速发展。实际上，从金融面来看，1995年之后，中国的资金短缺状况已根本缓解，逐步发生资金过剩现象。在此背景下，依然需要坚持对外开放方针，此时引进外资，除了需要进一步引进海外先进技术、管理经验、

优秀人才外，一个重要的方面在于由此推进体制改革的深化。从这个意义上说，体制机制改革的深化，为对外开放创造着条件；对外开放，引进海外先进的管理、机制和经验，有利于进一步推进金融改革深化，构建发挥市场机制在配置资源方面决定性作用的新体制。

2004年之后，中国主要商业银行进入了股份制改革的高潮期，在坚持国有控股的条件下，引入了海外战略投资者。其中，"坚持国有控股"反映了"以我为主"的原则，而"引入海外战略投资者"则反映了推进改革开放和金融全球化的取向。2008年美国乃至全球金融危机以后，在世界各国和地区的商业银行排位中，中国的主要商业银行无论在资产规模、盈利水平还是在资产质量、发展潜能和市场竞争力等方面都位居前列。

2018年4月10日，在博鳌亚洲论坛开幕式的主旨演讲中，国家主席习近平明确将金融业的对外开放列为各项扩大开放举措的首位，强调指出在服务业特别是金融业方面，2017年底宣布的放宽银行、证券、保险行业外资股比限制的重大措施要确保落地，同时要加大开放力度，加快保险行业开放进程，放宽外资金融机构设立限制，扩大外资金融机构在华业务范围，拓宽中外金融市场合作领域。这标志着中国对外开放步入了新时代。在美国等发达国家转向贸易保护主义的国际背景下，中国加大对外开放力度，既坚持了国际多边主义的取向，又是"以我为主"在新的国际经济政治条件下的具体体现。

四、坚持从本国实际出发

中国金融改革开放起步之际，正是美国等西方国家金融创新高歌猛进之时。在金融脱媒机制之下，以银行信用为基础的间接金融明显弱化，资本市场的发展成为金融创新的一个突出亮点。但受计划经济体制制约，中国缺乏大力发展资本市场的基本条件。在此背景下，中国从自己的国情出发，选择了着力发展以银行信用为特征的间接金融体系，克服了资金短缺引致的各种问题，有效支持了国民经济发展。

1994年以后，在《公司法》实施过程中，随着企业进一步发展和公司制改革的展开，中国积极推进了资本市场的发展，逐步调整了直接金融与间接金融的结构关系。在深化改革开放、展开金融创新和推进金融的国际化进程中，中国既紧紧把握国际金融走势动向，积极借鉴国际经验，又努力根据本国国情的具体情况，加快直接金融发展；既有效补充了上市公司的资本金，又充分支持了主要商业银行的改制上市和按照《巴塞尔协议》要求落实资本充足率。

70年间，坚持从本国经济发展要求出发推进金融改革发展，使得中国能够在错综复杂的国际金融形势变化条件下，不盲从、不跟风、不迷信，走出了符合本国国情且快速可持续发展的金融前行之路。2007年8月以后，以美国为代表的西方国家先是爆发了次贷危机，随后在2008年9月转变为金融危机，并快速蔓延成了全球性金融危机。在这场危机中，中国所受冲击较小的一个主要原因就在于，没有盲从西方国家的金融创新而大规模展开相关金融衍生产品的运作使得金融服务于自己的比重持续上升，避免了金融泡沫不断扩大。

金融在创新中发展。金融改革发展的过程，也是金融创新的过程。不论是金融制度、金融体制和金融机制等方面的创新，还是金融市场、金融产品和金融机构等方面的创新，都紧紧根据本国的实际情况和实体经济部门的需要而展开，避免脱离国情、急躁冒进、追求形象工程和流于形式。在金融创新中，中国始终强调稳步推进，不操之过急或急于求成，既要吸取国际经验，又要坚持切合实际。美国次贷危机乃至金融危机起因于次贷证券化。资产证券化的探讨，中国在20世纪90年代就已展开，经历了多轮集中研讨后，于2005年才迈开了试点步伐，并在取得经验后，于2013年逐步推开。同样，股权分置改革、融资理财产品和公司债券等也都是先行试点，取得经验、完善制度后再全面铺开。这些都反映了中国在金融创新中的谨慎取向。

五、坚持服务实体经济的初心

70年来，中国不断根据实体经济的发展要求和结构调整，适时调整金融政策和金融市场走向，以协调和强化金融业与实体经济之间的融合关系。在金融改革开放的40年间，中国金融经历了多次整顿，其中包括了金融制度的调整、金融监管体制的调整、金融机构的调整、金融市场的调整和金融产品的调整等，其直接目的都在于不断协调金融发展与实体经济发展的关系。事实上，金融发展只有紧紧地围绕实体经济发展而展开，才有其实践意义和切实效应。

2012年以后，面对金融脱实向虚、大量资金滞留于金融层面操作的状况，中国连续多年出台了财政、金融、社会保障和行政等一系列举措，给实体企业减税、减费、减息、减负，努力提高它们的资产边际收益率，促进资金从金融面下落到实体面，与此同时，全面整治各种金融乱象，出台资产管理新规，促进了金融回归本源和金融结构优化。

六、坚持守住不发生系统性金融风险的底线

有金融活动必有金融风险。虽然从国民经济发展角度说，金融是一套识别风险、评估风险、分散（或组合）风险和管理风险的机制，但受各种因素影响，金融业本身是一个高风险产业部门。不论从宏观经济角度看还是从金融市场运行、金融机构运作等微观角度看，防范化解金融风险都始终是金融改革深化、金融发展和金融监管不容轻视的重大课题。一个显而易见的事实是，一旦金融风险过度集聚并传导蔓延就可能酿成金融动荡乃至金融危机。在金融危机爆发的过程中，前期经济金融改革发展的成就可能毁于一旦，并给此后的经济金融发展留下严重障碍。因此，防范化解金融风险，守住不发生系统性金融风险的底线，是经济金融发展中必须时刻关注的基本点。

中国充分借鉴国际成熟经验，结合本国国情，建立了有效的风险防范机制、预警体系和应急体系。各项金融产品的推出、各类金融市场的建立、各种金融功能的展开等都需要对可能面临的金融风险进行充分论证，积极探讨防范和化解这些金融风险的政策措施。在这些风险尚未充分弄清的条件下，金融创新的展开"宁慢勿急"。为了防范和化解金融风险，在宏观层面建立了稳健货币政策与宏观审慎政策的"双支柱"框架，既关注经济金融运行中的金融风险形成机制，又及时采取有效措施防范化解金融风险；在金融监管层面，建立从以机构监管为主转向以行为监管为主的监

管框架，形成了银保监会着重于行为监管、证监会着重于市场监管的新格局，同时，利用现代信息技术，将现场监管与非现场监管有效结合，做到金融监管全覆盖；在金融机构层面，根据业务发展、信息技术进步和资产运作的新要求，持续完善内部控制机制，将定期和不定期相结合，排查每个风险点并采取对应措施予以防范化解。

20世纪90年代以后，尽管海外一些机构不断预言中国将发生货币危机和金融危机，但中国金融却在改革发展中不断壮大，可持续发展能力也不断增强。

70年的中国金融是创造辉煌奇迹的70年历史。曾几何时，西方的一些机构和学者喋喋不休地对中国金融的前景说三道四，似乎离开了西方模式就是"大逆不道"，就将"半途夭折"。如今，在国际金融危机的反思中，越来越多的国家和有识之士认识到中国道路可能更优于西方道路，是发展中国家可选择的发展之路。为此，坚持中国特色社会主义道路，在发挥市场机制决定性作用和更好地发挥政府作用的条件下，积极推进中国金融的供给侧结构性改革，与时俱进地砥砺前行，中国金融将取得更加令世人惊叹的历史奇迹。

中国的货币与货币政策

货币发行、货币政策调控是一国经济主权的主要构成部分，对经济金融的稳定运行和健康发展至关重要。1948年12月1日，中国人民银行成立并发行了第一套人民币，标志着新中国的货币制度、货币体系和货币发行机构的形成，从此，迈开了中国货币和货币政策的步伐。

第一节 中国货币制度演进

70年来，随着经济发展和体制机制转变，中国的货币制度也在不断完善中发展着。这一演进历程，大致上可分为两个时期：

一、人民币制度的建立（1949~1978年）

中华人民共和国成立初期的人民币制度是以商品物资为准备的、发行和流通都是计划好的、完全为计划性生产服务的纸币制度，与"全部生产资料公有化"的计划经济体制相协调。1948年11月成立的中国人民银行，最初为协调各个解放区的金融政策和货币发行而成立，它的成立为货币的统一奠定了基础。通过发行第一套人民币，中国人民银行逐步肃清了国民党政府发行的货币，收兑回解放区的旧币，之后制定了金银和外汇的计价流通，人民币的市场地位基本确立。人民币是以国家财政收入、商品和物资为发行保证的信用货币，属于纸币本位制，标志着社会主义性质的银行和货币制度进入了一个新的时期。

人民币发行制度安排的起点，是计划经济时代"大一统"式的人民币发行。新中国成立之后，中国人民银行服务于高度集中的计划经济体制，是人民币的发行中心、会计出纳中心和信贷结算中心，全面实施信贷资金的计划管理，包揽商业银行的业务，人民币制度安排是以商品物资为准备的、完全为计划性生产服务的纸币制度。1969年，为了更好地顺应计划经济体制，中国人民银行和财政部合并，成为财政部的记账和出纳部门。当时的中央银行更多只是扮演"发行的银行"，货币发行遵循的是"货进去，钱出来；钱进去，货出来"的原则，人民币的发行量仅占其商品物资准备的八分之一。从人民币流通制度安排的角度，当时人民币的投放主要有三个渠道：农产品收购、工资奖金和信贷，回笼主要是通过商品销售、储蓄、财政税收。把人民币的发行管理权统一于中央人民政府——国务院，在当时的背景下有利于人民币市场的统一、有利于国家有计划地调节人民币的流通、有利于国家支配人民币发行带来的铸币税收益，并且便于群众识别。总体上，将信贷计划和国民收入计划相衔接，与当时特殊的计划经济背景是相互协调的。

然而，由于货币政策的主体和作用都具有很高的财政性，频繁出现企业或基建向银行透支的现象；商品交易的灵活性与货币制度僵化的矛盾，成为计划性的人民币制度不协调性的主要体现。伴随着商品统购统销①模式的改革，人民币制度也逐步实行了转轨。

二、人民币制度的发展（1978年至今）

1978年改革开放以后，与商品自由交易的社会主义市场经济体制相协调，中国逐步实现了由中央银行垄断发行的法定银行券制度，人民币制度

---

① 统购统销是粮食计划收购和计划供应的简称，是指农民把粮食卖给国家，社会所需要的粮食再由国家供应。该政策是在特殊历史条件下，处理国家同农民关系，解决粮食供应问题的一种特殊政策。

演变至今，可以分为以下三个阶段：

（一）计划性特征的延续（1978~1992年）

从人民币发行制度安排的角度而言，伴随着商品统购统销模式的改革，1978年1月1日，中国人民银行与财政部分设，开始负责吸收和分配资金、监督工商企业和一般信贷业务。1981年，中国着手建立真正意义上的中央银行体制。这一阶段，人民币发行的数目基本遵循计划经济时代的计划式发行标准，主要表现为一种"还账式"的发行方式，难免出现赤字型的通货膨胀。

从人民币流通制度安排的角度而言，1983年，国务院颁布并实施《关于中国人民银行专门行使中央银行职能的决定》，规定中国人民银行专门行使中央银行（以下简称"央行"）的职责，将其旧有的工商信贷和储蓄职能分离给专业银行，增加了中央银行"银行的银行"这一角色。1984年，十二届三中全会通过的《关于经济体制改革的决定》中，明确从中国人民银行中划分出中国工商银行，专门负责信贷业务，以保证中国人民银行的独立性和货币政策的有效性。新分离出去的商业银行从财政部门接手国营企业的流动资金，开始被允许发放固定资产的贷款，并实行"信贷差额包干"制度，将之前的"统存统贷①"转变成为"多存多贷"。独立商业信贷部门的成立，对人民币流通制度安排有关键的转折意义，通过引入商业性资金融通机构，能够调剂资金余缺，提高人民币作为资本的使用效率。

尽管如此，通过"联行清算"的方式，这些新成立的商业银行仍然可以无偿地占有中央银行的联行清算资金，从而在1984年出现了盲目信贷引发的信用膨胀。为了应对这样的问题，1988年中国开始实行"限额管理"，1989年试行"以存定贷"的"双向控制"办法。在这一阶段，市场经济体制还处于摸索时期，当时的宏观经济体制依然保留计划的特征，因此，这一时期的人民币制度是由财政部和中国人民银行共同决定的，人民币制度的转型还处于探索之中。

---

① 统存统贷也称为统收统支，是指信贷资金的管理分配权统一归中国人民银行总行，各基层银行的存款全部上缴总行，贷款也由总行统一平衡后核定计划指标，逐级下达。这种管理制度的主要特点是：资金分配高度集中统一，存款和贷款两条线管理，且互不相关。

（二）从计划向市场的过渡（1992~1994年）

经过经济金融领域十几年的改革，基本建立了具有利益激励机制的社会主义市场经济新秩序。为了配合社会主义市场经济体制的改革、降低交易成本，人民币发行制度由财政经济时代的还账发行，改为银行经济时代的盲目发行。从人民币流通的角度而言，1994年中国的信贷管理体制变为限额管理下的资产负债比例管理，并成立三家政策性银行[①]，将商业银行的政策性业务和经营性业务分离，促进专业银行向商业银行转变。然而，形式上的这些转变，并没有改变政府将商业银行系统看成宏观经济调控工具的实质，政府试图通过充实国有商业银行的资金、提高国有商业银行的贷款规模，把信贷资金当成财政资金，以有效拉动内需、带动经济增长。事实证明，人民币的这种发行和流通制度安排没有约束机制，人民币滥发和指令性的流通导致两位数字的通货膨胀，特别是1994年8月~12月，月度居民消费价格指数（CPI）同比增长超过25%，严重威胁政府信用和人民币币值稳定。

（三）市场化改革的持续深化（1994年至今）

1994年之后，中国着力发展外向型经济并制定了汇率管理制度，发展至今，实施以市场供求为基础、参考一篮子货币进行调节、有管理的浮动汇率制度。市场经济的发展和市场交换方式的改革，导致人民币制度开始大刀阔斧的改革。这一阶段的改革依然是以人民币发行制度安排作为突破口。1995年颁布《中华人民共和国中国人民银行法》，从法律的高度明确了中国人民银行的独立性，其中明令禁止财政向中央银行透支以弥补赤字的行为。

同时，中国还开展了人民币流通制度安排的一系列的关键改革。为了加强中央银行的权威性，提高其管理人民币的实力，省级分行的贷款规模调剂权和向非金融部门发放的专项贷款均被取消。1996年将银行信贷管理调整为资产负债比例管理下的限额管理，配合新成立的货币政策委员会。1998年，进一步简化为资产负债比例管理和风险管理，逐渐实现了从直接控制信贷规模向间接控制贷款数量的转变。发行制度安排和流通制度安排

[①] 国家开发银行、中国进出口银行、中国农业发展银行。

的改进，促使1999年颁布《中华人民共和国人民币管理条例》，该条例明确了当前中国实施的人民币制度，其内容涉及人民币的法律偿付性质、用途、票面的单位、种类，以及人民币发行组织、程序和更新办法，对伪造人民币的惩罚办法，以及人民币的汇兑办法等，内容翔实，涉及人民币制度的多个方面，把人民币制度用法律形式确定下来，对深化人民币制度的改革具有重大意义。

当前，中央银行主要通过公开市场操作、再贴现和法定存款准备金这"三大法宝"调节货币发行流通，中央银行的独立性越来越高，"三大法宝"越来越灵活、完善，货币政策委员会的地位进一步提升，金融市场全面发展，中央银行汇率形成机制和利率市场化的持续改革，促进人民币制度适应国际化和开放化的新需要。同时，进一步创新和完善流动性供给及调节机制，如新增常备借贷便利等工具，不断提高应对流动性波动的能力，为维持金融体系正常运转提供必要的流动性保障。

三、五套人民币演化进程

1948年12月1日，中国人民银行成立，同时发行第一套人民币。人民币的发行至今已有近70年的历史，截至目前，先后发行了五套人民币。

（一）第一套人民币的发行

第一套人民币是在统一各解放区货币的基础上发行的。1948年，人民解放军以排山倒海之势，解放了祖国大片土地，华北、西北、东北各解放区已连成一片，发展生产、商品贸易等都要用钱、花钱、收付货币，但由于当时各解放区发行的货币不统一，货币比价不固定，货币间相互兑换十分繁难，迫切需要发行一种独立、统一、稳定的货币。第一套人民币发行时间从1948年12月1日至1953年12月止。期间共发行12种券别，有1元、5元、10元、20元、50元、100元、200元、500元、1000元、5000元、10000元和50000元券。有62种版别，其中，1元券2种；5元券4种；10元券4种；20元券7种；50元券7种；100元券10种；200元券5种；500元券6种；1000元券6种；5000元券5种；10000元券4种；50000元券2种。

第一套人民币带有明显的战争时代色彩。一是印制质量粗糙，印制技术、工艺不统一，纸张易磨损；二是票面设计图案比较单调，色彩变化少；三是票券的面额、版制种类繁多；四是面额大（最大的 50000 元），单位价值低，在流通中计算时以万元为单位，不利于商品流通和经济发展，给人们带来不便；五是票券防伪功能差。但统一发行人民币，清除了国民党政府发行的各种货币，结束了国民党统治下几十年的通货膨胀和中国近百年外币、金银在市场流通、买卖的历史，促进了人民解放战争的全面胜利，在中华人民共和国成立初期经济恢复时期发挥了重要作用。

（二）第二套人民币的发行

第二套人民币是在第一套人民币统一全国货币的基础上于 1955 年 3 月开始发行的。20 世纪 50 年代初，新中国医治了战争创伤，遏制了通货膨胀，国民经济逐渐恢复，工农业生产发展，商品经济日益活跃，财政收支基本平衡，市场物价趋于稳定，货币制度也相应巩固和健全，一个独立、统一的货币制度已建立起来。但是，由于新中国成立前连续多年的通货膨胀遗留的影响没有完全消除，加上第一套人民币面额大、种类多、质量差、破损严重等弊病，国家决定发行第二套人民币，同时收回第一套人民币。第二套人民币发行从 1955 年 3 月至 1962 年 4 月，共发行了 11 种券别，有 1 分、2 分、5 分、1 角、2 角、5 角、1 元、2 元、3 元、5 元、10 元券。共 16 种版别，其中：1 分、2 分、5 分 2 种（纸、硬币各一种），1 角、2 角、5 角各 1 种，1 元券 2 种，2 元、3 元券各 1 种，5 元券 2 种，10 元券 1 种。

第二套人民币在设计、印制发行工作中，得到了周恩来、陈云等中央领导同志的高度重视。第二套人民币是中国第一套完整精致的货币，对健全中国货币制度，促进社会主义经济建设发挥了重要作用。一是消除了战时痕迹和通货膨胀的影响，版别少，面额小，单位价值大，流通方便；二是版面图案体现了各民族大团结，共同进行社会主义建设的新风貌，具有好看、好认、好算、好使用的"四好"特点；三是精心制作，印制技术和纸张质量都比第一套人民币好，防伪性能增强；四是钞券的印制，由部分依靠外援过渡到本国独立印制，1961 年中国自制的水印纸研制成功，即用在第二套人民币钞券上。

(三) 第三套人民币的发行

第三套人民币是1962年4月15日开始发行的，20世纪60年代初，中国经历了连续三年的经济困难时期，国民经济开始好转，工农业生产逐步恢复，国家财政金融状况逐渐好转，为适应国内外经济形势变化，促进生产建设和商品流通，国务院决定发行第三套人民币，使中国货币制度进一步完善。第三套人民币在第二套人民币的基础上，经过了18年的逐步调整和更换，共陆续发行7种券别，有1角、2角、5角、1元、2元、5元、10元券。13种版别，其中：1角4种（纸3种、硬1种），2角、5角、1元各2种（纸、硬各1种），2元、5元、10元券各1种。至此，中国第三套人民币各券别、版别发行齐全。

第三套人民币较第二套人民币又有新的特点：一是体现了当时的建设方针和中国特有的民族风格；二是采用了手雕与机雕相结合等多种先进技术，印制精细，对各券别近似图案颜色进行调整，使不同面额钞券有所区别，既方便使用，又美观大方；三是体现了中国全部自行印制钞券的能力，实现了从设计、制版到纸张、原材料、印制设备全部国产化，同时，由于油墨、纸张、制版、印刷等技术的提高，进一步增强了防伪性能；四是各种券别结构经过调整，进一步趋于合理，加之纸币、硬币品种丰富，更加方便人民群众和市场货币流通的需要。

(四) 第四套人民币的发行

随着党的十一届三中全会改革开放政策的实施，中国国民经济迅速发展，城乡商品经济日益活跃，社会商品零售额大幅度增长。这样，不仅要求货币发行在总量上与之相适应，而且在券别结构上也要与之相适应。为了适应经济发展的需要，进一步健全中国的货币制度，方便流通使用和交易核算，国务院责成中国人民银行发行第四套人民币，使中国货币制度更进一步得以完善。第四套人民币采取"一次公布，分次发行"的办法，从1987年4月至1992年8月发行完毕。共发行9种券别，有1元、2元、5元、10元、50元、100元6种主币和1角、2角、5角3种辅币。版别有80版和90版两种，在20世纪80年代陆续发行的各种券别人民币，均为80版，此外，50元、100元、1元、2元券开始发行90版。

第四套人民币在设计思想、风格和印制工艺上都有一定的创新和突破。一是体现了政治性与艺术性的有机结合，主景图案集中体现了在中国共产党领导下，中国各族人民意气风发、团结一致，建设有中国特色的社会主义的主题思想；二是突出了防伪性能，在纸张、油墨及制版、印刷工艺、数字及安全线等方面加强了防伪，反映了中国印钞技术水平的提高。

（五）第五套人民币的发行

改革开放以来，中国国民经济持续、快速、健康发展，经济发展速度在世界上名列前茅，社会对现金的需求量也日益增大，经济发展的形势对人民币的数量和质量、总量与结构都提出了新要求。货币制度需要随着经济发展变化的实际情况进行适时调整。中国第四套人民币的设计、印制始于改革开放之初，由于当时的条件，第四套人民币本身存在一些不足之处，如缺少机读性能、不利于钞票自动化处理等。为了适应经济发展和市场货币流通的要求，1999年10月1日，在中华人民共和国成立50周年之际，中国人民银行陆续发行第五套人民币，有1元、5元、10元、20元、50元、100元6种面额，其中1元有纸币、硬币两种。

第五套人民币特点主要包括：一是设计先进。第五套人民币将国际先进的计算机辅助设计方法与中国传统手工绘制有机结合，既保留了中国传统钞票的设计特点，又具有鲜明的时代特征；既突出"三大"，即大人像、大水印、大面额数字，便于群众识别，又增强防伪功能。第五套人民币取消了传统设计中以花边、花球为框的设计形式，整个票面呈开放式结构，增加了防伪设计空间。增加了机读技术，便于现代化机具清分处理。背面主景设计采取组合风景方式、焦点透视和散点透视相结合的技艺，体现了中国文化特色，图纹花边设计既保持了货币的传统风格和特点，又具有防伪功能。票面简洁、线纹清晰、色彩亮丽。二是防伪技术先进。第五套人民币防伪种类比第四套人民币多，如100元券仅公众能掌握的防伪措施就有10种，20元券有8种，且公众掌握的防伪特征设在钞票主要图案的明显处，只要通过直观的眼看、手摸就能识别，便于群众反假、防假。三是券种少，单位价值大，方便流通。随着经济发展，市场货币需求量增大，大面额支付多，原有的货币结构已不适应货币流通的需要，如1元、2元券原作为主币起大额支付作用，而现在只能起找零作用，同时还必须增加印刷、调运、发行费用。因此，第五套人民币在保留第四套人民币的大部分面额外，取消了2元券、2角券，增加了20元券，适应了现阶段经济发展的需要。

第二节 中国货币政策工具演进

在中国，货币政策在1999年才迈出正式实施的步伐。但与经济运行和经济发展相适应，实际上相关的货币供应量调控举措，在此之前就已在实践中展开。

一、法定存款准备金制度

法定存款准备金制度作为一般性货币政策工具，是在中央银行体制下建立起来的。所谓法定存款准备金，是指金融机构必须按照中央银行规定的法定存款准备金率将对应比例的资金存放于中央银行的存款账户。各金融机构既然吸收社会存款，就需要准备部分现款，以备客户随时提取，以确保其遇有突然大量提取存款时有充足的清偿能力，从而保证自身经营的安全和良好的信誉。中国的法定存款准备金制度始于中国人民银行专门行使中央银行职能的1984年，至今经历了数十次调整，大多都是在经济金融形势发生转折性变化的情况下进行的。法定存款准备金制度经历了从初创到逐步成熟的发展过程，成为重要的货币政策工具之一。中国法定存款准备金率的调整大致可以分为以下几个阶段：

（一）上调持平阶段（1985~1998年）

1984年，中国存款准备金制度设定的最初目标是为中央银行筹集资金，央行按存款种类规定法定存款准备金率，企业存款20%，储蓄存款40%，农村存款25%。过高的存款准备金率使当时银行的资金严重不足，中国人民银行不得不通过再贷款形式将资金返还给银行。1985年，为克服存款准备金率过高带来的不利影响，中央银行将存款准备金率一律调整为10%。1987年和1988年是中国进行全面经济体制改革的重要时期，由于价格的全面开放和固定资产投资规模增长过快，中国出现了比较严重的通货膨胀。中国人民银行为适当集中资金，支持重点产业和项目的资金需求，同时也为了紧缩银根、抑制通货膨胀，两次上调了法定存款准备金率。1987年从10%上调为12%，1988年8月出现挤兑抢购风潮，迫使中央银行于1988年9月进一步上调为13%，之后一直到1998年基本保持法定存款准备金率的稳定。

（二）下调阶段（1998~2003年）

从1998年开始，中国经济形势受到亚洲金融风暴的影响，由通货膨胀风险变为通货紧缩风险，国内市场疲软，有效需求不足。为了刺激经济增长，1998年3月21日，中国人民银行对金融机构的存款准备金制度进行了重大改革，将法定准备金账户和备付金账户合二为一，同时法定存款准备金率从13%下调到8%。1999年，中国的GDP增幅滑落到7.1%，经济仍然处在较为低迷的状态，因此央行在11月21日将金融机构法定存款准备金率由8%下调到6%以刺激经济增长。从1998年到1999年，中国的存款准备金率由13%下降到6%，下降的幅度很大，之后一直到2003年9月保持了法定存款准备金率的稳定。

（三）平稳上升阶段（2003~2008年）

2003年，扩张性的政策造成了中国投资过热，宏观经济出现了固定资产投资规模过大、货币供应量和信贷投放增长过快、物价上涨迅速等不利情况。为了防止货币信贷总量过快增长，从2003年9月21日起，中国人民银行将法定存款准备金率提高1个百分点，由6%调高至7%。2004年第一季度，金融机构贷款再次呈现快速增长，部分银行贷款扩张明显。2004年4月25日央行再次提高存款准备金率，并实行差别存款准备金制度。2005年投资增速仍在比较高位运行，中国继续采取适当收紧政策。2006年中国经济发展所面临的国内外宏观环境总体向好，但面临产能释放过快所导致的供给过剩压力，因此央行3次上调法定存款准备金率，从7.5%调整至9%。2007年GDP增速与CPI涨幅双双创下近十余年最高纪录，经济不平衡凸显。固定资产投资，尤其是房地产开发投资增长过快，双顺差迫使外汇储备不断膨胀，人民币升值压力增大，货币供应量增长较快，贷款增加较多，流动性明显过剩，央行在一年中共进行了10次调控，法定存款准备金率由年初的9%上调到年底的14.5%。2008年,CPI指数飞涨,GDP增长速度已达到9.4%,因此央行在2008年初到6月25日之间六次调高存款准备金率,将其提高到17.5%,创了历史新高。存款准备金率调控之频繁、调控力度之大都是罕见的。

(四) 小幅回调阶段(2008~2010年)

2008年9月,为了更好地应对金融危机,向社会注入流动性,增大货币供应量,避免危机进一步影响实体经济,中国采取了宽松的货币政策,法定存款准备金率有所回调。2008年9月25日,央行宣布,除了工商银行、农业银行、中国银行、建设银行、交通银行、邮政储蓄银行暂不下调外,其他存款类金融机构人民币存款准备金率在原来17.5%的基础上下调1个百分点。之后,中国央行再次宣布从2008年10月15日起下调存款类金融机构人民币存款准备金率0.5个百分点。11月26日央行又第三次宣布下调法定存款准备金率,即从2008年12月5日起,工商银行、农业银行、中国银行、建设银行、交通银行、邮政储蓄银行等大型金融机构下调1个百分点,中小型存款类金融机构下调2个百分点。随后央行又决定从2008年12月25日起,再次下调0.5个百分点。2009年,中国总体宏观经济形势良好,存款准备金率保持稳定。

(五) 不断上调阶段(2010~2011年)

2010年,国内经济形势较金融危机时已有很大的好转,但依旧面临很多新的突出矛盾和问题,如流动性过剩、通货膨胀、房价飞涨等,迫切需要尽早收缩流动性。为了应对这些问题,中国人民银行决定从2010年1月18日起上调存款类金融机构人民币存款准备金率0.5个百分点,农村信用社等小型金融机构暂不上调。这是2008年12月25日央行下调准备金率以来首次上调。2010年2月25日中国人民银行又一次上调存款准备金率0.5个百分点,调整至16.5%。此后,为了防范通货膨胀,央行连续十一次上调存款类金融机构人民币存款准备金率0.5个百分点,至此,大型存款类金融机构存款准备金率达到近21.5%的历史高位。

(六) 小幅下调阶段(2011年至今)

2011年底开始,由于外汇占款趋减、CPI下行趋势确立、采购经理指数(PMI)疲软以及工业增加值继续下降,中国人民银行决定,从2011年

12月5日起，下调存款类金融机构人民币存款准备金率0.5个百分点。之后，又多次下调存款准备金率，截至2018年末，大型金融机构的法定存款准备金率为14.5%，中小型金融机构的法定存款准备金率为12.5%。

二、公开市场操作

公开市场政策，又称公开市场业务或公开市场操作，是指中央银行在金融市场上公开买卖有价证券，从而起到调节货币供应量的一项政策业务活动。中国公开市场业务自启动以来，虽然也经历过停滞和反复，但总体发展势头较好，经过几年来的运作，目前已成为中央银行一项主要的货币政策工具，对中央银行金融宏观调控由直接向间接转变起到了积极的推动作用，其政策效果也日益显现。

（一）公开市场业务的启动与恢复期（1994～1998年）

为了加强金融调控，中国人民银行决定在货币政策体系中引入公开市场操作这一政策工具。1994年，中国人民银行成立了公开市场业务操作室，从当年4月起，代表中央银行正式进入全国联网的银行间外汇市场运作。中央银行在外汇市场的操作，对稳定人民币汇率起到了重要作用。1996年4月9日，中国人民银行开始以国债回购形式开展本币公开市场操作。每周二通过计算机交易网络向作为一级交易商的商业银行发出回购招标书，一级交易商对回购的利率和数量进行投标，最后，中国人民银行按实价中标原则确定中标的利率和数量。1996年共进行有效投标并回购51次，中央银行通过国债回购共拆出资金20多亿元，期限为14天。

1996年，中国人民银行主要采用的交易方式是回购交易。选择这一方式进行公开市场操作是当时客观的金融形势和中国人民银行资产状况所决定的。在银行系统流动性较高的情况下，中国人民银行自身没有债券资产，因而无法在启动公开市场操作时，选择卖出债券从而收回基础货币的方式进行交易。1997年初，中国人民银行根据货币政策操作的需要，向商业银行融资的债券回购交易实际上暂时停止了。当年，中国人民银行发行了中央银行融资券，以吸收商业银行过多的流动性。1997年，中国人民银行把主要精力放在制度建设和市场建设方面,旨在为公开市场业务创造必要的基础条件。

从市场建设情况看,1996年开始公开市场业务操作时,由于商业银行持有可交易的记账式债券数量较少,又缺乏可供交易的市场,制约了公开市场业务的开展。1997年6月以前,商业银行主要通过证券交易所进行债券买卖。在股票市场过热时,交易所的债券回购便成为银行资金流入股市的主要渠道。1997年6月,根据国务院的指示精神,商业银行全部退出深沪证券交易所,进入银行间债券市场进行债券交易。根据规定,商业银行可使用在中央国债登记结算公司所托管的国债、中央银行融资券和政策性金融债券进行相互间的债券回购和现券买卖,这标志着银行间债券市场的正式启动。银行间债券市场建立初期,仅有16家商业银行总行成员,由于交易成员有限,因而交易不活跃。根据各类金融机构的资产业务需求,中国人民银行批准了各类金融机构加入市场。过去,国债发行主要采取凭证方式对社会公众发行,政策性金融债券则采取计划摊派的方式发行。上述方式既不符合金融机构的资产业务需求,也不利于银行间债券市场的发展。经认真准备,国家开发银行和中国进出口银行在1998年开始了市场化发债的试点,其后,大部分政策性金融债券开始通过银行间市场招标发行,从而推动了国债发行的市场化进程。

与此同时,为了配合中央银行公开市场业务开展,1997年国债发行也出现了一些新的特点:一是发行数量增加,全年共发行国债2476亿元,比上年增加509亿元。二是国债券种增多,面向社会发行的有记账式国债、无记名国债和凭证式国债,同一债券又有不同的期限品种,如凭证式国债就包括二年期、三年期、五年期三种期限品种。

随着银行间债券市场的启动运行,银行间同业拆借市场迅速发展,交易主体不断增加,交易日趋活跃,利率弹性增强,逐渐成为商业银行调剂头寸的首选方式和主要场所。特别是在中央结算公司托管的可在银行间债券市场交易的债券种类和数量大大增加,为中国人民银行开展公开市场业务提供了必要条件。

1998年初,中国人民银行取消了贷款规模管理,金融调控方式由直接向间接转变。同年3月,改革了存款准备金制度,同时下调法定存款准备金率,为中央银行扩大公开市场操作创造了良好的环境。1998 年 5 月 26 日,根据基础货币管理的需要,中国人民银行恢复了公开市场业务。当年共进行了 36 次操作,累计向商业银行融出资金 1761.3 亿元,净投放基础货币 701.5 亿元,成为当年中央银行投放基础货币的重要渠道。市场交易成员从 14 家增加到 29 家;交易工具由短期国债一种扩展到国债、政策性金融债券、中央银行融资券等多种;交易品种由正回购的三个短期品种扩展到包括现券交易的多个品种;交易方式除底价利率招标外,又增加了固定利率数量招标和底价价格招标两种交易方式;建立了公开市场交易的基本制度,制定了《公开市场业务债券交易操作规程》。公开市场业务的恢复和发展,初步形成了通过公开市场业务进行货币政策传导的机制,使货币政策向间接调控过渡迈出了重要一步。

(二) 公开市场业务的初步形成期 (1999~2001 年)

1999~2001 年,因受亚洲金融危机的冲击和国内有效需求不足的影响,中国经济发展一直处于低谷,需要中央银行货币政策的大力支持,所以,中央银行除了把法定存款准备金率调低到 6% 外,还加大了公开市场业务操作的力度。

1999 年 9 月以后,公开市场业务操作加大了对国债和政策性金融债券的现券买入力度。1998 年和 1999 年,中国通过公开市场操作增加基础货币 2600 多亿元,占两年基础货币增加总额的 85%。2000 年底,通过公开市场业务投放的基础货币为 1804 亿元,占当年中国人民银行新增基础货币的 63%。2001 年下半年中国经济开始走出低谷,随着国际收支大量盈余和外汇储备的大幅增长,中央银行通过外汇公开市场操作投放的基础货币大量增加,全年外汇占款增加 3813 亿元。全年开展人民币公开市场操作 54 个交易日,累计投放基础货币 8253 亿元,累计回笼基础货币 8529 亿元,年末净回笼基础货币为 276 亿元。

这一阶段的公开市场操作改变了过去以回购交易为主的方式,增加了现券交易方式。为了刺激经济发展,主要以投放基础货币为主,只净回笼了 276 亿元的基础货币。2001 年公开市场操作承担了货币政策日常操作的主要职能,也标志着中国公开市场业务的初步形成。

(三)公开市场业务的快速发展期(2002~2005年)

2002~2005年中国经济处于上升时期,消费需求稳定增长,固定资产投资和出口快速增长。中央银行根据党中央、国务院的总体部署,开始执行稳健的货币政策,加大公开市场操作力度,适时调节基础货币投放。这一时期公开市场操作的特点主要体现在以下几方面:一是外汇公开市场操作投放基础货币大幅增加。由于中国外贸出口和外商直接投资快速增长,银行间外汇市场供大于求,中央银行从银行间外汇市场大量购买外汇,外汇占款大幅增加。2003年外汇占款投放基础货币11459亿元,2004年中国人民银行通过外汇公开市场操作投放基础货币16098亿元。二是人民币公开市场操作以收回商业银行流动性为主。中央银行针对外汇占款投放基础货币大幅增长的情况,适度收回商业银行流动性。如2005年累计回笼基础货币35924亿元,累计投放基础货币22076亿元,净回笼基础货币13848亿元。三是通过发行央行票据方式,加大基础货币回笼力度。4年共转换和发行央行票据的总量为52118.3亿元。四是采用交易品种与期限的组合,保持基础货币稳定增长。从2003年起,中国人民银行针对市场变化,采用短期逆回购与发行央行票据、发行央行票据与买入现券等不同交易品种与期限的组合,既体现了央行坚持基础货币稳定增长的政策意图,又有效缓解了偶然性、季节性因素引发的短期流动性问题。

(四)公开市场业务的逐渐成熟期(2006年至今)

2006年以来,公开市场业务愈加成熟,中国人民银行不断创新货币政策工具。进入后危机时代,中国银行体系短期流动性供求的波动性有所加大,尤其是当多个因素相互叠加或市场预期发生变化时,极易出现市场短期资金供求缺口,这不仅加大了金融机构流动性管理的难度,也不利于中央银行调节流动性总量。为提高货币调控效果,增强对货币市场利率的调控效力,中国人民银行进一步创新和完善流动性供给及调节的工具,不断提高应对短期流动性波动的能力。一是实施短期流动性调节(SLO)。中国人民银行于2013年初创设了公开市场短期流动性调节工具和常备借贷便利,在银行体系流动性出现临时性波动时相机运用。二是实施常备借贷便利(SLF)。常备借贷便利的主要功能是满足金融机构的大额流动性需求，期限比短期流动性调节长，主要解决节假日等影响资金面波动较大的问题。三是中期借贷便利（MLF）。中期借贷便利创设于2014年9月，是中央银行提供中期基础货币的货币政策工具，对象为符合宏观审慎管理要求的商业银行、政策性银行。中期借贷便利与常备借贷便利相比区别不大，只不过前者期限更长一些，作为中期流动性管理工具，更能稳定市场的预期。它的出现既可以满足稳定利率的要求，又能够不直接向市场投放基础货币，在外汇占款渠道投放基础货币出现阶段性放缓的情况下，起到了主动补充流动性缺口的作用。四是抵押补充贷款（PSL）。抵押补充贷款是中央银行长期基础货币的投放工具，于2014年4月创设，其初衷是为开发性金融（国家开发银行）支持"棚户区改造"重点项目提供长期稳定、成本适当的资金来源。此外，央行还对其他若干家股份制银行和大型城市商业银行投放抵押补充贷款，旨在为支持国民经济重点领域、薄弱环节和社会事业发展而对金融机构提供期限较长的大额融资。五是定向降准。定向调整存款准备金率的政策主要从2014年开始使用，但早在2010年，央行和银监会就出台了《关于鼓励县域法人金融机构将新增存款一定比例用于当地贷款的考核办法（试行）》的通知，规定对一定比例存款投放当地且考核达标的县域法人金融机构，存款准备金率按低于同类金融机构正常标准1%执行，实质上相当于定向降低部分县域金融机构的存款准备金率。此后，自2014年起，央行多次使用定向降准政策，引导流动性向县域、"三农"、小微企业、消费领域扩张。

三、再贴现政策

再贴现政策是中央银行通过制定和变更再贴现率，起到直接影响商业银行的放款规模并进而影响整个社会信用总量的政策措施。它是市场经济条件下中央银行控制货币供应量的三大传统政策工具之一。再贴现政策一般包括两方面的内容：一是规定和调整再贴现率；二是规定何种票据具有向中央银行申请再贴现的资格。

中国的票据贴现业务是从20世纪80年代开始的，于1981年在上海开始试办贴现业务。1984年，中国人民银行颁发了《商业汇票承兑、贴现暂行办法》，决定从 1985 年起在全国开展票据承兑和贴现业务。1986 年中国人民银行又颁布了《再贴现试行办法》，开始办理再贴现业务。1988 年，为了解决全国大面积的货款拖欠问题，中国人民银行颁发了《银行结算办法》和《银行结算会计核算手续》，将商业汇票作为企业货款结算的一种工具，对商业汇票的结算、承兑、贴现、再贴现的处理程序及会计核算手续作出了明确规定，并要求大力推行商业票据，将企业间的商业信用关系票据化。1988 年 9 月 1 日，中国人民银行公布了再贴现率。1991 年 9 月，针对推行商业汇票以来出现的一些问题，如有些企业和银行违反规定签发、承兑和贴现商业汇票，有的银行对已承兑的汇票宣布无效或到期拒绝支付等，中国人民银行颁发了《关于加强商业汇票管理的通知》，进一步规范了商业汇票的使用和银行票据承兑与贴现行为。

1994 年初，中国人民银行颁发了《信贷资金管理暂行办法》，提出中国人民银行对货币信用总量的控制，要由过去的信贷规模为主的直接控制逐步转向运用社会信用计划、再贷款、再贴现等手段的间接控制。对商业银行则要求按照"六自"原则，逐步降低信用放款比重，提高抵押担保贷款的比重。1994 年 10 月，中国人民银行第一次专门安排了 100 亿元再贴现资金，专项用于煤炭、电力等五类行业以及棉花、食糖等四种农副产品已贴现票据的再贴现。经过一段时间的实践，再贴现政策开始作为货币政策工具，对货币供应量产生调节作用。1999 年 5 月 10 日，第八届全国人民代表大会常务委员会第十三次会议通过了《票据法》，自 1996 年 1 月 1 日起实施。《票据法》全面规范了汇票、本票、支票当事人之间的权利、义务关系，为促进票据的正常使用和流通，为各种经济交往活动提供资金清算服务手段赋予了法律保障，它标志着中国票据活动开始纳入法制化管理的轨道。

第三节　中国货币政策操作演进

货币政策是一国重要的经济政策，在宏观经济政策体系中占有重要地位。货币政策的实施，不仅对整个国民经济运行具有重要影响，在一定程度上也影响着其他经济政策作用的发挥。

第二章
中国的货币与货币政策

一、计划经济时期的货币调控实践（1949~1977年）

1949年起，中国进入和平建设时期。此间，发展经济选择了高度集中的计划经济体制，使得中国货币政策演进之路较为特殊，表现为：其种子萌发于战时金融军队、财政、银行三位一体土壤中，生长于计划金融财政、银行二位一体环境里，成熟于市场金融中央银行相对独立的氛围内。在货币政策演变中，计划金融起了一个承前启后的作用，也造就了货币政策财政化的典型体制，其最大特点就是财政、银行二位一体。

在高度集中计划金融体制下，中国人民银行也形成了高度集中之体制，银行体系也选择了一级银行制度，中国人民银行作为唯一金融机构垄断了全部信贷业务，并建立起纵向型信贷资金管理体制，即全国银行信贷资金不论资金来源或用途，一律都由中国人民银行总行统一控制，这就是所谓统存统贷信贷资金管理办法，即：银行吸收全部存款一律上缴，由总行统一使用，不能自行安排；各级银行只能在指标范围内发放贷款。一言以蔽之，一切存款统一上交总行，一切贷款统一由总行核批。在流动资金管理制度上，国营工业企业定额资金、国营商业企业非商品资金和一部分商品资金，由财政拨款解决，银行贷款只解决工业在途、季节性临时资金需要，解决商业大部分商品资金和在途资金需要。当时流动资金管理制度，决定了银行贷款范围较小，也就决定了银行在宏观调控中作用有限，货币政策作用也较小，而且调节也是被动为之。

（一）"一五"时期货币调控：稳定币值

"一五"时期，货币政策是运用信贷现金计划控制货币供给量，目标是稳定币值。当时，各行各业都是依据过渡时期总路线方针，按照《国民经济的第一个五年计划》开展工作，银行也不例外。当时，由于进行大规模经济建设，同时还要完成对农业、手工业和资本主义工商业社会主义改造，因而资金需求很大，供求矛盾突出，直接威胁到币值稳定。因此，中央决定把稳定币值作为货币政策目标。

（二）"大跃进"时期货币调控：目标游移无意识

货币政策是用来稳定经济的，也就是保持经济温度不冷不热。然而，

"大跃进"时期,货币政策先是放松信贷刺激经济,结果这种有违经济稳定的扩张性货币政策,导致货币供给过量,出现经济过热,引燃通货膨胀野火,后又被迫紧缩信贷对付通货膨胀。此间,货币政策目标摇摆不定,缺乏一致性。

(三)"文化大革命"时期货币调控:政治动乱无力调

"文化大革命"中,经济指导思想严重混乱,使投资管理体系遭到破坏,结果投资又开始急剧膨胀。对投资领域的冲击蒙上了军事色彩和政治色彩,拉起了反对"封、资、修"大旗,因而具有特别严重的破坏性。

纵观计划经济时期经济波动,可以强烈感受到政治稳定是经济稳定之基础,没有政治稳定,货币政策在外生变量不稳定情况下,自身作用无从发挥或严重受限,结果无论是保持经济稳定增长,还是抑制通货膨胀都难以奏效。

二、"计划经济为主、市场调节为辅"时期的货币政策摸索(1978~1984年)

1978年,中国开始影响深远的改革开放,高度集中的计划经济体制开始松动,市场作用开始被初步认识,计划金融时期财政、银行二位一体也开始分化。同时,货币政策制度框架开始构建,最为重要的是中国人民银行从财政部分离,中央银行正式成立。这次分离不仅提升了中国人民银行地位,也促进了货币政策主体财政性降低。1979~1983年4年间,在"调整、改革、整顿、提高"思想指引下,货币政策总体上是一个紧缩型政策,尽管艰难消除了财政赤字和控制了经济过热,但其间缺乏问题意识和理论研究,因而始终没有一个经济稳定或币值之概念化政策目标,这说明当时货币政策目标意识不强,如此,政策效果和一致性都要大打折扣。

这一阶段货币供给量快速增长,M_0由1978年1月的229.59亿元增长至1984年12月的792.11亿元,M_1由1978年1月的870.53亿元增长至1984年12月的2845.24亿元。

三、有计划商品经济时期的货币政策探索(1985~1992年)

改革大门开启后,原有僵化体制中引入一定市场调节,国民经济发展到有计划商品经济时期。然而，此间由于思想并未完全解放，经济改革最终目标并不明晰，体制改革力度也不大，使得计划金融体制改革不大，货币政策制度构建进展也不大。

本时期经济波动加剧，货币政策操作更加频繁，货币供给不稳定，1989年1月M_0、M_1的增长率一度冲高至58.1%和21.05%，随后跌落至1990年6月的0.73%和10.18%。在具体操作中，货币政策方针模糊，目标依然在经济增长和币值稳定两者之间摇摆不定。有计划商品经济时期，短时间内货币政策操作非常频繁，这种频繁操作并非微调，而是力度很大的扩张和紧缩交替进行，货币政策方针一年一变，这一方面固然是由于经济波动不得已而为之，另一方面也反映出当时货币政策制度很不完善，对于货币政策最终目标是什么，货币政策到底是用来做什么的诸如此类问题缺乏正确认识，调控经验也极不成熟。当然，从历史眼光看，当时处于"摸着石头过河"的探索时期，出现不成熟之举也实属可谅。

四、市场经济初期的货币政策试水（1993～1997年）

进入20世纪90年代后，经济体制改革步伐开始加快。1992年，中央提出建立社会主义市场经济体制，经过短短几年时间，整个经济体制很快就发生了脱胎换骨的变化，这种剧变同样也表现在宏观经济管理体制方面，对中国货币政策去财政化起了催化剂作用。

本时期由于改革边际力度加大，在货币政策制度全面构建的同时，货币政策工具也不断丰富。在改革目标明确情况下，货币政策开始由直接调控转向间接调控。1993年，实行稳健货币政策。社会主义市场经济体制建立初期，中国货币政策发展进入了一个重要阶段，其间，间接调控大量增加，除使用利率、再贴现率外，最为重要的是公开市场业务首次登台亮相。尽管时间不长，仅1996年4月9日至当年底使用，1997年全年未用，交易规模也很小，总共进行了51次短期国债回购，金额仅为区区21亿元，对于稳定经济来说基本上是杯水车薪，但毕竟是迈出了历史性的一步。该工具启用对日后宏观调控产生了非常大的影响，因为正是这个阶段，中国现代货币政策三大法宝全部齐备，宏观调控开始由直接向间接过渡，由此，为日后中国宏观调控完全实行间接调控创造了条件。此阶段，货币供给增长较快，但总体上保持相对稳定。

五、向市场化调控转变初期的货币政策实践（1998~2001年）

1998~2001年间，虽时间不长，但对中国货币政策演进来说，却是特别值得一书的时期。其间，中国经济出现从未有过的通货紧缩，同时，由于抛弃信贷规模控制，中国货币政策经过漫漫萌芽、孕育、成长之路，终于在本时期修成正果，货币政策去财政化完毕。这似乎是历史的巧合，一方面出现了通货紧缩这种经济不稳定情况，另一方面又诞生了专门治理经济不稳定的现代货币政策，这对中国经济来说，乃不幸之万幸，中国货币政策成熟，意味着中国经济从此走向稳定增长的康庄大道。

纵观本阶段货币政策操作最大的特点，就是全部实行间接调控，在抛弃信贷规模控制以后，货币政策基本上以公开市场业务为主，这和主要市场经济国家做法相同，在美国，长期以来，联邦储备当局认为，公开市场业务必须成为经常性的工作。当时，做到这点很不容易，在面临严峻通货紧缩情况下，央行并未像已往多次那般走回头路，进行直接调控，而是依然坚持间接调控，将直接调控任务交给财政政策，利用各自分工，另加其他政策取得了成功。因此，可以说，这次成功是货币政策与财政政策搭配的成功，是直接调控与间接调控结合的成功，当然，也是中国现代货币政策形成之后，在操作上自然而然的结果，这种转变必然会使得货币政策有效性大大提高。此阶段，货币供给稳定性明显增强，M_0、M_1、M_2增长率总体变化不大。

六、内外均衡同时兼顾初期的货币政策完善（2002~2007年）

2001年底，中国正式加入世界贸易组织（WTO），从此，中国经济开始融入世界经济大潮，进入一个新的历史发展阶段。在中国经济成功摆脱通货紧缩困境以后，货币政策的主要任务就是如何维持经济稳定，因此，本时期基本上实行的是"稳健"的货币政策。

其中，2003年初，针对经济中出现货币信贷增长偏快，部分行业和地区盲目投资和低水平扩张倾向明显加剧等问题,中国人民银行保持了货币政策的稳定性和连续性,继续实行稳健的货币政策,具体政策措施有:稳步推进利率市场化进程;加强通过公开市场业务操作调控基础货币的能力;上调存款准备金率,实行差别存款准备金率制度;加强房地产信贷业务管理;适时对金融机构进行窗口指导。随后,货币供给明显下降。

七、全球金融危机以来的货币政策完善(2008年至今)

自2008年全球金融危机爆发以来,各国央行均采取一系列货币政策对经济进行刺激。中国中央银行也实施了强有力的货币政策,货币政策取向从危机爆发初期的"适度宽松"逐步向后危机时代的"稳健"转变。危机爆发以来,中国央行在传统货币政策的操作上大致可以分为三个阶段:应对全球金融危机阶段(2008年下半年)、应对国内通货膨胀压力阶段(2010～2012年上半年)、应对经济下行压力阶段(2014年以来)。在这三个阶段实施的货币政策最为显著的特征是,持续下调或持续上调存款准备金率和金融机构存贷款基准利率。此阶段,货币供给波动较大,其间经历多个波谷和波峰。

第四节 新常态下中国货币政策面临的挑战

经济进入新常态后,对完善中国货币政策目标体系、创新货币政策工具、优化政策工具组合、转变政策调控方式、疏通政策传导渠道和提升政策效果等提出了新的要求和挑战。

一、完善货币政策目标体系的新要求

(一)最终目标的权衡和取舍

首先,就最终目标而言,长期以来,在维持币值稳定的基础上促进经济增长是中国法定的货币政策目标。但是,事实上,基于经济发展不同阶

段的需要，中国人民银行一直采取的是多目标制，要在稳币值、保增长、促就业和平衡国际收支多个目标间寻求恰当的平衡，并要在不同的阶段以不同的权重去考虑多目标，同时随着经济条件的变化去改变权重，或进行切换。在经济发展新常态下，国家宏观调控的总体思路是宏观要稳，微观要活，而且，经济中高速增长、结构转型升级和增长动力机制转换是新常态的重要特征。这意味着货币政策的调控在原有目标的基础上还要肩负调结构和防风险（金融稳定）的重任。因此，货币政策追求的目标将会更加多元化，多个目标间的冲突可能会更加难以协调。而且，最终目标的多元化会给政策工具的组合搭配和调控模式的选择带来困难。在多元的货币政策目标之间如何构建一个政策目标权衡指标体系也就成为新常态下中央银行完善货币政策目标体系的首要问题。

其次，调结构和防风险作为货币政策的常态目标对货币政策的操作提出了挑战。金融危机以来，尽管发达经济体的中央银行在财政政策受到赤字约束的情况下，通过非常规货币政策工具进行了结构性调节的尝试，且对危机后的经济复苏产生了积极的效果。但现有研究表明，结构性货币政策工具的实施能够为经济结构调整创造良好的环境和条件，却无法从根本上解决经济结构失衡的问题。而中国经济发展新常态将是一个长期的过程。在此过程中，货币政策既要维持总量稳定，又要通过定向调控促进结构调整。如何实现调结构的目标是货币政策操作面临的现实问题；另外，金融危机以来，在构建宏观审慎监管体系的过程中，尽管理论界和世界各国中央银行就金融稳定纳入中央银行政策目标体系已基本达成共识，但是，将金融稳定纳入货币政策目标范畴，中央银行将面临如何识别资产价格泡沫和干预时机的选择问题。无论是在事前或事中刺破泡沫，还是在泡沫破灭之后再收拾残局都会带来较高的成本。

（二）中间目标和操作目标的选择和转换

经济发展新常态下构建市场发挥决定性作用的资源配置机制要求货币政策中介目标和操作目标的选择，从旧常态下的货币供应量、社会融资总规模、合意贷款规模、存款准备金等数量型目标向长短期利率等价格型目标转换。但显然，在新常态的经济转型时期，市场主体软预算约束、结构性矛盾以及利率市场化改革尚未完成等因素制约着长短期利率作为中介目标和操作目标的功能发挥；而且，随着利率市场化、汇率自由化和金融创新的发展，特别是影子银行、互联网金融等新的金融业态的出现，货币供应量、社会融资总规模、合意贷款规模及准备金等数量型目标的可测性、可控性及其与最终目标之间的相关性越来越弱。而在市场整体流动性充裕、存款准备金比率高企的现实背景下，实现操作目标由存款准备金比率向短期利率的转变将面临更加严峻的挑战。因此，经济发展新常态对中央银行在货币政策中介目标和操作目标的选择中兼顾数量目标和价格目标的平衡与转换能力提出了更高的要求。

二、创新货币政策工具面临的新挑战

根据"丁伯根法则"，要实现多个宏观经济政策目标，政府必须拥有不少于政策目标数量的政策工具。经济新常态下货币政策目标的多元化也就要求政策工具的创新与之相适应。近年来，为适应经济发展新常态，中国中央银行创新性地推出了短期流动性调节工具、中期借贷便利、常备借贷便利、抵押补充贷款和信贷资产质押再贷款等中短期定向结构性货币政策工具。结构性政策工具的推出为稳增长、调结构、促就业和防风险发挥了积极的作用。但从长期来看，这类政策工具的运用和实施面临一些需要进一步探讨和解决的深层次问题。

首先是政策工具与政策目标之间的期限匹配问题。近年实施的定向结构调节工具均为中短期政策工具，在缓解实体经济领域流动性短缺和稳增长方面发挥了有效的作用，但其是否能够实现调结构和促进增长动力机制转换的长期目标则有待实践的检验。因此，在政策工具创新的过程中，新常态下货币政策工具的运用需要解决中短期政策工具和长期目标之间可能存在的期限错配问题。其次是发挥政策工具的市场调节功能问题。上述一系列中短期政策调节工具虽然有利于实现定向调控，以达到精准滴灌和预调微调的目的，但在实施过程中，中央银行对大多数政策工具实施的数量和部分工具的价格做了限制，而且，这类工具大多为数量型工具，其透明性也较差。若这类政策工具的使用长期化，则有可能与构建市场在资源配置中发挥决定性作用的战略目标相悖。如果调节不当，则有可能进一步扭曲资金资源的配置。最后是政策工具的组合搭配问题。在资金逐利本质不变的前提下，以定向和微调为目标的政策工具要实现预期目标，需要强化预期管理，合理引导市场主体的预期。在预期管理中，如何确保政策的透明性是新常态下中央银行预期管理面临的挑战之一。确保政策的透明性，前提是中央银行对市场行为主体的预期有充分的了解，而且还需要前瞻性地对经济发展前景有比较准确的预测。同时，预期管理政策的有效性取决于中央银行承诺的可信性，这对中央银行的独立性提出了新的要求。

三、转变货币政策调控方式面临的问题

货币政策调控方式涉及政策操作规范、操作时机和力度的选择问题。从近些年的实践来看，货币政策的调控改变了原来"大水漫灌"的总量调控方式，采取了"滴水精灌"和"喷灌"的区间调控、定向调控和预调微调。与此同时，为避免出现调控不足和超调，中央银行强调了调控的适时适度，这要求中央银行准确把握货币政策的调控时机和掌控调控的力度。

（一）货币政策操作规范中的相机抉择和单一规则选择

操作规范的选择是货币政策调控方式的核心。相机抉择和单一规则之争一直是货币政策调控规范研究中关注的核心问题之一，也是货币主义学派与凯恩斯学派政策主张争论的焦点。在金融危机前，发达经济体的中央银行大多以通货膨胀作为基本目标，以短期利率作为政策工具，以泰勒规则作为操作规范，逐步形成了以一个制度（独立的中央银行制度）、一个目标（通货膨胀目标制）、一个工具（短期基准利率）和一个规则（泰勒规则）为基本特征的货币政策操作框架。金融危机之后，尽管经济学家对于美国联邦储备委员会（以下简称"美联储"）采取的非常规货币政策的操作规范存在争议，但是，争论的原因在于危机之后美联储已不再拘囿于通货膨胀这一单一目标，而是将就业和金融稳定也纳入了货币政策的目标体系。由此可见，货币政策操作规范的选择是由最终目标的单一化还是多元化决定的。长期以来，为保持经济高速增长，中国货币政策操作规范主要体现为随经济增速变化的相机抉择（含有部分规则操作），而且，呈现出数量型调控和被动调控的特点。

新常态下，经济的稳态增长要求货币政策由数量型的被动相机抉择向主动的价格型规则调控模式转型。但如果货币政策的最终目标进一步多元化，则政策操作将难免陷入相机抉择。而在通过相机抉择实现多元政策目标的过程中，政策锚的选择将会更加困难。

（二）调控时机的把握和调控力度的掌控

调控时机的把握与中央银行对货币政策时滞的识别和判断有关。经济发展新常态下，中国宏观经济运行的国内外环境日趋复杂，利率市场化、汇率自由化和人民币国际化等都会对市场主体的行为决策产生影响，这些都会增加中央银行识别和判断货币政策内外时滞的难度。调控力度的掌控取决于中央银行对新常态下经济稳态增长合理区间的判断。随着中国经济向新常态的转化，政府的宏观调控也随之发生转型，最突出的表现是宏观调控目标从以往的"点调控"转向了"合理区间调控"。在区间调控下，货币政策调控的目标取向服务于宏观经济的合理区间，是中国经济发展进入新常态的一个重要标志。但是，在经济发展新常态下，中国经济稳态增长的合理区间将会是一个动态调整的区间。如何根据不断变化的经济状况来合理判断这一区间显然并非易事。

（三）利率调控模式的选择问题

在实现数量型调控向价格型调控模式转型的过程中，建立适合中国国情的利率调控模式是关键。随着存款利率的放开，形式上中国已实现了利率市场化，但利率市场化的核心在于不仅要放得开，还需要管得住。而要管得住，则需要构建完善的基准利率形成机制。这就要求建立与中国国情相适应的利率调控模式。从发达经济体中央银行的利率调控来看，主要有美联储的公开市场操作模式和欧洲中央银行的利率走廊模式。近年来，随着利率市场化改革和货币政策工具的创新，中国中央银行尝试着借鉴欧洲中央银行的利率走廊模式来构建中国的利率调控模式，但是，利率走廊调控模式发挥作用的前提条件是什么，是否适合新常态下中国经济和金融市场环境，这些问题都值得进一步探讨。

（四）疏通货币政策传导渠道面临的困境

经济新常态下，利率市场化、人民币汇率自由化、人民币国际化、宏观审慎监管体系的构建、投融资体制等一系列金融体制改革将加快，金融市场微观主体的行为决策也会随之发生变化，从而对货币政策传导产生冲击和影响。

第一，信贷渠道的传导机制将更为复杂。长期以来，银行信贷渠道在中国货币政策传导中发挥着主渠道的作用。但是，随着利率市场化和金融创新的发展，银行信贷渠道传导的效果日益降低。近年来，中国宏观经济领域流动性充裕与实体经济领域流动性不足并存的悖论现象的出现，在一定程度上与金融创新环境下的银行信贷渠道不畅有关，导致了货币向信贷转化的不畅。另外，随着宏观审慎监管措施的实施，特别是逆周期资本缓冲、新的流动性监管指标的实施，信贷渠道中资本渠道效应和风险承担渠道效应也可能会显现出来。因此，在银行信贷渠道短期内仍会发挥作用的情况下，其传导机制将会更加复杂，效果和不确定性将更加难以掌控。

第二，利率和汇率传导的作用增强，但效果更难把握。经济发展新常态下，构建以利率调节为主的价格型规则调控模式是货币政策调控转型的目标。在利率调控模式下，市场主体的行为会相应发生变化，资金供求对利率变化的弹性也会提高，利率传导渠道将发挥越来越重要的作用。但是，利率传导下的货币政策效果取决于市场主体资金供求的利率弹性。在经济转型和经济增长动力机制转换的过程中，如果市场主体的资源配置仍以政府调控为主，特别地，如果国有企业、地方政府这类资金需求利率弹性较低的市场主体的投融资行为未能真正实现市场化，则利率传导机制的效果将会非常有限。

另外，人民币汇率双向波幅的扩大、人民币的国际化会带来国际资本跨境流动的规模扩大和频率增加，货币政策平衡内外均衡的难度增加，从而形成人民币汇率传导渠道。人民币汇率制度改革和人民币国际化虽然有助于缓解资本项目管制下货币政策面临的三难困境，但也会加大中国同其他经济体之间货币政策的外溢和共振效应，削弱货币政策的效果。因此，在新常态下一个相当长的转型时期内，中国货币政策传导可能会出现银行信贷渠道（包括资本渠道效应、风险承担效应）、利率渠道和汇率渠道同时并存的局面。显然，新常态下货币政策传导的机制将会更加复杂，效果更加不确定，疏通的难度更大。

中国银行业的发展

新中国 70 年,就金融业而言,银行业既具有代表性,也是历时最长和发挥作用最大的行业。与经济发展水平、经济体制机制等相对应,中国银行业经历了初建、探索、市场化发展和国际化竞争等一系列变化,有着自己的经验和发展路径。

第一节 计划经济时期的银行业

自 1949 年新中国成立起至 1978 年改革开放的近 30 年是中国银行业的"大一统"时期。

新中国成立初期,中国处在计划经济阶段,集中资源优先发展重工业。刚结束战乱的中国,经济发展水平低,极度缺乏发展资金。在这样的现实情况下,于 1948 年 12 月 1 日组建的中国人民银行在中央人民政府的领导下建立了统一的国家银行体系;1955 年 2 月 1 日,全国的公私合营银行并入当地人民银行储蓄部,中国农业银行于 1956 年成立后于 1957 年并入中国人民银行,改设农村金融管理局,统一管理全国农村金融业务,大一统银行体系开始运作。中国人民银行既是管理金融事务的国家机关,又是经营商业银行业务的国家银行。

作为政府机关的一部分,中国人民银行代表着国家权威,管理全国金融事业，统筹全国信贷资金，并对企业金融行为进行监督。另外，中国人民银行又利用自有资金经营信贷业务并获得利润，是国家唯一的商业银行。在这样的银行体制下，由财政部和国家计划委员会制定相关财政预算、现金和信贷计划、外汇交易计划以及生产和投资计划，上报国务院批准，再下发到相关单位。银行在这一过程中起到联结计划制定部门和国营企业的作用，同时承担监督企业经营情况的任务。

在"大一统"银行体制下，中国经济快速恢复，但国家对于银行业的绝对控制使得"财政"性质远大于"金融"性质，中国人民银行成为财政部的辅助性机构，自主权十分有限，既不是真正的商业银行，也不是真正的中央银行。

第二节　改革初期的银行业

1978年，党的十一届三中全会召开，中国进入了改革开放新的历史时期，中国金融体制改革和银行业改革随之展开。

1978年1月，中国人民银行从财政部独立出来，升格为国务院部委一级单位，这为其此后成为中央银行做了铺垫。1979年3月，中国农业银行正式恢复，隶属国务院管辖，管理支农资金、农村信贷，领导农村信用合作社，发展农村金融事业。同期，中国银行从中国人民银行中分离，同样隶属国务院管辖，主要经营管理外汇业务，从事国际金融活动。1983年，中国银行与国家外汇管理总局分设，中国银行继续统一经营国家外汇，办理外汇存款信贷、信托租赁和咨询以及国际结算等多种业务，成为央行监管下的国家外汇外贸专业银行，为对外贸易、外资提供金融服务。1979年8月，国务院将中国人民建设银行的行政级别上调为直属机构，主要行使基本建设财务管理的财政职能，而为了增强其银行性质，国家将财政预算中的基本建设投资改为建设银行贷款，建设银行自身也利用吸收的存款发放建设贷款，支持国家重点需求的领域建设。1983年9月17日，国务院发文规定中国人民银行专门行使中央银行职能，并决定于1984年成立中国工商银行，承接原由中国人民银行办理的工商信贷和储蓄业务，主管城市金融，支持工业生产发展、商品流通扩大以及服务性行业发展，为中国的国营企业、乡镇企业改革提供市场化的资金融通渠道。中国工商银行的建立使得中国人民银行基本剥离了所有商业银行业务，正式开始专职履行中央银行职能，从此，中国银行业体系转变为以中央银行领导、四大专业银行配套为主的二元银行体系。

值得注意的是，四大国有专业银行是计划经济向市场经济过渡期间的特殊银行形式，它们既不是真正的商业银行，又不同于一般意义上的专业银行，它们不是按照部门来区分的经营专门业务的银行（如开发银行、房地产银行和储蓄银行），而是以垄断某一领域的全部业务为特征的"中国式专业银行"。四大专业银行首先要贯彻国家政策，按照国家宏观调控开展信贷业务；同时，四大专业银行又进行商业性业务，吸收存款并按国家规定付息，发放低息贷款取得利息收入，并且实行独立的经济核算，收支相抵获得经营利润并依法纳税。总体上看，四大专业银行的政策性成分仍然大于商业性，主要经营活动仍服从于国家宏观经济的需要，承担着金融宏观调控的任务，支持产业结构的调整和重点战略领域发展，以提高全社会的效益为目标，而商业性的业务则为银行的政策性业务提供支持，给银行企业化经营带来活力。

自20世纪80年代中期开始，中国的金融体制改革逐步深入，专业银行开始逐渐向商业银行转型。1984年"拨改贷"改革后，国有银行担负起了为国营企业提供资金的任务；1985年央行推出政策鼓励四家专业银行之间的业务交叉、适度竞争，同时央行和四大专业银行之间的资金往来也由计划分配转变为信贷关系；1986年国务院颁布《银行管理暂行条例》，指出"专业银行是独立核算的经济实体"；1987年，国家实行核定"三率"和下放"六权"的改革，扩大了银行的自主权；同时，银行的管理方式也由机关管理方式开始向企业化管理方式过渡，尝试以利润最大化为目标，自主经营、自负盈亏、自担风险、自我发展。虽然专业银行的运营管理并没有完全摆脱行政属性，但是以放权让利为主要目的的改革还是为专业银行转型为商业银行做出了有益的尝试。

与此同时，随着改革开放的深入，集体企业、私营企业和合资企业的金融发展猛增，迫切需要多样化、符合企业需求的金融服务。1986年，交通银行重组成立了以公有制为主的股份制全国性综合银行，而后又有中信实业银行、招商银行、深圳发展银行、烟台住房储蓄银行、蚌埠住房储蓄银行、福建兴业银行、广东发展银行、中国光大银行、华夏银行、上海浦东发展银行、海南发展银行、民生银行12家股份制银行相继成立。此后，1986年开始的邮政储蓄系统建设和1995年起步的城市商业银行建设使得中国银行体系的多元化格局初步建立。

在这一阶段，中国银行体系的功能不断强化，银行杠杆逐渐代替财政推动经济发展，同时，多层次银行体系逐渐铺开，体制内专业银行企业化改革，体制外股份制银行纷纷创立以及城市农村多种银行形态的补充，都为中国银行的多层次市场结构的形成打下了良好基础。

第三节 市场化改革时期的银行业

1978~1994年的16年间，中国银行业以中国人民银行"大一统"的局面为起点，经过不断地探索尝试，初步建立起以中国人民银行为领导、政策性银行与商业性银行相分离，四大国有商业银行为主体、多种银行机构并存的银行体系。这一体系奠定了中国银行业服务社会主义市场经济的基调，是中国银行业商业化改革全面向前推进的基础。

以1993年12月25日国务院作出《关于金融体制改革的决定》和2002年召开第二次全国金融会议为节点，可将1994~2002年这一阶段划分为银行业市场化改革深化阶段。在这一阶段伊始，国家领导层将金融体制改革的目标确定为建立在国务院领导下独立执行货币政策的中央银行宏观调控体系；建立政策性金融与商业性金融分离，以国有商业银行为主体、多种金融机构并存的金融组织体系；建立统一开放、有序竞争、严格管理的金融市场体系。

一、国有银行改革

这一阶段国有银行的改革主要表现在以下几个方面：

第一，确立银行业基本框架。1995年5月，第八届全国人民代表大会常务委员会第十三次会议审议通过《中华人民共和国商业银行法》（以下简称《商业银行法》）。《商业银行法》明确了银行业商业化改革的方向，以法律形式确定了国有银行的商业性质，搭建了国有银行商业化经营的基本框架，指导改革逐步由浅到深、有序推进；明确了中国的分业经营格局，规定商业银行在中华人民共和国境内不得从事信托投资和股票业务，不得投资于非自用不动产。

第二，实施市场化改革。1995年，中国人民银行颁发了"总量控制、比例管理、分类指导、市场融通"的银行信贷管理体制，对银行信贷施行从总行到分支行的限额管理，各商业银行对信贷业务实施比例管理。1998年1月，中国人民银行又进一步取消了对国有商业银行贷款限额的控制，实行"计划指导、自求平衡、比例管理、间接调控"的管理体制，进一步扩大了商业银行的经营自主性，使贷款控制规模与市场化的资源配置相适应。这一措施意味着商业银行经营管理从根本上摆脱了计划体制的影响，是商业银行改革史上的重要里程碑，为金融创新奠定了根本性制度基础。

第三，调整公司治理结构。在组织结构方面，在市场化改革前，各专有银行纵向采取总分行制，在计划经济基础上，分支机构按行政体制、行政区划和政府层级序列设置；横向主要是按照产品设置部门。商业化改革后，各专有银行纵向实施统一法人制度，通过授权明确总行和各级分支行之间的经营权限，分五个层次逐级管理直属行、一级分行、二级分行、支行、分理处及储蓄所；横向则根据具体业务需要，以市场和客户为中心设置不同部门。1998年，四家国有银行在国务院指导下，按照"统筹规划、积极稳妥、逐步实施"的原则，合并省级分行与省会城市分行，精简在同一地域重复设立的银行机构，裁减富余人员。据统计，截至2002年，国有银行营业性机构数量减少了1/3以上，工作人员数量减少了约18%。在内部管理与风险控制方面，市场化改革前，国有商业银行体系没有明确的内部管理规划，缺乏对风险的控制意识。1997年的亚洲金融危机凸显了金融稳定的重要性，内部控制与风险控制开始作为维护金融稳定的关键措施进入银行日常管理体系。1997年5月，国家发布《加强金融机构内部控制的指导原则》，2002年7月制定实施《商业银行内部控制指引》，国有商业银行建立起了初步的内部管理体系，为进一步实施公司治理改革、实现现代化经营奠定了基础。2001年，中国人民银行正式发布《贷款风险分类指导原则》，决定于2002年1月1日起，在中国银行业全面推行贷款风险分类管理，标志着中国银行业进入初级风险管理阶段。

第四，多渠道充实资本。如表3-1所示，四大国有商业银行的资本充足率总体较低。截至1997年6月，四家国有商业银行账面资本净额除以风险加权总资产所得的资本充足率只有5.86%，而《巴塞尔新资本协议》中规定最低资本充足率为8%。

表3-1　　　1997~2002年四大国有商业银行资本充足率　　单位：%

时间	中国工商银行	中国银行	中国建设银行	中国农业银行
1997年	2.4	3.9	2.9	2.5
1998年	5.2	6.8	5.2	7.0
1999年	5.3	6.7	4.9	6.5
2000年	4.8	8.5	3.8	1.4
2001年	5.8	8.3	6.9	1.4
2002年	5.4	8.2	6.9	3.5

资料来源：李志辉，《中国银行业的发展与变迁》，格致出版社2008年版，第97页。

为全面提高银行资本充足率，一方面，1997年财政部下调了国有商业银行所得税税率，从55%下调至一般工商企业的33%，营业税由5%适当上调至8%；另一方面，在1998年金融危机的冲击下，为了维护中国金融体系的稳定，财政部发行2700亿元人民币的特别国债，补充四大国有商业银行的资本金，具体实施过程如图3-1所示。两项改革完成后，四大国有商业银行资本充足率显著提高。但是，通过特殊方式补充资本金无法从根本上帮助银行业提高造血能力，所以，在1998年以后，四大国有商业银行资本充足率又大幅回落。

图3-1　向四大国有商业银行发行2700亿元
特别国债补充资本金的具体实施过程

二、政策性银行

经过改革初期的调整，国有银行的商业化道路日益明确，但是，国有银行作为政府实施宏观控制的重要机制，在整个金融体系不成熟的市场环境中，不可避免地承担着政策性任务。政策性任务虽具备正外部性，但绝大多数缺乏盈利性，这与国有银行的商业性背道而驰。要想把国有银行建设成为真正的商业性银行，就必须解决这一矛盾。

按照国务院1993年关于金融体制改革的决定，1994年中国组建了三家政策性银行，即国家开发银行、中国进出口银行和中国农业发展银行。这三家政策性银行的具体职能如表3-2所示。

表3-2　　　　　　　　中国政策性银行基本情况

政策性银行	成立时间	主要任务
国家开发银行	1994年3月	按照国家的法律、法规和方针、政策，筹集和引导社会资金，支持国家基础设施、基础产业和支柱产业大中型基本建设和技术改造等政策性项目及其配套工程的建设
中国进出口银行	1994年4月	依托国家信用支持，为中国机电产品、成套设备和高新技术产品出口及对外承包工程及各类境外投资提供政策性融资，是外国政府贷款的主要转贷行和中国政府援外优惠贷款的承贷行
中国农业发展银行	1994年11月	按照国家的法律法规和方针政策，以国家信用为基础筹集资金，承担农业政策性金融业务，代理财政支农资金的拨付，为农业和农村经济发展服务

资料来源：作者根据公开资料整理。

政策性金融机构的成立是国有银行市场化改革进程中的里程碑事件，意味着国有银行能够摆脱政策性任务的约束，追求商业性质的盈利目标，这将从根本上解决国有银行不良贷款率高的问题。国有银行开始在盈利性目标的驱动下，挑选符合盈利目标的贷款标的，通过市场化运作实现盈利目标。同时，政策性金融机构经营目标更加明确，业务分工更加具体，将更加精准地支持中国基础设施建设、贯彻国家对"三农"的扶持政策、推进中国进出口产品体系的改革。

三、农村信用合作社

农村信用合作社成立的目的是通过民间的金融合作促进农业的发展，具体实施起来却是国家扶持操办，缺乏合作的性质。1979年中国农业银行恢复以后，农村信用合作社进入中国农业银行代管时期。1984年国务院批准《关于改革信用社管理体制的报告》，农村信用合作社正式由"官办"回归"民办"。

1996年8月，国务院出台《关于农村金融体制改革的决定》，规定农村信用合作社与农业银行脱离行政隶属关系，由农村信用合作社县联社和中国人民银行承担对农村信用合作社的业务管理与金融监督，按合作制原则对农村信用合作社进行规范。1997年2月，全国农村信用合作社管理体制改革工作会议在北京召开，初步建立了中国合作金融新体制的主体框架：规范合作制、加强自主管理、组建自律组织、创新金融监管。1997年6月国务院下发文件确立了中国人民银行对农村信用合作社的监管地位。

随着社会主义市场经济改革的推进，农村的资金需求逐渐旺盛，农村信用合作社规模越来越庞大。1999年4月，中国信用合作协会筹备办公室成立，旨在指导各省因地制宜地建立起行业自律组织，逐步实现农村信用合作社的自我管理。同年11月末，全国首批五省（黑龙江、陕西、四川、浙江、福建）省级信用合作自律管理组织试点工作全部完成，试点省份的农村信用合作社行业管理职能也逐步移交给了行业协会，中国人民银行只承担对农村信用合作社的监管任务。

农村信用合作社的定位是服务于某特定地区农民的资金需求，但是这限制了农村信用合作社资金规模的扩大，聚集了地区金融风险。为应对这一问题，1999年全国试点组建了65家市（地）联社、6家省级联社、5家省级信用合作协会；2000年7月，国务院正式批准在江苏省进行全面清产核资、建立统一法人体制的改革运动，江苏省原有的1746个农村信用合作社合并为82个独立的县级法人。

1996年，农村信用合作社和农业银行脱离行政隶属关系后，内部管理逐步规范，资产质量及经营状况好转。2002年，农村信用合作社不良贷款比例比1999年下降了14个百分点；2000~2002年，农村信用合作社分别减亏增盈52亿元、38亿元和71亿元。

四、城市信用合作社及城市商业银行

为有效控制城市信用合作社风险，1995年中国人民银行统一组织城市合作银行的组建工作，分两批在16个城市开展试点工作；之后在总结试点经验的基础上，从1995年9月至1997年12月，中国人民银行分三批开展城市商业银行组建工作。

在组建之初，城市合作银行即实行"一级法人、两级核算"的过渡模式；更名后，城市商业银行进一步完善该经营模式：以总行为经营管理中心，对支行进行扁平式管理，在贷款审批、大额取现等方面实行差别授权管理。"一级法人、两级核算"的经营模式将营运资金、经营权限、风险控制和业务处理适度集中，有效发挥了全行的积聚效应。

城市商业银行虽然化解了部分城市信用合作社积聚的风险，但是截至2002年末，全国122家城市商业银行资产总额为13029.40亿元，存款余额为6523.91亿元，不良贷款余额为1078.11亿元，不良贷款比例为16.53%，城市商业银行全行累计亏损55.97亿元，历年累计亏损的有50家，占到城市商业银行总数的45%。[①] 城市商业银行自身仍面临较大的挑战。

五、银行业对外开放

在改革逐渐深化的同时，中国银行业的对外开放程度迅速扩大。1994年2月，国务院印发《外资金融机构管理条例》，4月起开始实施。《外资

[①] 杨海曼、吴毅：《我国城市商业银行目前面临的问题及其对策》，载于《开放潮》2005年第9期。

金融机构管理条例》的出台标志着中国银行业对外开放进入规范化管理阶段。1996年，中国人民银行颁布了《在华外资银行设立分支机构暂行管理规定》，修订了《外资金融机构驻华代表机构管理办法》和《外资金融机构管理条例实施细则》，将设立外资银行业务经营机构的地域扩大到所有中心城市，中国银行业对外开放区域从沿海进一步向内地渗透。

1996年底，中国人民银行颁布了《上海浦东外资金融机构经营人民币业务试点暂行管理办法》，将上海浦东设为允许外资金融机构经营人民币业务的试点地区，批准符合条件的部分外资银行分行参加试点，从事人民币业务。

1999年，中国通过多举措逐步实现外资银行的进一步开放。在地域限制方面，中国人民银行宣布外资银行可在中国所有中心城市设立营业性分支机构，即取消了地域限制。在人民币业务方面，中国人民银行决定扩大上海、深圳外资银行经营人民币业务的范围、新批准16家外资银行试点经营人民币业务，外资银行人民币业务得到较快发展。受亚洲金融危机影响，1999年外资银行资产规模、资产质量发生波动，整体业务呈收缩状态，但在其进行结构性调整后，外资银行于2001年恢复发展势头。

从1994年至2002年，外资银行资产总额由1914千万美元增长至3915千万美元，增长了104.55%。

六、强化金融监管

亚洲金融危机发生后，为解决中国金融业风险，中共中央、国务院于1997年11月召开全国金融工作会议，会议强调防范和化解金融风险成为金融改革与金融监管的重中之重。1998~2002年，通过加强金融监管、建设健全监管制度和调整金融监管机构，中国初步形成了现代化的风险监管体系。

（一）国有独资商业银行

1997年末，四家国有独资商业银行的资本充足率都远远低于《巴塞尔协议》所要求的最低标准8%，风险防范能力短缺。据"一逾两呆"的统计口径，1998年末，四家国有独资商业银行不良贷款率仍高达32.2%，不良贷款总额巨大。这一期间国家通过多渠道充实国有独资商业银行资本，帮助金融体系消化了巨大的风险。除此以外，还通过以下方式建立起银行业监管体制以加强金融监管：

第一，强化资产风险管理。2001年12月，中国人民银行公布《贷款风险分类指导原则》，推行五级分类法，要求全国各类商业银行自2002年起将贷款质量五级分类纳入日常信贷管理，并按季向中国人民银行报告贷款质量五级分类结果。2000年，中国人民银行印发《国有独资商业银行合并会计报表暂行办法》和《不良贷款认定暂行办法》，对国有独资商业银行实行综合考评制度并进行系列现场检查，促进国有独资商业银行提高资本充足率，降低不良贷款比率。

第二，实施统一授信制度。1999年，中国人民银行制定了《商业银行实施统一授信制度指引》，要求各银行机构建立和实施统一授权授信制度，解决对同一客户分头授信，对本外币分割授信，对不同授信方式分散授信的问题。统一授权授信制度的实施实现了对信用风险的集中控制和管理，提高了信用风险管理水平。

第三，实行定量监管。2001年，中国人民银行与穆迪公司合作制定了《商业银行考核评价体系》，这是金融监管从定性监管到定量监管的重大转变。该体系以资产质量、盈利能力、资本比率、流动性等四类十三项定量指标反映了国有独资商业银行的经营状况。

第四，改革组织机构。1998年8月，国务院转发《国有独资银行分支机构改革方案》，督促国有独资商业银行精简机构，裁减冗员，转换经营机制。各银行于2002年底基本完成这一工作。

（二）其他商业银行

为促进股份制商业银行健全内控机制、强化风险管理，中国人民银行先后对其进行专项现场检查，提出"支持发展、鼓励创新、防范风险、加强监管"的监督指导原则，全面加强监管。

1998年10月，国务院办公厅转发《中国人民银行整顿城市信用合作社工作方案》，提出整顿城市信用合作社工作的总体要求。至2002年末，城市信用合作社的风险基本得到有效控制。

1998年，中国人民银行印发了《关于加强城市商业银行监管工作有关问题的通知》，加强了对城市商业银行的风险控制和监管，承袭"一级法人、两级管理"的管理思路，对资金管理、贷款管理、财务管理、会计核算等方面制定了明确的监管要求。1998年，海南发展银行等个别城市商业银行出现了挤兑，中国人民银行在处理其挤兑问题之后，进一步严格了城市商业银行市场准入标准。

在防范和化解金融风险的大背景下，1998年12月，国务院办公厅转发《中国人民银行关于进一步做好农村信用社改革整顿规范管理工作意见的通知》，亚洲金融危机发生后，通过加强金融监管、建设健全监管制度和调整金融监管机构，中国人民银行初步形成风险监管体系。

部分城市商业银行发展态势初步向好后，中国人民银行将城市商业银行定位于"立足于城市居民、立足于中小企业发展、立足于地方经济建设"，以进一步引导城市商业银行科学发展。2000年，中国人民银行印发了《关于促进城市商业银行健康发展有关问题的通知》，继续推动城市商业银行风险化解工作，并扶持城市商业银行稳步发展。至2002年末，城市商业银行总体经营情况明显好转。

与此同时，农村信用合作社整顿规范工作也全面展开。此外，中国还对农村合作基金会进行了清理和撤并，对非法金融业务进行了打击和取缔。

第四节 股份制改革时期的银行业

2001年12月11日，中国加入世界贸易组织，标志着中国金融市场的国际化竞争时代来临。为了迎接银行业的市场化国际竞争，加快国有银行的股份制改革成为必然选择。

一、国有银行股份制改造

2003~2008年间，国有银行改革的主题是股份制改造，除中国农业银行外，三家国有银行均实现上市目标。股份制改造从根本上明晰了产权结构,改善了公司治理,来自资本市场的监督极大地提高了国有银行运行的透明度。

第一,改善资产结构。如表3-3所示,2002年,四大国有银行不良贷款总计20770.3亿元,总不良贷款率高达26.1%。远高于同年主要发达国家的不良贷款率水平。不良资产已经严重影响到国有银行的安全性、盈利性、流动性。

表3-3　　　　　　　2002年四大国有银行不良贷款情况

行名	贷款总额(亿元)	不良贷款额(亿元)	不良贷款率(%)
中国银行	18175.0	4645.5	25.6
中国工商银行	24835.5	6459.7	26.0
中国建设银行	17369.9	2654.1	15.3
中国农业银行	19129.6	7011.0	36.7
合计	79510.0	20770.3	26.1

资料来源:作者根据公开资料整理。

为全面推进国有银行的商业化进程、解决不良资产问题,中国成立了一批资产管理公司。1999年4月20日,国务院批准中国第一家经营商业银行不良资产的公司——中国信达资产管理公司成立,接着成立了华融、东方、长城三家资产管理公司,形成了四大资产管理公司,分别处理中国建设银行、中国工商银行、中国银行、中国农业银行的不良资产。截至2004年第一季度末四家资产管理公司处理不良债权情况如表3-4所示。

表3-4　　　　　　四家资产管理公司处理不良债权情况统计

公司名称	收购不良债权总额(亿元)	累计处置额(亿元)	回收现金额(亿元)	现金回收率(%)	资产回收率(%)
华融	4077.0	1455.1	321.0	21.1	30.6
长城	3458.0	1701.8	171.5	10.1	15.9
东方	2674.0	893.2	178.2	20.0	33.3
信达	3730.0	1236.7	393.0	31.8	38.2
总计	13939.0	5286.8	1054.8	20.0	27.6

资料来源:中国银行业监督委员会网站。

第二,充实资本金。在股份制改革阶段,充实资本主要通过政府注资与引入战略投资者两条途径实现。2003年底,中央汇金公司分别向中国银行和中国建设银行注资225亿美元;2004年4月,中央汇金公司向交通银行注资30亿元人民币;2005年4月,中央汇金公司又向中国工商银行注资150亿美元。政府注资增强了国有商业银行的资本实力,维护了居民对国有银行的信心,为国有银行股改上市建立了良好的资本基础。

单一的政府注资不能从根本上解决国有商业银行问题。2003年11月,银监会提出[①]:"国家的扶持措施不是简单地帮助银行降低不良资产,而是要借此换得银行一个良好的治理机制。四家银行在消化历史包袱的同时,要借鉴国际先进银行的经验,结合各行实际情况进行公司治理机制的改革,使四家银行的经营管理机制有一个彻底的改变,从根本上提高综合竞争力,防范和化解金融风险";同时提出,"未来四家银行公司治理改革的主要方向是引进国内外战略投资者,改变单一的股权结构,实现投资主体多元化"。股份制改革时期国有银行引资条款的比较如表3-5所示。

表3-5　　股份制改革时期三家国有银行引资条款的比较

比较项目	中国工商银行	中国建设银行	中国银行
引资价格(P/B)	1.22	1.15	1.17
净资产价格保护	首次公开募股(IPO)前	交割后5年	交割后4年
股份锁定期	交易完成后3~5年	IPO后3年	交易完成后3年
引资股份数(亿股)	241.1	273.6	352.8
引资股份占比(%)	7.9	14.2	16.2

资料来源:作者根据公开资料整理。

第三,公开发股上市。在改善资本结构、完成政府注资、引进战略投资者后,四大国有银行相继在股票市场上发股上市,如表3-6所示。

[①] 参见时任中国银行业监督管理委员会副主席唐双宁在"WTO与中国:北京国际论坛(2003)"上的发言:"应对WTO挑战,加快中国银行业改革开放步伐"。

表3-6　　　　　　　　四大国有银行发股上市情况

银行	境内上市		境外上市	
	时间	地点	时间	地点
中国银行	2006/7/5	上海证券交易所	2006/6/1	香港联合交易所
中国工商银行	2006/10/27	上海证券交易所	2006/10/27	香港联合交易所
中国建设银行	2007/9/25	上海证券交易所	2005/10/27	香港联合交易所
中国农业银行	2010/7/5	上海证券交易所	2010/7/5	香港联合交易所

资料来源：作者根据公开资料整理。

在完成一系列改革后，国有银行的经营状况、资产质量、审慎经营状况得到了大幅改善。四家国有商业银行三类指标具体情况如表3-7所示。

表3-7　　　　　四家国有商业银行三类指标具体情况　　　　单位：%

指标分类	具体指标	中国工商银行	中国银行	中国建设银行	交通银行
经营绩效	资产利润率	1.2	1.0	1.3	1.2
	资本利润率	19.4	13.7	20.7	20.9
	成本收入比	29.5	33.6	36.8	39.4
资产质量	不良贷款率	2.3	2.7	2.2	1.9
审慎经营	资本充足率	13.1	13.4	12.2	13.5
	单一客户贷款集中度	2.9	3.4	3.7	3.8
	拨备覆盖率	130.2	121.7	131.6	116.8

资料来源：银监会2008年年报。

二、其他银行的改革发展

（一）政策性银行

国家开发银行作为政策性银行，在成立初期主要执行政策性任务，导致其累积经营风险不断扩大。截至1997年底，国家开发银行不良贷款已逾1700亿元，不良贷款率高达42.7%。1998年亚洲金融危机爆发，为防范危机蔓延，国家开发银行着手处理不良贷款问题，提出"市场环境下，银行框架内"的经营方针，由传统政策性金融机构转向开发性金融机构。2008年12月7日，经国务院同意，国家开发银行获准以发起设立的方式改制，设立国家开发银行股份有限公司，注册资本金3000亿元人民币，由财政部和中央汇金投资有限责任公司共同出资，双方持股比例分别为51.3%和48.7%。国家开发银行股份有限公司将全面纳入商业银行监管范畴，初步建立起资本约束机制，资本充足率11.3%。

中国进出口银行作为中国对外贸易体系中的政策性金融机构，为中国开放型经济的发展做出重要贡献。其业务范围包括：进出口信贷、对外承包工程和境外投资贷款、对外担保、外国政府和金融机构贷款的转贷。在其业务经营过程中，中国进出口银行不仅为中国企业进出口提供金融支持，还为发展中国家积极提供具有援助性质的中长期低息贷款，为中国政府转贷外国政府的优惠贷款，以充分利用国际资源，促进国内外的共同发展进步。

中国农业发展银行作为中国唯一的农业政策性银行，承担着贯彻国家农业农村扶持政策的重担，接手了中国农业银行、中国工商银行等国有专业银行划转的农业政策性信贷业务，包括粮食收购、扶贫信贷、农业基本建设和技术改造等业务。在国家的政策引导下，中国农业发展银行的贷款对象由国有粮棉油购销企业扩大至各种所有制的粮棉油企业；开办粮棉油企业产业化龙头企业和加工企业贷款业务；扩大产业化龙头企业贷款范围并开办农业科技贷款业务；开办农村基础设施建设贷款、农业综合开发贷款、农业生产资料贷款业务。

（二）股份制银行

股份制商业银行的格局在国有银行进行改革期间基本同步确定。2004年6月，1994年成立的中外合资银行——浙江商业银行改制为浙商银行；2005年12月渤海银行股份有限公司在天津成立，形成了12家股份制银行并存的局面。这一阶段，股份制银行主要通过引入战略投资者、发股上市充实资本金，改善公司治理结构，具体实施时间如表3-8所示。

表3-8　　　　　股份制银行上市与引入战略投资者时间

股份制银行	上海证券交易所/深圳证券交易所上市	香港联合交易所上市	引入战略投资者
深圳发展银行	1988年4月	—	2004年
浦发银行	1999年11月	—	—
民生银行	2000年12月	—	—
招商银行	2002年4月	2002年9月	—
华夏银行	2003年9月	—	2005年
兴业银行	2007年2月	—	2004年
中信银行	2007年4月	2007年4月	2006年
交通银行	2007年5月	2005年6月	2004年

资料来源：作者根据各银行公开资料整理。

(三) 农村金融机构

在银行业深化改革期间，农村金融机构也进行了深刻的改革。

2003年《深化农村信用社改革试点方案》出台，农村信用社进入了合作制改革阶段。2003年，随着中国首家股份合作制银行——宁波鄞州农村合作银行诞生，中国农村信用社产权改革正式进入法人治理轨道。2005年的《国务院关于鼓励支持和引导个体私营等非公有制经济发展的若干意见》提出"农村信用社要积极吸引农民、个体工商户和中小企业入股，增强资本实力"，为农村民间资本进入农村金融市场奠定了基础。

从2006年开始，中央陆续出台《关于调整放宽农村地区银行业金融机构准入政策 更好支持社会主义新农村建设的若干意见》等文件，明确提出"积极支持和引导境内外银行资本、产业资本和民间资本到农村地区投资、收购、新设银行业金融机构"，并把农村资金互助社、村镇银行和贷款公司等纳入试点范围。

2007年，村镇银行等试点工作扩大到全国31个省（区、市）。为了更好地规范和约束农村新型金融机构的发展，银监会、中国人民银行等部门陆续出台了《农村资金互助社管理暂行规定》（2007年）、《村镇银行管理暂行规定》（2007年）、《关于银行业金融机构大力发展农村小额贷款业务的指导意见》（2007年）、《关于小额贷款公司试点的指导意见》（2008

年)、《关于村镇银行、贷款公司、农村资金互助社、小额贷款公司有关政策的通知》(2008年)等文件,有效推动了农村新型金融机构的发展,为中国农村金融增量发展提供了制度保障。

(四)邮政储蓄银行

邮政储蓄业务的开办可追溯至1986年。此后的20年间,邮政企业不断扩展其业务范围,邮政储汇业务不断向商业银行业务领域延伸,包括代办保险业务、销售国库券、国际汇兑、异地通存通取、电子汇兑等。

2003年8月,按国务院要求,邮政储蓄资金开始实行"新老划段、新增资金自主运用"的重大改革,极大地增强了其业务经营的灵活性,进一步提高了企业的盈利能力。

2006年12月31日,经国务院同意,银监会正式批准中国邮政储蓄银行开业,同意中国邮政集团公司以全资方式出资组建中国邮政储蓄银行有限责任公司,并核准《中国邮政储蓄银行有限责任公司章程》。2007年3月,邮政储蓄银行完成工商登记注册,总行在北京挂牌成立。截至2008年底,36家一级分行、312家二级分行和19564家支行全部核准开业。

(五)城市商业银行

城市商业银行以"依靠地方、多策并举、化解风险、乘势治本"为思路,依托地方政府,通过资产置换、增资扩股、债务重组、收购兼并等方式,提高资产质量。随着规模的扩张,城市商业银行资本充足率低的问题日益显著。针对这一问题,城市商业银行通过利润留存、增资扩股、发行资本债券和公募上市等方式,补充资本并规范股权结构。和同时期国有独资商业银行相同,城市商业银行在股份制改革时期也积极引入境外机构投资者,以增强风险控制能力、提高经营管理水平并提升业务创新能力。为提高市场竞争地位,多数城市商业银行还积极开展合作、加快重组进程,共享资源,共谋发展。

2007年,南京银行、宁波银行和北京银行成功上市,标志着城市商业银行改革已取得重大成果并获投资者认可,城市商业银行已经基本完成从信用社向现代商业银行的转变。同时,这也意味着城市商业银行可从资本市场融资,能够通过资本市场建立长期资本补充机制,解决资本金不足的问题。

考虑到区域金融服务需求不断增加、部分城市商业银行具备跨区域发展的管理能力且同时期外资银行设立机构不受地域限制，2006年，银监会发布《城市商业银行异地分支机构管理办法》，以"合理布局、严格标准、稳步推进、注重效益"为原则，审批设立城市商业银行分支机构，为城市商业银行跨区域发展提供了制度依据。

（六）外资银行

股份制改革时期，中国秉持"共同发展、互利共赢"的原则，不断推动外资银行发展，外资银行监管法规框架日益完善。中国外资银行形成以长江三角洲、珠江三角洲和环渤海经济圈为核心、向周边地区辐射的开放格局。在银监会优化市场结构政策的推动下，外资银行加快了在中西部地区和东北地区发展的步伐，外资银行在华分布逐步向全国均衡发展过渡。至2008年末，外资银行在中西部和东北地区设立75家营业性机构，占全国外资银行营业性机构总数的13%。

2001年12月11日，中国加入世界贸易组织。按照加入世界贸易组织的承诺，2006年底中国如期向外资银行开放人民币零售业务；同时，根据中美战略对话成果，中国积极推动银行卡业务对外资银行开放。此外，中国还积极鼓励外资银行进行金融创新。随着外资银行业务品种和服务方式的多元化，外资银行业务规模迅速发展，主要业务格局由外汇业务逐渐转向人民币业务。

银监会颁布的《外资银行管理条例》确认了外资银行在华发展实行"分行与法人双轨并行，法人银行导向政策"原则。2008年末，法人导向政策取得了良好的实施效果，外资银行在华发展格局实现了由"分行主导"向"法人主导"的平稳过渡。

三、金融监管发展

银行业的市场化发展，客观上要求加强监管，由此，中国在积极推进银行业市场化的过程中，着力强化了对银行业的金融监管。

第一，成立中国银监会。2003年4月28日银监会挂牌成立，正式开始履行银行业监督管理职责，并按全国、省、地市三级筹建派出机构。同年12月27日，第十届全国人民代表大会常务委员会第六次会议正式表决通过《中华人民共和国银行业监督管理法》，进一步为银监会的设立和职责的履行提供法律依据。该法规定银监会的法定目标为：促进银行业的合法、稳健运行，维护公众对银行业的信心；保护银行业公平竞争，提高银行业竞争能力。银监会的成立结束了中国人民银行集货币政策制定和银行监督管理于一身的时代，标志着中国银行业监管工作进入新阶段，中国银行业由银监会进行统一管理的监管格局正式建立。

第二，提高对银行业的监管要求。在对《巴塞尔协议Ⅱ》进行充分的学习与讨论后，结合中国银行业实际发展状况，银监会逐步提高对中国银行业的风险管理要求。2007年7月，银监会印发《商业银行资本充足率管理办法》，在资本充足标准中计入市场风险并区分核心资本和附属资本，要求商业银行同时计算和披露并表前后的资本充足率指标。2007年12月，银监会印发《商业银行压力测试指引》，要求商业银行制订压力测试方案、开展压力测试工作并特别关注压力测试所解释的风险点和脆弱环节。2008年9月，银监会印发《第一批新资本协议实施监管指引》，要求实施新资本协议的银行对照5个监管指引进行达标评估，全面开展定量影响测试，落实新资本协议逐步实施。

第三，加强对外资银行的监管。2006年底，加入世界贸易组织过渡期结束。为全面履行对外开放的承诺，提高中国银行业对外开放水平，银监会对外资银行监管法规进行了修订。2006年12月，银监会颁布施行修订后的《外资银行管理条例》，标志着银行业全面开放条件下，外资银行监管法制框架初步确立，具有里程碑式意义。

第五节 次贷危机之后的银行业

美国次贷危机乃至金融危机的爆发，既冲击了中国银行业的发展，又给中国银行业以深刻教训。为了保障银行业的健康发展，避免美国金融危机在中国重演，中国银行业在进一步加速市场化和国际化的条件下，着力防范化解金融风险，守住不发生系统性金融风险的底线，既保障了金融的可持续发展，也支持了实体经济的可持续发展。

第三章
中国银行业的发展

一、银行业的经营状况

2007年美国爆发次贷危机，随后，在2008年转变为金融危机，金融危机的全球性传染，使中国不可避免地受到负面影响。为了保持国内经济稳定发展，国务院出台了扩大内需的十项举措，实施了货币宽松等政策，整体来看，中国在次贷危机中受到的影响较小，经济仍然保持较高增速的发展态势。

2009~2017年是中国经济腾飞后走向平稳发展的时期。在这一时期，中国银行业资产总量由78.8万亿元增长至252.4万亿元，增长2.20倍；安全性方面，中国商业银行2013年资本充足率为12.2%，2017年则达到了13.6%[1]；盈利性方面，全行业税后净利润由0.67万亿元增长至2.20万亿元，提升了228%；流动性方面，全行业流动性比例由45.7%增长至50.5%，增加了4.8个百分点。整个银行业在中国人民银行、银监会的监督指导下形成了规范的行业格局，各银行在稳健经营的基础上实现了盈利水平的不断提升和创新能力的显著提高。

截至2017年底，中国主要银行业金融机构包括3家政策性银行、5家大型商业银行、12家股份制商业银行、134家城市商业银行、1262家农村商业银行、17家民营银行、33家农村合作银行、965家农村信用社、1家邮政储蓄银行；银行业金融机构共有法人机构4532家，从业人员417.05万人。2009~2017年间，银行业金融机构主要变化为农村商业银行增加1262家，民营银行实现了从无到有的突破。相比2009年，中国银行业金融机构法人增加675家，从业人员增加132.55万人，增长46.59%。[2]

随着中国经济全球化发展步伐的加快，中国银行业开始积极布局海外业务，纷纷设立海外分支机构。截至2017年底，23家中资银行在海外65个国家和地区设立一级分支机构238家。2016年9月20日，中国银行纽

---

[1] 中国自2013年1月1日起施行《商业银行资本管理办法（试行）》（以下简称"新《办法》"），原《商业银行资本充足率管理办法》同时废止，因此自2013年第一季度起，表中披露的资本充足率相关指标调整为按照新《办法》计算的数据结果。

[2] 数据出自银保监会发布的银行业金融机构法人名单。

约分行担任美国人民币业务清算行,标志着中美金融合作迈向新台阶。

(一)国有控股商业银行

在股份制改革时期,中国工商银行、中国建设银行、中国银行、交通银行均成功上市,而中国农业银行的股份制改革因涉及国有商业银行改革和农村金融体系改革两个领域,相比其他商业银行来说政策性任务相对较重、情况更加复杂,股份制改革需借鉴同业上市经验,统筹金融体系全局,稳步推进。2009年1月16日,农业银行成立股份公司,以"面向'三农'、整体改制、商业运作、择机上市"为原则,完善公司治理机制及内部经营机制。2010年7月,中国农业银行顺利完成A+H股公开发行上市,成为中国大型商业银行完成股份制改革的标志性事件,实现由国有独资银行向股权结构多元化的公众持股上市银行的历史转变。

在这一期间,中国工商银行、中国建设银行、中国银行、中国农业银行、交通银行面对股份制银行、城市商业银行、农村金融机构、外资银行带来的激烈市场竞争,市场份额由50.9%下降至37.3%。为维持竞争地位,维护市场份额,上述5家银行均针对市场需求积极进行业务调整,以客户需求为中心,注重增强银行创新性,推出了符合客户需求、顺应市场潮流的金融产品。银行卡、网络银行、电话银行、资产管理等新型服务成为各家银行的基本业务。

(二)政策性银行

中国政策性银行在银监会指导下,针对不同的政策领域对银行的业务结构进行了积极地调整,按照现代金融企业制度和商业银行运行管理要求进一步完善公司治理机制与内部控制机制,银行资本管理机制更加健全,风险管理能力显著提升,这有利于政策性银行在基础设施建设、"三农"发展、进出口事业发展方面发挥更积极的促进作用。

2009年,银监会批准国家开发银行出资350亿元设立国开金融有限责任公司,并出资收购航空证券有限责任公司全部股权,初步建立子公司的资本约束机制和监管模式,以及母子公司、银行和非银行业务之间风险隔离机制。2014年,国家开发银行增设住宅金融事业部,加大对棚户区改造支持力度。截至2014年底,国家开发银行累计发放棚改贷款8047亿元,其中2014年发放4086亿元,业务覆盖全国30多个省、自治区、直辖市,惠及居民近 875 万户。①

中国农业发展银行深化经营机制改革,实现政策性、准政策性和商业性业务分别反映、分类管理;建立市场化筹资机制,资金自给率达到 86.3%;业务发展两轮驱动,一方面发展以棉粮油收储、加工、流通为重点的全产业链信贷业务,另一方面发展以新农村建设和水利建设为重点的农业农村基础设施建设中长期信贷业务。

中国进出口银行在多年发展中通过信贷投放积极推动中国出口结构的转变,为增强中国出口竞争实力作出了突出贡献。同时,中国进出口银行探索内部机制改革,2016 年新公司章程获批,内部控制机制进一步优化。2016 年,中国进出口银行表内资产总额为 33343 亿元,相比 2009 年表内资产总额 7921 亿元,增长了 3.21 倍。②

2016 年,国务院审定《国家开发银行章程》《中国进出口银行章程》和《中国农业发展银行章程》修订版本。在修订版本中,进一步对政策性银行发展战略、组织形式、集团架构、公司治理组织架构、议事规则等做了明确规定。此外,中国进出口银行和中国农业发展银行首次提出资本约束机制总体框架;国家开发银行、中国农业发展银行设立扶贫金融事业部,完成事业部制改革,着力发挥开发性和政策性金融在扶贫开发中的重要作用。

(三) 邮政储蓄银行

邮政储蓄银行依托邮政系统,自成立便拥有网点多、覆盖面广的优点。为理顺中国邮政储蓄银行代理网点管理关系,2009 年,银监会制定出台《中国邮政储蓄银行代理营业机构管理暂行办法》,批准《中国邮政储蓄银行有限责任公司与中国邮政集团公司代理银行业务框架协议》,明确中国邮政集团公司和中国邮政储蓄银行双方在金融业务委托代理中的事权分工、风险责任认定和追究机制等问题。此外,2009 年邮政储蓄银行增加注册资本人民币 100 亿元,2010 年增加注册资本金 110 亿元,进一步提高了银行的风险防御能力及盈利能力。

---

① 数据出自国家开发银行官网,http://www.cdb.com.cn/rdzt/phqgz/201512/t20151214_1530.html。

② 数据出自中国进出口银行 2009 年及 2016 年企业年报。

2011年，经银监会同意，中国邮政储蓄银行有限责任公司整体改制为中国邮政储蓄银行股份有限公司。2015年12月，邮政储蓄银行在综合考虑战略协同、交易价格、财务实力、品牌影响力等因素的基础上，引进10家战略投资者，其中包括国际知名金融机构、大型国有企业、互联网企业。2016年9月，邮政储蓄银行在H股上市，成功完成了改革转型。

（四）股份制银行与城市商业银行

股份制银行将特色化、差异化作为经营方向和发展目标，培养国际化竞争意识，努力提高管理水平和核心竞争力。中国12家股份制银行[①]中，除渤海银行、恒丰银行外，其他股份制银行均实现公开上市。截至2017年底，股份制商业银行总资产占整个银行业总资产的17.81%。

城市商业银行前身为城市信用社，为化解历史风险，通过改革重组、增资扩股等方式，退出市场或者重组改造为城市商业银行，以"立足本地、服务小微、打牢基础、形成特色、与大银行错位竞争"为发展思路，积极支持小微企业和消费金融的发展。为进一步增强资本实力、增加融资途径、提高防御风险能力，2016年，江苏银行、贵阳银行、杭州银行、上海银行在A股成功上市，天津银行在H股成功上市。截至2016年底，已有7家城市商业银行在沪深交易所上市，8家城市商业银行在香港上市，1家城市商业银行在新三板上市。

（五）农村金融机构

经过多年的探索，中国已经初步建立了全国性农村金融体系。2009年后，在银监会的指导下，中国农村金融机构进一步进行了多方面的改革。2009年，银监会制定《新型农村金融机构2009年-2011年总体工作安排》，计划在全国再设立1300家左右新型农村金融机构，重点向金融网点覆盖率低、金融服务不足的中西部地区倾斜。农村金融机构跨区域股权投资取得初步成效：江苏省4家农村银行机构向省内7家农村合作银行、农村信用社入股，入股金额4.2亿元；异地设立分支机构实现重大突破：江苏省16家农村商业银行省内异地支行和2家农村商业银行省外异地支行

[①] 12家股份制银行：招商银行、浦发银行、中信银行、中国光大银行、华夏银行、兴业银行、民生银行、平安银行、广发银行、恒丰银行、渤海银行、浙商银行。

开业，安徽省 3 家农村商业银行省内异地支行开业，天津市 2 家农村商业银行市外异地支行开业。

2010 年 12 月，重庆农村商业银行在香港交易所挂牌上市，成为首家登陆资本市场的农村中小金融机构。2010 年，银监会印发《关于加快发展新型农村金融机构有关事宜的通知》，对村镇银行的设立及发展规划进行了指导。2013 年 10 月，中国村镇银行设立已超过 1000 家，成为服务"三农"和中国小微企业的强大力量。一方面，村镇银行覆盖了 57.6% 的县（市），覆盖贫困县 182 个，占国定贫困县总数的 31%；另一方面，村镇银行发放贷款中，农户与小微企业贷款占 90%。截至 2016 年底，全国共组建村镇银行 1519 家（已批筹），2016 年新组建 142 家，其中西部地区占比 64.5%；村镇银行覆盖全国 67.4% 的县（市、旗）。2017 年初，村镇银行已覆盖全国除港澳台外其余 31 个省份的 1213 个县市，县市的覆盖率达到 67%，辽宁、湖北、贵州等 10 个省份已实现全覆盖。[①]

（六）外资银行

中国银监会在风险可控的前提下，引导外资银行进入中国市场，一方面，为中国资金需求方增加融资渠道；另一方面，外资银行现代企业治理机制健全，将倒逼中国银行进行公司治理的改革，促进整个银行业经营管理效率的提高。

外资银行在 2009～2017 年的发展简要情况如表 3-9 所示。整体来看，8 年间，中国的外资金融机构得到了长足发展，各类机构总计增长 144 家，与 2009 年相比增加了 42.6%，主要是分行及附属机构数量显著增长。

表 3-9　　　　外资银行在华分支机构统计　　　　单位：家

	2009 年	2017 年	增加数
法人机构总行	37	38	1
法人机构分行及附属机构	206	322	116
外国银行分行	95	122	27
总计	338	482	144

资料来源：银监会 2009～2017 年年报。

[①] 数据出自中国银保监会官网，http://www.cbirc.gov.cn/。

外资银行在华资产总量由2009年的1.35亿元增长到2017年的3.24亿元,增长了140%;外资银行在华资产总量占银行业金融机构总资产比由1.71%下降至1.26%,这从侧面反映出中国银行业的快速发展。

（七）民营银行

2014年3月,银监会公布首批5家民营银行试点名单,其中包括坚持"公存公贷"的天津金城银行、坚持"小存小贷"的浙江网商银行、坚持"个存小贷"的深圳前海微众银行、坚持"特定区域"经营模式的上海华瑞银行和温州民商银行,成为民营资本进入银行业的标志性事件。其中,深圳前海微众银行、上海华瑞银行分别于2014年12月和2015年1月获批开业;温州民商银行和天津金城银行于2015年3月获批开业。目前共批筹开业17家。

截至2017年底,已开业民营银行资产总额为3381.40亿元,同比增长85.22%;各项贷款余额1444.17亿元,同比增长76.38%;各项存款余额135.13亿元,同比增长81.53%;不良贷款率0.53%,拨备覆盖率697.58%。[①] 整体来看,民营银行运行稳健,创新活力强,差异化定位为服务"三农"、微小企业。

二、银行的综合化经营

股份制改革后,银行的产权模式与公司治理基本原则确定,发展成为首要问题。面对利率市场化改革的大趋势与资本市场的高速发展、银行客户多样化的需求、科学技术的不断突破,综合化经营逐渐成为行业发展主题,一方面表现在与证券业、保险业的混合经营;另一方面表现为中间业务的快速发展,两者共同打造了综合化发展的中国银行业。

第一,混业经营。20世纪90年代初期,由于中国尚未建立起健全的金融监管体系,未对银行混业经营进行明确的规范,在证券市场初具规模后,银行、证券、保险业务交叉现象普遍,金融市场处于混乱无序状态,加大了中国金融市场的风险。为整顿金融市场,1993年12月国务院颁布了《关于金融体制改革的决定》,规定中国银行业、证券业、保险业实行

---

① 数据出自银监会官网。

分业经营、分业监管。1995年颁布的《商业银行法》《保险法》以及1998年颁布的《证券法》成为中国金融业分业经营的法律制度基础，明确了中国金融市场分业经营的格局。

但是，中国加入WTO后，面对国际全能银行及金融控股集团的激烈竞争，分业经营的格局使国内银行在竞争中处于劣势。同时，中国金融市场逐步实现利率市场化，银行利差变窄，混业经营有助于弥补这一改革造成的收入流失。在新形势下，为增强中国银行业国际竞争力，促进银行业发展，相关政策制订部门与银行自身均做出了积极探索。1999年中国人民银行出台了《证券公司进入银行间同业市场管理规定》和《基金管理公司进入银行间同业市场管理规定》，符合条件的证券公司与基金管理公司能够进入银行间同业市场进行拆借和债券回购等业务。2004年，保监会与证监会发布了《保险机构投资者股票投资管理暂行办法》，符合条件的保险资金可按照规定进入证券市场。2005年，中国人民银行、银监会、保监会共同发布了《商业银行设立基金管理公司试点管理办法》，明确商业银行可以直接投资设立基金公司。

目前混业经营模式包括三类：第一类是大银行为主体，发起成立其他非银行金融机构；第二类是产业集团的控股公司，如中信、光大、中国石油；第三类是民营企业、上市公司参股城市商业银行、农村商业银行、保险业、私募基金等。

中国大型商业银行与股份制银行混业经营格局复杂，表3-10从各类银行中选择一例具体说明：

表3-10　　　　　　　　代表性银行的混业格局

所属类别	具体银行	旗下非银行金融子公司或业务	子公司或业务所属行业
大型商业银行	中国工商银行	工银国际证券	证券业、衍生品业
		工银安盛	保险业
		工银金融	欧美证券业
		工银瑞信	基金业
		工银租赁	租赁业
		金融市场部、资产管理部、资产托管部、投资银行部	证券业、信托业

续表

所属类别	具体银行	旗下非银行金融子公司或业务	子公司或业务所属行业
股份制银行	招商银行	招银金融租赁	租赁业
		永隆证券	证券业
		永隆期货	衍生品业
		招商信诺人寿	保险业
		招商基金	基金业
城市商业银行	北京银行	北银金融租赁	租赁业
		中荷人寿保险	保险业
		中加基金	基金业

资料来源：根据各银行2016年年报整理。

除境内的混业经营外，中国商业银行还积极设立境外机构或中外合资机构，探索混业经营在中国的发展路径。1995年，中国建设银行作为最大的股东参与筹建了中国国际金融有限公司，成为中国首家中外合资投资银行；1998年中国银行在香港注册成立了中银国际控股有限公司，开办投资银行业务；1998年中国工商银行通过收购成立了工商东亚金融控股有限公司等。

第二，中间业务。科学技术与互联网的发展是中国中间业务创新发展的两大推动力，成就了中国银行卡、结算服务的飞速发展。随着中国人均收入不断提高，居民资产管理需求不断增长，各大银行紧紧抓住趋势，成立资产管理部门，银行业资产管理服务收入取得了高速的增长。

整体来看，中国银行业金融机构非利息收入占比由2010年的17.5%增长至2017年的23.63%，保持着连续增长的趋势，反映了中国银行业中间业务的增长趋势。

目前，各大银行主要的中间业务有银行卡、代理委托、托管及其他受托、结算、担保承诺及其他业务，银行通过收取手续费与佣金补偿成本取得利润。以招商银行为例，2009年其最重要的中间业务为银行卡业务，此类业务总收入为25.99亿元，2018年，此类业务增长至167.2亿元，增长了5.43倍。但是，经过了9年的发展，随着中国"大资管"时代的到来，居首位的业务变为托管及其他受托业务，这类业务实现了15.15倍的增长，2018年的业务量为233.51亿元。

虽然中国中间业务从无到有取得了较大的转变，但是相比起外国银行来说，差距依然较大，比如，花旗银行2018年非利息收入占比为40.26%，中国银行业中间业务仍存在巨大的发展空间。

第三，银行业国际化经营。次贷危机后，中国银行业加快"引进来"和"走出去"的步伐，中资银行积极布局海外，推进建设全球化网络。截至2017年底，中国共有23家中资银行在65个国家（地区）设立一级分支机构238家。这些中资银行通过银团贷款、境外发行债券等多种方式，为"走出去"的中国企业提供资金支持，同时也通过境外投资贷款、承包工程贷款、贸易融资、财务咨询等方式为企业提供"一揽子"金融服务。这也进一步加快了人民币跨境结算的步伐，有利于推动人民币国际化和提供全球化不间断的资金交易服务。

第四，互联网金融。互联网金融是近年来兴起的新金融领域，通过金融与互联网技术、信息通信技术的高度结合，资金融通、支付和信息中介等金融服务效率显著提升，成本大幅降低。而各类互联网金融运营模式和产品层出不穷的趋势，对传统商业银行形成了前所未有的冲击。

面对互联网金融带来的挑战，商业银行也积极采取了应对措施，各银行纷纷开拓互联网新模式、新业务，其中主要包括：传统网上银行转型、实体网点智能化升级、线下业务线上化，同时通过搭建电商平台、推出直销银行、开发基于社交平台的金融服务，拓展移动金融以及开发线上供应链金融。目前，中国工商银行、中国农业银行、中国银行、中国建设银行分别与百度、阿里、腾讯、京东等四家互联网巨头签署战略合作协议，共建普惠金融、云上金融、智能金融和科技金融。未来，银行与互联网科技的融合度将不断提高。

三、强化银行监管

2008年的金融危机重创了世界经济，也对中国的可持续发展以及银行业监管提出了挑战。针对新的发展阶段银行业面对的新情况，银监会以《巴塞尔协议Ⅲ》为核心的国际新监管标准作为主要参考依据，吸收国际先进经验，建立符合中国国情的银行业新监管标准。2011年，银监会发布了《商业银行杠杆率管理办法》和《商业银行贷款损失准备金管理办法》，严格规定了贷款率标准及拨备覆盖率标准。2012年6月，银监会发布了《商业银行资本管理办法（试行）》，并于2013年正式开始实施。

为加强金融监管协调、补齐监管短板，2017年11月，国务院金融稳定发展委员会成立。2018年3月，根据《国务院机构改革方案》，银监会和保监会进行职责整合，组建中国银行保险监督管理委员会。银监会、保监会拟订银行业、保险业重要法规草案和审慎监管基本制度的职责划入中国人民银行。成立银保监会旨在进一步加强监管的协调性，防范监管空白和监管套利。

在次贷危机后，中国监管层采取了多种积极应对措施，防范了重大系统性风险的出现，紧跟国际银行业监管的最新动态，吸取先进经验，逐步建立起更符合时代特点和中国国情的新监管标准体系。

中国证券业的发展

证券业是金融体系的重要组成部分。中国的证券业历史可追溯到春秋战国时代,在民国时期曾一度繁荣,新中国初期也曾亮相,但随后20多年受体制制约基本消失了。1978年改革开放以后,证券业进入了快速发展时期,为中国金融业的发展做出了不可或缺的贡献。

第一节 中国证券业发展的历史脉络

一、改革开放前的中国证券业

1978年改革开放之前,中国实行的是计划经济体制,资金的配置是通过行政手段进行的,包括证券市场在内的金融体系整体处于较不发达的状态。由于缺乏扎实的经济主体基础、市场体系和制度安排,证券业的发展在改革开放之前基本处于空白阶段。

中国关于证券和证券市场的探索实际上在改革开放之前就出现过。最早可追溯至春秋战国时期,由于战争融资和统治需要,部分王国一度出现"一对多"的举贷现象,同时,作为资金持有方的王侯相应进行放债,出现了中国历史上最早的"准债券"。在明朝末年和清朝初期,部分新兴行业出现了"招商集资、合股经营"的模式,参加资金募集的主体签订集资协议并共同经营相关的企业，一定程度上就是股票的雏形，或近似现代的产业投资基金及私募股权基金。1872年，清朝洋务派设立了中国第一家真正意义上的股份公司，即轮船招商局，该公司向社会公众发行股份公开募集资金。经过多次募集，资本金高达420多万两白银。1881年颁布的《轮船招商章程》和1885年出台的《用人章程》《理财章程》为轮船招商局转型为股份制公司奠定了制度基础。经过100多年的历史演进，轮船招商局已发展成为中国大型国有企业集团——招商局集团。[1]

20世纪20~30年代，中国证券业一度出现了繁荣。清朝光绪末年，由上海经营外商股票的经纪人组成的"上海股份公所"是新中国成立之前出现的第一家外商建立的证券交易所，主要经营外商股票。1914年，上海股票商业公会成立，主要经营证券业务。1918年6月，中国人创办的第一家证券交易所——北京证券交易所开业，主要从事公债发行和企业募资等。[2] 1919年北洋政府设立"上海交易所"，并于次年改为"上海证券物品交易所"，1921年上海股票商业公会改组成为"上海华商证券交易所"，1929年前者被后者合并。上海证券市场形成了专营外商证券的上海众业公所和专营国内证券的上海华商证券交易所的市场格局。20世纪20~30年代，上海还有形形色色交易所100~200家。为了规范和发展证券业，北洋政府于1914年颁布《证券交易法》，将国债、股票、公司债券及其他证券的发行交易等纳入监管范畴。1929年国民政府发布《交易所法》，对交易所进行相应的规范。上海证券市场在20世纪20~30年代一度出现交易活跃、市场繁荣的景象，上海也逐步成为亚洲地区重要的金融中心。1937年，日本侵华战争开始，上海华商证券交易所停业，其后1939年北京证券交易所歇业。[3]

新中国成立之后，证券业曾短暂存在一段时间。新中国成立之前，中国拥有香港、上海、天津和北平四个证券交易所，过度交易和投机欺诈极为严重。1949年6月，经过改造的天津证券交易所正式营业。1950年1月

---

[1] 招商局集团："招商局历史"，www.cmhk.com/main/gyzsj/qyls/zsls/index.shtml. 2018。
[2] 中国证券监督管理委员会：《中国资本市场发展报告》，中国金融出版社2008年版，第3页。
[3] 尹振涛：《中国近代证券市场监管的历史考察——基于立法和执法视角》，载于《金融评论》2012年第2期。

第四章 中国证券业的发展

30日,歇业10余年、经过改造的北京证券交易所重新开业。但是,由于经纪人仍停留在过去投机倒把的交易思维上,交易所一度出现过度交易和过度投机的状况,其后经纪人巨额呆账等问题层出不穷,加上计划经济开始成为经济社会的主导力量,北京证券交易所于1952年10月关停,天津证券交易所被并入天津投资公司。1953年12月,中央政府发布《1953年国家经济建设公债条例》,为了解决经济建设资金不足问题,1954年开始发行经济建设公债。1954~1958年公债发行规模为35.53亿元,1958年后公债发行取消。此后20余年的时间,中国证券业发展基本处于停滞状态。

二、证券业萌芽发展阶段

党的十一届三中全会的召开和改革开放政策的实施,促进了资本市场和证券业的萌芽发展,使得中国证券业开始逐步走上市场化发展的进程。1980年1月,中国人民银行抚顺市支行代理抚顺红砖厂面向企业成功发行280万股股票,这是改革开放之后资本市场发展的一个重要尝试。1980年7月,新中国成立以来第一家以募集方式设立的股份公司——成都市工业展销信托股份公司开始发行股票。1981年、1982年和1984年分别开始发行国债、企业债和金融债。[①] 这个阶段最著名的证券是1986年11月14日邓小平赠送给纽约证券交易所董事长约翰·范尔霖的上海飞乐音响股份有限公司的股票。

在中国证券业萌芽发展阶段,资本市场处于初步的发展阶段。对于股票而言,基本按照面值发行,保本、保息、保分红,到期偿还,此时的股票具有债券的基本特征;发行对象主要是企业内部员工和企业所在地居民,呈现分割化、区域性和试点性的格局;发行方式基本是企业自办发行,基本没有承销商概念。债券市场同样处于较为初步的发展态势,国债销售具有行政摊派特点,企业债发行过热、偿付违约严重,金融债以银行贷款项目的资金支持为目标。

在证券交易上,自发交易和柜台交易开始逐步出现,证券二级交易雏

---

① 中国证券监督管理委员会:《中国资本市场发展报告》,中国金融出版社2008年版,第5~9页。

形市场体系开始显现。1988年底国债转让市场在全国范围出现，1990年有条件的大城市经审批可建立证券交易所，上海证券交易所和深圳证券交易所分别于当年11月26日和12月1日成立。自发形成的二级市场缺乏有效规范和统一监管，证券市场整体尤其是股票市场相对混乱。1992年"四川梧桐树"——红庙子市场成为风靡巴蜀但缺乏监管的自发交易市场；1992年8月10日深圳新股发行，新股认购申请表供不应求引发申购人游行抗议，证券市场的监管亟待破解。

三、全国性资本市场形成及初步发展阶段

邓小平"南方谈话"确立了社会主义市场经济体制的改革方向，为全国性资本市场的改革发展奠定了理论和政策基础。1992年1~2月，邓小平提出市场经济改革发展方向，肯定"证券、股市"，提出"坚决地试"，这为资本市场和证券业提供了改革发展的巨大空间。

1992年是中国全国性资本市场建设和证券业统一监管体系建立的元年。1992年5月，中国人民银行证券管理办公室成立，1992年10月国务院设立了国务院证券委员会（以下简称"证券委"）和中国证券业监督管理委员会（以下简称"证监会"）。1992年12月国务院颁发了《关于进一步加强证券市场宏观管理的通知》，这是证券市场管理和发展的第一个系统性指导文件，同时，确定了中央政府对证券市场统一管理的制度。监管机构的设置和规范性文件的出台标志着中国证券市场管理和发展开始进入规范化进程。

证券业统一监管框架基本形成。1997年11月，全国金融工作会议确定了中国金融监管体系分业监管的基本框架。次年4月，中国证监会承接了国务院证券委（被撤销）和人民银行证券经营机构监管职能，同时在吸收各地证券管理办公室和期货管理办公室的基础上实行以派出机构为支撑的跨区域监管体制，形成了集中统一、中央地方两级的证券期货市场监管框架。

证券业监管框架的调整使得全国性资本市场体系获得初步发展，相对分割的区域性市场逐步完善成为全国性统一市场。在规章制度上，1993年

4月《股票发行与交易管理暂行条例》颁布，对股票发行、交易和上市公司活动进行有效规范；是年6月《公开发行股票公司信息披露实施细则》确定了上市公司信息披露的相关规范。1994年7月对市场经济体制和资本市场发行具有基础作用的《公司法》开始实施，为股份公司和资本市场的发展奠定了制度性基础。在股票发行审批制度上，从1993年开始实施无限量发售申请表、上网定价发行、与银行储蓄存款挂钩等方式向公众公开发行股票，但是，股票定价基本用面值或每股税后利润及相对固定的市盈率来确定发行价格。在交易所建设上，深圳证券交易所和上海证券交易所创新发展，逐步采用无纸化交易，实施价格优先、时间优选交易原则，实施集中竞价交易，建立无纸化存托管制度和高度自动化的电子运行系统，并实施10%涨跌停板制度。1998年3月开始集中整治场外非法股票交易场所，先后对41家非法股票交易和证券交易场所实施有效的清理整顿。证券行业获得了初步的发展，截至1998年底，全国有证券公司90家、营业部2412个、证券投资基金公司6家、相关会计师事务所107家、律师事务所286家、资产评估机构116家。[1]

四、证券市场规范发展阶段

（一）《证券法》颁布与修订

《中华人民共和国证券法》实施开启了中国资本市场和证券业法治规范的新纪元。1998年12月中国颁布了中华人民共和国成立后第一部《证券法》并于1999年7月开始实施，主要用于规范证券发行和交易行为，中国资本市场走向了法制化发展道路。2003年，随着市场经济体制改革发展不断深入和中国加入世界贸易组织，全国人民代表大会开始对《公司法》《证券法》进行完善，2005年10月27日第十届全国人民代表大会常务委员会第十八次会议完成对《证券法》的修订。2006年修订后的《公司法》和《证券法》正式实施，资本市场和证券业发展的法制化进程进一步深化。

---

[1] 中国证券监督管理委员会：《中国资本市场发展报告》，中国金融出版社2008年版，第15～16页。

（二）股权分置改革

股权分置改革解决了可流通股和非流通股的制度性矛盾，资本市场发展迎来新的发展机遇。2004年1月发布的《关于推进资本市场改革开放和稳定发展的若干意见》重在推进中国资本市场包括发行制度在内的各项基础制度完善，重点实施股权分置改革，应对可流通股和非流通股的制度性弊端，并致力于提高上市公司质量、完善证券公司治理、发展机构投资者。中国资本市场发展进入了一个"全流通"时代，资本市场的改革发展进入一个新的历史阶段。

（三）多层次资本市场建设

多层次资本市场基本形成。为了解决长期以来上市公司发行上市体制机制相对单一，无法匹配经济转型发展的现实需要，尤其是不同发展阶段、不同类型企业的差异化融资需要以及日益多元化的投资者结构，多层次资本市场的发展成为21世纪初中国金融改革发展的重要任务之一。

2005年5月，深圳证券交易所在现行法律法规不变、发行上市标准不变的前提下，在深圳证券交易所主板市场中设立了一个运行独立、监察独立、代码独立、指数独立的板块，即中小企业板。中小企业板块的上市企业主要是流通股本规模相对较小的公司，相当于以往的主板小盘股，根据市场需求，确定适当的发行规模和发行方式。

为促进自主创新企业及其他成长型创业企业的发展，2009年3月31日，中国证监会正式发布《首次公开发行股票并在创业板上市管理暂行办法》，该办法自2009年5月1日起实施，致力于促进创新型和成长型企业发展的创业板创设。创业板考虑到创新成长企业的现实，其发行条件中的财务指标在量上低于主板（包括中小板）首次公开发行条件，在指标内容上参照了主板做法，主要选取净利润、主营业务收入、可分配利润等财务指标，同时附以增长率和净资产指标。另外，创业板在净利润/营业收入上设置两套标准，发行人符合其中之一即可。

为了解决中国大量中小微企业长期存在的融资难、融资贵问题，2006年中关村科技园区非上市股份公司进入代办转让系统进行股份报价转让，非上市股份公司股份转让试点开始实施，即为新三板市场。从2006年新三板试点以来特别是2013年新三板推广至全国，根据国务院《关于全国中小企业股份转让系统有关问题的决定》和中国证监会《关于进一步推进全国中小企业股份转让系统发展的若干意见》，新三板市场发展坚持其服务定位，致力于服务中小微企业特别是创新型、创业型和成长型企业的股份转让、融资以及持续发展，截至2018年12月末，新三板挂牌企业总数已经达到10691家。[①]

2018年11月5日，国家主席习近平在首届中国国际进口博览会开幕式上宣布设立科创板。科创板是独立于现有主板市场的新设板块，并在该板块内进行注册制试点。设立科创板并试点注册制是提升服务科技创新企业能力、增强市场包容性、强化市场功能的一项资本市场重大改革举措。通过发行、交易、退市、投资者适当性、证券公司资本约束等新制度以及引入中长期资金等配套措施，增量试点、循序渐进，新增资金与试点进展同步匹配，力争在科创板实现投融资平衡、一二级市场平衡、公司的新老股东利益平衡，并促进现有市场形成良好预期。[②] 2019年1月30日，中国证监会发布《关于在上海证券交易所设立科创板并试点注册制的实施意见》。3月1日，中国证监会发布《科创板首次公开发行股票注册管理办法（试行）》和《科创板上市公司持续监管办法（试行）》，科创板改革发展正在加速进行，多层次资本市场建设又新增了一个新机制。

（四）债券市场空前发展

债券市场亦经历法制法规逐步健全、基础设施不断完善、市场体系蓬勃发展的良好态势。改革开放之后，国债市场重启，债券市场进入新的发展阶段，但是，当时国债市场只有一级发行市场，二级交易市场是空白的，且一级市场发行机制是行政化的。1987~1991年是中国债券流通市场建立的重要发展阶段，以场外柜台交易为主。这个阶段的流通环节主要通过金融机构的柜台实现交易流通，是一个以场外柜台交易为主的流通市场。1992年开始，中国债券市场进入一个场内交易为主的阶段。

1997年中国就建立了银行间债券市场，但是，由于交易主体和品种较为单一，加上交易习惯、方式和技术手段的限制，银行间债券市场发展初

[①] 数据来自全国中小企业股份转让系统。
[②] "上交所表示积极稳妥推进科创板和注册制试点"，新华网，2019年1月29日。

期一直非常缓慢,在国债交易中的比重在20世纪末维持在个位数的水平。21世纪以来,银行间市场获得了较为实质的政策支持,迎来了跨越式发展的契机。2003~2004年之后,随着政策性金融债、金融机构债、短期融资券、中期票据、企业债等快速发展,银行间债券市场已经成为中国债券市场的核心组成部门。

中国债券市场在经历了场外柜台市场为主、场内市场为主两个阶段之后,发展至今大致形成了目前银行间市场、交易所市场和商业银行柜台市场并存、银行间市场为主的现代化债券市场格局。同时,又形成了以国债、金融债、企业债(包括公司债、中期票据、集合票据、可转债等)、短期融资券及超短期融资券等为主要品种的债券市场产品结构。2017年中国债券市场共发行各类债券39.15万亿元(包括可转让存单),2017年末全国债券市场托管存量高达64.57万亿元。[①] 2018年债券市场继续蓬勃发展,2018年末全国债券市场托管存量为76.45万亿元。[②]

(五)期货市场快速发展

期货市场一度出现非理性繁荣。1992年12月,上海证券交易所推出针对证券公司的国债期货交易,1993年10月向社会公众开放,其后全国性国债期货交易所增加至14家。与此同时,商品期货市场过度发展,1993年中国商品期货交易所达到50余家,其期货经纪公司超过300家。不管是国债期货,还是商品期货,由于法律法规不健全,市场交易不完善,微观结构不合理,期货过度交易、黑色交易甚至欺诈经常发生。1995年2月23日发生了"327国债期货风波"。这个事件直接导致1995年5月,国债期货交易试点被暂停。1995年5月31日全国14个国债期货交易场所全部平仓完毕,中国期货市场发展陷入一个低谷期。

1999年《期货交易管理暂行条例》出台,期货市场开始走向规范化的发展道路。其后,监管部门出台了期货交易所、经纪公司、经纪公司高级管理人员任职资格和从业人员资格等四个配套管理办法,期货市场法规制度体系逐步建立。同时,期货市场整治实质性开展,一批不符合标准甚

---

① 中央国债登记结算有限责任公司:《2017年债券市场统计分析报告》,2018年2月9日。
② 中央国债登记结算有限责任公司:《2018年债券市场统计分析报告》,2019年1月16日。

至存在违法违规行为的机构被注销或进行整顿。2003年期货市场交易保证金制度实施,夯实了期货交易结算的体制基础,有效防范了期货交易结算和交割风险。2006年5月,中国期货保证金监控中心成立,期货保证金核对系统和投资者查询服务系统上线,期货保证金监控的技术体系基本建立。2006年9月,中国金融期货交易所成立,沪深300指数期货和5年期国债期货分别于2010年4月16日和2013年9月6日推出,2015年3月20日10年期国债期货开始正式交易。

第二节 中国证券业市场体系

一、交易所

(一)证券交易所

证券交易所是资本市场的基础载体,是资本市场发挥融资、交易、信息交互等功能的基础环节,证券交易所直接融资体系是证券市场体系发展的关键支撑。自1990年12月19日和1991年7月1日上海证券交易所和深圳证券交易所先后开业以来,在近30年的发展历程中,中国证券交易所呈现出与中国直接融资市场和证券市场体系相匹配的基本特征。

第一,证券交易所自身发展迅猛,已跻身于全球领先交易所行列。中国大陆地区的股票发行、融资及交易过程主要在上海证券交易所和深圳证券交易所进行。上海证券交易所和深圳证券交易所都是国际证监会组织、亚洲暨大洋洲交易所联合会、世界交易所联合会成员。在股票交易方面,截至2018年底,中国A股上市公司已达3583家,两市上市公司总市值达48.6万元亿人民币。[①] 在交易所债券市场方面,交易所债券市场是中国最早进行债券交易的场所,也曾是最初各金融机构唯一的债券交易场所。后由于银行资金大量违规流入股市,导致股票市场产生严重泡沫,中国人民银行《关于各商业银行停止在证券交易所证券回购及现券交易的通知》,

---

① 数据来源为Wind。

要求商业银行全部退出交易所市场，同时成立了全国银行间债券市场。从此，中国的债券市场便一分为二。到目前为止，中国的债券交易市场已经发展为沪深证券交易所市场、银行间债券市场和商业银行柜台交易市场并行的状态。交易所债券市场发展迅猛，2017年交易所债券融资规模达3.9万亿元，托管面值规模达9.6万亿元。[①] 不过，相对于银行间市场，交易所债券市场仍然较小，同时交易所市场和银行间市场仍然是相对隔离的状态。

第二，交易所发挥核准上市的功能。中国证券发行和上市原则上相对分离，中国证监会负责证券核准发行，证券交易所负责核准上市，但是，在市场实践中，发行和上市基本是"一个任务、两道工序"，中国尚未出现发行不上市或发行但无法上市的情况。

第三，上海和深圳证券交易所相对独立。上海和深圳两个证券交易所虽在行政隶属、机构定位、机构功能等领域具有一致性或替代性，但是，二者并非具有真正的竞争性。拟上市公司只能在两个交易所选择其一，深圳证券交易所由于设置了中小企业板和创业板，其企业覆盖面相对更加广泛。同时，投资者只能在一个市场的交易账户交易该市场的股票，即上海证券交易所和深圳证券交易所的交易是相互隔离的。这与中国证券发行与上市实施上相对统一是紧密相关的。

第四，证券交易所治理结构是行政会员制。基于《证券法》和《证券交易所管理办法》，证券交易所的设立和解散，由国务院决定；进入证券交易所参与集中竞价交易的必须是证券交易所会员。证券交易所设会员大会、理事会和专门委员会，会员大会是交易所的最高权力机构。不过，从上海证券交易所和深圳证券交易所的人事任免、交易所职能形势以及对其他市场主体的监管方式看，两个证券交易所基本可以视为中国证监会的下属行政机构，二者具有行政隶属管理。为此，中国证券交易所可称为"行政会员制"。[②]

[①] 中国证券监督管理委员会：《2017年交易所债券市场基本情况》，载于《债券》2018年第2期。

[②] 吴晓求等：《中国资本市场2011-2020——关于未来10年发展战略的研究》，中国金融出版社2012年版，第154页。

（二）新三板市场

从 2006 年新三板试点以来特别是 2013 年新三板推广至全国，根据国务院《关于全国中小企业股份转让系统有关问题的决定》和中国证监会《关于进一步推进全国中小企业股份转让系统发展的若干意见》，新三板市场发展坚持其服务定位，致力于服务中小微企业特别是创新型、创业型和成长型企业的股份转让、融资以及持续发展，并取得了一定的成绩。

第一，新三板市场完善了直接融资体系，成为多层次资本市场的基础组成部分。新三板市场的蓬勃发展契合了中小微企业在股权投资和股权转让中的问题，使得中国股票市场从"倒三角"架构转变为中小微企业为基础的"正三角"结构。新三板市场更好地发挥了资本市场体系对经济结构调整、经济转型升级的支持作用，提高了金融服务实体经济的效率。

第二，新三板市场进一步拓展资金融通渠道，缓解中小微企业的融资难问题。新三板市场为中小微企业的直接融资开辟了新的市场渠道，可以实行首发融资、定向增发、优先股以及债券融资等。2016 年、2017 年和 2018 年新三板市场融资规模分别为 1405 亿元、1336 亿元和 604 亿元。[①] 当然，由于新三板存在流动性相对不足、交投不活跃等问题，约束了投融资功能的发挥。

第三，新三板市场构建中小微企业的股权投资和股份转让系统，形成了投融资发展体系。以全国股份转让系统为支撑，促进中小微企业的股份转让、股权融资、债权融资和资产重组，形成了一个完整闭环的投融资体系。

第四，新三板市场践行了市场化资本市场体系的创新与发展工作。基于包容性和市场化原则，通过准备案制、做市商制度以及投资者适当性管理制度，将新三板市场建设成为一个以服务中小微企业为目标、以准备案制为基础机制、以多种转让方式为渠道、以机构投资者为主体的市场化改革发展体系。

---

① 全国中小企业股份转让系统：《2017 年市场统计快报》，2018 年 1 月 5 日。全国中小企业股份转让系统：《2018 年市场统计快报》，2018 年 12 月 28 日。

(三) 期货交易所

新中国期货市场建立于20世纪90年代初,是中国改革开放和市场经济的产物。中国期货市场经过20多年的发展,已成为全球名列前茅的市场。2017年,中国期货市场成交量达30.29亿手,累计成交额达210.8万亿元。[①] 中国期货市场已成为全球最为活跃的新兴市场。目前中国现有的四家期货交易市场分别为上海期货交易所、大连商品交易所、郑州商品交易所以及中国金融期货交易所。

截至2017年12月31日,中国四大期货市场上的交易品种如表4-1所示:[②]

表4-1 中国四大期货市场交易品种

交易所	品种数量	交易品种
上海期货交易所	14个	铜、铝、锌、铅、镍、锡、黄金、白银、螺纹钢、线材、热轧卷板、燃料油、石油沥青、天然橡胶
大连商品交易所	17个	玉米、玉米淀粉、黄大豆1号、黄大豆2号、豆粕、豆油、棕榈油、鸡蛋、胶合板、纤维板、聚乙烯、聚氯乙烯、聚丙烯、焦炭、焦煤、铁矿石、豆粕期权
郑州商品交易所	18个	强筋小麦、普通小麦、棉花、白糖、精对苯二甲酸(PTA)、菜籽油、早籼稻、甲醇、玻璃、油菜籽、菜籽粕、动力煤、粳稻、晚籼稻、铁合金、白糖期权、棉纱、苹果
中国金融期货交易所	5个	沪深300指数期货、5年期国债期货、10年期国债期货、上证50指数期货、中证500指数期货

资料来源:作者根据公开资料整理。

经过20多年的探索发展,中国期货市场由无序走向成熟,逐步进入了健康稳定发展、经济功能日益显现的良性轨道,市场交易量迅速增长,交易规模日益扩大。同时,中国期货市场的国际影响力显著增强,逐渐成长为全球最大的商品期货交易市场和第一大农产品期货交易市场,并在螺纹钢、白银、铜、黄金、动力煤、股指期货以及众多农产品

[①] 中国期货业协会:《2018年全国期货市场交易情况》,2019年1月1日。

[②] "2018年中国期货行业发展现状及发展趋势分析",中国产业信息网,http://www.chyxx.com/industry/201804/633829.html。

等品种上保持较高的国际影响力。2017年,从成交量的国际排名来看,上海期货交易所、大连商品交易所、郑州商品交易所和中国金融期货交易所分列第9、第10、第13和第31位,在世界期货交易市场中占据重要地位。

二、上市公司

1990年12月19日,随着上海证券交易所"老八股"上市,A股市场宣告诞生。从"老八股"到第1000家公司上市,用了近10年时间。此后A股也进入了长期盘整,新股发行多次中断,直到2010年9月15日,A股公司数量才突破2000家。之后,A股的新股发行开始提速,尽管经历了2012年10月至2014年1月较长的一次新股停发,到2016年底,A股公司数量已突破3000家。截至2018年底,中国A股上市公司已达3583家,两市上市公司总市值达48.6万亿元人民币。[①]

首次公开发行募资在证券市场中的作用是基础性的。由于中国以往对于新股发行主要采用核准制进行管理,IPO企业的数量和规模受监管当局政策影响较大,IPO虽经历多次暂停,但募资功能持续稳定发挥。2007年A股IPO筹集资金规模高达4809.86亿元,2010年到达4882.63亿元,创下A股市场IPO募资的历史新高。2013年以来,证监会开展声势浩大的IPO自查与核查运动,IPO事实上停止,直至2014年1月重启。其后,IPO的数量大幅增长,募资规模亦稳步上升。2017年,中国A股IPO融资规模为2186亿元,同比增长25.3%。2018年受各种因素影响,A股IPO融资为1386亿元。[②]

上市公司再融资,是资本市场重要的活动之一,是公司融资的重要手段之一。[③] 经过近20年的发展,中国上市公司再融资处于不断变化的过程。上市公司再融资的偏好随着政策与市场环境的不同表现出了完全不同的风格。1998年以前,上市公司再融资基本上以配股融资为融资方式。

[①][②] 数据来源为Wind。
[③] 上证联合研究计划第24期课题报告,《上市公司再融资制度改革与完善》,http://www.sse.com.cn/aboutus/research/jointresearch/c/3990521.pdf。

2001年，配股开始呈下降趋势，而增发、发行可转债开始呈增长趋势。2005年以来，增发融资量已经明显高于配股、可转债的融资量，中国再融资形成以增发为主，配股、可转债为辅的再融资模式。

三、证券公司

（一）发展的基本状况

中国证券公司的发展与证券行业的发展休戚与共，证券公司的发展是中国证券业发展的一个缩影，过去40余年大致经历了初步发展、快速生长到规范发展的过程。1987年9月27日，经中国人民银行批准中国第一家证券公司——深圳经济特区证券公司正式成立，当时该证券公司由深圳市12家金融机构联合出资组建。2001年，深圳经济特区证券公司增资并改名为巨田证券。但是，由于委托理财和占用保障金等问题，巨田证券并没有在增资之后获得新生，2006年10月被招商证券托管并退出了证券市场。

证券公司从无到有、从小到大，经历了蓬勃发展的30年。中国证券行业规模不断扩大，如表4-2所示，截至2018年底，中国证券公司数量增长至131家，总资产达到62600.00亿元，总资产、营业收入和净利润三者呈现了基本一致的变化趋势。其中，2007年，全行业净利润水平达历史高点1306.62亿元；2008年，受股票市场大幅下跌影响，全行业净利润随之减少至482.00亿元；2009年，股票市场景气度回升，推动行业实现净利润933.55亿元；2010~2012年，股票市场持续低迷，证券公司净利润同比分别下降16.92%、49.23%和16.37%；2013~2015年，经过多年的筑底震荡，在货币宽松政策及良好改革预期的背景之下，证券公司净利润同比分别上升33.68%、119.34%和153.50%，2015年的净利润上升到顶峰，随后在2016年和2017年均呈现了49.57%和8.47%的降幅。[①] 2018年由于股票市场下跌较为显著，证券公司经营状况相对困难。

---

① 数据来自Wind。

表 4-2　　　　　中国证券公司经营情况（2007~2018 年）

时间	数量（家）	总资产（亿元）	营业收入（亿元）	净利润（亿元）
2007 年	106	17300.00	2835.85	1306.62
2008 年	107	12000.00	1251.00	482.00
2009 年	106	20300.00	2053.00	933.55
2010 年	106	19700.00	1926.53	775.57
2011 年	109	15700.00	1359.50	393.77
2012 年	114	17200.00	1294.71	329.30
2013 年	115	20800.00	1592.41	440.21
2014 年	120	40900.00	2602.84	965.54
2015 年	125	64200.00	5751.55	2447.63
2016 年	129	57900.00	3279.94	1234.46
2017 年	131	61400.00	3113.28	1129.95
2018 年	131	62600.00	2662.87	666.20

资料来源：中国证券业协会行业数据。

（二）业务状况

30 多年来，中国证券公司的业务结构发生了较为重大的变化，逐步实现了从代理买卖证券为主到资产管理、证券投资、承销保荐等多元业务体系的转变。中国证券公司经营的业务范围包括代理买卖证券业务（含席位租赁）、证券承销与保荐业务、财务顾问业务、投资咨询业务、资产管理业务、证券投资业务等。在证券公司长达 20 年的发展历程中，代理买卖证券业务一直占据主导地位。随着利率市场化和金融市场体系发展，2012~2017 年资产管理业务和证券投资业务占收入的比重有明显的上升趋势，而代理买卖证券业务（含席位租赁）所占比重则明显下降。代理买卖证券业务（含席位租赁）和证券投资业务是中国证券公司的两大主要业务收入来源，从 2012 年至 2016 年，代理买卖证券业务（含席位租赁）的收入占比均接近 50% 甚至超过 50%，在 2017 年，证券投资业务的收入占比略超过代理买卖证券业务。整体而言，如表 4-3 所示，2012~2018 年中国证券公司各项业务收入结构发生了比较明显的调整，从以代理买卖证券（含席位租赁）等传统型业务为主逐渐向以资产管理和证券投资等创新型业务为主转变。

表 4-3　中国证券公司各项业务经营情况（2012~2018 年）　单位：亿元

时间	代理买卖证券业务（含席位租赁）净收入	证券承销与保荐业务净收入	财务顾问业务净收入	投资咨询业务净收入	资产管理业务净收入	证券投资业务收益（含公允价值变动）
2012 年	504.07	177.44	35.51	11.46	26.76	290.17
2013 年	759.21	128.62	44.75	25.87	70.3	305.52
2014 年	1049.48	240.19	69.16	22.31	124.35	710.28
2015 年	2690.96	393.52	137.93	44.78	274.88	1413.54
2016 年	1052.95	519.99	164.16	50.54	296.46	568.47
2017 年	820.92	384.24	125.37	33.96	310.21	860.98
2018 年	623.42	258.46	111.50	31.52	275.10	800.27

资料来源：中国证券业协会行业数据。

四、证券业其他中介机构

在证券市场中，会计师事务所为上市公司以及公开发行股票的企业等提供中介服务，为企业进行验资并对其财务报表进行审查、出具审计意见，确保企业的会计报表不存在重大错误和遗漏。会计师事务所往往被称为证券市场的"经济警察"。截至 2017 年 9 月 30 日，全国共有会计师事务所 8527 家，其中总所 7461 家，分所 1066 家。[①]

律师事务所从事证券法律业务，可以为证券业相关的下列事项出具法律意见：首次公开发行股票及上市；上市公司发行证券及上市；上市公司的收购、重大资产重组及股份回购；上市公司实行股权激励计划；上市公司召开股东大会；境内企业直接或者间接到境外发行证券，将其证券在境外上市交易；证券公司、证券投资基金管理公司及其分支机构的设立、变更、解散、终止；证券投资基金的募集，证券公司集合资产管理计划的设立；证券衍生品种的发行及上市；中国证监会规定的其他事项。[②] 律师事

[①] "2017 年全国注册会计师人数有多少，截止第三季度" [DB/OL]. https://www.gaodun.com/cpa/1070618.html2017-10-24/2018-05-16。

[②] "2017 年版中国律师事务所市场预测报告目录" [DB/OL]. https://wenku.baidu.com/view/323aa3e6951ea76e58fafab069dc5022aaea46b0.html，2017-08-11/2018-05-16。

务所可以接受当事人的委托,组织制作与证券业务活动相关的法律文件。律师事务所参与各种证券法律业务,有助于证券发行及交易活动的客观、公正进行,保障投资者的正当权益和社会公众的基本利益。目前,中国共有律师事务所近2万家,执业律师23万多人。

资产评估机构是指专门从事资产评估业务的中介机构,对股份价值和价格形成、公司财务状况和经营成果等也产生了重要的影响。中国有关法律法规对其在证券市场中的地位做了明确规定,如1991年颁布的《国有资产评估管理办法》及其《施行细则》规定,国有资产占有单位改组为股份制企业(包括法人持股、内部职工持股、向社会发行不上市交易的股票和向社会发行上市交易的股票)前,应进行资产评估。由于一系列相关法律、法规的制定和实施,资产评估机构伴随着中国证券市场从无到有、从小到大,与中国的证券市场同步成长。

证券投资咨询机构在取得监管部门颁发的相关资格的前提下,从事为投资者或客户提供证券投资的相关信息、分析、预测或建议,并直接或间接收取服务费用的业务。证券投资咨询机构一方面适应了证券专业化的要求,另一方面也符合证券市场的公开、公平原则。咨询人员的专业知识与技能可以增加证券市场的透明度,同时咨询机构可以为市场上的发行人、投资人出谋划策,帮助他们选择筹资、投资的最佳方案,减少盲目性,也减少了浪费。除此以外,证券投资咨询机构提供的服务可以增强投资者的风险意识,引导投资者理性投资,咨询机构发布的相关分析报告对规范上市公司经营运作也起到一定的监督和促进作用。

五、投资者结构

在30多年的证券市场发展中,中国证券投资者结构从单一到多元,机构投资者的重要性不断提升,已经形成了公募基金、保险资产投资机构、券商资产管理计划、券商证券投资、私募基金、社保基金以及个人投资者等较为多元的投资者结构。

公募基金是面向社会公众公开发售的投资基金,基金募集对象不固定,投资金额要求低,适宜中小投资者参与,必须遵守基金法律和法规的约束,进行公开信息披露，并接受监管部门的严格监管。截至2018年11月底，中国境内共有基金管理公司119家，其中中外合资公司44家，中资公司75家；取得公募基金管理资格的证券公司或证券公司资管子公司共13家，保险资管公司2家。这些机构管理的公募基金资产合计13.61万亿元。[①]

私募基金是近10年证券市场投资发展最为快速的机构投资者。私募基金是通过非公开的资金募集形式获得的较大规模投资资金，形成基金资产并将资产交由基金托管人进行托管、基金管理人进行管理，由基金管理人以理财的方式对募集资金在股票市场进行投资，获得的收益在扣除管理费用后由投资者按投资金额进行分配的投资方式。近年来，随着中国股票市场不断地发展以及居民财富水平的不断增加，民间私募基金整体呈现出快速发展趋势。截至2018年4月底，中国证券投资基金业协会已登记私募基金管理人23559家，已备案私募基金72500只；管理基金规模112.48万亿元，私募基金管理人员工总人数24.34万人。[②] 当然，私募基金的投资品种较为多元，基金管理资产中只有部分是证券资产。

证券公司资产管理计划和证券投资业务（自营业务）成为重要的机构投资力量。资产管理业务是证券公司作为资产管理人，依照有关法律法规和《证券公司证券资产管理试行办法》的规定与客户签订资产管理合同，根据资产管理合同约定的方式、条件、要求及限制，对客户资产进行经营运作，为客户提供证券及其他金融产品的投资管理服务行为；而自营业务则是证券公司利用自有资金自行买卖证券以获取收益的业务。根据中国证券投资基金业协会的数据，截至2018年底，全国基金公司资产管理规模达4.37万亿元，基金子公司资产管理业务规模是5.25万亿元，均是证券市场重要的机构投资者。

保险基金是专门从事风险经营的保险机构，根据法律或合同规定，以收取保险费的办法建立的、专门用于保险事故所致经济损失的补偿或人身伤亡给付的一项专用基金。即使在市场经济高度发达的国家，为保证按时赔付，保险资金所持有资产也是以公司债券、政府债券及证券投资基金为

---

① 数据来自中国证券投资基金业协会。
② 中国证券投资基金业协会：《私募基金管理人登记及私募基金产品备案月报（2018年第4期）》，http://www.amac.org.cn/tjsj/xysj/smdjbaqk/393038.shtml。

主，而普通股持股比例并不高。根据保监会数据，2017年，中国保险公司用于股票和证券投资基金投资的总金额达1.8万亿元，占资金运用总余额的12.3%。[1] 根据银保监会数据，2018年，中国保险公司用于股票和证券投资基金投资的总金额达1.92万亿元，占资金运用总余额的11.71%。[2] 保险公司已成为中国股票市场重要的机构投资者。

社会保障基金（以下简称"社保基金"）亦成为证券市场重要的机构投资者。总体上来看，中国社保基金可分为四个部分：城镇企业职工基本养老保险基金、全国社会保障基金、企业年金和农村养老保险基金。2001年12月，《全国社会保障基金投资管理暂行办法》颁布实施，同意社保基金可以进行证券投资基金和股票投资，并且规定了投资的最高比例，为社保资金入市打开了大门。目前，中国的养老基金投资偏于保守，股权投资比例偏低。只有社保基金和企业年金进入了股市进行专业化投资。根据中国证券投资基金业协会统计，截至2017年底，社保基金和企业年金在基金公司的资产规模达1.47万亿元。

第三节 中国证券业的对外开放

一、中国证券业开放的简要历程

（一）加入WTO之前

证券业开放与证券市场开放是两个有着内在关联但又内涵不同的范畴。证券业开放属于服务贸易范畴，指本国允许外国证券经营机构自由参与国内证券业务；证券市场开放则是指允许外国投资者自由参与国内证券市场，进行证券交易，属于资本流动范畴。

在加入WTO之前，中国证券业并不是完全对外封闭的，而是有一定

---

[1] 中国保险监督管理委员会：《2017年保险统计数据报告》，http://bxjg.circ.gov.cn/web/site0/tab5257/info4101484.htm。

[2] 数据来自银保监会。

程度的开放。国外证券公司或金融机构进入中国证券业主要是通过在中国境内设立代表处。通过代表处，国外金融机构可以参与B股市场交易，参与H股、红筹股的发行等。另外，国外金融机构还可以为中国政府和企业提供咨询服务。在加入WTO之前，国外金融机构已经部分参与了中国的证券业，只是参与的内容仅限于跨境服务，国外金融机构还不能在中国以商业形式从事证券业务。此时，中国的证券市场规模还比较小，市场自由化程度低，对外开放程度小，并且证券品种也非常单一，证券机构国际竞争力弱，此时的证券业还处于初期发展阶段。

（二）加入WTO之后

自从2001年中国加入WTO之后，中国的金融开放进程加快了脚步，中国在加入世界贸易组织时曾经作出一系列关于金融开放的承诺，承诺涉及证券业、银行业和保险业等。承诺内容包括允许外国资本在一定股权范围内投资金融机构（银行、保险、券商），取消外资机构的地域限制等。在证券业开放方面：一是外国证券机构可以不通过中方中介，直接从事B股交易；二是外资银行有资格获得各交易所的特别会员席位；三是允许设立中外合资的基金管理公司，从事国内证券投资基金管理业务，外资比例在加入时不超过33%，加入后3年内不超过49%；四是3年内允许设立中外合资证券公司，从事A股承销、B股和H股以及政府和公司债券的承销和交易，外资比例不超过1/3。

中国加入世界贸易组织之后，证券业开放逐步实现了承诺，合资券商、期货公司和基金公司不断发展起来。其后，由于全球金融危机的爆发，中国资本项目开放处于相对缓慢时期，证券业开放和证券市场开放亦处于相对缓慢阶段，证券业发展主要是以合资机构业务发展、合格境外机构投资者、合格境内机构投资者等为主。

2017年以后，随着中国金融要素体系改革进一步深入发展，金融开放逐步深入，证券业开放进入一个提速阶段。2018年4月28日，中国证监会正式发布《外商投资证券公司管理办法》，一方面明确允许外资控股合资证券公司，逐步放开合资证券公司业务范围，另一方面多家本土券商获批试点跨境业务。广发、中金、中信、招商证券等券商成为第一批获得跨境业务试点资格的机构。金融开放尤其是证券业开放对中国金融市场发展具有重要意义，金融开放不仅有利于中国吸引外资促进国内金融市场发展，也有利于提高国内金融机构的国际竞争力，加速国内金融业改革与发展。外资参与到国内金融市场还能带来先进的管理经验和新颖的金融创新手段，有效提高市场效率，打破国内金融垄断格局。

二、中外合资证券基金机构

（一）中外合资证券公司

中国首家中外合资证券公司——中国国际金融股份有限公司（以下简称"中金公司"），成立于1995年，其主要发起人为中国建设银行、摩根士丹利、中国投资担保有限公司，成立之初中金公司的主要业务为投资银行。中国证券市场经过30余年的发展，共有11家中外合资证券公司，其中中国国际金融有限公司、瑞银证券有限责任公司和中银国际证券有限责任公司是具有全牌照证券业务资质的合资券商；高盛高华、东方花旗等以投行业务为核心。

从2017年合资证券公司的经营数据来看，2017年11家合资券商营业总收入为183.17亿元，总净利润为38.81亿元。营业收入排名前三的合资券商分别为中金公司、中银国际证券和东方花旗，营业收入分别为112.09亿元、30.68亿元和10.39亿元，净利润分别为28.11亿元、10.69亿元和1.88亿元。[①] 相对而言，除了中金公司之外，合资券商的业务规模相对处于中下游水平。

（二）中外合资期货公司

2005年1月1日，《内地与港澳关于建立更紧密经贸关系的安排》（CEPA）开始正式实行，这为外资进入国内期货市场打开了通道。该协议允许在香港证监会及澳门金融管理局注册，并支持符合中国证监会规定条件的外资中介机构在内地设立合资期货经纪公司，但外资持股比例不能超过49%，合资公司营业范围和资本额等要求均与内资企业相同。

2006年，荷银金融期货亚洲有限公司与银河证券共同出资设立中国首

---

① 数据来自中国证券业协会。

家合资期货公司——银荷期货经纪有限公司,标志着中国内地期货业对外开放迈出实质性的第一步。其中,外方股东是由荷兰银行控股的荷银金融期货亚洲有限公司,其持股比例为40%;中方股东为银河证券公司,持有公司60%的股权。

经过12年的发展,到2018年,国内目前只有银河期货、摩根大通期货两家合资期货公司。其中,银河期货中资为中国银河证券,持股比例为83.32%,外资是苏格兰皇家银行,持股比例为16.68%;而摩根大通期货的中资为深圳市迈兰德股权投资基金管理公司,持股比例为50%,另外还有江苏威望创业投资有限公司,持股1%,外资摩根大通持股49%。另一家曾经的合资期货公司中信新际期货,2014年被中信期货吸收合并,外资已经退出。2017年,银河期货营业收入为12.01亿元,同比增长7.46%;净利润为2.31亿元,同比增长24.49%。摩根大通期货2017年营业收入为6514万元,同比增长85.02%;净利润为4157万元,同比增长199.3%。[①]

(三) 中外合资基金公司

合资基金的发展可追溯至20世纪90年代中期。1994年,当内地A股市场经历着第一个大熊市之时,中外合资基金管理公司的想法被首次提出,但是,由于当时资本项目开放和随后的东亚金融危机影响,合资基金公司的发展构想没有成为现实。2001年底,中国正式加入WTO(以下简称"入世"),基金业开放成为一个现实的要求。根据入世承诺,入世后外资即可持有基金公司或证券公司33%股权,三年后可最多持有至49%股权。

2002年12月16日,国泰君安股份有限公司和德国安联集团设立合资基金——国安基金管理公司(后定名为"国联安基金管理公司")的申请获准筹建。国安基金管理公司初始注册资本为1亿元人民币,国泰君安持有67%的股份,德国安联集团持有33%的股份,注册地设在上海市。这是中国开放证券业迈出的重要一步,标志着外资可以正式参与国内证券业务,同时这也是中国在履行WTO承诺方面迈出的重要一步。经过10多年的发展,合资基金公司发生了翻天覆地的变化,国联安基金外方股东未变,但中方股东已由国泰君安变成中国太平洋保险。

---

① 数据来自中国期货业协会。

合资基金公司已经成为中国证券投资基金行业的重要组成部分。截至 2018 年 5 月，合资基金公司数量目前也已经发展到 41 家，其中券商系基金最多，共有 16 只；其次是信托系基金，共有 12 只；银行系基金有 9 只；保险系基金和其他派系均只有 2 只。目前，合资基金总管理资产规模达到 5.22 万亿元，资产规模排名前三的合资基金分别为：工银瑞信基金管理有限公司、建信基金管理有限责任公司、中银基金管理有限公司，资产规模分别为 6104.83 亿元、5707.32 亿元、4027.92 亿元。[①] 排名前三的合资基金均属于银行系基金，且外资占比均在 25% 以下，外资占比相对较低。

基金业开放近期进入一个加速进程。2017 年 11 月 10 日，财政部放松了国内基金公司控股权外资持股比例，外资持股比例从 49% 提高至 51%，3 年之后投资比例不受限制。这意味着证券业对外开放的大门进一步打开，外资金融机构在内地组建基金公司若谋求绝对控股权将不再有政策障碍。此次将外资持股比例上限调整到了 51%，虽然只上调了 2 个百分点，但突破了"50%"的控股权限制，具有重大意义，这意味着外资从合资基金设立开始就可以控股国内基金公司，有利于促进基金市场竞争，提高市场效率。

三、QFII、QDII 和 RQFII

在改革开放之后，中国资本项目开放持续扩大，但迄今仍有少数几个项目处于未开放状态。其中包括，个人海外购房及投资属于尚未开放的资本项目，资本项下个人对外证券投资或者海外个人对境内证券投资只能通过规定的渠道，与此相匹配的制度安排就是合格境外机构投资者、合格境内机构投资者以及人民币合格境外机构投资者等制度。

（一）QFII

QFII（qualified foreign institutional investors）是合格境外机构投资者的英文缩写，QFII 机制是外国专业投资机构到中国境内投资的资格认定制度。QFII 是一个经济体资本项目存在特定项目管制条件下，有限度引进外

---

① 数据来自中国证券投资基金业协会。

资、部分开放境内资本市场的一种中间制度。这种制度要求外国投资者若要进入一国证券市场，必须符合一定的条件，得到该国有关部门的审批通过后汇入一定额度的外汇资金，并转换为当地货币，通过严格监管的专门账户投资当地证券市场。

2003年，中国开始推出QFII机制，审批由国家外汇管理局实施。QFII开放进程大致可以分为三个阶段：一是2003年到全球金融危机之前，QFII审批额度保持逐步上升的态势，2006年审批额度高达34亿美元。二是金融危机到2011年左右，QFII审批额度下降或保持较为低速的增长，主要是因金融危机冲击，中国监管当局更加审慎监管国际资本流动，其中2007年获批额度不足10亿美元。三是2011年以来加速开放的时期。2011年QFII获批机构数为29家，是截至当时该制度实施以来批准家数最高的一年。截至2019年2月底，累计的QFII额度为1014.46亿美元。获批额度的扩大将不断吸引外资机构进入中国A股市场，加强境内与境外投资机构之间的相互合作，有效促进证券市场发展和国内外资本有序流动。

（二）QDII

QDII（qualified domestic institutional investors）是合格境内机构投资者的英文缩写。QDII制度是在一个经济体资本项目尚未完全开放条件下，在所在经济体境内设立，经该国有关部门批准，有控制地允许境内机构投资境外资本市场有价证券投资业务的一项中间制度安排。这是一个资本项目尚未完全开放经济体的居民投资境外有价证券的重要方式。

中国设立QDII制度主要是为了进一步开放资本账户，以创造更多外汇需求，使人民币汇率更加平衡、更加市场化，并鼓励国内更多企业走出国门，从而减少贸易顺差和资本项目盈余，直接表现为让国内投资者直接参与国外的市场，并获取全球市场收益。

2006年中国匹配QFII制度以实现"双向投资"，适时推出了QDII制度，这是中国投资双向开放的重要一步。经过十余年的快速发展，QDII机制取得了重要的发展成果。截至2018年4月30日，中国共有135家单位获得QDII资格，QDII投资额度获批合计983.33亿美元。不过值得注意的是，由于短期资本流动相对频繁，2015～2017年QDII投资额度并未发生变化。截至2019年2月底，QDII额度为1032.3亿美元。

（三）RQFII

RQFII（RMB qualified foreign institutional investors）是人民币合格境外机构投资者的英文缩写。RQFII 机制是境外合格机构投资者在规定额度内使用离岸人民币对中国证券市场直接进行投资。RQFII 机制的出台主要是基于中国资本项目尚未完全开放和在此条件下推进人民币国际化、实现人民币有序双向流动的制度安排。

2011 年 8 月 17 日，时任国务院副总理李克强在香港表示，将允许人民币境外合格机构投资者投资境内证券市场，起始规模为 200 亿元。2011 年 12 月，中国监管机构正式发布 RQFII 试点办法，允许符合条件的试点机构开展 RQFII 业务。截至 2018 年 1 月底，国家外汇管理局已经授予了我国香港特区及英国、新加坡、法国、韩国、德国、加拿大、澳大利亚、瑞士、卢森堡、匈牙利、马来西亚、泰国、美国 14 个经济体共计 196 家机构开展 RQFII 业务，累计批准投资总额度为 6103.62 亿元。截至 2019 年 2 月底，RQFII 投资额度已达 6404.7 亿元。

四、证券市场互联互通

"沪港通"是指上海证券交易所和香港联合交易所允许两地投资者通过当地证券公司（或经纪商）买卖规定范围内的对方交易所上市的股票，是沪港市场交易互联互通的机制。此机制的目标是为了推动更高水平的资本市场对外开放，建立上海与香港的股票交易连接机制，推动内地与香港的紧密合作与互利共赢，提高中国作为一个整体在国际金融市场上的地位和作用。"沪港通"于 2014 年 11 月 17 日正式启动，涉及沪市 A 股股票 568 只和港股股票 268 只。该机制实施以来，沪市港股通买入和卖出金额在不断扩大。截至 2018 年 3 月，沪市港股通累计买入金额达到 813.61 亿元，累计卖出金额达到 879.73 亿元。2018 年 3 月后，由于中美贸易战的冲击，A 股市场出现较大幅度下跌，"沪港通"的交易量有所下降。2018 年 12 月当月买入和卖出金融均约 300 亿元。

与"沪港通"相对应的一个机制安排是"深港通"。"深港通"是深圳证券交易所和香港联合交易所有限公司建立技术连接，使内地和香港投资者可以通过当地证券公司或者经纪商买卖规定范围内的对方交易所上市的股票。2016年8月,国务院批准《深港通实施方案》;2016年12月5日,"深港通"正式落地,涉及深市A股股票881只,港股股票417只。考虑到中小市值股票普遍具有规模小、业绩不稳定、价格波动幅度较大等特点,为防范"深港通"跨境市场炒作和操纵中小市值股票风险,"深港通"标的筛选增加市值标准。

"沪股通"的总额为3000亿元人民币,"深港通"取消总额度控制,设置了每日额度的限制,"深股通"每日额度为130亿元人民币,"港股通"每日额度为105亿元人民币。截至2018年3月,深市港股通月累计买入金额达593.26亿元,累计卖出金额达到412.54亿元。有意思的是,2018年3月之后,"深港通"的交易金额并没有受中美贸易战的影响而持续走高。2019年2月深股通当月买入金额高达1540亿元。

2017年5月正式落地的"债券通"为中国证券市场进一步开放和内外互动提供了基础设施支撑。当月16日中国人民银行与香港金融管理局宣布开展内地与香港"债券通"合作,即境内外投资者通过两地债券市场基础设施连接,买卖两个市场交易流通债券的机制安排。中国外汇交易中心和香港交易所作为"债券通"主要运营主体,为"债券通"提供入市、交易等相关服务,并在香港成立债券通合资公司协助推进相关工作开展。中央结算公司及上海清算所分别与香港金融管理局通过基础设施连接,为境外投资者提供登记托管、清算结算服务。

在更大范围内与国际其他证券市场互联互通成为中国证券市场开放的重要政策选择。2015年"沪伦通"就被提出,其运作机制是人民币输出到伦敦离岸市场,让伦敦的人民币回流到上海,而载体则是沪股、伦股。2018年4月11日,中国人民银行行长易纲在博鳌亚洲论坛上表示,上海证券交易所与伦敦证券交易所(LSE)的互联互通交易机制有望在2018年内开通,这对于中国证券市场和资本项目开放都具有里程碑意义。

五、证券监管的境外合作

作为中国的证券业监管机构,中国证监会不仅依照法律、法规和国务院授权，统一监督管理全国证券期货市场，维护证券期货市场秩序，保障其合法运行，同时还代表中国政府对外开展国际监管协调与合作，重点拟订证券期货系统对外交流合作的规章制度、境内企业在境外发行股票的规划、实施细则；联系有关国际组织，组织境内与境外有关机构的交流合作活动，承担与境外监管机构建立监管合作关系的有关事宜；审核境内企业直接或间接在境外发行股票及其派生形式、境外上市公司在境外发行可转换债券的申报材料并对境外上市公司实施监管等。

1992年以来，中国证监会的境外合作取得了重要的成绩。一是作为中国加入世界贸易组织证券业开放的重要协调和实践主体，重点推进中国证券市场和证券业的对外开放，构建了合资证券类金融机构的相关管理制度和QFII、QDII以及RQFII相关的配套机制。二是重点推进了内地与香港、伦敦等地股票市场互联互通机制，中国证券市场与境外的互动不断深化。三是中国证监会不断深化交易所债券市场对外开放。尤其在近期引导交易所债券市场进一步服务"一带一路"建设，促进沿线国家（地区）的资金融通，大力促进发行"一带一路"债券。四是证监会不断强化国际监管合作，作为国际证券事务监察委员会组织（或称"国际证监会组织"，IOSCO）的重要成员，中国证监会自1995年正式加入该组织之后，不断参与并促进证券业的国际监管合作。2002年IOSCO通过《国际证监会组织多边谅解备忘录》，旨在促进证券监管机构的跨境执法和信息交流。2010年《国际证监会组织多边谅解备忘录》进一步升级细化，成为证券业国际监管合作的重要指引。中国证监会主席多次连任该组织执行委员会副主席。2012年，国际证监会组织第37届年会在北京举行，在中国的推动下，此次会议期间国际证监会组织针对国际金融危机弊端，进行了新一轮组织架构改革，成立了新的理事会和7个常设委员会。全球金融危机之后，在G20框架下，国际证监会组织作为证券监管领域最重要的国际组织，负责制定全球证券期货监管的国际标准和指引，中国在其中亦发挥了积极的作用。

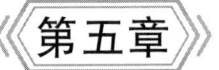

中国保险业的发展

保险业是金融业的重要组成部分。新中国成立70年间,保险业虽经历了兴起、暂停、再出发和快速成长等过程,但始终不忘初心,着力服务于实体企业、农业发展和广大人民群众,既有效发挥了保障功能和防范风险的管理功能,也积极发挥了资金融通、金融投资和社会管理等功能,形成了以市场为导向、各险种比较齐全、机制比较灵活、覆盖经济社会生活各方面的保险体系,取得了举世瞩目的成就。

第一节 新中国前十年的保险业(1949~1958年)

一、新中国前十年保险业的发展简况

1949年,中华人民共和国成立伊始,首当其冲的挑战是如何从积贫积弱的废墟上逐步恢复生产力。基于这样的背景,新中国保险业前10年可以分为两个阶段:1949~1952年三年国民经济恢复期是第一个阶段;1953~1958年"一五计划"是第二阶段。在这两个阶段中,中国保险业的中心主题是如何服务于生产与建设的恢复、如何缓解经济中的关键资源短缺。可以说,新中国保险业的前十年是短缺经济下国家保险业发展的十年。

新中国前十年的保险业,是不断探索如何在这片崭新的土地上开展保

险业务的十年。1949年9月25日~10月6日，第一次全国保险工作会议召开，确定了保险必须为发展生产服务的基本方针，确定了中国保险业的三个主要任务：保障生产安全，扶助贸易发展，促进城乡物资交流；保障劳动人民生活之安全；保护国家财产。1950年8月11日~9月7日，第二次全国保险工作会议在北京召开。会议主旨有两个：国营保险公司对私营保险事业要团结扶助、教育改造；努力由自愿保险走向强制保险。1953年3月，第三次全国保险工作会议在北京举行。会议提出"整理城市业务，停办农村业务，整顿机构，在巩固的基础上稳步前进"的总方针。1954年11月，第四次全国保险工作会议在北京举行。会议确定此后数年保险工作的基本方针是开拓保险业务，吸收分散的社会资金，建立保险基金，充实国家财政的后备力量。1956年2月19日第五次全国保险工作会议提出把保险工作业务重点转向农村，积极地有计划有步骤地开展农村保险业务。当年6月8日，国务院明确指示应当切实贯彻实行自愿保险的原则。1958年12月，在武汉召开的全国财政会议正式作出"立即停办国内保险业务"的决定。此后，1959~1979年的20年是中国保险业停办时期。

二、新中国前十年保险业的发展成就

新中国前十年，保险业发展也取得了一系列重要成果。主要表现在：

第一，对外保险对关键物资的保障发挥了不可替代的作用。1949年中国恢复了进出口贸易，进出口物资运输保险在配合贸易部门的反封锁、反禁运的斗争中发挥了应有的作用。1951年1月~1952年11月，对外保险的赔款总额（不含分保摊回赔款）达461.7亿元（旧人民币）。

1949~1952年的3年国民经济恢复时期，中国面临着外汇紧缺、关键物资吃紧的格局。中国对外保险的国际分保业务在此期间充分发挥了在国际范围内分散风险、减轻国家外汇补偿负担、平衡外汇收支的作用。一个重要的案例是"百万英镑索赔"。在此案中，中国保险公司在核定损失后，向伦敦合约再保险人要求现金赔偿，并两次成功驳回了伦敦的拒赔理由，从国际分保中得到104万英镑的赔付。

第二，农村保险在曲折中取得发展。1949~1952年，农村保险共收入保费 4800 多亿元（旧人民币，下同），付出赔款 1800 多亿元。在当时中国农业生产还占很大比重的情况下，在农村开展保险业务，对于促进农业经济顺利发展有着重大的意义。

1952 年之后，农村保险业务推行过程中出现了一些冒进问题。为了纠正这些问题，到 1953 年底，各地基本完成了农村保险停办指令要求。1954 年 11 月，农村保险业务恢复。此后，截至 1957 年，农业保险稳步发展。

第三，人身保险发展初见规模。中华人民共和国成立初期，人身保险分为两类：一类是按集体方式投保的，不带储蓄性质的人身保险，主要是职工团体人身保险。另一类是按个人方式投保的，带有储蓄性质的人身保险，主要是简易人身保险。

1951 年，国家开始对职工实施劳动保险。到 1953 年初，全国职工参保近 100 万人。中华人民共和国成立初期，中国人民保险公司还分别开办了船员团体人身保险、渔工团体人身保险和建筑工人意外伤害保险。简易人身保险也于 1951 年开办，由于这种业务带有储蓄性质，保险期限比较长，又要每月缴付保险费，所以各地业务发展状况差别很大。到 1952 年底，全国参加这种保险的约有 10 万人。

在此阶段，中国人民保险公司办理的人身自愿保险收入保费 881 亿元，付出赔款 185 亿元，保险金和医疗津贴的给付使被保险人或其家庭能适当解决由不幸事故所引起的经济困难，对于安定群众生活，调动生产积极性发挥了重要作用。

人身保险业在 1953～1954 年以整顿为主线。在 1955～1957 年，清理给付中华人民共和国成立前未清偿人寿保险契约，人身保险业务进入稳步发展阶段。但从 1957 年 2 月起，不再办理新业务；截至 1957 年三季度，有效参保人数 41 万人，比 1956 年底下降了约 40%。

第四，突出保险的防灾风险管理功能。在新中国前十年中，对中国保险业来说，最大的亮点之一是突出防灾防损、风险管理的职能。防灾管理成为保险公司营销、吸引投保人的重要策略之一。为了做到事前防灾防损，各地保险公司不断进行防灾检查。许多单位采纳了检查后的建议，减少了国家和人民财产的损失。第四次全国保险工作会议提出"防灾和理赔工作要加强检查、监督和具体指导"。并在资金、物资上给予了巨大支持。

1950年，上海民联分保交换处创办《防灾》刊物，专门服务于保险的风险管理理念和方法的传播。

在这10年间，保险业的发展也留下了一些值得进一步思考的"印记"。主要表现在：

第一，保险财政化倾向。中华人民共和国成立之初的10年，由于资本极度缺乏，保险业被视为社会零散资金的汇集和财政的后备基金。在中国保险业复业之后的40年里，仍然可以看到这个印记的投射。

第二，农业保险特殊化。农业保险发展中"自愿性"原则的确立为中国保险市场的形成奠定了商业伦理基础。同时，也揭示了一个重要认识：在中国这个农业大国，农业保险发展需要走一条介于市场和非市场之间的中间路线。这为中国发展依托于其他经济制度的外延式保险，扩大保险的公共管理功能埋下了伏笔。

第二节 财产险的风险响应式发展

一、财产险发展的主要线索

自1979改革开放（也是财产险复业）以来，GDP高速增长的同时，中国家庭机动车辆保有量与不动产也不断增长。机动车辆的负外部性风险成为家庭部门面临的最主要财产风险。作为对这种风险结构变化的响应结果，机动车辆保险成为中国财产保险的最主要组成部分。此后，机动车辆保险更是长期占据中国财产保险市场份额的2/3以上。

从三大类产业结构来看，改革开放以后，尽管农业所占份额不断下降，自然灾害的频发却导致农业和农民面临的风险持续增长。此外，"反哺农业"成为社会共识和国家意志。因此，2004年以来农业保险画出了中国式增长曲线。

1979年以后，出口贸易逐渐成为经济增长的重要动力。与此相伴，中国进出口信用保险持续增长。服务业规模不断扩张，随之而来的是责任风险的快速积累。为响应这种风险结构变化，责任保险将会成为中国财产险领域的重要增长点。

二、以价格改革为主线的车险发展

自中国保险业复业以来，机动车辆保险的市场竞争不断深化，费率改革因此成为主线。1980~2001年是中国人民保险公司从独家经营到垄断经营的"大一统"阶段；2001~2006年为第一次费率改革阶段；2007~2014年，保险行业对第一次费率改革进行了部分回调并尝试其他的市场竞争方式；2015年之后，中国的车险市场进入了费率市场化重启、深化阶段。

20世纪90年代车险经营主体数量不断增加，竞争逐渐加剧直至陷入恶性竞争。因此，1995年《保险法》规定，车险的费率制定权收归监管部门，不再交由保险公司负责。

2001年监管部门从深圳开启第一轮车险改革试点。这一轮改革的重点是取消全国统颁条款和费率，由保险公司自主制定车险费率，并报监管部门审查备案。2002年3月，保监会发文规范并强调了改革重点。2003年，费率改革方案在全国铺开。自此，机动车辆保险保费收入逐年增长。

第一轮车险改革试图"一步到位"。但是，保险公司无论是数据还是精算技术都不能支撑真正意义上的产品差异化。同时，车险销售的中介市场未能及时理顺，在很大程度上造成市场的混乱。2006年3月保监会发文对车险销售折扣进行限制。2006年3月21日，在《中华人民共和国道路交通安全法》的基础上，国务院发布《机动车交通事故责任强制保险条例》。2006年7月1日，"机动车交通事故责任强制保险"（以下简称"交强险"）正式实施。与此同时，中国保险行业协会也发布了《机动车商业保险行业基本条款》（A款、B款和C款）。费率和条款实际上又重新回到监管规定的统一框架之下。

2007~2014年，保险公司的自主定价空间有限，渠道竞争激烈，佣金和中间费用高企，车险利润受到较大挤压。2012年3月30日，交强险市场开始向外资保险公司开放。

2015年4月1日，第二轮车险改革试点开启。改革的重点是赋予保险公司费率定价的部分主动权，由"从车"向"从人"转变，使得车险定价与风险更加匹配。车险保费由基准纯风险费率、附加费率和费率调整系数三部分构成。基准纯风险费率由中国保险协会动态发布；附加费用率由保险公司自行测算，但不得超过35%的上限；费率调整系数主要包括无赔款优待（NCD）系数、交通违法系数、自主核保系数和自主渠道系数。其中，后两个自主系数由保险公司决定。

三、农业保险的发展

1982~1992年（恢复试办时期），农业保险经营基本延续了保险"前十年"的计划经济做法，中国人民保险公司遵循非营利性原则，国家给予保险公司免征农业保险营业税的优惠政策。1992年之后（回落阶段），市场经济的指导思想开始延伸到农业保险领域，农业保险价格的提高使得农业保险有效需求大幅降低。农业保险的业务规模连年萎缩，实际上处于市场失灵状态。

2004年，中央首次提出建立政策性农业保险试点，提出"在有条件的地方"对参保农户给予部分保费补贴，但并未提及补贴的主体以及补贴的资金来源。同年，黑龙江、吉林和上海相继成立了阳光、安华和安信农业保险公司，内蒙古等9个省份启动了公私联办、商业代办等多种形式的政策性农业保险试点。

经过3年的试点和探索，2007年，《中共中央国务院关于积极发展现代农业扎实推进社会主义新农村建设的若干意见》发布，明确了保费补贴的主体是各级政府，资金来源为各级财政。同年，财政部划拨10亿元财政资金，在6省区正式开始进行政策性农业保险补贴试点，中国农业保险"政策性"的身份正式确立，中央和地方联动补贴的时代由此开启。

此后，国家从以下几个方面不断完善农业保险补贴政策：（1）覆盖范围从种植业、养殖业逐渐扩展到森林、渔业，由地方财政对不同地区的特色涉农险种给予保费补贴；（2）中央和地方财政的补贴比例调整；（3）对中西部地区倾斜；（4）开展农业保险保费补贴绩效评价，内蒙古和四川是首批试点；（5）根据实际情况提高部分险种的补贴比例；（6）建立农业再保险体系和巨灾风险分散机制；（7）探索粮食、生猪等农产品目标价格保险，从

"保成本"向"保收入"转变;(8)农业保险的创新,如"以奖代补"、探索天气指数保险。表5-1汇总了2017年中央财政的农业保险补贴政策要点。表5-2计算了农业保险保费补贴在财政农林水事务支出中的占比,以衡量农业保险保费补贴的财政压力,同时对农户保费自付能力的计算结果还显示,农户自付保费在其可支配收入中的占比基本稳定在0.14%。

表5-1 中央财政补贴农业保险标的品种、保费补贴比例及地区(2017年)

类别	补贴险种标的	保费补贴比例		补贴地区
		中央财政	地方财政	
种植业	玉米、小麦、水稻、棉花、马铃薯、油料作物、糖料作物	40%	25%(省级)	中西部地区
		35%	25%(省级)	东部地区
		65%	—	新疆生产建设兵团、中央直属垦区、中国储备粮管理总公司、中国农业发展集团有限公司(以下简称"中央单位")
养殖业	能繁母猪、奶牛、育肥牛	50%	30%	中西部地区
		40%	30%	东部地区
		80%	—	中央单位
森林	公益林	50%	40%	全国(除大兴安岭林业集团公司)
		90%	—	大兴安岭林业集团公司
	商品林	30%	25%(省级)	全国(除大兴安岭林业集团公司)
		55%	—	大兴安岭林业集团公司
其他品种	藏区品种(青稞、牦牛、藏系羊)	40%	25%(省级)	全国
	天然橡胶	40%	25%(省级)	全国

资料来源:财政部。

表5-2 农业保险保费补贴的财政压力及农户农业保险保费自付能力

科目	2010年	2011年	2012年	2013年	2014年	2015年
财政保费补贴(亿元)	111	127	172	225	245	268
财政农林水事务支出(亿元)	8130	9938	11974	13350	14174	17380
农业保险补贴占比(%)	1.37	1.28	1.44	1.69	1.73	1.54
农户自付保费(亿元)	25	47	69	81	81	107
农村居民可支配收入(亿元)	39724	46825	53133	59369	64890	68925
自付保费在收入中占比(%)	0.06	0.10	0.13	0.14	0.12	0.16

资料来源:Wind、财政部、统计局。

在国家财政的有力推动下,中国农业保险在较短时间内取得了很大发展。2016 年,中国农业保险原保费较保费补贴政策之前增加了 6 倍多,全球占比超过 10%,成为仅次于美国的农业保险大国。

从表 5 - 3 中可以看到,农业保险赔付支出连年增加。2016 年,由于灾害频发,农民通过农业保险获得损失补偿 348.00 亿元,是 2007 年的 11 倍多。按照农民自付 30% 保费来计算,农民获得的真实赔付率约为 277%。农业保险财政补贴政策形成了有效的转移支付,为农户提供了风险保障,发挥了财政资金的杠杆效应。风险保障覆盖率(农业保险风险保障额度与农业总产值的比例)由 2007 年的 3.48% 上升到 2016 年的 19.27%,为农业发展提供了强有力的保障。

表 5 - 3　　　　　　　农业保险参保与赔付情况

时间	农业保险保费收入(亿元)	参保农户户次(亿户次)	风险保障额度(万亿元)	风险保障覆盖率(%)	农业保险赔付支出(亿元)	农业保险简单赔付率(%)
2007 年	53.40	—	0.17	3.48	29.90	55.99
2008 年	110.70	0.90	0.24	4.14	64.10	57.90
2009 年	133.90	1.33	0.38	6.29	95.20	71.10
2010 年	135.86	1.40	0.39	5.63	95.96	70.63
2011 年	174.03	1.69	0.65	8.00	81.78	46.99
2012 年	240.60	1.83	0.91	10.17	131.34	54.59
2013 年	306.59	2.14	1.39	14.33	194.94	63.58
2014 年	325.80	2.47	1.63	15.95	205.80	63.17
2015 年	374.90	2.30	1.90	17.76	237.10	63.24
2016 年	417.71	2.04	2.16	19.27	348.00	83.31

资料来源:Wind、财政部、作者整理。

四、其他类型财险市场的发展

(一)巨灾保险

中国巨灾保险的发展从 2008 年汶川地震之后开始加速。2013～2014 年,党和国家将"建立巨灾保险制度"提上议程,保险监管部门、各级政府以及行业主体对巨灾保险展开了新一轮探索。

2015年，四川省成为全国首个以省为单位开展的巨灾保险试点，被称为巨灾保险的"四川模式"。除"四川模式"外，2014年的"宁波模式"和2015年的"大理模式"亦颇为典型。

在各地巨灾保险试点的基础上，全国巨灾保险制度建设也逐步推进。2016年，保监会联合财政部提出方案，45家财产保险公司根据"自愿参与、风险共担"的原则，发起成立"中国城乡居民住宅地震巨灾保险共同体"。随后，中国城乡居民住宅地震巨灾保险产品全面销售，标志着中国城乡居民住宅地震巨灾保险制度落地。保监会数据显示，截至2017年12月底，住宅地震保险累计为全国247万户家庭提供了1065亿元的风险保障。

（二）责任保险

2006年，国务院明确要求开展环境污染责任保险（以下简称"环责险"）试点。此后，国务院多次印发重要文件，明确要求推进试点工作。2007年和2013年，环境保护部联合保监会两次发布文件，指导地方推进环责险试点工作。2015年9月，党中央、国务院明确提出："在环境高风险领域建立环境污染强制责任保险制度。"

2016年8月，中国人民银行、环境保护部、保监会等七部门联合印发《关于构建绿色金融体系的指导意见》，对环责险实施工作明确要求，抓好落实，大力推动环责险制度建设。2017年6月，环境保护部和保监会联合研究制订并发布了《环境污染强制责任保险管理办法（征求意见稿）》。至此，环境污染强制责任保险开始登上历史舞台。

除环责险外，食品安全责任险的发展也已经起步。2012年6月，国务院首次提出开展食品安全责任强制保险制度试点；2014年8月，保险业新"国十条"进一步提出探索食品安全强制保险试点。2015年10月，新修订的《中华人民共和国食品安全法》实施，鼓励食品生产经营企业参加食品安全责任保险。

（三）出口信用保险

中国出口信用保险的发展可以分为四个阶段：第一阶段是1988~1993年的起步阶段，原中国人民保险公司受政府委托试点经营出口信用保险业务；第二阶段是 1994~2000 年的"人保—口行"并行阶段，中国进出口银行成立，中国人民保险公司与中国进出口银行共同经营进出口信用保险业务；第三阶段是 2001~2012 年的"中信保"独家经营阶段，在此阶段，中国出口信用保险公司正式揭牌运营，接手原有经营机构在手业务和未了责任，专门从事政策性出口信用保险业务；第四阶段是 2013 年至今的"中信保—人保财险"并行阶段，中国人民财产保险公司试点经营短期出口信用保险业务，政策性机构专营与商业性机构试点共存。

2014 年 5 月，财政部同意平安、太平洋、大地三家财产保险股份有限公司开展短期出口信用保险业务试点，参与试点的范围进一步扩大。目前，中国出口信用保险公司市场份额仍保持在 90% 以上。

中国财产保险的发展轨迹和结构变迁是对中国财产与责任风险数量与结构变化的响应。一方面，形成了市场化程度最高的车险市场，如何运用价格杠杆促进市场效率与发展成为核心问题。另一方面，形成了国家补贴政策撬动的农业保险市场，如何平衡政府与市场之手成为关键。风险引领的中国财产与责任险市场在未来仍将在不断深化市场化机制和利用好国家政策两个方向上继续发展。

第三节　中国寿险业的发展

一、简单寿险产品时期

现代寿险固有地包含着金融属性。利率的变化很大程度决定了寿险业利润水平的变化，也就相应地决定了寿险产品迭代更新的轨迹。从内在决定因素来看，改革开放 40 年来，中国家庭财富不断积累，中产阶级的涌现、扩大，内生地推动了多样化家庭金融资产配置需求的出现，这一需求是决定中国寿险业发展的根本力量。

中国寿险自 1982 年复业以来不断发展，形成中国保险"三分天下二分在寿险"的稳定格局，迄今为止仍是中国长期平均增长速度最快的行业之一。从产品演进的角度来看，中国寿险的发展分为以下几个阶段：简单寿险产品时期（1982～1991 年）；普通寿险产品时期（1992～1998 年）；财富管理型寿险产品时期（1999～2012 年）；中短期存续产品爆发期（2013～2017 年）和回归保障功能时期（2018 年至今）。

1982 年，寿险业务在全国范围逐步恢复，当时仅有两种简单产品：简易人身险和集体企业养老金保险（万峰，2018）。简易人寿产品从本质上来说是一种类似于提供生死两全和意外保障的银行存单（方力，2010）。在产品定价方面，现代精算科学尚未引入，储蓄利率是定价的重要依据，当时的预定利率基本在年复利 6%～8%之间变动。事后来看，这个预定利率处于比较高的水平。

1984 年 11 月，中国人民保险公司设立社会保险处，经营集体所有制职工养老保险，该保险的性质为社会保险，提供终身年金和死亡丧葬费保障。在政府的支持下，集体养老保险发展很快，一度超过简易人身保险。后来，也出现了个人养老金保险。

"一夜好风吹，新花一万枝"。在中国寿险业重生的初始阶段，发展速度可谓一日千里。1983～1985 年的保费收入年增长率超过 500%，1986～1987 年保费收入年增长率仍超过 100%（方力，2010）。

二、保障型寿险产品主导期

1992 年邓小平"南方谈话"，中国经济进入新时代，保险业也迎来大发展。同年，美国友邦保险以外商独资寿险公司的身份正式落户上海，带来了寿险代理人制度、丰富的保险产品以及专业的人寿保险管理方式和技术，唤醒了中国的商业保险市场。1992 年，中国寿险保费收入 93.86 亿元，比上一年增长 48.58%。

代理人模式崛起后，寿险公司逐渐将业务发展重点转向个险业务。出现了第一次寿险产品创新浪潮，涌现了大量终身型产品和定期返还型两全保险，保险期限一般为终身，提供周期性生存给付与终身身故保障，生存给付包括教育金、创业金、婚嫁金及养老金，身故保障包括投保人身故的保费豁免保障和被保险人身故保障（方力，2010）。受"独生子女"政策的影响，少儿两全保险成为热销产品。在这个时期，央行非银行监管司负责保险市场的监管和保险产品的定价,定价的主要依据仍然是银行存款利率。1993~1995年中国出现了严重的通货膨胀。受此影响,1992~1999年银行利率大幅波动,相应地,寿险产品的预设利率也处于高位水平。产品的创新加之较高的预设利率使得传统保障型寿险产品在市场上比较有竞争力。1994年,中国寿险保费收入首次突破100亿元大关。1994年、1996年、1997年三个年度的保费收入增长率超过60%。1995年7月中国第一张自己的经验生命表顺利编制完成,中国寿险产品的定价有了精算基础。

然而,从1996年开始,中国人民银行连续8次降息,一年期存款利率由10.98%一路降至1.98%。这使得中国寿险公司普遍陷入严重的利差损。比较权威的数字是1999年前中国寿险的利差损达500多亿元(吴定富,2003)。这个时期的高预定利率保单准备金大约在2050年前后达到峰值。[①]

1997年亚洲金融危机爆发,国家深刻地认识到金融风险管控的重要性,决定建立"一行三会"的分业监管格局。1998年11月,中国保险监督管理委员会成立,标志着中国保险业进入了一个比较独立的金融门类的时代。1997~1999年,中国寿险业经历了4次预定利率下调,保障型传统寿险产品失去了市场竞争力,中国寿险业转向具有财富管理功能的创新型寿险产品发展阶段。

三、财富管理型寿险产品时期

中国平安于1999年10月25日推出投资连结保险(以下简称"投连险")——平安世纪理财投资连结保险(国际上也称"变额寿险"),甫一上市,销售火爆。2000年3月,中国人寿卖出第一款分红险——国寿千禧理财。此后,分红险产品成为新的业务增长点。2000年8月,太平洋保险卖出国内第一款万能寿险——太平盛世·长发两全保险,其灵活性与理财特征广受市场欢迎。投连、分红、万能成为中国寿险市场财富管理型寿险产品的主流形式,它们在新千年之后的中国寿险市场上交替成为市场主导性产品。

财富管理型寿险产品具有保障、储蓄和投资功能。投资收益可以弥补

---

① 中国平安:《2006·A股招股说明书》,http://www.pingan.com。

不高于2.5%的预定利率,增强了寿险产品的竞争力。对标同时期5年存款利率波动,寿险市场出现投连险、分红险、万能险交替的产品周期。在利率上升期内,保险公司经营状况改善,分红险的市场竞争力就会增强,出现分红险占主导地位的市场。2002年出现分红险销售高峰,直至2007年达到历史最高的14%,伴随着大牛市,万能险开始崛起。由于投资风险完全自担,投连险在中国寿险市场的份额一直很低,直至2006~2007年大牛市期间又一度兴起。

2008年金融危机之后,全球进入低利率、量化宽松时期。在这个阶段,中国的利率水平并没有很大的下降,这保证了寿险公司的利润水平不会出现大幅度下降。在合理运用财务跨期平滑的条件下,分红险的竞争优势明显胜出。2009年保险业新会计准则实施,分红险保费全部计入保费,而万能险和投连险的保费只能计入保障部分,寿险公司纷纷将资源投入分红险。因此,分红险是2008~2012年中国寿险市场的当家产品,平均份额在60%以上。与此同时,随着资本市场的逐步企稳,万能险也走出了一个U型轨迹。2010年万能险达到谷底,到2012年逐步恢复到16%左右的水平。可见,万能险的需求潜伏在市场中,只待政策上打破投资渠道的限制,这个需求就会释放出来。

四、回归保障功能的时期

从2012年下半年开始,分红险作为主导产品的市场对消费者逐渐失去了吸引力,甚至出现了"银保新规"下的市场负增长。因此,保监会确立了"放开前端、管住后端"的监管思路,连续出台十余项政策,给保险资金运用松绑,为万能险和投连险带来了增长空间。接着,普通型人身险预定利率和万能险最低保证利率接连放开。各类人身险种的预定利率普遍从2.5%调整至3.5%。

金融属性的竞争再次成为寿险市场的主题。以万能险为代表的中短期存续产品成为最有竞争力的产品。一些中小型寿险借此机会实现了"弯道超车",晋身"千亿俱乐部",一跃成为大型保险公司。中短期存续型万能险造就了一批中小保险公司的腾飞,同时带来了高利率、短借长投、短期借款化等问题。

2016年,"险资举牌"成为中国金融市场的风暴眼,引发了戏剧性的资本市场事件与故事、监管震怒及随之而来的监管风暴。从2016年3月起,保监会连续发文抑制中短期存续万能险产品的过快发展。2017年5月11日,保监会对包括年金、万能险、投连险、健康保险在内的多个险种做出了细致的要求与规定,彻底切断了中短存续期产品的快速膨胀。一个以中短存续期产品为主要载体的保险时代徐徐谢幕,"保障功能突出"重回市场中心。

中国寿险的变迁实际上是寿险产品较其他金融产品相对价格变动的结果。金融成分和保障成分的配比权衡是中国寿险发展的核心主题。金融成分保持在合适的水平,中国寿险产品的相对价格才会降低,在金融市场上才能保有一定的竞争优势。但过分偏重于金融成分,又会出现异化。未来,中国寿险金融成分的创新应能情景化地适应中国的金融远景、场景化,符合消费者的切实需求。同时,要善于利用新的技术,提高生命表构建的综合能力,使得定价与风险有更高的匹配,提高死差异在利润中的比例。

第四节 寿险渠道的演进与迭代

一、团险直销渠道

历史路径依赖、外部制度移植和中国金融市场上的信任结构决定了中国寿险业三大渠道的形成:团险渠道、个人代理渠道和银行保险渠道。随着网络和数字经济的兴起、网络"原住民"一代逐渐成为消费主力军,网络和社交媒体也将会成为中国寿险的重要新兴渠道。

团险渠道滥觞于中国寿险业复业初期的职工补充养老保险业务。1998年,团体保险部成立,开始开展真正意义上的团险销售。2004年12月,团险市场对外资保险公司开放。尽管在总的人身险保费中的占比还不到10%,但团险渠道具备的客户黏性、价格优势、可定制和产品匹配度高的特点，与集团客户的年金业务相配合，有着可预见的增长空间。

二、代理渠道

中国寿险业的代理渠道实际上有两个起源。第一个起源是中国人民保险公司的机构代理。新中国成立后，中国人民保险公司在全国各地设立保险代理处。1980年中国人民保险公司复业的同时，也恢复了保险代理展业的做法。代理机构包括银行、行业主管部门在内的兼业代理人和以乡镇代办所为主的专业代理人。这个脉络之后延伸出银保渠道，成为中国寿险业的第二大渠道。

第二个起源是外来的个人代理制度的移植。1992年友邦保险将个人代理销售模式引入中国。1994~1996年，国内各大保险公司纷纷着手研究个人营销模式。此后，个人代理渠道发展成中国寿险业的第一渠道。根据2017年中国保险年鉴统计数据，截至2016年，中国人身保险个人代理渠道保费收入9914.484亿元，在人身险保费中占比45.84%。个人代理人员的发展方面，截至2015年末，全国共有保险营销员600万人左右。

个人代理渠道的优势是服务个性化，劣势是营销员的素质良莠不齐。销售人员在销售时的销售误导，导致2001年、2007年、2011年、2014年出现了较大的寿险退保潮。消费者对中国寿险的信任度开始下降，个人代理渠道的"交易成本"也因此上升。保险公司需要寻找一个信任度更高（交易成本也就相应较低）的渠道来补充个人代理渠道，银行的机构代理渠道因此再次兴起。

银保渠道的发展经历了启动（1995~2000年）、高速增长（2000~2010年）和规范发展（2011年至今）三个阶段。1995年开始，人保、泰康等公司初步尝试涉足银保合作。2000年，平安寿险率先推出专门的银行保险产品——"千禧红"两全保险，该产品一经推出，便受到市场追捧。随后中国人寿、泰康人寿、新华人寿等公司于中国工商银行、中国银行等相继推出银行代理产品。自此，中国的银行保险业务进入快速发展轨道。

2003年之前，一家保险公司一般只与一家银行协议保险代理，是

"1+1"模式。2003年之后,银行保险进入"1+多"模式,发展进一步加大。到2008年,银保渠道一直保持着快速增长,在人身险总保费中的占比接近半壁江山。伴随着快速扩张的过程,手续费恶性竞争、"存单变保单"型销售误导等问题初现,不仅影响了保险的行业形象,甚至也连累了商业银行。监管部门开始着手整顿。2006年6月15日,保监会和银监会从代理机构资格管理、手续费管理、销售人员资格管理等七个方面进行了框架性规定。

2010年底,银监会取消保险公司人员在银行驻点销售,以解决责任推诿的问题。2011年初,银监会和保监会进一步明确这一原则,并对商业银行网点代理数量上做限制,以期形成较高的退出成本、长期稳定的合作关系。自此,正式进入所谓"银保新规"时代。2012年,银监会提出"七不准",强调不允许捆绑、搭售保险。2014年1月8日,保监会联合银监会从保护银保产品消费者的角度出发,对银保双方提出了多重要求。

尽管"银保新规"导致银保渠道增长的短暂减速,但从长期来看,有效地巩固了银保作为中国寿险业前两大渠道的地位。自2011年以来,尽管增长有波动,银保渠道仍然稳定地保持着寿险保费的半壁江山。

从更基础的意义上来说,银保渠道实际上是中国金融混业经营的一个前奏和演练。目前,银行系保险公司已经初成规模,与此同时,也出现了保险公司控股银行。

三、专业中介渠道

在理论上,保险的专业中介有助于保险市场中不规范行为的规避。在美国和英国,专业中介渠道的寿险保费分别占比40%和20%左右。在中国,专业中介渠道发挥的作用却非常有限。核心原因是保险专业中介在中国保险市场上并不享有专业的声誉,消费者的信任度也较低。表5-4为2007~2015年保险代理机构发展状况。到2017年第三季度,全国性保险代理公司223家、区域性保险代理公司1549家,专业代理机构的总保费贡献度将近5%。

表 5-4　中国保险代理机构发展状况（2007~2015 年）

项目	2007 年	2008 年	2009 年	2010 年	2011 年	2012 年	2013 年	2014 年	2015 年
数量(家)	1755	1822	1903	1853	1823	1770	1767	1764	1719
保费收入同比增长(%)	50.51	41.52	21.94	46.50	9.97	10.80	22.40	34.80	19.00
全国保费收入占比(%)	2.71	2.76	2.95	3.32	3.69	3.80	4.17	4.80	4.70
业务收入(百万元)	2148	3353	4482	6309	8153	10209	13099	28364	24990

资料来源：冠业富：《保险蓝皮书（2017）》，中国经济出版社 2017 年版。

20 世纪 80 年代，国外保险经纪公司开始进入中国市场。1993 年，深圳、广州等地出现了多家保险经纪公司。由于当时没有相应的法律法规加以管理和约束，这些保险经纪公司之间的不正当竞争行为时有发生，在一定程度上扰乱了保险市场的秩序。1998 年 2 月 16 日，中国人民银行制定了《保险经纪人管理规定（试行）》。

2000 年，北京江泰、上海东大和广州长城三家保险经纪机构成立，标志着中国保险经纪业正式起步。表 5-5 为 2007~2015 年中国保险经纪机构发展状况。2017 年，保险经纪公司 483 家。保险经纪机构的总保费贡献度基本维持在 2.5% 左右。此外，截至 2017 年，全国共有 5 家保险中介集团，336 家保险公估公司。

表 5-5　中国保险经纪机构发展状况（2007~2015 年）

项目	2007 年	2008 年	2009 年	2010 年	2011 年	2012 年	2013 年	2014 年	2015 年
数量(家)	322	350	378	392	416	434	438	445	445
全国保费收入占比(%)	2.37	2.51	2.2	2.15	2.65	2.70	2.50	2.50	2.30
业务收入(百万元)	2019	2650	3310	4396	5548	6368	7813	9420	10630

资料来源：同表 5-4。

2018 年博鳌亚洲论坛期间，中国宣布允许符合条件的外国投资者来华经营保险代理业务和保险公估业务。放开外资保险经纪公司经营范围，与中资机构一致。借此，专业保险中介迎来新的机遇。2018 年 4 月监管机构颁布了《保险公估人监管规定》和《保险经纪人监管规定》，于 2018 年 5 月 1 日起实施。

渠道是保险产品和保险消费者之间的连接，不断地降低交易成本是变革渠道的根本动力。产品和渠道是保险业真正的驱动双轮,也是中国保险业亟待臻善的重点。产品唯新,渠道唯心。

第五节 商业健康险的发展

一、商业健康险需求的萌芽阶段（1982~1993年）

中国商业健康险的萌芽在改革开放之后,也是保险业复业之后才出现。1982年,中国人民保险公司上海分公司试办"上海市合作社职工医疗保险",成为中国第一笔健康险业务。自此到"两江"试点之前的1993年的十余年期间,免费医疗仍然是主要制度特征。商业健康保险仅仅是作为一种附加险种经营,保险责任单一,保障范围有限,市场发展缓慢。

1985年,国务院提出:"为了加快卫生事业的发展,中央和地方应逐步增加卫生经费和投资;同时,必须进行改革,放宽政策,简政放权,多方集资,开阔发展卫生事业的路子,把卫生工作搞活。"这标志着中国医疗改革的正式启动。

二、商业健康险需求的释放阶段（1994~2002年）

为了减轻免费医疗制度带来的财政负担,1994年江苏省镇江市、江西省九江市进行了著名的"两江"试点,建立社会统筹与个人账户相结合的城镇职工医疗保险模式。1998年,城镇职工医疗保险（简称"城职保"）改革正式在全国范围内实施。

由免费医疗到"基本"医疗,需要消费者自己付费的医疗服务一下子增多了,对商业健康保险的需求开始释放,但保险公司的商业健康险有效供给相对不足。商业健康险市场相较于过去虽然快速增长,但发挥的作用有限。1998年,自费看病比例高达76.4%,其中城市和农村分别为44.1%和87.3%（朱铭来、丁继红,2006）。

三、商业健康险市场的起飞阶段（2003~2009年）

2003年，全国开始建立新型农村合作医疗（以下简称"新农合"）制度试点，并建立城乡医疗救助制度，2007年，城镇居民医疗保险（以下简称"城居保"）建立。至此，中国基本医疗保险制度基本完成搭建。

中国基本医疗保险制度满足了中国城乡居民的基本医疗保障需求，是中国医疗保障体系的支柱层。2003年建立的覆盖农村困难人群的农村医疗救助、2005年开始试点的覆盖城市困难人群的城市医疗救助和社会慈善等是中国医疗保障体系的托底层。从制度层面上看，中国城乡居民的医疗保障基本实现了全面覆盖。

遵循商业健康保险作为医疗保障体系的补充层的原则，监管层开始发力，大力推进商业健康险的发展。2002~2006年，保监会多次发文鼓励商业健康险专业化经营。1999~2009年，商业健康险快速增长，体现了市场"起飞"的典型特征，但其在整个人身险中的占比仍很小。2009年健康险保费收入仅占人身险保费收入的6.95%，而这一比例在美国约为30%。①

四、商业健康险的"补充"阶段（2009~2016年）

2009年4月6日，中国新一轮医疗改革正式启动。基本医疗保险实现全面普及并逐步实现城乡统一。截至2015年底，中国基本医疗保险参保人数达到13.36亿，覆盖率在95%以上；2016年部分地区已经实现城居保和新农合的"二保合一"。三大基本医疗保险制度的对比如表5-6所示。

---

① 智研咨询：《2017~2022年中国人寿保险行业市场运营态势及发展前景预测报告》，2016年。

表 5-6　　　　　　　　　　三大基本医疗保险制度对比

制度		城镇职工基本医疗保险	城镇居民基本医疗保险	新型农村合作医疗保险
推行时间		1998 年	2007 年	2003 年
参保规定	主管部委	人力资源和社会保障部	人力资源和社会保障部	国家卫生健康委员会
	参保形式	强制	自愿	自愿，以家庭为单位
筹资标准	缴费主体	用人单位和个人	以国家补助为主，个人适当缴费	以国家补助为主，家庭适当缴费
	用人单位	工资总额的 6%（全国实际平均水平超过 7%）	—	—
	个人	个人工资收入的 2%	2016 年人均不低于 150 元（成年人高，未成年人低）	2016 年人均不低于 150 元
	政府	基金不足时，由政府补贴	2016 年补助标准为每人每年 420 元（中央在 120 元基数基础上按西部 80%、中部 60%、东部一定比例补助）	2016 年补助标准为每人每年 420 元
保障水平	起付线	当地职工年平均工资的 10% 左右（实际为 5% 左右）	由统筹地区确定	由统筹地区确定
	报销比例	2013 年实际报销比例为 66.3%	2013 年实际报销比例为 55.7%	2013 年实际报销比例为 54.1%
	最高支付限额	达到当地职工年平均工资的 6 倍左右，不低于 5 万元	达到当地居民可支配收入的 6 倍左右，不低于 5 万元	达到当地农民人均纯收入的 8 倍以上，不低于 6 万元
	报销范围	门诊大病、住院，向门诊统筹延伸	大病统筹，向门诊统筹延伸	大病统筹，向门诊统筹延伸
经办服务	经办单位	医疗保险经办管理机构（部分地方委托保险公司经办）		新农合经办管理机构（部分地方委托保险公司经办）
	统筹层次	一般以县（市）为单位进行统筹，逐步实现市（地）级统筹	一般以市（地）级为单位进行统筹	一般以市（地）级为单位进行统筹
	基金结余	2016 年收支结余 1994 亿元，年末滚存结余 12736 亿元	2016 年度收支结余 623 亿元，年末滚存结余 3330 亿元	

资料来源：www.gov.cn。

新医改重视商业健康保险在医疗保障体系中的补充作用，明确提出"鼓励企业和个人通过参加商业保险及多种形式的补充保险解决基本医疗保障之外的需求"。2009~2014 年，城镇基本医疗保险支出占人均卫生费用的比重大概在 50% 左右，而新农合支出占比始终在 15% 以下。商业健康保险发挥补充型保障作用的空间很大。

在此阶段，国家接连出台相关文件明确商业健康保险作为社会保障体系的重要支柱作用，强调健全以基本医疗保障为主体、其他多种形式补充保险和商业健康保险为补充的多层次医疗保障体系，鼓励商业健康保险的发展。

随着政策红利的不断释放，快速成长的商业健康市场初步形成了比较完备的产品体系。截至 2015 年底，备案销售的健康保险产品涵盖疾病保险、医疗保险、长期护理险和失能收入损失险四大类，市场上有超过 2300 多种产品，专业化程度逐渐提高。与此同时，商业健康险保费收入连续增长，占人身险保费比例从 2012 年的 6.95% 快速增长至 2016 年的 18.18%。

五、商业健康险的完善发展阶段（2016 年至今）

商业健康保险在整个健康医疗生态中处于中间位置，有潜力发挥更大的作用。为此，国家提出商业健康险应该成为深化医药卫生体制改革、发展健康服务业、促进经济提质增效升级的"生力军"。从 2016 年 1 月 1 日起，商业健康保险个人所得税优惠政策在全国 31 个试点城市正式启动。对试点地区个人购买符合规定的商业健康保险产品的支出，允许在当年（月）计算应纳税所得额时予以税前扣除，扣除限额为 2400 元/年（200 元/月）。试点地区企事业单位统一组织并为员工购买符合规定的商业健康保险产品的支出，应分别计入员工个人工资薪金，视同个人购买，按上述限额予以扣除。不同群体收入不同，享受的税收优惠额度与个人所得税的税率关联，最高税收优惠额度能达到 1080 元/年。2016 年 3 月 4 日，人保健康签发业内首单税优健康险。

2017 年 5 月，国务院发文落实完善保险支持政策。在国家政策的推动下，保险企业积极延伸健康服务价值链，各大保险企业都努力在大健康产业和专业化建设上加快布局，"大健康"将成为各大保险企业建立和巩固竞争优势的重要战略选择。

健康险的发展过程中也出现过短暂的理财化浪潮。和谐健康2015年销量排名前五的实质上都是具备储蓄理财功能的护理保险，销量排名第一的"和谐安赢一号护理保险"是一款5年期产品，它的保险责任仅提供意外护理保险金，年化收益达到6.08%。从2016年3月开始，保监会开始着手整顿人身险市场。2017年5月《中国保监会关于规范人身保险公司产品开发设计行为的通知》正式发布，健康险也逐渐回归到健康保障的主干道。

商业健康保险对中国保险而言具有特殊价值。一方面，它在健康中国的建设中能够发挥重要作用；另一方面，它的成长本身也说明中国商业保险发展的另一种可能路径：制度依托型发展。尤其在消费者的有效需求得到释放，而保险的有效供给不能满足需求的情况下，制度的助推就变得非常必要。医疗体制的每一次改革、基本医疗保险制度的每一点进步，都能给商业健康保险的发展带来新的空间。这个市场的经验和教训弥足珍贵，能为许多其他的保险市场，特别是养老保险，提供重要的参考。

第六节 保险投资的市场化进程

一、保险投资的发展阶段

改革开放40年的历史中，中国保险投资的市场化程度不断加深。自2004年以来，中国保险投资保持着高于保费增长的快速发展势头。目前已经成为银行理财、信托资产之后的第三大资管；保险投资范围逐渐放开，目前几乎覆盖金融资产的全谱系，保险机构投资者是中国金融机构中许可投资范围最广的机构之一（陈文辉，2013）；投资主体结构完整；投资收益率稳中有升；监管体系和制度约束日益完善。

中国保险投资经历了"放—收—放—收"的周期。从1987年开始，保险资金进入房地产、证券、信托甚至借贷，秩序一度混乱，形成了大量的不良资产。

1995年《保险法》明确规定保险资金运用"限于在银行存款、买卖政府债券、金融债券"，由此开启了第一次收缩。当然，法条中留下了"国务院规定的其他资金运用方式"的灵活空间。据此，1998~2004年，保险资金运用范围多次放宽。第一次收缩阶段的总体特征是保险资金运用仅限于接近于无风险的固定收益资产。2003年，中国首家保险资产管理公司——中国人保资产管理股份有限公司成立。

2004年国务院批准允许保险资金直接投资股票市场，比例为公司上年末总资产规模的5%以内。由此开启了第二次放开的阶段。至此，"保险机构投资者成为金融业中投资领域最为广阔的金融机构之一"，可投资的资产大类包括：流动性资产、固定收益类资产、权益类资产、不动产资产、其他金融资产和境外资产。在此期间，保险资产管理的市场主体也日益壮大。2015年下半年起，险资频繁举牌股票市场。2016年，"险资举牌"成为中国金融市场的风暴眼，"万能险"成为热词，引发了戏剧性的资本市场事件与故事，监管风暴随之而来。

自2017年开始，对保险资金运用进行了全面的规范，实际上进入第二个"收"的阶段。第一，建立了比例监管体系。对大类比例进行了严格的限制，确立了集中度监管比例、风险监测比例和内控比例。第二，对股票投资进行了分类，分为一般股票投资（低于20%）、重大股票投资（达到或超过20%）和上市公司收购（拥有控制权），实施差别监管。第三，对保险公司的公司治理提出了明确要求，对公司治理运作中的主要风险点做出明确规定，根据持股比例、资质条件和对保险公司经营管理的影响将保险公司股东分为财务Ⅰ类、财务Ⅱ类、战略类、控制类等四类股东；将单一股东持股比例上限由51%降低至1/3；加强资本真实性监管，投资人不得通过设立持股机构、转让股权预期收益权等方式变相规避自有资金监管规定；加大对股东的问责力度。第四，严格规范关联交易，按照实质重于形式的原则穿透认定关联方和关联交易行为，向上穿透实际权益持有人，向下穿透底层基础资产。第五，严格实施资产—负债匹配管理，着力解决资产错配问题，用资产调整后的期限缺口来衡量"短钱长配"公司面临的现金流错配风险，用规模调整后的久期缺口来衡量"长钱短配"公司面临的再投资风险，用沉淀资金缺口率来衡量财产险公司规模不匹配的问题。第六，加大信息披露力度。

2012年资管新政带来了2013年的飞跃。2013年保险资金运用余额占保险业总资产的比例达到历史性最高点93%。2004~2017年间，保险业总资产增长的速度快于保费增长速度，且保险资产增长的波动性要小一些。保险业资产增长取得这样的成绩，保险资金运用功不可没。历史地看问题，在监管有序、信息公开透明、公司治理有方的条件下，放开保险资金运用的范围，深化保险资金运用的市场化改革，有助于保险业的整体发展、有助于降低消费者的保险成本、有助于消费者福利提高。

二、保险投资资产组合与收益率

2001~2017年间，在保险业资金运用中，银行存款占比持续下降；债券投资保持稳定，但以利率债和商业银行次级债为主；权益类投资2008年之后稳定地保持在12%左右。自2013年以后，其他类型投资（另类投资）的势头发展迅猛。保险资产管理的创新业务开始活跃。目前，中国险资的另类投资主要包括债权投资计划、股权投资计划、不动产投资计划、券商专项投资计划、私募股权投资基金、集合资金信托计划、理财产品等。其中，债权投资计划是发展最早的另类投资，投资领域主要包括交通、通信、城市棚户区改造、能源、市政、环境等国家重点投资领域。2017年，24家保险资产管理公司注册债权投资计划和股权投资计划共216项，合计注册规模5075.47亿元，同比增长59.89%。

2001~2017年间，中国保险资金投资收益率的年平均名义收益率为5%，扣除通货膨胀率之后的实际收益率年平均约2.7%。相比之下，中国社保基金投资的年名义收益率接近9%，实际收益率则达到6%。

2013年以后，保险资金投资收益率稳定在5%以上，这主要得益于另类资产（尤其是非标资产）投资的放开。值得注意的是，在同时期，中国保险业的营业费用/保费收入比保持在10%~14%的高位。这意味着中国保险资金的成本偏高，投资收益率还未能覆盖资金成本，中国保险资金向结构要收益还有很长的路要走。

三、保险资金投资的制度约束

除了保险资金运用监管政策的直接约束之外，金融工具会计准则和偿付能力监管也是中国保险资金运用的两个重要的制度约束。

金融工具会计准则的变化直接影响到保险公司资产归类会计计量，进而影响到资产负债管理、投资组合效益的报表结果。其对保险公司资产配置的综合影响体现在：（1）债券类资产配置将会提高中短期债券的比例；（2）权益类资产配置将会更加重视能够产生分红的长期股权投资，减少交易类股票投资；（3）将会促进对冲工具的使用，也会关注相关性小的成熟海外资本市场投资；（4）对非上市公司股权投资将更倾向于谋求长期股权投资地位或争取董事会席位。

以风险为导向的第二代偿付能力监管制度（简称"偿二代"）于2016年初步建成。偿二代对不同类型资产的最低资本要求和风险因子、集中度与相关性、风险管理与评估制度对保险公司的资产配置都会产生直接的影响。在偿二代下，另类投资更受青睐。在从以规模为导向的偿付能力监管制度（简称"偿一代"）到偿二代过渡的过程中，一些短期交易资产占比大的保险公司就出现了踩到资本充足率要求的监管红线的现象。

偿二代中的相关系数矩阵会促使保险公司的资产配置尽量分散，减少集中度带来的风险共振。对不能穿透认定的金融资产采取更高的风险因子，有助于穿透式监管的执行，也有助于保险公司更关注新型金融工具的基础资产的质量。此外，期限匹配开始受关注，促使保险公司在资产配置的过程中真正进行资产负债管理，有利于解决"短钱长配""长钱短配"等期限错配问题。同时，风险管理与评估制度促进保险公司进行主动风险管理，这对保险资管的创新业务尤其具有重要意义。保险公司可能通过良好的风险管理体系建设获得"资本奖励"，来弥补创新业务的高资本要求。

新会计准则也会影响到偿二代下的偿付能力。在新准则下，对资产的分类变化会影响到资本计量。旧准则下以成本法计量的某些资管产品，如果不能通过现金流测试，会被重新归类，对应的风险也将由违约风险变为利率风险，实际资本要求也将随之发生较大变化。

保险投资承载着保险业的利润之基、创新之源和保险消费者福利之后盾，也是保险业和其他金融市场、其他金融机构连接的桥梁，倍受资本市场关注。在两个层面上巩固和深化保险投资的市场化进程有助于今后更好的发展。一是鼓励保险投资市场的进一步创新；二是加强市场化的监管约束，达到监管可预期的要求。

第七节 凡过往皆序章：八个取舍

中国保险业从新中国成立之初，一路发展至今，走过了不平凡的70年。迄今，从保费规模来看，中国已经是世界第二大保险市场，与国家的经济总量地位相匹配；保险资产规模也名列世界前茅；是仅次于美国的农业保险大国；近10年来，中国保险业保持接近20%的年均增长速度，是中国增长最快的产业之一。同时，也应该看到，中国保险业是发展道路最崎岖的行业之一，国内业务曾经停业20年；中国人均寿险保单数量不到0.2张，而美国和日本分别为3.5张、8张，比较起来还有很大的差距；中国商业保险对巨灾损失的补偿率不到10%，与全球平均30%的水平相比还有很大的差距；中国商业健康保险筹资占卫生总费用的比例为2%，距经济合作与发展组织（OECD）国家平均5.3%的水平还有很大差距。

凡过往皆序章，中国保险业发展的70年告诉我们，八个关系的取舍平衡决定了行业的发展。

第一，政府与市场。中国农业保险自2004年以来的复兴，说明了政府之手对一些特定保险的发展有帮助作用。对于具有全局性影响、有效需求不足的保险类型，政府采用补贴、资源集中、支付转移等方法可以促进市场的形成和供需平衡。巨灾、与气候有关的保险、环境责任险等就属于上述类型的保险。

第二，保障成分与金融成分。现代保险产品，无论是寿险产品还是非寿险产品，都是保障成分和金融成分的混合。只强调保障不重视金融成分的产品缺乏竞争力，消费者福利会受到损害。过度强化金融成分而忽视保障的产品，不是真正的保险产品，而是披着保险外衣的金融工具，容易沦为融资手段。维持保障成分和金融成分的合理配比是保险业发展的最大主题之一。过去70年的经验表明，短期产品与高金融成分的组合常常会带来投机和市场的虚假繁荣。而长期产品与稳健而创新的金融成分组合时，常常会带来市场的真正繁荣。

第三，风险与产品。中国财产险市场的发展充分体现了保险产品适应风险结构变迁的规律，形成了比较完备的产品体系。人身险市场中风险牵引保险产品发展的作用越来越大。探索风险结构的变迁趋势，补齐风险保障链条中的缺失和薄弱环节，是保险业更好地满足消费者需求的重点所在，也是保险业发展的新动能所在。

第四，渠道的内化与外用。回到常识，产品和客户是保险业发展的真正双轮驱动。客户信任是一家保险公司最大的无形资产。客户保持的根本动力是信任，不是任一种渠道或大数据、人工智能。银保渠道的兴起就是消费者对银行更信任的结果。从保险公司的角度来说，利用这个渠道，就要付出购买信任的成本。对银行来说，消费者的信任带来了手续费等溢价。过去的经验告诉我们，无论是哪种渠道，并没有天然的好差之分，只要能建立起客户信任就是好渠道。建立客户信任的基础是能力：销售管理的能力和降低价格的能力。

第五，创新与监管。保险投资的全面放开是中国保险业过去70年中最大的制度创新之一。它给保障和金融成分配比的平衡提供了更大的空间，也给保险监管提出了巨大挑战。在保险业发展初期，和许多其他行业一样，也存在着"一管就死，一放就乱"的困境。当保险业发展到一定的阶段时，监管方面不会用"一刀切"的方式窒息创新，但是创新和监管之间"猫和老鼠"的游戏也不会剧终。这个游戏需要新规则：监管要可预期。尽量完善市场化的监管体系，尽量减少行政化的监管命令。

第六，价格竞争与市场化。车险市场的两次费率改革对车险市场的效率提高发挥了积极作用。同时，也表明单一的价格竞争可能难以取得理想的市场化结果。价格杠杆发挥作用的前提条件是市场充分开放、竞争结构比较合理、消除有重要市场影响力的利益团体。

第七，制度依托与市场开辟。中国商业健康险的发展依托于中国基本医疗保险制度的发展和完善。制度依托的重要作用是提供了基础保障、调整了消费者的保险偏好,形成一个良性循环,促进了具有增益功能的商业保险产品的有效需求增长,这为中国商业养老保险市场的进一步发展提供了思路。

第八,中心与边缘。中国保险业的"中心—边缘"结构在过去的70年发生了一些轮换。从市场来看,从中华人民共和国成立和复业之初的以财险为中心、寿险为边缘的结构,演变为现在的以寿险为中心、财险为边缘的结构。从产品来看,财产险由复业之初的以企业财产保险为中心的结构演变为现在以车险为绝对中心的结构。从主体来看,从最初的"国字头"保险企业为绝对中心的结构演变为平安加股份制保险企业争夺中心的结构。变革的力量一般先作用于边缘,然后逐渐渗透到中心。故而对未来产生深远影响的变革常常发生在边缘。在趋势不明朗的情况下,边缘地带能够放大、明晰未来变革趋势。今天的边缘可能就是明天的中心。财产险的"互联网+"、智能化;渠道代理结构的重塑;外资市场的放开等,都是发生在今天的边缘上的重要事件,它们可能最终会带来中国保险业新一轮的变革与增长。

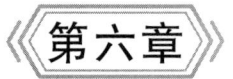

中国信托业的发展

信托业与银行业、证券业、保险业并称为中国金融业的四大支柱,但与其他金融行业相比,信托业的发展历程更加曲折坎坷。这既反映了中国金融业跌宕起伏的探索过程,也反映了中国金融业的成就得之不易。

第一节 中国信托业的艰难探索

一、信托业的消失

信托业早在20世纪初就已传入中国,但由于经济基础薄弱,市场需求不足,法律制度缺乏,行业定位不清,信托业发展几经起落,始终偏离主业,沦为投机营利工具,行业地位和社会声誉不高。

新中国成立后,与其他行业一样,政府对新中国成立前遗留的信托机构进行了接管、清理和社会主义改造。部分机构在清理后结束了相关业务,如各地中央信托局所附设的信托部;部分则随同银行一起被接管、改组和改造。与此同时,政府也尝试办理新中国社会主义信托业。1949年11月,以新中国成立前的银行信托部为基础,整合旧交通银行的部分业务,设立了人民银行上海分行信托部,开展房地产、运输、仓库、保管、代理等业务。1951年6月,公私合营的天津信托投资公司成立,还有个别地区也开办了类似业务①。

计划经济体制开始实施后,中国金融机构逐步简化为单一的存贷职能,信托业连同证券业、交易所等非银行金融机构失去了存在的基础,到20世纪50年代中期基本销声匿迹,信托业在中国的发展告一段落。

二、信托业的起步

1978年,改革开放春风吹暖中国大地,经济体制发生重大转变,计划经济逐渐为市场经济所取代。百废待兴,但经济建设却极度缺乏资金。为了给沉寂的市场注入活力,中央考虑在僵化的银行体制之外引入一种灵活的创新机制。1979年1月,邓小平在约见工商界和民主党派人士时,希望荣毅仁等同志能围绕改革开放、吸引外资做一些实际工作。一个月后,荣毅仁向中央提出了《建议设立国际投资信托公司的一些初步意见》。同年7月,中国国际信托投资公司(以下简称"中信公司")获得国务院批准设立,并于10月4日正式成立,荣毅仁任董事长兼总经理,归国务院直属领导。

中国国际信托投资公司的成立比深圳特区还早一年,作为第一家信托投资公司,不仅是中国信托业发展的里程碑,更是为改革开放和经济建设做出了重要贡献,打开了中国向世界开放的窗口。按照党中央提出的"独立自主、自力更生,积极开展对外经济合作和技术交流"的要求,中信公司以吸收外资和投资建设项目为己任,为改革开放不断探路,开创了多个新中国第一:第一次在外国发行债券、第一个开展国际租赁业务、第一个开展国际经济咨询业务、第一个经营房地产业务、第一个涉足国际商用卫星通信事业、第一次海外收购……通过兴办合资企业、海外投资、国际经济合作,中信公司在沟通中外关系、促进中外合作、引进外资加快国内经济建设方面发挥了重要作用。1984年10月成立5周年时,邓小平为其亲笔题词"勇于创新,多作贡献",并称之为

---

① 中国人民大学信托与基金研究所:《中国信托业发展报告(1979 - 2003)》,中国经济出版社2004年版。

"中国在实行对外开放中的一个窗口"。

三、信托业的无序扩展

"忽如一夜春风来,千树万树梨花开"。在中信公司的示范效应下,一大批信托投资公司迅速成立起来。1980年6月,国务院出台《关于推动经济联合的通知》,要求"银行要试办各种信托业务,融通资金,推动联合"。同年9月,中国人民银行下发《关于积极开办信托业务的通知》,支持有条件的地区开办信托业务,发展地方经济,搞活银行业务,支持国民经济建设。到1981年底,全国21个省份241个市开办了信托业务。1982年全国信托投资公司达620家,其中约570家是中国人民银行及其他银行下设的信托部,其余多为地方政府开办,还有少数几家为中央部委开办的,信托成为仅次于银行的第二大金融部门。

由于未对信托业功能定位和业务范围进行明确,信托投资公司自发探索出了形式多样的业务类型,除了委托放款和委托投资,还有信托贷款、财产信托、设备贷款以及代理服务等。其中,财产信托最接近信托本质,但业务量微不足道;委托放款得到大规模发展,但并不是规范的信托业务;其余业务品种大多有信托之名却无信托之实,主要被银行用作突破信贷计划管理的工具,因此信托投资公司被称为"二银行"。政府部门设立的信托投资公司也主要是为了绕开中央计划和基建规模控制,在银行计划体系之外筹措建设资金,也被冠以"二财政"的称号。

四、信托业的五起五落

恢复设立信托业,是国家适应经济体制改革需要,推进金融发展的重要内容。但由于完全没有制度准备,缺乏对信托本质的科学认识和清晰的功能定位,在"摸着石头过河"的过程中,行业发展出现偏差,先后经历了五次大规模整顿(见表6-1),付出了高昂的代价才始乱终治,回到正确的发展道路上来。

表 6-1　　　　　　　1982~1999 年中国信托业的五次整顿

时间	事件
1982 年	**第一次信托业整顿，重点是行业清理** 背景：信托机构大量从事信贷业务，盲目扩张，1982 年底，各类信托机构超过 620 家 措施：中国人民银行下发《关于整顿国内信托投资业务和加强更新改造资金管理的通知》，禁止信托公司进行变相信贷业务
1985 年	**第二次信托业整顿，重点是业务清理** 背景：在搞活经济方针的指引下，信托机构以各类名义盲目发放信托贷款和信托投资，推动固定资产投资增长过猛，再度出现货币投放和信贷失控局面 措施：国务院发出《关于进一步加强银行贷款检查工作的通知》，暂停新增业务，对不规范经营的信托业务进行检查清理；1986 年，中国人民银行发布《金融信托投资机构管理暂行规定》，对信托业的性质、作用、业务范围、经营方向做出规定
1988 年	**第三次信托业整顿，重点是业务清理和行业整顿** 背景：宏观经济过热，信托机构快速膨胀，1988 年底，高达上千家。信托机构超范围吸收存款、发放假委托贷款、超比例发放固定资产贷款、滥设机构、越权审批等违规现象较为普遍，隐藏金融风险 措施：1988~1990 年，国务院、中国人民银行先后下发多个文件进行清理整顿，信托机构数量从 745 家减为 339 家
1993 年	**第四次信托业整顿，重点是信托业和银行业分业经营** 背景：经济高速增长，固定资产投资加快，货币投放猛增，信托公司与银行联手，通过违规拆借、违规揽存、违规放贷等手段，参与部分沿海地区的圈地和房地产 措施：国家进行宏观调控，整顿金融秩序，要求银行与信托分业经营，银行的信托部门全部脱离银行
1999 年	**第五次信托业整顿，重点是回归信托本源业务** 背景：由于经营能力和风控能力不足，在东南亚金融危机中一些信托公司破产 措施：国务院下发《国务院办公厅转发中国人民银行整顿信托投资公司方案的通知》，对问题信托公司进行停业整顿、关闭和撤销，只保留 70 家规模较大的信托公司，信托公司的存款与结算业务被叫停、证券经纪与承销业务被剥离，信托业与银行业、证券业严格分业经营、分业管理

资料来源：（1）李雨潼：《中日信托业发展历程比较分析》，载于《现代日本经济》2009 年第 3 期。（2）作者根据其他公开资料整理。

五、探索期信托业的成就

改革开放二十年，信托业在对行业功能定位的艰难探索中走过了一条极不平凡的发展之路。"耕了别人的田，荒了自家的地"是对这一时期信托业的形象写照，多数机构信托偏离本源、有名无实、无序发展，时常成为金融稳定和宏观调控的冲击力量，同时，违规经营、内部管理混乱等问题也十分突出，深陷"扩张—整顿—扩张—整顿"的怪圈。回过头来看，这些问题背后有其深刻的历史根源。当时社会财富积累不足，市场基础欠缺，导致信托业刚起步就面临严峻的生存挑战。同时，对信托业的功能定位存在偏差，恢复信托业的初衷是希望在银行体系之外探索融通资金的新渠道，为改革开放探路，为经济建设筹集资金，因此信托业一开始就走上了银行化发展，金融实业并举的混业经营之路。制度供给不足也是重要原因，信托业恢复后的二十余年里，基本上处于无法可依的状态，缺乏基本的制度保障。此外，监管经验也不足，业务引导方面存在欠缺。

尽管存在很多问题，信托业对改革开放和经济发展所起到的作用是不可否认的。作为改革试验田，信托业在打破传统计划经济体制、创新业务、搞活金融方面实现了重大突破，充分调动了国内外资金、促进了经济建设，有效改善了银行对经济建设资金支持不足的问题。通过组织开展多种形式的经济合作，引进大量先进技术和设备，为企业技术改造、提升技术水平提供了重要支持。开展代理证券买卖、代理股票发行、租赁等新型业务，促进了中国证券、基金、金融租赁等行业的发展，在金融服务多样化、促进中国金融体系发展方面做出了积极贡献。同时，信托业发展过程中积累了丰富的经验，培养和锻炼了一大批金融人才。

第二节 中国信托业的规范发展

一、法治与监管

2001年是中国信托业发展历程中划时代的一年。经过八年的酝酿，2001年10月1日，《中华人民共和国信托法》正式实施，成为中国信托业发展史上的里程碑。从此，中国信托制度以法律形式得以确立，行业发展有了明确的法律依据和根本的制度保障。随后，《信托投资公司管理暂行办法》和《信托公司资金信托管理暂行办法》也于2002年先后发布实施，初步确立了监管框架和监管体制,"一法两规"明确将信托投资公司定位于主营信托业务的金融机构,明确了信托业功能定位和业务范围,从根本上解决了信托业无序经营、没有独特功能和独特业务的问题,为信托业发展指明了道路和方向。此后,监管部门又陆续出台了一系列政策文件,对一些监管原则和总体要求进一步充实和细化,逐步形成了多层次信托业法律法规体系,对信托机构、信托业务进行全面监管,推动信托业进入规范化发展的新时期。

2003年,信托业监管机构由中国人民银行转为中国银监会。在总结前一时期整顿经验的基础上,信托业监管理念和监管手段逐渐转变和完善。主要表现为监管重心转向业务监管、风险监管和制度建设;监管手段更加丰富,更加重视行业规划、市场协调等服务性功能。

前一时期的经验教训表明,缺乏有效的自我约束和规范的内部管理,信托业的健康发展就无从谈起。为进一步规范信托机构行为,加强业务指导和信息沟通,提高监管效率,经过三年的筹备,2004年11月中国信托业协会正式成立,从此信托业有了规范的自律组织,开始以全新、统一的形象展示在社会各界面前。

自2004年个别信托机构发生风险事件后,信托业监管开始趋严,信息披露、强制托管、分类监管等监管新思路开始陆续引入。2005年4月,银监会出台《信托投资公司信息披露管理暂行办法》,当年35家信托投资公司披露了年报,首次集体规范亮相。2006年7月,监管要求集合资金信托强制托管。为改变"一人生病、全家吃药"的监管模式,2004年监管层提出分类监管思路,对不同评级的信托投资公司在机构准入、经营范围、业务创新等方面实施差异化监管。2005年10月,评级试点工作启动。2006年,一家刚被评为A类的信托公司发生风险事件,有关创新政策支持被暂时搁置。此外,监管部门还在完善公司治理、防范关联交易风险、推行五级分类管理等方面做了大量工作。

二、信托业发展步入正轨

在强化法治和严格监管条件下,中国信托业进入发展的规范期,这保

障了信托业的快速增长。这一时期,中国信托业发展具有如下特点:

第一,资产规模快速增长,行业地位逐步提高。由于第五次清理整顿的延续,信托业基本处于停滞状态。随着发展方向和监管态度的日益明确,历经大起大落的信托业开始恢复生机,步入规范发展的新时期。2001年9月,中煤信托成为全国首家完成重新登记工作的信托公司,到2004年,获得重新登记、领取金融许可证的信托公司达到59家,一个全新的信托业阵容基本形成。发行产品数量和募集资金规模快速攀升,信托资产规模从2003年的1635亿元增至2006年的3617亿元。经营业绩和主要财务指标不断提高,总利润从2003年的15.5亿元增至2006年的61.8亿元。信托产品收益率超出其他金融机构理财产品,受到投资者的欢迎。信托业开始为公众熟悉和认可,信托制度优势开始凸显,行业地位日渐提高。2004年监管层明确提出信托业今后要加快发展、健康发展,要追上银行、证券、保险,真正成为四大金融支柱之一。

第二,机构分化,优胜劣汰。"沉舟侧畔千帆过,病树前头万木春"。重新登记后的信托投资公司凭借独特的制度优势、政策优势以及牌照优势,吸引了中外金融机构以及大型中央企业纷纷入主,经过多轮增资扩股、并购重组,资本实力大大增强,股权结构逐步优化,公司治理和内部管理日益规范。"背靠大树好乘凉",信托投资公司在依靠股东背景获得竞争优势的同时,发展路径出现分化,有的成为金融控股集团重要平台,有的在产融结合方面独占鳌头。随着历史包袱的清理以及新业务的积极拓展,信托业整体资产质量和经营情况比以往有明显改善,但也有少数几家痼疾难改,旧病复发。2004~2006年,金新信托、伊斯兰信托、庆泰信托、金信信托、泛亚信托先后被停业整顿,导致正常经营的信托公司只剩下54家,并且重新登记工作暂停,13家被批准保留,但未完成重组的信托公司被冻结数年之久。

第三,房地产、基础设施、银信合作为主导。这一时期,旺盛的市场融资需求是驱动信托业发展的主要动力。在宏观调控收紧、信贷规模受限的背景下,企业和政府许多项目不同程度存在银行贷款难、资金不足等问题,纷纷寻求与机制更为便利灵活的信托机构合作。2002年以来,基础设施信托和地方重点项目资金信托就一直是信托业传统优势项目。2003年

9月，中国人民银行下发《中国人民银行关于进一步加强房地产信贷业务管理的通知》，严格控制对房地产行业的银行贷款规模，开发商资金链紧绷，房地产信托业务开始异军突起。2004~2006年，房地产信托超过基础设施建设成为最主要的资金运用领域。

中国信托业从诞生之初就与银行业关系密切，具有天然的合作基础。银信合作始于2002年，从商业银行代售信托产品、代理资金收付、资金托管，到信用增级、信贷资产转让、处置不良资产、资产证券化，再到银信连接理财，合作范围不断扩展、合作层次不断深化。2005年发行第一款银信合作产品，2006年，民生银行创新推出"双层信托银信连接理财产品"，成为银信大规模合作的开端。通过合理的设计，银信合作能多方位满足银行规避监管、优化财务与资产结构、缓解头寸紧张、提高中间业务收入等需求，因此在很长一段时期内成为信托业规模增长的主要动力。

第四，信托业务创新活跃。2002年7月，爱建信托推出首个集合资金信托产品——上海外环隧道项目资金信托计划。2003年，信托业在产品创新方面迈开步伐，集中涌现了很多首创产品，如首例不良资产处置信托、首例房地产租赁信托、首例外汇信托、首例企业重组信托等。信托业务向多个领域进军，尤其是需要大量资金的基础设施建设、房地产、工商企业和银行信贷资产等，资金运用方式更为多元化，债权、贷款、股权、权益、证券投资、融资租赁等综合运用。2004年，深国投联合赤子之心资产管理公司发行"中国成长"集合资金信托计划，开启阳光私募发展之路，同时，公益信托、年金信托、QDII信托等创新业务类型也开始试水。此外，信托产品设计和产品体系也逐渐规范和成熟，开始引入基金化、组合化、结构化等新要素。2006年，股市走强，证券投资类信托在基金化方面取得突破，开始向产品标准化、系列化、品牌化方向发展。信托产品安全性、收益性不断提高，市场细分不断加深，品牌形象逐渐树立。

第五，信托原理广泛应用，市场竞争日益激烈。《信托法》实施以来，信托制度优越性逐步被社会认可，所确立的信托原理开始得到银行、券商、基金、保险等其他金融机构的广泛运用。作为中国独立运用信托机制的专门机构，信托投资公司则受到挤压，边缘地位处境尴尬。与其他金融机构相比，信托投资公司在政策公平性方面处于劣势，例如受200份信托合同和5万元门槛限制、不能开设异地分支机构、缺乏营销网络，独特优势未得到发挥。为应对这一局面，信托投资公司开始加强与其他金融机构的合作，一批代表银信、信信、信保、信证合作的信托产品陆续出现。

三、转型过程中的阵痛

"一法两规"颁布实施以来，信托业在回归本源、规范发展方面取得一定成效，同时一些问题和矛盾仍十分突出，本质上，这一阶段仍然是方向不明的探索时期。一是普遍重自营、轻信托。70%的信托公司70%的利润来源于自营业务，70%以上集合资金信托计划的运用方式为贷款，没有形成稳固的以信托业务为主的经营模式和盈利模式。二是盲目追求综合化经营，"广而不专""博而不精"。业务驾驭能力、风险防范能力普遍不足。三是业务偏离信托本源。传统的集合资金信托业务异化为负债业务，部分信托投资公司开始回到"高息揽储"的老路。四是业务同质化，创新乏力。业务领域和产品结构同质性强，创新业务虽然广泛涉足，但基本都是扮演"龙套"角色。五是经营不规范问题仍存在。如内控制度不健全，公司治理结构不完整，关联交易、大股东操纵、内部管理混乱、挪用信托财产等。六是理财市场竞争加剧，在夹缝中生存。与银行、保险、证券、基金业相比，没有表现出突出的投资理财能力及资产管理能力，在资产规模、抵御风险能力、市场影响力等方面存在差距。

第三节 中国信托业的高速发展

一、"一法三规"监管体系的构建

（一）修订后的《信托公司管理办法》和《信托公司集合资金信托计划管理办法》推动经营模式转型

2007年3月1日，修订后的《信托公司管理办法》和《信托公司集合资金信托计划管理办法》（以下简称"新两规"）正式实施，推动信托业进入全新的转型和高速发展时期。"新两规"明确将信托业定位于"为合格投资者提供资产管理服务的金融中介机构"，彻底解决了中国信托业多年功能定位模糊的问题，从此信托业开始向"受人之托、代人理财"的信托本源回归。

"新两规"体现了对信托业认识的深化和监管思路的转变。一是信托投资公司名称中去掉"投资"二字，更名为信托公司，体现了淡化自营投资，重点发展信托业务的政策导向。二是对信托本源业务范围予以明确，引导信托公司构建专业化经营模式，突出信托特色。限制信托公司固有业务[①]，限制债权运用方式[②]，鼓励信托公司开展私募股权投资信托、资产证券化信托、房地产投资信托基金、年金基金信托等创新业务。三是引入"合格投资者"定义，强调高端私募的定位，并放松信托合同200份的限制，从此信托业务面向高端客户以私募方式开展。此外，新规还放开了异地业务限制，允许利用异地业务部门开展全国业务。

"新两规"对信托业的影响是系统性的、根本性的。一方面，为信托业创造了全新的历史机遇，发展方向得以明确，经营模式得以确立，经营机制得以转换，产品结构得以升级，发展步入正轨，全面向专业资产管理机构和金融理财机构转型。另一方面，也给信托公司带来巨大挑战，传统模式难以为继，创新业务难堪大任，信托公司面临巨大的盈利压力和生存挑战，转型迫在眉睫。

（二）净资本管理推动二次转型

"新两规"实施后，信托资产规模急剧扩张，个别信托公司管理的信托资产规模达到净资产的50倍以上，但内控和风险管理能力则没有及时跟上，项目风险时有发生。为抑制信托公司的扩张冲动，弥补信托监管工具的不足，2010年7月，银监会发布《信托公司净资本管理办法》，建立以净资本为核心的风险控制指标体系，重构信托公司的风险管理框架，引

[①] 主要包括禁止投资实业领域、限制负债业务、限制对外担保、禁止逆向关联交易、禁止负债业务等。

[②] 《信托公司集合资金信托计划管理办法》第二十七条规定，向他人提供贷款不得超过其管理的所有信托计划实收余额的30%。

导信托公司从片面追求规模的粗放式经营模式，向精耕细作、高产品附加值的内涵发展经营模式转型。至此，中国信托业"一法三规"的监管体系正式形成。

（三）"一体三翼"架构形成，监管体系日渐完善

"一体"是指银监会信托部，行使信托监管主体功能。2015年初，银监会设置信托部，独立于非银部，承担监管信托公司的职责。"三翼"是指信托业协会、中国信托登记有限责任公司、信托业保障基金，分别履行行业自律、市场约束、安全保障功能。2014年12月，银监会与财政部共同制定《信托业保障基金管理办法》，设立中国信托业保障基金及中国信托业保障基金有限责任公司，成为信托行业化解风险、维护稳健运行的有效机制。长期以来，信托登记制度和信托收益权转让平台缺失是制约信托产品转让的重要因素。为提高信托市场运行效率，2016年银监会批准设立中国信托登记有限责任公司，履行信托登记、信息统计、产品发行与交易、监管信息服务等多项职能，提高信托产品的公信力和影响力。

（四）八项机制完善信托业治理

2013年末，监管提出信托业治理的八项机制，即公司治理机制、产品登记机制、分类经营机制、资本约束机制、社会责任机制、恢复与处置机制、行业稳定机制和监管评价机制。以此为基础，2014年4月，银监会出台了《关于信托公司风险监管的指导意见》，提出转型期信托业规范发展的路线图。

（五）奖优限劣，信托监管评级和行业评级相互补充

2015年底，中国信托业协会发布《信托公司行业评级指引（试行）》，从资本实力、风险管理、增值能力、社会责任等方面对信托公司的综合经营管理能力、发展质量、市场影响力、风险管理能力进行评价。2017年初，银监会发布《信托公司监管评级办法》，对上述指标体系加以完善，行业自律监管和监管机构监管有机结合、相互补充。评价体系的建立有助于加强信托业自律和社会公众监督，监管部门根据评级结果，对不同类别的信托公司在市场准入、监管措施、监管资源配置等方面区别对待。

二、信托业的黄金十年

2007年"新两规"实施后,信托业开启了十年的黄金发展期,创造了增长20多倍的奇迹。第一阶段,2007~2013年,信托资产规模步入快车道,从2007年初的3606亿元发展到2013年的近11万亿元,以年均超过50%的超常规速度增长,连续超越基金、保险成为第二大资产管理机构。第二阶段,2014~2016年。资产管理规模持续高位增长,2016年达到20.22万亿元,占GDP的比重为27%,但增速拐点出现,2014年增速降至28%,2015年进一步降至17%,2016年为24%。

第一,宏观经济增长和融资需求旺盛是信托业发展的根本动力。一方面,长期经济高速增长积累了深厚的社会财富,为信托业提供了庞大的市场需求,从发展规律看,人均GDP超过3000美元时财富管理开始启动,超过7000美元时会进入快速增长时期,而当超过1万美元时则会迎来爆发式增长。2007年中国人均GDP为2652美元,2013年达到7081美元,信托业的增长步伐恰好顺应了这一规律。另一方面,旺盛的巨大融资需求是信托业发展的主要驱动力。2009年,"四万亿"刺激政策带来的巨大融资需求推动了信托资产管理规模爆发式增长。而每当信用供给紧张时,同样是信托业大发展的有利时机。2010年,随着宏观调控和银行信贷收紧,大量在建项目和企业投资面临后续资金不足问题,纷纷转向信托融资,受银信合作、房地产信托、基建信托等业务推动,信托资产管理规模急剧增长。2012年之后,随着中国经济进入新常态,信托业增长速度也随之慢下来。

第二,制度优势和政策红利是信托业发展的独特利器。信托制度本身具有目的灵活、破产隔离、避税等天然的财产管理功能优势,"新两规"又赋予了信托公司灵活的资金运用方式以及进行跨市场资产配置的政策优势,使得信托公司在与其他金融机构竞争方面具有天然优势,大量资金为规避或突破监管限制而绕道信托。而且中国信托公司还具有巨大的牌照优势,《信托法》规定信托业务由信托公司专营,排除了其他机构利用信托制度的资格。2012年之前,信托公司是唯一可以进行跨市场配置的金融机构,随着资管新政的实施,信托公司的这一优势逐渐消失,但其独享的信托制度优势、稀缺的牌照优势依然还在。

三、信托业经营业绩明显提高

（一）信托主业地位确立，主要财务指标平稳增长

随着信托规模高速扩张，信托业务收入持续增长。2010年以来，信托业务收入占比始终保持在50%以上，主营地位得以确立。2016年，信托业务收入749.6亿元，占信托公司经营收入的67%。产品附加值提高，盈利大幅增长，平均资本利润率达到14%～20%。受低收益率的银信合作通道业务规模快速增长影响，信托产品收益率及平均信托报酬率有所下降。

（二）业务结构不断优化

新规实施以来，信托公司积极进行业务转型，调整产品结构，从产品设计、资金投向和投资者结构等方面着手调整和创新。融资类信托占比持续下降，投资类和事务管理类信托不断上升。2010～2016年，融资类信托从59%降至21%，事务管理类信托则由17%增至50%。受监管趋严及市场环境影响，单一资金信托占比逐年下降，由2010年的75%下降至2016年的50%，集合资金信托占比则逐年上升，从2010年的21%上升至2016年的36%，体现了信托公司向主动管理转型的成果。

（三）个案风险暴露，整体风险可控

受经济下行压力加大和产业结构调整步伐加快等因素影响，随着产品兑付高峰的到来，个案风险爆发频率加快。2013年，中诚信托发生兑付危机，2014年全年达到24起，房地产和矿产类项目居多，涉及金额过百亿。2015年证监会打击场外配资、进行伞型信托清理，证券信托产品陷入低迷，信托风险项目增多。但固有资本实力增厚、风险处置能力增强、行业稳定机制建立等风险防线的构建，使整体风险可控，没有发生行业系统性风险。

四、信托业的治理结构优化

（一）机构数量增至68家

停滞了5年之后，2009年信托公司重组进程重新启动，当年华澳信托、中粮信托、金谷信托、江南信托等5家信托公司重组后开业，接着，华鑫信托、方正东亚信托、紫金信托、四川信托、五矿信托等5家于2010年开业，2011年大业信托、浙商金汇信托、长城新盛信托开业，2012年万向信托开业，2013年民生信托开业，至此，全国信托公司数量达到68家，且一直稳定到现在。

（二）增资扩股热潮持续，股权结构脱胎换骨

资本实力逐步壮大。随着净资本管理、行业评级、分类监管、创新业务准入门槛等监管要求的实施，信托公司纷纷通过引战、增资、扩股、上市等多种方式扩大资本实力，平均注册资本从2010年的11.18亿元增至2014年的20.39亿元，增长了近一倍。2016年，信托公司资本实力进一步增强，22家信托公司增资总额高达471亿元。并且资本市场通道打通，先后有江苏信托、昆仑信托、五矿信托、浙金信托等进入A股市场，2017年五矿信托和山东信托在H股上市。

自银信分离、信证分离后，大部分信托公司都是国有控股。随着混业经营和金融业对外开放的深化，信托公司吸引了战略投资者、境内外金融机构、大型企业集团等市场化股东入主。2007年"新两规"颁布实施后，众多境外金融机构和战略投资者，对信托公司股权的投资购并浪潮风起云涌，先后有巴克莱银行、摩根士丹利、澳大利亚国民银行、苏格兰皇家银行、麦格理集团、摩根大通等十几家大型境外金融机构参股信托公司。2007年，交通银行重组湖北省国际信托投资公司，开启商业银行入股信托公司的新时代。与此同时，部分国有股权则主动从信托公司退出，如北京国投、中诚信托和深国投，促进信托公司的市场化发展。

股权重构后的信托公司，整体资本实力、风险控制能力、业务创新能力和公司管理能力明显改善，行业地位得以提升，机构数量、资产管理规模、公司盈利能力实现飞跃。借助股东的资本、技术、市场、客户、投融资渠道等优势，资源共享，优势互补。专业化经营特色逐步形成，央企系信托公司主要结合产业链定位，向产业基金方向发展；金融系信托公司主要发展私人银行业务、投资银行业务和财富管理业务；地方系信托公司主要整合地方资源和优势，紧密围绕基础设施投融资、地方重点建设项目投融资业务展开。

（三）组织架构和经营管理逐渐规范

监管和转型的双重压力对信托公司规范经营提出了更高要求。信托公司治理结构不断规范，内控机制逐步完善，投资决策体系、风险防范体系趋于系统、科学。合规程度提升，道德风险、管理风险和操作风险逐步降低。

2015年信托公司开始设立全资专业子公司在业务创新、转型发展、风险隔离等方面进行探索。根据业务范围和运营模式，设立的子公司主要包括直投子公司、基金子公司、国际业务子公司、财富管理子公司、互联网金融子公司、产业基金管理子公司等。

五、信托业的市场调整

（一）银信合作冲高回落

2010年之前，银信合作是信托资产规模扩张的主动力。2007年是银信连接理财产品"打新股"高峰。2008年初，国家实行从紧的货币政策，为规避监管，银行大规模推出银行信贷资产收益权转让信托产品，推动信托资产规模于2010年达到3万亿元，其中银信理财合作贡献度均在50%以上。

正常的银信合作是业务链中下游的关系，银信合作发展前期，监管层持支持态度。2008年12月，银监会出台《银行与信托公司业务合作指引》，旨在发挥互补优势，促进银信合作健康规范发展。但由于银行掌握客户和网点渠道等关键资源，在银信链接理财业务中往往处于强势地位，信托仅发挥通道作用，银信合作报酬率低，主要靠量取胜。随着规模高速扩张，银信业务风险开始引起监管部门关注，尤其是在影响到货币政策和宏观调控效果时。2009年12月，监管部门禁止商业银行发行理财产品购买本行信贷资产。2010年7月，银监会口头叫停银信合作，8月下发《关于规范银行理财合作业务有关事项的通知》，要求信托公司加强自主管理，融资类银信合作业务余额占银信理财合作业务余额的比例不得高于30%，银信合作理财产品不得运用于风险较高的非上市公司股权投资。2011年1月，《关于进一步规范银信理财合作业务的通知》，明确要求商业银行资产转表，银信合作贷款余额按照每季25%的比例压缩，未转表内的10.5%

计提风险资本。由于信托渠道转表外的效果下降，银信合作一路走低。2012年，券商及基金子公司开始争抢通道业务，银信合作逐步为银证、银保、银基等取代。2013年10月，首批11家银行试点债权直接融资工具和银行资产管理计划，信托通道业务受到冲击。2013年，银监会下发《中国银监会关于规范商业银行理财业务投资运作有关问题的通知》，要求理财产品投资非标准化债权资产的余额在任何时点均以理财产品余额的35%与商业银行上一年度审计报告披露总资产的4%之间孰低者为上限；国务院下发《关于加强影子银行监管有关问题的通知》，要求信托公司回归主业，不得开展非标理财资金池等具有影子银行特征的业务。银信显性合作减少，但隐性合作仍然是信托业发展的重要支柱。"私人银行+个人信托"成为银信合作新趋势，填补丢失的市场份额。

（二）信政合作屡屡受限，基础设施信托创新转型

2008年实行4万亿经济刺激计划以来，各地方政府纷纷出台投资计划，利用信托平台为重点投资领域和基础设施建设项目融资。随着政府债务激增，政府融资平台风险显现，2010年银监会下发《关于信托公司信政合作业务风险提示的通知》，信政合作业务规模急剧回落。但在社会资金紧张的形势下，基础设施建设资金需求仍然旺盛，2011~2012年基础设施信托逆市上扬。随着地方政府债务问题逐渐严重，2012年底，财政部等四部委联合下发《关于制止地方政府违法违规融资行为的通知》，但未能阻止信政业务一路走高，2013年，信政业务持续增长。2014年10月，国务院下发《关于加强地方政府性债务管理的意见》，要求剥离融资平台公司政府融资职能，基建融资收窄至发债、PPP等，与政府平台公司合作的融资类基础设施信托业务萎缩。2015年基础设施类信托发行利率受到挤压，融资主体信用质量也有一定下滑，受政府债务置换影响，部分基础设施类信托被置换了出来。作为基础设施投融资的创新方向，信托PPP业务2015年开始起步，2016年获得快速发展，发行数量超过15个。

（三）房地产信托随政策走向波动

房地产信托是在国家对房地产宏观调控背景下产生和发展的，其本身就是借政策间隙创造出来的，与政策导向相悖，因此必然受宏观调整政策的影响而波动，缺乏稳定性。2008~2010年房地产信托增速较猛，收益屡

创新高。随着净资本管理实施启动，对房地产信托融资类业务计提较高的风险权重，部分信托公司不得不压缩房地产信托规模。由于开发商信托融资成本较高，超过20%是常态，高收益容易引发高风险。2012年12月，银监会发出风险提示，同时随着房地产信托进入兑付密集期，其规模占比下降。2013年，宏观调控维稳，房价温和回升，开发商资金链好转，房地产信托规模回暖。2015年，基于市场风险判断，房地产信托增速放缓。2016年，随着房地产市场升温，信托公司对房地产领域的投入明显增长。

发展前期，由于优质项目较多，信托公司创新意愿不强，房地产信托资金运用方式较为粗放。受政策调控影响，传统房地产融资业务面临风险管理的挑战，开始寻求业务转型，对产品结构设计、运作模式等进行创新，进行专业化、差异化发展。一是发展房地产投资信托基金（REITs），2014年上半年，暂停近7年的REITs试点重启，2015年7月，首只公募REITs——鹏华前海万科REITs成立，但税收制度模糊、项目收益率较低、投资周期长等阻碍了REITs的发展。二是发展基金化房地产信托产品，2016年，类REITs大发展，相比REITs，基金化房地产信托更倾向于投资于房地产开发阶段，并通过房地产销售来退出。三是融资方式多元化，传统的贷款模式降至50%以下，股权投资成为主流，收益权等权益投资方式兴起。四是挖掘潜力细分市场，如旅游地产、城市更新、保障房建设、物流地产、土地流转信托、存量房产的流动化等。此外，还通过与一二线城市大客户合作，成立专业子公司等方式探索房地产信托业务模式转型。

（四）证券投资信托"靠天吃饭"

证券投资信托规模和盈利情况与股市行情息息相关，多变的市场环境使得证券投资信托波动性较大。2007年股市行情上涨，证券投资成为信托业核心利润来源。2008年受金融危机影响，规模大幅回落。证券投资信托计划主要投资于二级市场，大部分为阳光私募，随着2009年上半年牛市行情，阳光私募规模达到阶段性高潮。7月，武汉一家阳光私募遭证监会立案侦查，信托计划新设证券投资账户被紧急叫停，发行量急剧回落。资本市场路径遭封堵后，信托公司开始探索新的投资方式，例如投资于上市公司定增和大宗交易，推出创新产品TOT。2012年，在冻结3年后，信托证券账户解禁，但由于股票市场低迷，信托公司反映不强烈。近年来，信托公司加快了基金中的基金（fund of funds，FOF）、管理人的管理人（manager of managers，MOM）基金模式发展，满足投资者对稳定收益的需求。

（五）体现信托制度优势的创新产品存在一定障碍

资产证券化信托长期停滞后重启。2005年开始信贷资产证券化试点，2007年第二批试点，2008年金融危机之后资产证券化停滞，2012年5月信贷资产证券化重启，2014年11月信贷资产证券化业务由审批制改为备案制。在利率下行和备案制等一系列利好政策推动下，作为信贷资产证券化唯一法定特殊目的机构，资产证券化信托发展迎来机遇。2016年资产证券化业务取得较好进展，以信托收益权为基础资产的企业资产证券化明显增长，信托型资产支持票据诞生，私募资产证券化规模明显加大。

不良资产证券化开始于2006年，但受限于相关法律制度不健全，不良资产价值评估和管理专业性要求高、专业投资者和风险管控能力不足等问题，后续没有太多进展。2016年，为拓宽银行不良资产处理渠道，盘活存量资产，重启不良资产证券化试点，银行业信贷资产登记流转中心开展不良资产收益权转让信托，近50家信托公司获得试点资格，2016年9月，第一单不良资产证券化产品落地。

公益信托存在制度障碍。公益信托一方面给公益事业提供了新的模式和路径，更好地满足了捐赠人的需求；另一方面也有利于提高信托业的社会公信力，但由于税收优惠、非现金财产捐赠等问题没有解决，一定程度上制约了公益信托的发展。2008年为公益信托的初创期，西安信托推出"5·12抗震救灾公益信托计划"，百瑞信托推出"郑州慈善公益信托计划"。2009～2013年，没有任何公益信托发行。2014年，公益信托重启，当年共发行8只。2016年9月，《中华人民共和国慈善法》正式实施，民政部、银监会联合下发了《关于做好慈善信托备案有关工作的通知》，为公益信托奠定了基础。2016年11月，慈善信托的行业联合体——中国慈善联合会慈善信托委员会成立。2016年，21只慈善信托成功备案，规模达到30.85亿元。

家族信托初步启动。家族信托通过资产配置、事务管理等方式可有效实现财富的传承和保障，2012年下半年，平安信托、中信信托、中航信托、中融信托等机构陆续启动家族信托管理业务，到2016年已有21家信托机构开展了家族信托业务。家族信托面临的主要制约是信托登记和税收问题,目前主要依赖银行资源,联合商业银行、私人银行共同开展。

信托QDII与其他金融机构相比不具优势。受托境外理财市场具有广阔的增长空间和业务机遇,为机构与高净值客户进行海外投资和资产配置,能够促进信托公司提升投资水平,进一步延伸信托服务链和产品链,强化主动管理能力和创新能力。2007年,信托公司开始取得QDII资格,2010年1月,中诚信托、上海信托、中海信托等首次获批QDII额度。2012年11月,QDII业务行情启动,上海信托推出国内首单QDII集合资金信托计划。2016年,22家信托公司获得QDII资格。但无论从投资范围还是门槛标准看,相比银行系、券商系、基金系来说,信托QDII都不具有优势,"雷声大、雨点小"。

信托私募股权(PE)投资受制于退出难。2007年,"新两规"优先支持开展私人股权投资信托,但实践中面临诸多挑战,如监管规则不统一,法律滞后或缺失,市场准入模糊,退出渠道不通畅等问题。2008年,银监会出台《信托公司私人股权投资信托业务操作指引》。2010年,中信信托开创"信托PE+有限合伙"的创新模式,以曲线方式实现信托PE的首次公开募股(IPO)。2009年底修改后的《证券登记结算管理办法》允许合伙企业开立证券账户,私募开始脱离信托,自我阳光化。2010年,随着"银行+私募"的深入发展,信托市场份额面临流失。

尽管对年金信托寄予高度期待,但信托公司在企业年金基金管理领域一直处于边缘化地位,一些原本取得业务资质的优质信托公司如中信信托、上海信托,也逐渐放弃了竞争。此外,消费信托、养老信托、产业基金信托、互联网信托、艺术品信托、股指期货等创新业务也因各种原因增长乏力,难以承担信托业务转型重任。

六、信托业市场竞争的条件

2012年,银监会、证监会、保监会纷纷出台"新政",对银行、证券、基金、保险等其他金融机构的资产管理业务松绑,资产管理市场竞争日益加剧。信托公司优势不再,银信理财、融资类信托、阳光私募基金等重要业务类型受到冲击。很多金融机构尽管实质上运用信托原理，但不受《信托法》约束，有更多的空间和自由度，而对信托公司的监管则依然较为严格。例如，合格投资者标准更高，收益权流动性较低，净资本管理更严，渠道建设限制较多，一定程度上影响了公平竞争。

与其他金融机构相比，信托公司的主要优势和特色在于功能的多样性、涉足领域的广泛性、金融工具的丰富性以及运作方式的灵活性，能够根据不同市场中的业务机会，进行跨市场的资产配置。但信托公司的多数产品还是局限在金融市场，与公募基金、券商集合理财计划无太大区别，没有体现出信托公司横跨三大市场配置资产、规避风险的制度优势。

七、转型压力加大

随着监管导向明确、经济增速换挡、市场竞争加剧、利率市场化改革深入、风险防控压力上升等多因素叠加，以信贷类、通道类业务为主的粗放经营模式难以为继，融资类贷款信托业务主导地位逐渐下降，主动管理类信托和内涵式发展成为信托业转型方向。

2014年，监管层提出信托业转型的六个具体方向，分别是改造信贷类集合资金信托业务模式，研究推出债券型信托直接融资工具；大力发展真正的股权投资，支持符合条件的信托公司设立直接投资专业子公司；鼓励开展并购业务，积极参与企业并购重组，积极发展资产管理等收费型业务；鼓励开展信贷资产证券化等业务；探索家族财富管理，为客户量身定制资产管理方案；完善公益信托制度，大力发展公益信托，推动信托公司履行社会责任。

2016年，信托业面临经济下行和资管市场竞争激烈等多重压力，传统业务出现萎缩，亟须加快转型步伐。一些基础较好、理念较为超前、实力较为雄厚的公司，基本确立了明确的发展目标、功能定位和战略规划。多数信托公司仍在专业化和全能化、投资型和融资型、地域性和全国性、平台型和自主型、创新业务和传统业务、基金化运作和项目融资化等选项中游离、纠结，行业分化有所加剧。同时，行业热点频繁轮换，也反映了信托公司核心业务稳定性存在问题。

第四节 信托业回归本源

一、强监管条件下的信托业

2017年以来,监管部门集中推出一系列重磅新规新政,涉及监管评级、业务分类、登记制度、资产管理、业务开展及合规经营等诸多方面,标志着信托业进入新一轮强监管周期。与以往不同的是,此轮监管是在完善大资管行业整体顶层设计的背景下进行的,并非单独针对信托业。其中最有影响力的当属2018年4月四部委联合出台的《关于规范金融机构资产管理业务的指导意见》,指导意见的出台对信托业而言,机遇与挑战并存。一方面,统一了资产管理行业监管规则,解决了长期以来监管标准不一的问题,为信托业提供了公平竞争的有利条件;另一方面,打破刚性兑付,规范资金池业务,禁止规避监管的通道业务,禁止多层嵌套等要求,也对信托业规范经营提出了更高要求,加大了信托业转型压力。

二、业务转型迈出实质性步伐

第一,资产管理增长态势转向。2017年,信托资产管理规模26.25万亿元,同比增长29.8%;2018年一季度开始下降,2018年末余额22.71万亿元,同比下降13.5%,结束了保持多年的持续高速增长态势,从此信托业开始进入调整阶段,从量的增长转向质的提升。

第二,主动管理转型成效显现。从资金来源看,集合资金信托占比上升,超过40%,开始反超单一资金信托,尤其在新增规模中,集合资金信托和财产权信托占比超过三分之二,单一资金信托规模增速下降,业务结构持续优化。随着"资管新规"实施和监管加强,去通道是大势所趋。2017年12月,银监会发布《关于规范银信类业务的通知》,明确了对银信通道业务的限制。2018年8月,银保监会发布《关于加强规范资产管理业务过渡期内信托监管工作的通知》,对通道业务区别对待,支持开展符合监管要求、资金投向实体经济的事务管理类信托，对监管套利、隐匿风险的通道业务则严格限制。受此影响，通道业务规模逐步萎缩，2018年传统银信合作通道业务占比降至23%，事务管理类信托占比降至55%。新形势下，主动管理能力的重要性日益凸显，行业将出现分化，主动管理业务占比高的信托公司将占据优势，通道业务占比高的信托公司则将面临较大的转型压力。随着低收益率的通道业务下降、高收益率的主动管理类业务占比上升，信托报酬率逐渐回升。此外，信托公司投向工商企业的规模增长，服务实体经济力度加强。

第三，业务发展迎来新机遇。2018年信托业年会上，监管部门提出要发展具有直接融资特点的资金信托、以受托管理为特点的服务信托和体现社会责任的公益信托。《慈善法》实施以来，公益信托备案数量超过200个。未来《信托公司资金信托管理办法》出台后，信托公司有望发行公募产品，有利于降低投资门槛，拓展客户群体，与银行理财子公司、公募基金等同台竞技。银行间债券市场开放也为信托公司海外布局提供了业务渠道。同时，新兴领域如绿色产业、高端消费、高端制造业、养老产业等蕴含大量投资机会，技术创新为信托业务拓展了发展空间，信托公司开始利用大数据、人工智能布局线上业务，拓展财富管理渠道，并应用新技术对产品设计、客户营销、产品流通等环节进行改造升级。

第四，增资扩股实力增强。受净资本管理、分类评级等影响，信托公司增资扩股扩大资本实力的冲动依然强烈，2017年，有14家信托公司增加注册资本，总额超过230亿元。注册资本30亿元以上的已有30多家，其中过百亿的有5家，分别是重庆信托（150亿元）、平安信托（130亿元）、昆仑信托（102亿元）、中信信托（100亿元）、中融信托（100亿元）。净资本的意义不仅在于满足监管要求，还在于信托公司净资本规模越大，对开展业务的约束越小，主动性更强，有利于盈利模式从规模驱动转向效率驱动。

三、回归本源任重道远

虽然信托业转型取得初步成效，但未来发展仍面临不少问题和压力。

一是中国经济从高速增长阶段进入高质量发展阶段，内外部形势复杂，信托资金端及资产端投资面临挑战。二是风险项目暴露增多，2018年末达到2222亿元，风险化解压力加大。三是偏离本源的惯性较大，有重回老路的冲动。受严监管影响，券商、基金的通道业务回流信托，房地产调控及房企融资需求推动房地产信托升温。对此，信托公司应坚定回归本源的信心，坚持不懈地走主动管理、高质量发展道路。

中国货币市场的发展

货币市场,顾名思义,是从事货币工具交易的市场,交易对象一般为期限在一年以内的短期债务交易工具,包括本外币、债券、票据、衍生商品、贵金属等,这些交易工具通常具有期限短、流动性强、风险小等特征,在货币供应量层次上具有准货币特征,依托这类交易工具,形成了同业拆借市场、短期债券市场、票据市场、货币市场基金等子市场。货币市场主要承担调节资金余缺、提高流动性、传导货币政策、综合信息反映等功能,是联系资本市场和其他市场的桥梁,货币市场的发展和完善对整个金融市场体系的发展起着举足轻重的疏导和制约作用。可以说,货币市场是金融市场之"根基",是经济发展的"气象哨"。

第一节 中国货币市场的发展简况

回顾中华人民共和国成立 70 年尤其是改革开放 40 年来的发展历史,中国货币市场经历了从无到有、从小到大、从单一到多元的发展过程。从储蓄动员型经济发展角度看,货币市场在中国的发展相对滞后于信贷市场和资本市场。内在成因是,早期经济发展的主要任务是动员储蓄和促进资本形成,因此,银行和资本市场的发展首当其冲,但发展到一定阶段,货币市场的重要性日益凸显,货币市场应运而生。

一、计划经济时期缺乏货币市场

计划经济时期，在"大一统"的中国人民银行体制下，中国几乎没有金融市场，资金的调配由中国人民银行进行调配掌握。标志性事件是1952年9月制定的《中国人民银行综合信贷计划编制办法（草案）》，该办法全面提出了信贷计划管理的相关做法，涵盖信贷计划编制的依据、内容、管理体系、权限划分、审批程序、检查制度等。在此基础上，各个银行编制信贷计划，并逐级上报审批，由中国人民银行统一平衡全国信贷收支指标，下达执行。这一时期的金融功能集中体现在为国民经济发展集中资金，因此，不具备货币市场发育基础。

二、改革开放以后的货币市场发展

1978年，中国开始打破高度集中统一的中国人民银行体制，恢复建立多种金融机构，中国农业银行、中国银行、中国人民建设银行、中国工商银行相继从中国人民银行分设出来，保险公司、信托公司、金融租赁公司等非银行金融机构也逐步建立和发展。20世纪80年代，同业拆借以及票据市场的出现被认为是中国货币市场发展的开始。随着中国人民银行逐渐摆脱"一身两任"的束缚，中国人民银行与专业银行之间、各专业银行之间资金借贷开始遵循"有借有还、相互计息"的原则，资金在不同金融机构之间以及不同地区之间流动成为必要和可能。1984年存款准备金制度建立，各专业银行需要根据相关要求提取法定准备金，于是，以调节银行准备金头寸为主要功能的同业拆借市场逐渐形成。1981年2月，中国人民银行上海市分行在杨浦区办事处和黄浦区办事处试办了国内第一笔同城商业票据汇票贴现业务，同年10月，徐汇区办事处与安徽天长县①支行试办了第一笔异地银行承兑汇票贴现业务，拉开中国票据市场发展序幕。1997年6月，中国人民银行发布通知，决定在全国银行间同业拆借中心开办银行间债券交易业务，允许商业银行等金融机构进行国债和政策性金融债的回

---

① 1993年12月经国务院批准撤县设市。

购和现券买卖，由此催生了银行间债券市场。2003年12月，由华安、博时和招商三家基金公司分别发起管理的首批货币市场基金获准设立，货币市场基金由此出现。

经过30多年的发展，货币市场交易品种逐渐增加、交易规模持续增长、市场成员不断扩大。整个市场在品种规模、交易条件和结构组织等方面都发生了很大变化，逐步形成由同业拆借市场、债券回购市场、票据市场、货币市场基金等各子市场构成的货币市场体系。如表7-1所示，从几个子市场来看，2010年后，交易规模加速增长。从规模来看，银行间债券市场交易规模占比较高。从交易主体看，大型商业银行、政策性银行和股份制银行是主要的资金供给方，资金需求方为非法人金融产品、证券公司和农村商业银行。从期限看，货币市场交易集中在隔夜和7天两个交易品种。

表7-1　　中国货币市场交易情况（1997~2018年）　　单位：亿元

年份	同业拆借	银行间债券回购	银行间债券现券交易	商业汇票（票据）签发	票据贴现
1997	8298	307	—	4600	2740
1998	1978	1021	—	3840	2400
1999	3291	3949	75	5076	2449
2000	6728	15782	683	7442	6447
2001	8082	40133	840	12843	15548
2002	12108	101885	4412	16139	23073
2003	24000	117200	30800	27700	44400
2004	14600	94400	25000	34000	45005
2005	12800	159000	60100	44500	67500
2006	21500	265900	102600	54300	84900
2007	107000	448000	156000	58700	101100
2008	150000	581000	371000	71000	135000
2009	194000	703000	365074	103000	232000
2010	279000	876000	640000	122000	260000
2011	334000	995000	636000	151000	250000
2012	467000	1417000	752000	179000	316000
2013	355000	1582000	416000	203000	457000
2014	377000	2244000	403600	221000	607000
2015	642000	4578000	867000	224000	1021000
2016	959000	6013000	1271000	181000	845000
2017	790000	6164000	1028000	170000	403000
2018	1393000	7227000	1507000	168000	218000

资料来源：Wind。

目前货币市场已经成为中国各类金融机构运筹短期资金的重要市场，是货币政策传导的重要渠道，同时，在扩大直接融资规模、促进利率市场化方面发挥日益重要的作用。货币市场资金流动畅通，提高了货币政策传导的效率和力度；货币市场利率能够较灵敏地反映金融机构的头寸变化和中央银行的货币政策，逐步成为中央银行货币政策的重要操作目标和主要的经济指标，为利率市场化奠定了良好的基础。

第二节 同业拆借市场

一、拆借市场的发展历程

1978年以来，中国的银行间同业拆借市场发展大致经历了五个阶段。

第一阶段：起步阶段（1978～1987年）。改革开放以前，银行间的资金余缺只能通过行政手段纵向调剂，而不能自由地横向融通。在专业银行成立之前的1981年4月，中国人民银行曾下发《信贷资金差额包干法》，提出中国人民银行分行可以拆放多余资金，以调剂业内资金余缺，但由于不具备相应主体，拆借行为十分困难。尽管当时在中国乡镇经济最发达的江苏和浙江地区，出现了一些"地下"的以调节资金余缺为目的的资金拆借活动，但规模相对有限。专业银行成立后，资金供需双方出现，大批量的同业拆借成为可能。1984年，中国形成了以企业化经营为基础的二级银行体制格局，同业拆借市场真正开始起步。同年2月，中国人民银行在《关于中国人民银行专门行使中央银行职能的若干具体问题的暂行规定》中提出，专业银行出现资金不足时，可向其他专业银行拆借。10月，颁布《信贷资金管理暂行办法》，明确提出建立统一计划、划分资金、实贷实存、相互融通的新的信贷资金管理体制，允许各专业银行互相拆借资金。1985年，中国实行"实贷实存"的信贷资金管理体制，允许专业银行跨地区、跨系统拆借资金。1986年是中国同业拆借市场真正启动的一年。1986年1月，国家经济体制改革委员会和中国人民银行在广州联合召开五城市金融体制改革试点座谈会，会议明确提出要开放和发展中国的同业拆借市场。同年3月,国务院颁布的《中华人民共和国银行管理暂行条例》,对专业银行之间的资金拆借做出了具体规定。1986年5月,武汉市率先建立了只有城市信用社参加的资金拆借小市场。随后,武汉市的中国工商银行、中国农业银行和中国人民银行的拆借市场也随之建立。不久,建立了以广州、重庆、沈阳、成都等几个城市为中心的有形同业拆借市场。1987年中国人民银行与各专业银行联合下发《关于进一步搞活同业拆借市场的通知》。到1987年6月,除西藏外全国各省、自治区、直辖市都成立了不同形式的同业拆借市场,初步形成了一个以大中城市为依托、多层次纵横交错的同业拆借网络。

第二阶段:清理整顿阶段(1988～1995年)。1988年上半年,为调剂资金余缺,加强货币信贷调控、引导管理资金拆借市场,中国人民银行批准成立了海南、大同、广州融资公司等市场中介组织,此后这类以拆借资金为主要业务的融资公司越来越多,在促使全国同业拆借交易量继续扩大的同时,也在一定程度上干扰了市场秩序。1988年下半年,中国宏观经济出现了社会总供求关系严重失调、通货膨胀严重等问题,而一些金融机构及融资公司却进一步超过自身能力大量拆入资金,出现了拆借资金到期无法清偿和收回等严重问题,直接引致了资金拆借市场秩序出现严重混乱,为了加强对宏观经济的治理整顿,国家实行了严厉的"双紧"政策,同时中国人民银行整顿并撤销了融资公司。随着经济过热势头的增长,同业拆借也出现了混乱状况。1988年6月,中国人民银行开始整顿,中国拆借市场清理非银行金融机构,撤销融资公司。同年9月,面对社会总供求关系严重失调、储蓄存款严重滑坡、物价涨幅过猛的宏观经济和金融形势,国家实行了严厉的"双紧"政策,同业拆借市场的融资规模大幅度下降,某些地区的拆借市场甚至关门歇业。1990年,中国人民银行出台了《同业拆借管理试行办法》,以促进同业拆借市场规范发展。到1992年,宏观经济、金融形势趋于好转,全国各地掀起一轮新的投资热潮,与此同时,股票、房地产市场交易活跃。由于同业拆借市场不在中国人民银行信贷规模控制的范围内,不少金融机构违规利用拆借市场将信贷资金转移用来炒房地产、炒股票、办公司或用于地方财政开支兴建开发区、上新项目,从而使得短期拆借资金长期化,这种违规现象直接扰乱了金融秩序。同业拆借市场的交易活动也随之活跃起来，交易数额节节攀升。1993年2月，中国人民银行下发《关于进一步加强对同业拆借管理的通知》，对拆借行为进行规范。同年6月，党中央、国务院下发《关于当前经济情况和加强宏观调控的意见》，决定纠正乱集资、乱提高利率和乱拆借。1993年7月，针对拆借市场违章拆借行为频生，严重扰乱金融秩序的情况，国家开始对拆借市场进行清理，要求各地抓紧收回违章拆借资金，市场交易数额再度萎缩。中国人民银行下发《关于进一步整顿和规范同业资金拆借秩序的通知》，采取坚决措施，整顿同业拆借市场。经过一年多的治理整顿，中国的同业拆借市场进入了较为规范管理的阶段，形成了以中国人民银行融资中心为主导地位的拆借市场。1995年，为了巩固整顿同业拆借市场的成果，中国人民银行进一步强化了对同业拆借市场的管理，要求跨地区、跨系统的同业拆借必须经过中国人民银行融资中心办理，不允许非金融机构和个人进入同业拆借市场，从而使同业拆借市场得到进一步规范和发展。1995年11月，中国人民银行发出通知，要求商业银行在1996年4月1日前撤销其所办的拆借市场。这一措施为建立全国统一的同业拆借市场奠定了坚实的基础。到1995年11月，中国人民银行撤销商业银行组建的资金市场中介机构约50多家，保留了中国人民银行融资中心43家，并强调所有同业拆借业务必须经过中国人民银行融资中心办理，纠正了同业拆借市场中介机构重复设置现象，同业拆借市场中单一的融资中心、融资渠道开始形成，此举对调剂资金余缺、规范同业拆借市场业务起了很大作用。

通过治理整顿，当时中国同业拆借市场的混乱状况得到根本改善：一是拆借交易量迅速放大。到1995年末，通过中国人民银行融资中心办理的拆借交易近10000亿元，比1994年增加了66%，其中上海、北京、广州等城市拆借交易量均达到1000多亿元。二是拆借市场行为大为规范，拆借资金利率、期限、流向基本符合相关规定。据统计，1994年和1995年同业拆借利率基本控制在中国人民银行规定的13.18%以内；拆借活动基本通过中国人民银行融资中心及其办事处办理；30天以内期限的拆借占80%，拆借资金主要用于金融机构调剂头寸余缺。三是运行效率得以提高，金融机构特别是地市以下金融机构需要临时性资金，一般在一个营业日就能解决，资金流动迅速，较好地解决了中小金融机构资金融通问题。

第七章
中国货币市场的发展

第三阶段：统一市场发展阶段（1996~2006年）。1996年1月3日，经过长时间的筹备，全国统一的银行间同业拆借市场正式建立。这是中国人民银行依托上海中国外汇交易中心建立的全国统一的资金拆借市场。这个市场由中央的一级网络和各省、区、市的中国人民银行融资中心牵头组织的二级网络构成。中央级网络包含了全国15家商业银行总行、全国性的金融信托投资公司以及挂靠各地区人民银行的35家融资中心。地方级网络的主体由经总行授权的商业银行分支行、经营规范的信托机构、租赁公司、财务公司、保险公司组成，交易成员通过中国人民银行融资中心的电话或计算机网络就地交易。两级网络同时运作，相互平衡，形成全国统一的同业拆借市场运行系统。中央银行对所有金融机构的拆借期限和额度进行了限制，各商业银行拆借资金最长期限不超过4个月，拆借额度根据存款余额按比例确定，非银行金融机构的拆借期限均在7天以下，拆借额度按其资本金水平核定，这一规定有效防止了金融机构的过度拆借以及短期资金长期化的现象。从1997年四季度开始，中国人民银行采取各种有效措施清收融资中心的逾期资金并对未完成清收工作的融资机构予以撤销。与此同时，中国人民银行批准了一批拆借市场的新成员。受多种因素的影响，金融领域存在较大的金融风险，国有企业不良资产比重高，非银行金融机构遗留的问题多；加上货币市场发育不完善，拆借风险比较容易转移到融资中心上，一些正常借贷资金到期难以回收，出现了逾期债权债务。1998年3月，中国人民银行批准经营人民币业务的外资银行为全国同业拆借市场成员；1998年4月，为便于商业银行加强内部资金管理，批准商业银行可授权分行加入全国同业拆借市场，从事其总行授权范围内的信用拆借业务；1998年10月，批准保险公司为全国同业拆借市场成员；1999年1月，批准部分农村信用社联社为全国银行间同业拆借市场成员；1999年5月，同意农村信用社联社经中国人民银行当地分行审核后，可成为拆借中心交易系统用户，通过交易系统开展拆借业务；1999年8月，批准部分证券公司为全国银行间同业拆借市场成员从事拆借业务；1999年11月，批准国家开发银行和中国进出口银行成为市场成员从事拆借业务；2000年6月，又批准部分财务公司为市场成员；2002年6月，允许改制后的城市信用社经中国人民银行批准成为同业拆借的市场成员。

第四阶段：发展跃升阶段（2007~2012年）。2007年7月9日，中国人民银行发布了新的《同业拆借管理办法》。新的政策坚持了市场化改革的方向，其调整主要包括四个方面：一是扩大同业拆借市场参与范围，新增六类非银行金融机构进入同业拆借市场；二是延长拆借资金最长期限；三是放宽同业拆借限额控制；四是体现市场自律，强化透明度管理，规定了信息披露义务、信息披露基本原则、信息披露平台、信息披露责任等。这一管理办法既是中国同业拆借市场的制度创新，同时也对推动同业拆借市场以及其他金融市场的改革和发展起到重要作用。新的《同业拆借管理办法》实施后，中国同业拆借市场规模激增。2007年同业拆借市场交易量首次突破10万亿元，此后逐年增长，随着市场成员规模的不断扩大、制度的不断完善、市场信息系统服务功能的提高，同业拆借市场快速发展。

与此同时，为了推进中国的利率市场化改革、培育中国的基准利率、提高金融机构自主定价的能力、指导货币市场产品定价、完善货币政策传导机制，中国人民银行2006年底推出了报价制基准利率——上海银行间同业拆借利率（Shibor）。它是由信用等级较高的银行组成报价团自主报出的人民币同业拆出利率计算确定的算术平均利率，是单利、无担保的批发性利率。自2007年1月4日正式公布Shibor以来，其报价的合理性、稳定性不断增强，对市场产品定价的指导作用愈益明显，越来越多的金融产品以Shibor为定价基准，以Shibor为基准的利率互换等利率衍生产品成交的活跃度不断加强，这不仅为同业拆借市场利率成为中国货币市场的基准利率打下了良好的基础，也为中国人民银行以利率作为中介目标的货币调控机制的改革提供了条件。

专栏7-1

Shibor 的成长壮大

为推进利率市场化改革，健全市场化利率形成和传导机制，培育货币市场基准利率，中国人民银行于2007年正式推出了上海银行间同业拆借利率。十余年来，Shibor已经成长为中国认可度较高、应用较广泛的货币市场基准利率之一。

首先,Shibor基准性明显提升,比较有效地反映了市场流动性松紧。短端Shibor与拆借、回购交易利率的相关性均在80%以上,并维持较窄价差,其中隔夜Shibor与隔夜拆借、回购交易利率的相关性高达98%;中长端Shibor得益于同业存单市场的发展壮大,基准性也有显著增加,3个月期限的Shibor与3个月同业存单发行利率的相关系数高达95%。

其次,Shibor产品创新取得进展,应用范围不断扩大。目前Shibor已被应用于货币、债券、衍生品等各个层次的金融产品定价,部分商业银行也依托Shibor建立了较完善的内部转移定价(FTP)机制,金融体系内以Shibor为基准的定价模式已较为普遍。

再次,Shibor与实体经济联系日趋紧密,越来越多地发挥了传导货币政策和优化资源配置的作用。通过Shibor挂钩理财产品、Shibor浮息债、非金融企业参与的Shibor利率互换交易等渠道,Shibor较好地将货币政策信号传导至实体经济,并随着直接融资比重提升和多层次资本市场建立完善,进一步发挥了优化资源配置的作用。

最后,Shibor在制度安排上更加注重与中国实际相结合,具有较为明显的特点:一是更加注重报价监督管理。围绕全国银行间同业拆借中心等核心基础设施打造的统一集中的银行间市场,是中国相比于国际上其他场外市场的独特优势。交易中心作为Shibor指定发布人,充分发挥其优势,密切监测Shibor走势与报价情况,督促报价行提高报价质量。2013年,建立市场利率定价自律机制,并专门下设Shibor工作组,进一步加强对Shibor报价的监督管理。二是始终强调报价成交义务。鼓励报价行以真实交易为定价基础,并引入报价考核机制,按年对报价行予以考核并施行优胜劣汰,有效发挥激励约束机制作用。三是交易基础支撑不断拓展。2013年推出同业存单以来,同业存单市场发展迅速,且均以Shibor作为定价基准。随着中国金融市场向纵深发展,Shibor的交易基础不断拓展和夯实。四是报价形成机制持续优化。2012年,Shibor报价行由16家增加至18家,并调整计算方式,由剔除最高、最低各2家报价调整为各剔除4家,进一步扩大了Shibor的代表性。同时,通过优化调整报价发布时间,使Shibor更好地反映市场利率变化,增强其基准性和公信力。

资料来源:根据中国人民银行货币政策执行报告整理。

第五阶段:防范风险阶段(2013年以来)。2010~2013年,商业银行同业业务飞速发展,部分商业银行利用同业业务开展类贷款融资或虚增存款规模，加大了流动性管理和风险防控的难度，并在一定程度上影响了宏观调控和金融监管的效果。2013年前5个月，Shibor的隔夜、1周、2周、1月期利率一直保持平稳，呈稳定的"U"型波动。2013年5月中旬后，资金面逐渐紧张，银行间市场资金利率逐步走高，交易出现延时。5月16日~31日，隔夜Shibor大涨225.7个基点至4.50%。其中，5月20日银行间拆借和债券市场罕见地临时延长交易时间20分钟。但进入6月，这种"U"型波动变成"M"型波动、且右峰（13.4440%）显著高于左峰（9.5810%）。而在盘中交易的单笔报价，隔夜利率的年化率超过30%，史无前例。6月20日，Shibor隔夜利率大涨578.4个基点至13.44%，创下自2006年运行以来的历史纪录；票据贴现利率上涨至9.3%，达到阶段性高点。同业拆借市场的流动性危机迅速传递到票据市场、债券市场，同时出现交易价格大幅飙升、交易量大幅萎缩，使整个货币市场出现短暂休克的局面。6月24日和25日，中国人民银行在其网站先后发布《中国人民银行办公厅关于商业银行流动性管理事宜的函》和《合理调节流动性 维护货币市场稳定》的新闻稿，强调金融机构整体流动性仍较为充裕，但考虑到各种因素叠加影响，已为部分金融机构提供了流动性支持。随后Shibor利率开始逐步回落。进入7月，短期同业拆借利率特别是隔夜拆借利率回到正常水平。

"钱荒"发生的根源在于金融机构通过"短借长贷"，用较低成本的资金投资于期限长、利率高的资产，来增加其利差收入。这种期限错配的行为存在较大流动性风险，一旦资金紧张，短期利率就会飙升过快。为防止同业业务过快发展带来的风险隐患，2013年下半年，监管机构继续强化监管措施，促使金融机构继续调整业务，改善流动性。2014年5月16日，中国人民银行等部门印发《关于规范金融机构同业业务的通知》，明确规定单家商业银行对单一金融机构法人的不含结算性同业存款的同业融出资金，扣除风险权重为零的资产后的净额，不得超过该银行一级资本的50%。随着各项监管措施的出台，同业拆借市场重新步入大发展通道，交易量不断创出新高。2016年初，国务院取消了《银行业金融机构进入全国银行间同业拆借市场审核规则》，同业拆借市场入市审批宣告终结。中国人民银行不再对金融机构资质情况进行实质判断，信息披露制度作为市场参与者防范对手方风险机制的重要作用更加凸显。8月9日，全国银行间同业拆借中心发布了《全国银行间同业拆借市场业务操作细则》，标志着同业拆借市场入市流程进一步规范优化。

二、银行间拆借市场的发展简况

经过30多年的发展，同业拆借市场已经从当初散布在全国各地的同业拆借网络和中介发展成为年交易量数十万亿元的全国统一的银行间市场，同业拆借市场的完善发展不仅为中国金融机构调节流动性提供了重要的市场，也为中国货币政策的顺利执行提供了重要的传导渠道。

第一，拆借规模不断扩大。新的《同业拆借管理办法》实施后，中国同业拆借市场规模激增。2007年交易规模首次突破10万亿元，2010年突破20万亿元，2011年突破30万亿元，2012年突破40万亿元，2013年受货币市场异常波动影响，交易规模有所回落，但2015年又再度跃升到64万亿元，2016年达到历年来的最高峰，交易规模近96万亿元，2018年同业拆借累计成交139万亿元，是2001年的172倍、2007年的13.9倍。

第二，交易主体成员不断增加。中国对进入同业拆借市场主体有严格限制，必须指定的金融机构才允许进场交易。银行间同业拆借市场成员大幅增加，类型不断丰富。如表7-2所示，中国银行间拆借市场成员目前

表7-2　　　　　　　　中国银行间拆借市场成员

机构性质	最新成员数（家）	机构性质	最新成员数（家）
大型商业银行	19	股份制商业银行	40
城市商业银行	133	政策性银行	3
外资银行	114	农村商业银行和合作银行	919
农村信用联社	285	信托投资公司	64
金融租赁公司	58	财务公司	230
保险公司	50	证券公司	102
资产管理公司	4	汽车金融公司	22
保险公司的资产管理公司	5	民营银行	7
境外人民币清算行	10	消费金融公司	10
其他	1		
合计：2076家			

注：以上统计不包括：（1）已经退市的市场成员；（2）已经申请加入银行间市场但还未完成联网手续的市场成员。

资料来源：中国货币网，时间：截至2019年3月15日。

共有18类金融机构,涵盖了商业银行、政策性银行、信用社等所有银行类金融机构和信托公司、金融租赁公司、保险公司、证券公司等绝大部分非银行类金融机构。目前,各类拆借市场成员共2076家。

第三,交易品种日益多元化。同业拆借市场作为短期资金调剂的市场,在成立初期被当作金融机构长期资金融通的场所,导致期限结构扭曲,市场风险加大,发展受阻。全国统一的银行间同业拆借市场建立以来,这种状况逐步改变,拆借市场成为金融机构短期资金融通需求的重要场所,期限有1天、7天、14天、21天和1个月、2个月、3个月、4个月、6个月、12个月等。

三、银行间拆借市场的功能发挥

在中国金融市场中,银行间拆借市场发挥着重要作用。主要表现在:

第一,Shibor成为中国金融产品定价的重要基准。随着Shibor的不断发展完善,其基准性不断提高,已成为全社会、全市场认可的最重要基准利率,并为众多金融产品提供了重要定价参考,与货币市场各子市场之间的利差稳定性不断增强。一是为债券产品定价提供基准。目前,以Shibor为定价基准的债券品种包括企业债、短期融资券、同业存单等固定利率品种以及部分浮动利率债券。二是为票据业务定价提供基准。共有14家报价机构提供以Shibor为基准的票据转贴现、回购业务报价,基本实现了Shibor与票据业务的定价联动。三是为金融创新产品交易提供基准。现有25家报价机构在同业拆借系统持续提供以Shibor为基准的利率互换定盘/收盘曲线报价。四是为商业银行内部转移定价提供基准。18家Shibor报价行的内部资金转移价格已经不同程度地与Shibor结合,部分报价行的内部资金转移价格全部实现了在Shibor基准上的定价。

第二,同业拆借市场在货币政策传导过程中发挥了积极作用。一是为宏观调控提供有效政策依据。同业拆借市场作为银行间市场流动性格局的晴雨表,能灵敏反映货币市场资金供求,而同业拆借利率的升降,会引导其他金融工具利率的同步升降。因此同业拆借利率通常被视为观察金融机构流动性充裕程度的指示器,为中央银行实施宏观调控提供了有力的政策依据。二是有效实现货币政策传导。在市场化调控机制下，货币市场的敏感性和有效性对货币政策的实施和传导的效果影响明显。同业拆借市场作为无抵押、无担保的资金批发市场，其成员多具有资金规模大、信用程度高、市场敏感性强等特点，能够较好传导中央银行的货币政策意图。一方面，存款准备金率的调整、公开市场操作和借贷便利等规模的变化直接决定了金融机构的准备金水平，影响短期资金市场的流动性格局；另一方面，存贷款基准利率的调整，公开市场操作和借贷便利利率的微调影响到短期资金借贷成本及市场价格预期，上述货币政策的实施对同业拆借市场的交易环境均产生了直接影响。各交易主体根据货币市场资金面松紧、中央银行的货币政策意图、货币市场及其他金融工具收益水平、拆入方资信程度等各种因素，综合决定所成交的交易价格能够较快反映市场短期资金供求和未来预期，从而实现货币政策在货币市场的传导，进而通过市场机制传导到中长期资金市场和其他金融市场。

第三，同业拆借市场对外开放在人民币国际化进程中发挥了重要作用。随着同业拆借市场对外开放程度的不断深化。一方面，为境外人民币清算行提供了人民币流动性管理的渠道以及与境内银行间市场成员沟通交流的平台；另一方面，促进境内外人民币货币市场联动，推动境外人民币利率定价机制建设。

一是境内同业拆借市场为境外人民币清算行提供了畅通的人民币流动性管理渠道。初期，境外人民币资金池不断扩大，但投资渠道有限，境外人民币清算行向境内单向拆出人民币，境内银行间市场为境外人民币资金提供了稳定的增值渠道。随着境内外人民币资金双向流动渠道不断拓宽，境外人民币资金波动幅度明显加大，清算行的流动性管理需求大幅提升。境外人民币清算行根据不同时期的流动性需求变化，在境内同业拆借市场的拆借期限和融资方面逐步呈现出短期化、多样化和双向交易的特点。尤其在2012年后，在离岸人民币市场出现流动性紧张、利率大幅波动的情况下，境外人民币清算行多次通过境内同业拆借市场拆入人民币资金，平抑境外人民币价格波动，稳定离岸人民币流动性水平，较好地维护了离岸人民币市场的稳定运行。

二是境内同业拆借市场在促进境内外人民币货币市场联动，推动境外人民币利率定价机制建设方面发挥了重要作用。从 2012 年开始，境外人民币投资品种逐渐丰富，人民币资金定价体系日渐成熟，境内外人民币利差逐渐收窄，境内外人民币利率联动性有所增强。在中国人民银行指导下，各境外人民币清算行参考 Shibor 定价，逐步推动建立当地人民币定价机制，推动当地人民币产品发展。

第三节 债券回购市场

一、债券回购市场的发展历程

回购市场是货币市场的重要组成部分。与其他统一的货币市场子市场（如同业拆借市场等）不同，中国的债券回购市场由银行间市场和交易所市场两部分组成。银行间债券市场是金融机构（包括银行、证券公司、基金公司、保险公司等）进行债券买卖和回购的市场。交易所市场是所谓的二级市场，是面向所有投资者（包括上述机构投资者，以及实体企业和个人投资者等）开放的市场。中国的债券市场中，前者占了绝大部分，而作为个人投资者，只能进入后者交易投资。经过多年的发展，回购市场在拓宽融资渠道、降低融资成本、支持宏观调控、促进改革发展方面发挥着日益重要的作用。

中国债券回购市场的发展大致经过了四个阶段：

第一阶段：起步发展阶段（1990 年前）。中国债券市场的形成是以 1981 年《中华人民共和国国库券条例》获得通过，财政部开始恢复发行国债开始的。但这一时期债券发行没有合法、成型的债券交易机制和场所，债券发行基本上依靠行政摊派，政府明确私下国债交易是非法行为。1988 年，财政部允许国库券在国内 61 个城市分两批试点流通，债券流通市场正式产生。早期的国债交易以柜台交易为主，国债服务部和证券公司是主要的中介机构。

第二阶段：交易所回购市场构建（1990~1997 年）。1990 年 12 月，上海证券交易所成立并开办国债业务，场内债券交易由此产生。1992 年，

第七章
中国货币市场的发展

中国陆续成立了几家非交易所性质的集中性交易市场，包括武汉证券交易中心、全国证券交易自动报价系统、天津证券交易中心等。1993年深圳证券交易所开办国债业务。当时债券的投资主体多为个人和小机构投资者。随着市场规模逐步扩大，国债现货、期货和回购交易日趋活跃，中国债券市场进入场内市场主导时期。然而，由于缺乏集中统一的债券托管结算体系，加之相应的风险控制机制并未建立，债券市场遭遇国债期货风波和国债回购事件，造成了严重的金融风险，一些市场因为国债回购中的违法违规问题先后被关闭。一系列风险和问题的暴露引起了监管层的关注和反思，打破藩篱、改革转型迫在眉睫。中国证券交易系统有限公司自1994年下半年起开始办理债券的无纸化登记托管，并支持中国人民银行公开市场操作试点开展。为了根治债券市场混乱的根源，将分散托管釜底抽薪，1996年，经中国人民银行等有关部门报国务院批准，中国证券交易系统有限公司改组设立为中央国债登记结算有限责任公司（以下简称"中央结算公司"）。1996年底，中央结算公司托管各类债券达3000亿元，成为中国债券中央托管机构。

第三阶段：银行间国债回购市场的构建（1998～1999年）。1997年，全社会对完善债券市场的需求日益迫切。货币政策调控由直接向间接转轨、积极财政政策的实施以及银行间融资问题的解决，迫切需要规模大、流动性好的场外债券市场。前有中央托管机构的成功运行，后有金融体制改革的迫切需求，又恰逢市场乱象亟待治理，内外因素叠加，成为破旧立新的契机。中国人民银行于1997年6月6日发布通知，要求商业银行全部退出上海证券交易所和深圳证券交易所，商业银行在交易所托管的国债全部转到中央结算公司，同时规定各商业银行可使用其在中央结算公司托管的国债、央行票据和政策性金融债等自营债券进行回购和现券交易。1997年6月16日，银行间债券市场正式开始交易，首批成员为国有商业银行、全国及区域性股份制商业银行和部分城市合作银行共31家。1997年下半年，中国人民银行停止融资中心的自营拆借业务，同时开始增加银行间债券市场成员，推动商业银行将资金融通的方式转移到债券回购上来。1998年5月，中国人民银行恢复了债券公开市场业务，以买入债券、逆回购等方式投放基础货币，为商业银行提供了流动性支持，促进了银行间债券市场交易的活跃。1998年9月，国家开发银行通过中央结算公司技术支持，采取公开招标方式首次市场化发行了金融债券。1999年，国家在坚持银证分离的前提下，逐步打通两个国债回购市场的资金沟通渠道。首先是保险资金允许加入银行间国债回购市场。随后，根据中央银行发布的《证券公司进入银行间同业市场管理规定》，符合条件的券商可以成为全国银行间同业市场成员，进行同业拆借和国债回购业务。这意味着增加了两个市场的共同参与者，两个市场的资金沟通更加宽松。

第四阶段：发展完善阶段（21世纪以来）。进入21世纪以后，货币市场制度不断完善，市场基础设施进一步夯实，市场功能不断深化。2002年6月，4家国有独资商业银行获准在部分地区进行指定国债的柜台交易试点工作，意味着消失多年的债券柜台交易市场重新出现。2005年5月，中国人民银行重新启动企业短期融资券，发行方式从原先的审批制转变为备案制。2008年4月，中国人民银行发布《银行间公司债券市场非金融企业债务融资工具管理办法》。2009年3月，中国人民银行发布《银行间债券市场债券登记托管结算管理办法》。2009年，经中国人民银行授权，中国银行间市场交易商协会制定并发布了《中国银行间市场金融衍生品交易主协议（2009年版）》。2010年12月，中国银行间市场交易商协会发布《银行间债券市场非金融企业超短期融资券业务规程（试行）》，正式在银行间债券市场推出超短期融资券。银行间债券市场已发展为以做市商、结算代理人为核心、金融机构为主体、其他机构投资者共同参与的多层次债券市场体系。2010年以来，银行间债券市场的参与主体日益多元化，非金融机构合格投资人、农村金融机构、信托产品、证券公司资产管理计划、私募基金等相继被允许进入。2015年7月14日，中国人民银行发布《关于境外央行、国际金融组织、主权财富基金运用人民币投资银行间市场有关事宜的通知》，大幅放开境外央行、国际金融组织和主权财富基金等机构在银行间市场的额度限制和投资范围，并将审核制改为备案制，银行间债券市场的对外开放取得新进展。

交易所回购市场方面，2010年10月，中国证监会、中国人民银行、中国银监会联合发布《关于上市商业银行在证券交易所参与债券交易试点有关问题的通知》，这是推进债券市场发展的重要举措。上市商业银行被允许进入交易所债市试点,但只能从事国债、企业债、公司债等债券品种的现券交易,不能开展回购(避免银行资金违规进入股市),由于交易所本身容量有限,银行仍将债券业务重心放在银行间市场。2014年7月5日,商业银行获得证监会批准,重返证券交易所债券回购市场,交易所与银行间市场互融互通也迈出重要一步。2011年以来,上海证券交易所回购交易量增长迅速,2014年回购交易量达81万亿元,较2010年增长了近11倍;其占银行间和交易所市场合计回购总额的比例也从2006~2011年的4%~7%增长到2014年的27%。2018年4月24日,上海证券交易所、中国证券登记结算有限责任公司正式公布了《上海证券交易所 中国证券登记结算有限责任公司债券质押式三方回购交易及结算暂行办法》。三方回购的推出,是上海证券交易所和中国证券登记结算有限责任公司完善多层次回购市场体系的重要途径,旨在为各类金融机构提供一个安全、高效、便捷的资金融通平台。

二、债券回购市场的发展简况

中国债券回购市场的发展情况主要表现在以下几个方面:

第一,交易规模不断扩大。二十多年来,中国债券回购交易量迅速上升,特别是银行间回购市场发展迅速。21世纪之初,银行间债券市场回购规模仅1万亿元,2005年突破15万亿元,到2010年达87万亿元,2015年达457万亿元,2018年为722万亿元。

第二,品种业务持续增加。银行间市场债券类型已经覆盖国债、政策性金融债、央行票据、企业债、地方政府债、短期融资券、中期票据、资产支持证券等几乎所有品种,中小企业集合债、商业银行次级债、熊猫债、可转债、可交换债、永续债、专项金融债、项目收益债、绿色债券、特别提款权(SDR)计价债券、社会效应债券、"债贷组合"债券等创新品种不断涌现。买断式回购、债券远期、债券借贷等业务相继开展。在近年信用违约事件增多的背景下,推出信用风险缓释工具,完善了信用分担机制。短期债券市场中的债券品种如表7-3所示。

表 7-3　　　　　　　短期债券市场中的债券品种

银行间市场		银行柜台市场	交易所市场
中央国债登记结算有限责任公司	上海清算所	中央国债登记结算有限责任公司	中国证券登记结算有限公司
政府债券	短期融资券	记账式国债	国债
政策性银行债	超短期融资券	国家开发银行债券	地方债
政府支持机构债券	中期票据	政策性银行债券	政策性金融债
商业银行债券	区域集优中小企业集合票据	中国铁路总公司等政府支持机构债券等	企业债
资本工具	非公开定向债务融资工具		公司债
非银行金融机构债券	金融企业短期融资券		可转债
企业债券	非金融企业资产支持票据		中小企业私募债等
资产支持证券等	信贷资产支持证券		
	资产管理公司金融债		
	同业存单		
	政府支持机构债券等		

第三，期限结构不断完善。目前，中国银行间债券市场的利率期限结构包括了 1 天、7 天、14 天、21 天、1 个月、2 个月、3 个月、6 个月、9 个月、1 年、2 年、3 年、5 年、7 年、10 年、15 年、20 年、30 年 18 个期限，构造的收益率曲线多种多样，对各类债券资产的流动性溢价、信用风险溢价等都提供了定价基础，促进了各类债券的价格发现。

第四，投资主体日益多元化。银行间债券市场成立之初只有 16 家商业银行。随后，市场准入限制不断放开，市场成员类型和数量不断增加。2000 年以来，银行间债券市场投资者队伍继续壮大，农村金融机构、信托产品、资管产品、商业银行理财产品、私募基金、境外投资者等相继获准进入银行间市场，丰富了投资者类型，优化了投资者结构，提高了二级市场流动性和市场活跃度。商业银行虽然仍是债券市场的最主要投资者，但其持有债券的比重近年来已呈下降趋势。截至 2018 年末，在中央结算公司开户的机构投资者由银行间市场启动之初的 16 家增加至近 2 万家，其中，境外机构有 700 家直接在中央结算公司开户持有债券，进入银行间市场投资。

第五，制度建设不断完善。近年来，债券市场制度框架不断搭建完善，特别是在债券发行、信息披露、交易等重点环节进行了系统性安排和市场化改革，有力推动了市场稳健高效运行。在一级市场，发布《银行间债券市场债券招标发行管理细则》，细化债券招标发行有关要求，进一步规范债券招标发行行为；推出债券预发行安排。在二级市场，发布《全国银行间债券市场做市商管理规定》，全面规范了银行间债券市场做市商的管理；财政部、中国人民银行发布公告，宣布建立国债做市支持机制；取消银行间债券市场债券交易流程审批；引入重大异常交易披露制度、异常交易事前报备制度对债券交易管理提出具体要求。

第六，基础设施不断完善。登记托管基础设施体系成为银行间市场运转发展的基石和开放创新的保障。开启中国债券无纸化时代，确立中央登记托管体系，以高起点现代化的登记托管模式，有力支持了中国银行间债券市场的崛起；与支付系统互联，全市场实现券款对付（DVP）结算机制，大幅提升了市场效率和安全性；与交易系统联网，实现交易结算直通式（STP）处理；构建人民币债券收益率曲线等一整套中国债券价格指标体系，打造金融基准定价平台，支持利率市场化和人民币国际化进程；建成先进的债券担保品管理系统，管理担保品总额跃居世界首位；构建债券全生命周期的基础设施服务体系，为银行间债券市场提高开放竞争力提供强大支撑。

三、债券回购市场的功能发挥

在中国金融市场中，债券回购市场发挥了如下功能：

第一，融资功能不断扩展。银行间债券市场成立以来市场规模不断扩大，交易量屡创新高，不仅吸纳了所有类型的金融机构参与市场，而且已经成为国内证券投资机构不可或缺的短期融资平台，成为除股票市场以外企业直接融资的又一新途径。

第二，成为金融机构流动性调节的主要场所。一是发展速度相对较快。截至2018年12月，银行间债券回购累计成交722万亿元，日均成交2万亿元。二是银行类金融机构占主导地位。每日有超过1000家机构参与交易，其中银行类机构回购交易占比为 77.5%。三是交易集中于短期。质押式回购份额占比保持在 90% 以上，其中以 7 天内短期限回购交易为主。

第三，成为货币政策传导的重要操作平台。1998 年中国取消贷款规模管理后，中央银行货币政策调控方式的转变，迫切需要新的货币政策总量调控工具。1998 年 5 月，中国人民银行恢复公开市场业务，通过银行间债券市场开展债券回购及现券交易，收回或放出基础货币，适时调节流动性。目前债券回购已成为中国公开市场操作的重要工具，在促进货币政策执行和传导方面发挥了重要作用。

第四，成为利率市场化改革的加速器。中国利率市场化从货币市场起步，债券回购利率完全由交易双方自行决定，随着债券回购交易日趋活跃，以及广度和深度的不断拓展，目前，债券回购利率已经成为中国市场化程度最高的利率之一，债券回购利率为发行市场债券价格的确定和流动市场交易报价提供了基准。此外，债券回购利率也成为许多金融衍生品，如人民币利率互换、远期利率协议等的参考利率基准，促进了金融衍生品市场的发展。

第四节 票据市场

一、票据市场发展历程

中国的票据市场发展大致经历了五个阶段：

第一阶段：起步阶段（1978~1992 年）。新中国成立后，在计划经济时期，限制票据的使用，也就不存在票据市场。1979 年起，中国人民银行开始筹划试办企业签发商业承兑汇票业务。早在 20 世纪 80 年代初期，中国就在少数经济发达地区开始了票据贴现的探索。1980 年 2 月，在上海，由当时的中国人民银行杨浦区办与当时的中国人民银行黄浦区办（现为中国工商银行杨浦支行与中国工商银行黄浦支行）办成了第一笔同城的商业承兑汇票的贴现业务。同年 11 月，当时的中国人民银行徐汇区办（现中国工商银行徐汇支行）办成第一笔异地银行承兑汇票贴现业务。随后，中国人民银行制定了一系列标准操作办法。1981年初，中国人民银行厦门会议上的一个重要决定就是要在全国推广这些标准操作办法。1980年初，中国人民银行上海市分行着手研究票据贴现，1981年初开始试点；1982年5月，中国人民银行总行批复了中国人民银行上海市分行提出的《关于恢复票据承兑、贴现业务的请示报告》，并在重庆、沈阳、武汉等地开始试办此项业务。1984年12月，中国人民银行制定了《商业汇票承兑、贴现暂行办法》，决定从1985年开始，在全国推行商业票据承兑、贴现业务；1986年发布了《中国人民银行再贴现试行办法》，中国人民银行首次开办再贴现业务用于支持商业汇票业务，但商业汇票依然不得流通转让。1990年末，全国共签发商业承兑汇票500多亿元，签发银行承兑汇票1716亿元，银行贴现汇票800多亿元，中央银行对专业银行再贴现180多亿元，商业票据逐渐成为企业解决短期资金融通的重要渠道。从此，各家商业银行正式把同城商业承兑汇票贴现业务和异地银行承兑汇票贴现业务列入资产业务项目，票据业务步入恢复发展阶段。

第二阶段：规范发展阶段（1993~1999年）。中国票据市场发展的法律框架在此时期基本形成。1993年，中国人民银行颁布了《商业汇票办法》。此后又颁布了《再贴现办法》和《信贷资金管理暂行办法》，下发了《关于在煤炭、电力、冶金、化工和铁道行业推行商业汇票结算的通知》《关于棉花调销推行银行承兑汇票贴现与再贴现的通知》《关于下达再贴现额度的通知》。1995年《中华人民共和国票据法》正式颁布。1997年发布《中国人民银行对国有独资商业银行总行开办再贴现暂行办法》《票据管理实施办法》等一系列规章制度。1998年出台《关于加强商业汇票管理，促进商业汇票发展的通知》，票据市场的价格形成机制得以完善。1998年，中国人民银行出台了改革再贴现利率和贴现利率生成机制、延长再贴现最高期限等一系列政策，推动一批金融机构集中、金融辐射力强的中心城市如上海、重庆、天津、大连、南京、武汉、成都等地加快票据市场的建设和发展，促进区域性的票据市场逐步形成。1999年发布《关于改进和完善再贴现业务管理的通知》，改革了再贴现率与贴现率的确定方式，扩大了贴现率的浮动幅度。

第三阶段：专业化经营阶段（2000～2011年）。2000年，中国人民银行出台降低再贴现利率等优惠政策措施，批准中国工商银行在上海成立内地首家总行级票据专营机构，并在北京、天津、广州、西安等地成立了7个分部，标志着中国票据市场的发展进入专业化、规模化和规范化的新阶段。2001年中国人民银行下发《关于切实加强商业汇票承兑贴现再贴现管理的通知》，明确票据贴现不属于贷款，再次强化了增值税发票作为正式贸易票据判别标准的权威性。2003年6月30日，中国票据网正式启用，并作为全国统一服务平台开始运作，为金融机构之间票据转贴现、票据回购等业务提供报价和查询服务，推动了中国票据市场的电子化建设进程，为票据市场由分割走向统一奠定了基础。2005年9月，中国人民银行下发《关于完善票据业务制度有关问题的通知》，对商业银行汇票真实性交易关系的审查、查询复查方式和票据质押等相关问题进行规范。

按照市场参与主体不同，这段时间又可划分为前后两个时段。第一时段为2000～2006年，主要特点是参与票据交易的机构相当有限，主要是国有银行，以中国工商银行票据营业部（简称"工票营"）、中国农业银行票据营业部（简称"农票营"）为首的票据专营机构是市场主力，票据交易的主流模式为票据持有到期，且资金和资产期限不错配。第二时段为2006年下半年～2011年，主要特点是参与票据交易的金融机构明显增加，票据交易的主导机构转为股份制银行，民生、兴业、中信、招商等机构是市场主力，票据交易的主流模式为"消规模"（即消减票据规模，以腾出信贷规模的空间），且资金和资产期限不错配。

第四阶段：爆发式增长阶段（2012～2016年）。2012年5月，经上海市有关部门同意，上海普兰成功注册了金融服务公司，并获颁"票据中介"经营资质，标志着市场上的票据中介从此不再触碰非法经营的法律底线。于是"金融服务""金融信息服务""票据信息服务"等各类金融服务公司在全国各地如雨后春笋般冒了出来，直接从事票据中介和为票据业务提供各种服务的人数达10万人以上。大量的中介介入，一方面繁荣了票据市场，另一方面也加剧了市场竞争。一些规模大的票据中介取得了合法的经营资质，力争规范化经营；一些小规模的票据中介，由于自身业务水平低、经营模式单一,便利用行业管理滞后、门槛低、市场混沌的特点,采取各种方式强力介入票据行业。竞争趋于白热化,行业利差逐步收窄甚至倒挂,导致很多机构,特别是中小银行被迫通过承担更大的风险来维持利润的增长。

随着票据规模的爆发式增长,票据"脱媒"逐渐兴起,表外业务带来了更高的信用风险,同业户带来了更高的操作风险,错配业务带来了更高的利率风险。虽然市场业务量呈现爆发式增长,但是经营的主流模式进入了承担更高操作风险、信用风险和利率风险的阶段。

近年来,随着宏观经济增速放缓,票据市场的风险形势更为严峻,票据大案要案频发,且金额巨大。2016年初,中国农业银行披露"票据买入返售业务发生重大风险事件",涉及风险金额为39.15亿元,中信银行、天津银行等也相继爆出风险事件,涉及风险金额分别为9.69亿元和7.86亿元。受经济增速放缓、风险事件频发、监管趋严以及金融行业"去杠杆"等因素影响,一路增长的票据市场出现回落。2016年企业累计签发商业汇票18.1万亿元,同比下降19.2%;商业汇票未到期金额9.0万亿元,同比减少13.3%;金融机构累计贴现84.5万亿元,同比下降17.2%。① 票据交易量首次出现负增长,说明金融机构交易意愿显著下降。

第五阶段:规范完善阶段(2017年以来)。2016年12月,在中国人民银行的主导下,上海票据交易所正式上线运行。上海票据交易所是中国人民银行指定的,具备票据交易、登记托管、清算结算、信息服务多功能的全国统一票据交易平台,通过统一平台、统一制度、统一规则、统一标准,以及电子化业务处理方式,消除了信息不对称和地域限制,有效提升了信息透明度和业务行为的透明度,抑制了票据业务中的不规范行为。这是中国票据发展史上具有里程碑意义的事件,它标志着票据业务从野蛮生长进入到全面电子化、参与主体多元化、交易集中化的新时代。2018年,上海票据交易所办理票据承兑业务18.27万亿元,比2017年增加3.63万亿元,同比增长24.84%。其中,电子商业汇票承兑发生额为17.19万亿元,占比94.09%。商业汇票贴现发生额为

---

① 数据出自中国人民银行《2016年第四季度中国货币政策执行报告》。

9.94万亿元，较上年增加2.78万亿元，增长38.83%；全年电票贴现发生额为9.73万亿元，占比97.86%。随着票据电子化的推广应用，实体企业使用电子化票据进行支付结算融资的趋势有望进一步普遍化。票据交易所运行，大幅提高了票据市场透明度和交易效率，激发市场活力，更好防范票据业务风险；也有助于完善中央银行金融调控，优化货币政策传导机制，增强金融服务实体经济的能力。票据市场将发展成为与资本市场、债券市场平行的金融市场，原来的线下交易转到线上，场外交易转到场内，交易主体、监管主体均汇集于票据交易所系统，票据市场达到前所未有的集中程度，从而提高所有者的交易意愿和流转速度，并强化票据承兑、贴现等对实体经济的支撑作用。

二、票据市场发展简况

中国票据市场的发展状况，可从以下几个方面看出：

第一，票据签发规模持续快速发展。2001年以来，票据融资规模快速发展，在支持企业融资和实体经济发展中发挥着重要作用。2018年票据累计签发16.8万亿元，是同期公司信用类债券发行量的2倍多，签发量是2001年的近200倍。票据市场规模持续增长，已成为金融市场体系的重要组成部分。票据的交易和投资功能愈益显现。票据交易量的增长率大大高于同期票据签发量的增长率；票据资产已经成为金融机构重要的资产配置类别，通过票据资产打包、质押等方式进行的票据业务创新也日益增多。

第二，参与主体日益广泛。票据一级市场的参与主体有四个，分别是中央银行、银保监会、商业银行和企业，二级市场细分为票据直贴市场和转贴市场。从市场结构来看，中国票据市场交易层级主要集中在银行柜台市场和区域性票据市场，前者如各家商业银行开办的票据贴现窗口，后者包括京津地区、长三角地区和珠三角地区等区域票据交换市场。2003年之后，中国外汇交易中心暨全国银行业同业拆借中心成立中国票据网网站，为会员提供在线交流和报价，促进了全国票据市场的整合。目前票据市场的主体为商业银行授权分行和农村信用联社，部分外资银行、财务公司、新兴的村镇银行也加入其中,进一步丰富了全国性票据市场的参与者结构。

第三,电票出票量和交易占比快速上升。票据业务电子化进程加快,一方面是政策推动的作用,《关于规范和促进电子商业汇票业务发展的通知》要求自2017年1月1日起,单张金额在300万元以上的商业汇票必须通过电票系统办理;另一方面则是市场参与者自主选择的结果,过去若干年,票据市场以纸质票据、线下交易为主,一定程度上是因为线下交易有利于业务游离于监管视线之外,给市场参与者创设通道隐匿票据资产、规避信贷规模及资本管理要求创造了条件。中国人民银行设立票据交易所后,对所有纸质票据和电子票据进行统一登记、托管、报价、交易、清算、托收,对各项交易行为进行实时监控,从制度上和技术上有效防止了各类逃避监管、隐匿票据资产、转移信贷规模行为的发生。在此前提下,越来越多的市场参与者从降低成本的角度考虑,引导企业选择电票作为票据业务介质,从而带来电票使用范围的迅速扩大,产生的规模效应又使电票的流通性更高,交易成本更低。

第四,票据市场体系进一步完善,票据流程一体化明显。一是票据市场体系可以分为票据承兑市场、票据贴现市场、票据转贴现市场、票据再贴现市场、票据创新市场、票据经纪市场、票据评级市场、票据交易市场八个子市场。这些子市场既互相联系又相对独立,票据评级和承兑市场是基础市场,票据经纪和票据创新市场是新型市场,票据贴现、转贴现(回购)及再贴现市场是流通市场,票据交易市场是基础设施。随着票据基础设施的不断完善,票据市场体系建设步伐将进一步加快,甚至出现阶段性的跨越式发展。二是逐步推出票据评级机制,建立起统一的信用评级、资信评估、增信保险制度,推行信用评价制度,成立统一、规范、权威的信用评估机构,健全适合票据业务的评级评估指标体系,实行信用定期考评制度,推行票据担保支付机制和保险制度,逐步推进社会信用生态环境建设。三是票据经纪业务迎来发展机遇,应逐步规范中国票据经纪行为,建立起票据经纪机构准入退出机制,明确票据经纪从业人员准入退出标准,规范票据经纪的会计、税收制度,并配套相应的票据经纪监管制度等。四是逐步实现票据全流程的一体化,帮助企业降低综合融资成本,比如通过银行授信额度内商票贴现或保贴、买方付息贴现、协议付息贴现等方式转移、分摊贴现融资成本,银行还可以通过承兑、贴现、转贴现、投资等一体化运作,赚取承兑手续费、贴现利息收入、转贴现卖断价差、票据同业投资收益、吸收承兑保证金存款等,提高票据业务综合回报水平。

三、票据市场的功能发挥

票据市场是短期资金融通的主要场所,是直接联系产业资本和金融资本的枢纽,是整个货币市场中最基础、交易主体最为广泛的组成部分。在宏观环境变化和相关政策的引导下,票据从传统的支付结算逐渐演化为投资和融资,成为企业融资和商业银行资产负债管理的重要工具。

第一,票据为实体经济特别是中小企业发展提供便捷融资渠道和低成本资金。2000年以来,金融机构累计票据承兑量占GDP的比重逐年提高,由2000年的7.5%逐渐提高至2015年的32%,2018年回落至20.29%。企业签发的银行承兑汇票余额集中在制造业、批发和零售业;从企业结构看,由中小型企业签发的银行承兑汇票约占三分之二。票据业务与实体经济的相关系数均超过了0.8,表明二者之间存在密切的关联关系。

第二,票据为金融机构特别是银行业发展提供了一个重要工具。票据贴现成为同业拆借和债券回购之后货币市场又一重要的交易工具,丰富了货币市场交易工具,提高了金融市场活跃度。从银行角度,一方面票据业务能为银行主动增加存款提供抓手,同时票据贴现后企业往往也会有一定存款的沉淀;另一方面票据业务可以提高银行盈利水平。

第三,票据为金融市场创新提供了产品源和突破口。票据市场发展推动了金融创新,市场参与主体更趋多元化,非银行金融机构对票据创新业务和产品的参与力度和深度不断加大,跨界、跨市场、跨区域的发展趋势愈发显著,企业、银行、信托、基金、证券公司、财务公司以及个人均已或多或少参与到了票据市场,票据产品种类、票据交易模式、票据交易主体正在发生深刻变革,这些变革必将激发金融市场创新活力。

第七章
中国货币市场的发展

第五节 货币市场基金

一、货币市场基金的发展历程

货币市场的发展需要各类市场主体的积极参与，不仅有金融机构，还应有企业、社团基金以及个人，由此才能保证需求的多样性。货币市场基金则是个人参与货币市场的重要途径。中国货币市场基金发展大致经历了三个阶段。

第一阶段：起步阶段（2002～2003年）。2002～2003年，中国基金公司开始酝酿推出货币市场基金。2003年12月9日，证监会同意货币市场基金投入市场发行，标志着货币市场基金正式进入市场之中。当月，华安基金公司、招商基金公司、博时基金公司先后发售相关产品。随后其他基金公司也相继推出相关产品。不过当时由于政策限制，货币市场基金都采用"现金基金"的名称，因此，被认为是准货币市场基金。

第二阶段：快速发展阶段（2004～2010年）。2004年8月，中国证监会和中国人民银行联合发布《货币市场基金管理暂行规定》，对货币市场基金名称、投资品种、剩余期限等做出规定，推动了货币市场基金的进一步发展。诺安基金管理公司推出诺安货币市场基金，这是规定推出后的第一只正式以货币市场基金命名的产品。2005年3月25日，《货币市场基金信息披露特别规定》和《关于货币市场基金投资等相关问题的通知》发布实施，货币市场基金发展更加法制化、规范化。随后，监管部门陆续出台相关规定，对货币市场基金投资范围进行界定，由此催生了货币市场基金的飞速发展。

2004～2005年，在股市低迷的刺激下货币市场基金增速曾高达190%。2006～2007年股市复苏，货币市场基金遭遇大规模赎回；加息环境下市场利率不断走高，为确保流动性而出售债券带来变现损失，一些基金公司承担了投资者的部分利息损失，2007年股市下跌后货币市场基金才再次受到市场青睐。2008年金融危机期间，由于股市大跌，市场风险偏好下降，大量资金流入货币基金。2008年末货币基金资产规模同比大增250%。但在这之后，2009~2010年，流动性极度宽松使得货币基金收益率下降，股票市场回暖加上银行理财产品的竞争，导致货币基金规模有所收缩。

第三阶段：互联网高速发展阶段（2011年以来）。2011年起监管部门取消了货币市场基金投资协议存款不得高于30%的上限的规定，其收益率持续高于同期1年定期存款利率；互联网与金融业交叉融合大环境下，货币市场基金设计更科学、交易更便捷、功能更完善，进入新一轮快速发展期。在政策利好下，货币基金规模再次大幅增长，至2012年末资产净值超过了7000亿元。2012年以来基金公司普遍重视基于互联网的直销平台的建设，新型直销渠道上线后，新增货币市场基金客户中相当数量来自直销渠道的主动购买。2013年5月余额宝支撑的天弘增利宝成立，标志着货币基金的发展进入了新的阶段。而2013年6月的钱荒导致货币基金收益率上升，吸引资金大量流入，规模出现快速增长。2015年之后，货币基金的扩张速度开始逐渐放缓，但规模依然在不断上升。

与之前相比，这一次以互联网为主要渠道的货币市场基金发展呈现新的特点。第一，发展速度更快。货币市场基金产品在基金行业总资产中的占比从2011年的14%增加到30%，两年间翻了一番。第二，便利程度更高。以往货币市场基金以1000元起购，赎回时到账时间"T+1"日至"T+4"日不等。在互联网金融的带动下，认购门槛低至1分钱；基金公司通过垫资等形式"T+0"实时到账；附加信用卡还款、跨行转账、网上购物付款等新的支付功能。第三，销售媒介更直接。传统的货币市场基金购买以银行、第三方理财等代销渠道为主，投资者主动购买较少。而互联网金融时代，消费者参与的广度和深度大大增加。为了规范发展，2015年12月18日，中国证监会与中国人民银行联合发布《货币市场基金监督管理办法》，从投资范围、期限和比例等方面进行明确，强化了流动性管理、定价偏离度管理、销售行为管理等，核心是处理好货币基金创新发展与风险防范的关系。2016年底，由于货币市场资金紧张，收益率高企，导致机构纷纷赎回货币基金，基金公司在应对赎回时，一方面，抛售资产的行为进一步加剧货币市场的紧张程度；另一方面，负偏离的扩大导致需要用巨额的风险准备金来弥补，基金公司损失惨重，而对于存在正回购的货币基金，可能还会面临资金续不上导致的违约风险,近5万亿元规模的货币基金在极端市场下的风险逐步暴露,引起监管对货币基金流动性风险的担忧。2017年9月1日,证监会正式发布《公开募集开放式证券投资基金流动性风险管理规定》,从持有人的集中度、资产的集中度、资产的流动性、货币基金规模等方面制定了相应的规则,限制了货币基金规模的进一步增长,提高了货币基金的流动性,同时也降低了收益率,对货币基金的运作影响深远。2018年1月,人民银行完善货币供应量中货币市场基金部分的统计方法,用非存款机构部门持有的货币市场基金取代货币市场基金存款(含存单)。

专栏7-2

余额宝的"野蛮"生长

余额宝是蚂蚁金服在2013年6月推出的,利用账户余额进行资产增值和活期存取业务,对接的是天弘基金旗下的增利宝货币基金,风险小但收益不高。除理财功能外,余额宝还可直接用于购物、转账、缴费还款等消费支付,是移动互联网时代的现金管理工具。成立以来,凭借操作简单、高收益、低风险等优势在短时间内吸引了大量的用户和资金,发展飞速,成为国内最大的货币基金。目前余额宝用户数量接近3.69亿,较2016年底增加13.53%。发力"小而美""散户化",牢抓个人投资者也一直都是余额宝的特色落脚点。数据显示,余额宝客户平均年龄29岁、地域分布覆盖2749个行政县,个人用户占比高达99%以上,由此可见,余额宝属于典型的零售型货币基金。余额宝的横空出世,被普遍认为开创了国人互联网理财元年,同时余额宝已经成为普惠金融最典型的代表。上线一年后,它不仅让数以千万从来没接触过理财的人萌发了理财意识,同时激活了金融行业的技术与创新,并推动了市场利率化的进程。在余额宝强大的资金聚拢效应影响下,各大银行纷纷推出类余额宝产品以应对挑战。这些银行系"宝宝军团"多为银行与基金公司合作的货币市场基金。

鉴于余额宝已经成为全球最大的货币市场基金,为了防止余额宝的过快增长,天弘基金根据余额宝的实际运行情况、客户需求,并结合市场环境及历史申购赎回情况,动态调整每日申购总量。余额宝最开始限额为100万份

(1 份 1 元)。2015 年 7 月 24 日天弘基金发布公告称,决定自即日起取消余额宝不超过 100 万份的限制。2017 年 5 月 27 日起,将个人交易账户持有额度上限调整为 25 万份,已有存量不受影响。2017 年 8 月 14 日起,将余额宝个人交易账户持有额度上限调整为 10 万份,已有存量不受影响。2017 年 12 月 8 日起,余额宝设定单日申购总额为 2 万元,个人交易账户持有额度 10 万份维持不变。

资料来源:根据网络公开资料整理。

二、货币市场基金的发展简况

中国的货币市场基金发展情况可从以下两方面看出:

第一,规模快速增长。近年来中国货币基金发展迅速,"T+0"赎回、以第三方支付为代表的多元支付格局以及联名信用卡等配套功能逐步实现,互联网货币基金快速发展,行业规模大幅增加。如表 7 - 4 所示,截至 2018 年底,货币基金共有 347 只,资产净值规模为 76178.14 亿元,占公募基金总额的 58.44%。

表 7 - 4 中国的公募基金规模 (2018 年)

类别	基金数量(只)(2018/12/31)	份额(亿份)(2018/12/31)	净值(亿元)(2018/12/31)	基金数量(只)(2018/11/30)	份额(亿份)(2018/11/30)	净值(亿元)(2018/11/30)
封闭式基金	669	8706.16	8985.29	663	8362.99	8669.63
开放式基金	4957	120263.35	121361.21	4884	125434.17	127430.99
其中:股票基金	927	7716.98	8244.63	913	7440.61	8354.07
混合基金	2375	14152.74	13603.91	2354	14219.54	14128.63
货币基金	347	76150.94	76178.14	346	82503.58	82560.82
债券基金	1172	21552.75	22628.80	1129	20544.49	21590.39
QDII 基金	136	689.94	705.73	142	725.95	797.08
合计	5626	128969.51	130346.50	5547	133797.16	136100.62

资料来源:中国证券投资基金业协会。

第二,投资标的较为集中。目前国内短期国债、央行票据、金融债券市场的规模较为有限,大额存单二级市场也尚未形成。目前,中国货币基金的投资标的较为集中,基本以现金类资产为主,包括银行存款、结算备付金等，占比在56.7%左右；短期债券类资产，包括同业存单、短期国债等，占比在27%左右；其他资产，如买入返售金融资产等，占比在16.4%左右。

三、货币市场基金的功能发挥

在中国金融市场运行中，货币市场基金主要发挥了如下功能：

第一，提高了货币市场的流动性。中国货币市场自成立之日起，是一个由特定机构投资者组成的批发市场，中小投资者因市场准入限制无法进入。货币市场基金的发展使得个人投资者和机构投资者得以参与交易，扩大了货币市场交易主体，丰富了货币市场的资金供给，促进了货币市场工具的流动性，为各个货币市场短期金融工具的流通交易提供了投资基础。

第二，有效缓解了融资结构失衡问题。长期以来，中国直接融资比例偏低，间接融资比例偏高。货币市场基金的储蓄分流功能强化了居民通过购买基金投资短期证券的直接融资模式，这有助于完善改进融资结构失衡的现状。同时也能够有效连接货币市场和资本市场，提高整体金融市场的效率。

第三，推进了利率市场化进程。利率市场化是中国金融市场改革的方向，从实践来看，中国利率市场化采取了"先外币、后本币；先贷款、后存款；先长期、大额，后短期、小额"的总体思路，利率市场化不断深入。利率市场化的难点在于存款利率市场化，货币市场基金的发展使得利率水平能够真实反映市场供需双方资金情况，为市场基准利率的形成提供了参考，也为完全实现利率市场化奠定了基础。

第八章

中国债券市场的发展

经历 70 年发展,中国债券市场从小到大、从浅入深,已经形成政府债券、金融机构债券、企业债券并驾齐驱的格局。70 年间,中国债券市场发展跌宕起伏,历经曲折,既反映了一个发展中大国在推进债券市场发展中的艰辛,也反映了一个体制转轨国家发展债券市场的种种磨难。

第一节 政府债券市场的发展

当前我国政府债券主要包括国债和地方政府债券,分别对应着美国的联邦债券和州政府债券。我国国债发行初衷是弥补财政收支赤字和为政府投资筹措资金。随着金融市场发展,国债基本功能被不断拓展:一是违约风险较低,成为资金融通的优质抵押品;二是反映市场资金供求关系,为金融市场提供基准利率;三是成为中央银行公开市场操作对象,协调财政政策和货币政策。

一、新中国成立初期的国债发行

新中国成立初期,债券市场雏形初显。一方面,解放战争并未全面终结,军费开支仍需维系;另一方面,统一税制尚未建立,国家财政收入颇为有限。庞大的财政赤字和城市物价飞涨，使得中央政府深刻认识到发行国债恢复国民经济的迫切性。1949年12月2日，中央人民政府委员会第四次会议通过《关于发行人民胜利折实公债的决定》，于次年分两期发行期限5年、总额2亿分的"人民胜利折实公债"。1950年1~3月超额完成第一期公债，募集金额达到规划总发行额的70.4%。后来，因国家财政状况好转，政务院终止第二期公债发行。

"一五"计划启动后，国家建设资金需求较大，财政资金供给远远不足，但人民群众生活水平明显改善，通过发行国债集中居民储蓄用于经济建设成为可能。1953年12月9日，中央人民政府第29次会议通过《国家经济建设公债条例》，计划未来5年连续发行"国家经济建设公债"。5次公债发行均超额完成，实际募集金额35.45亿元，超过计划发行额的16.96%。特别是1954年发行公债8.36亿元，超过当年计划发行额的39.33%。国家经济建设公债发行对成功实现社会主义改造，巩固和加强社会主义经济基础发挥了重要作用。

1959年后，国债管理指导思想转变为"既无内债、又无外债"，政府开始终止国债发行计划，并于1968年全部还清既往存量债务。直到1981年国债发行得到恢复，长达20多年时间内，债券发行市场几乎是真空状态。

二、国债市场的最初探索

1979年农村家庭联产承包责任制推行后，农副产品价格大幅提高，同时国营企业开始实施利润留成制度，当年开始国家财政收入大幅减少。为了弥补财政赤字，中央政府开始向人民银行大量借款，由此引发全国性通货膨胀。为治理通货膨胀，政府只能选择发行国债平衡财政收支。

1981年1月6日，国务院颁布《中华人民共和国国库券条例》，决定恢复国债发行。同年7月1日，中央财政通过行政摊派发行国库券48.66亿元，并规定不能流通和转让。同时实施差别化利率，出售给企、事业单位的国库券利率为4%，出售给居民的国库券利率为8%，均低于同期储蓄利率。行政摊派发行国库券持续到1984年，由于忽视国债流动性作用，投资者积极性受到重挫。为了提高国债流动性，1984年11月27日，国务院允许国库券可以向商业银行抵押和贴现，但不允许在居民之间流通。1987年1月5日，中国人民银行上海分行公布《证券柜台交易暂行规定》，允许国债可以在经批准的金融机构办理柜台交易，由此国债交易正式面向居民开放。1988年，通货膨胀十分严重，财政赤字飙升，同时偿债高峰期临近，扩大国债发行规模成为当时政府的必然选择，但鼓励居民和企业购买国债的重要前提是增加国债市场流动性。1988年4月，国务院批准在深圳、广州、武汉等7个城市试点国债流通转让；同年6月，试点城市扩大到61个。柜台交易主导时期，国债交易中介机构为财政部门下设的国债服务部和财政证券公司。由于缺乏清算和监督机制配套，国债市场整体处于分割状态，各地交易价格差异较大。

1990年12月以后，深圳证券交易所、上海证券交易所和部分城市证券交易中心逐步建立，开始接受实物国库券托管，并转为记账式债券交易。1990年12月5日，中国证券交易自动报价系统（STAQ）开通试运营。1990年12月19日，中国人民银行联合财政部允许之前针对居民发行的未到期国库券上市交易。1991年4月20日，中国工商银行信托投资公司作为国库券主承销商，首次承购包销发行国债。7月19日，首笔电子国库券分销在STAQ系统完成交割清算。1992年4月，天津、武汉等地证券交易中心陆续展开国债回购业务。地方性交易所和STAQ系统促进了国债二级市场繁荣，但也出现卖空、买空国债回购交易行为。

与此同时，证券公司、信托投资公司等非银行金融机构纷纷设立，逐步成为国债发行和流通的中介机构。1992年12月2日，上海证券交易所首次尝试国债期货交易，但仅有29家会员机构获准交易。1993年10月25日，上海证券交易所重新设计国债期货品种和交易机制，首次面向社会公众开放。1993年12月15日，北京商品交易所首次推出国债期货交易，交易品种包括4个国债标的。截至1994年9月12日，全国允许国债期货交易的场所共有14家。

三、国债市场的市场化发展

1994年3月《预算法》颁布，规定财政部门不能向中央银行借款，但国家建设资金可通过发行国债弥补。同年，财政部开始发行6个月期限国债和电子化国债。短期国债的推出不仅解决了财政部收支因季节性不对称产生的资金敞口，而且成为中央银行公开操作的重要工具。电子化国债则降低了国债发行成本，同时便于投资者认购。

国债监管机制不完善，过度卖空、买空国债行为层出不穷，终于酿成1995年2月23日"327国债期货"事件。"327国债期货"合约对应1995年6月到期兑付的3年期国库券，涉及资金规模240亿元，直接导致万国证券公司破产。1995年5月17日，证监会紧急暂停全国范围内国债期货交易。同时，纸质国债托管危机开始爆发，一些机构以代保管单形式发行和卖空国债，采用虚假国债代保管单登记抵押和回购，套取资金进入房地产市场和股市。因此，建立债权集中统一托管机构成为监管机构日程。这一背景下，武汉证券交易中心、天津证券交易中心等区域性国债市场被迫相继关闭。

1996年，国债发行方式由承购包销向公开招标过渡，招标方式包括票面利率招标、价格招标、缴款日期招标。同时国债品种不断扩大，相继推出贴现国债和附息国债等品种，以及3个月、6个月、7年、9年和10年期国债。国债不仅是财政部门融资手段，而且逐渐成为投资者资产配置不可或缺的标的和金融机构的流动性管理工具。1996年，财政部向国际市场发行扬基债券和美元全球债券，首次向国际市场融资。1996年12月，中国国债登记结算公司成立，成为银行间债券市场债券登记、托管、结算机构，以及商业银行柜台记账式国债交易一级托管人。

1997年1月，财政部出台10项举措鼓励个人投资者交易国债，包括通过国债专用账户直接参与国债市场、降低个人投资者交易手续费、交易场所开办国债分销专场等。1997年4月，财政部颁布《国债信托管理暂行办法》，实行国债统一托管，停止使用国债代保管单，控制国债市场风险。1997年6月6日，中国人民银行发布通知要求，银行国债现券交易和回购交易退出证券交易所转入银行间市场，防止银行资金借国债交易进入股票市场。1997年6月16日，银行间债券市场成立，由此国债交易形成交易所、银行间债券市场和场外交易"三驾马车"并存的局面。

四、国债市场的规范完善

2000年4月30日，中国人民银行制定《全国银行间债券市场债券交易管理办法》，进一步规范债券交易行为，防范债券市场风险和保护市场交易主体合法权益。同年10月20日，中国人民银行发布《关于开办债券结算代理业务有关问题的通知》，明确规定金融机构经批准可办理债券结算代理业务。2001年，财政部共发行3期15年以上长期国债，延缓了偿债高峰期出现，同时采用半年付息实现与国际市场接轨。2002年4月9日，中国人民银行调整银行间债券市场准入制度，将银行间债券市场准入交易资格由审批制改为备案制。2002年4月9日，商业银行债券柜台交易中心业务处理系统运行，具有中国特色的两级托管体制基本形成。

2003年，中央国债登记结算有限责任公司债券综合业务系统与中国人民银行大额支付系统联网，实现了债券交易"券款对付"；与香港金融管理局签署债券结算业务合作协议，为港币债券市场投资开辟了低成本的安全渠道。2004年1月21日，中国人民银行印发《银行业金融机构进入全国银行业同业拆借市场审核规则》，规范银行业金融机构进入银行间同业拆借市场的审批程序。2005年2月18日，中国人民银行会同财政部等联合发布《国际开发机构人民币债券发行管理暂行办法》，允许国际机构在中国境内发行债券。2005年5月11日，中国人民银行发布《全国银行间市场债券远期交易规定》，规范机构投资者远期交易业务，防范市场风险。2005年5月12日，中国人民银行批准泛亚基金进入全国银行间债券交易市场，可以在1800亿美元额度内进行债券交易，这是银行间债券市场首次向境外机构投资者开放。

2006年起，参照国际通行做法，我国开始实施国债余额管理制度。实行国债余额管理可以如实反映政府债务状况，为协调财政政策和货币政策创造条件。2006年7月，财政部联合中国人民银行发布《中央国库现金管理办法》，明确国库现金管理方式包括商业银行定期存款、买回国债、国债回购和逆回购等。在国库现金管理初期，主要实施商业银行定期存款和买回国债两种操作方式。

第八章
中国债券市场的发展

五、国债市场的双向开放

2007年1月11日,中国人民银行发布《全国银行间债券市场做市商管理规定》,规范做市商业务,提高市场流动性和完善价格发现机制。2007年6月8日,中国人民银行、国家发展和改革委员会联合发布《境内金融机构赴香港发行人民币债券管理暂行办法》,允许人民币债券在香港发行。2008年8月1日,中国人民银行公布实施《银行间债券市场债券交易券款对付结算有关事项公告》,进一步提高市场效率,降低债券交易结算风险,推动债券市场健康发展。2009年3月18日,中国人民银行发布公告允许基金管理公司以特定资产组合管理名义在全国银行间债券市场开立债券账户,并对其开设账户、交易和结算等业务运作进行规范。2010年8月16日,中国人民银行发布《关于境外人民币清算行第三类机构运用人民币投资银行间债券市场试点有关事宜的通知》,允许境外中央银行或货币当局、港澳人民币业务清算行和跨境贸易人民币结算境外参加银行使用依法获得的人民币资金投资银行间债券市场。

2011年4月9日,中国人民银行发布公告,对全国银行间债券市场交易管理提出了具体要求,引入了重大异常交易披露制度、异常交易事前报备制度等,有利于进一步规范全国银行间债券市场债券交易行为。2011年4月15日,中国人民银行联合财政部发布公告,就新发行的关键期限国债做市有关事宜提出具体要求,进一步改善市场价格发现机制,有利于完善国债收益率曲线。2011年12月19日,银行间市场清算所股份有限公司正式向银行间市场提供现券交易净额清算服务,标志着银行间债券市场集中清算机制的正式建立。

2012年12月3日,中国人民银行发布公告,同意中国银行间市场交易商协会发布《中国银行间市场债券回购交易主协议》,维护市场参与者合法权益,促进我国债券回购市场规范健康发展。2013年3月13日,中国人民银行印发《关于合格境外机构投资者投资银行间债券市场有关事项的通知》,允许符合条件的合格境外机构投资者(QFII)申请投资银行间债券市场。

2015年5月9日,中国人民银行发布公告,取消银行间债券市场交易流通审批,明确依法发行的各类债券发行完成后即可直接在银行间债券市场交易流通。2015年12月15日,中国人民银行发布公告,银行间债券市场正式推出绿色金融债券。

2016年2月14日,为促进债券市场发展和扩大直接融资比例,中国人民银行发布施行《全国银行间债券市场柜台业务管理办法》,对柜台业务开办机构、柜台业务债券交易品种、业务规则以及投资者适当性管理进行规范。2016年2月24日,中国人民银行发布公告,进一步放开境外机构投资者投资银行间债券市场,引入更多符合条件的境外机构投资者,取消额度限制,简化管理流程。随着国债市场改革不断深化,国债发行和交易规模不断增加,交易制度和交易体系不断完善,国债基本功能得到更充分发挥,这些对中国金融体系结构的调整发挥了重要作用。

六、地方政府债券市场的演变

截至2018年5月10日,我国地方政府债券余额15.3万亿元,接近全部债券余额比例的20%,成为第一大债券品种。但相较于国债,地方政府债券发展历史相对较短,至今不足十年。

为应对本轮国际金融危机,保持经济平稳较快发展,中央政府扩大国债发行规模,同时地方政府也开始通过发行地方政府债券筹措资金。地方政府债券发行大致经历了三个阶段:一是财政部代发代还阶段。2009~2010年,地方政府债券全部由财政部代发代还,每年额度限制为2000亿元。当时将地方政府债特别明确为,经国务院批准同意,以省、自治区、直辖市和计划单列市政府为发行和偿还主体,由财政部代理发行并代办还本付息和支付发行费的债券。二是部分地区试点自发代还阶段。2011年10月,国务院批准上海市、浙江省、广东省、深圳市开展地方政府自行发债试点。省、市政府债券仍由财政部代办还本付息。2013年6月,自行发债试点范围扩大,增加江苏省和山东省。三是自发自还阶段。2014年5月,经国务院批准,上海、浙江、广东、深圳、江苏、山东、北京、江西、宁夏、青岛试点地方政府债券自发自还。2015年3月,《地方政府一般债券发行管理暂行办法》印发，一般债券由各地按照市场化原则自发自还，遵循公开、公平、公正的原则，发行和偿还主体为地方政府。

2014年9月11日，国务院《关于加强地方政府性债务管理的意见》出台，赋予地方政府依法适度举债融资权限，加快建立规范的地方政府举债融资机制，同时坚决制止地方政府违法违规举债，但也允许纳入预算管理的地方政府存量债务可以发行一定规模的地方政府债券置换。2015年1月1日新《预算法》实施，规定地方政府举借债务应通过发行政府债券方式。地方政府存量债务是新《预算法》实施之前形成的，以一定规模的政府债券置换部分债务，是规范预算管理的有效途径。发行地方政府债券置换存量债务，只是债务形式变化，不增加债务余额，因此不会增加年度财政赤字。2015年开始，我国地方政府债出现了新的变化：一是置换债出现。按照是否替换存量债务，地方政府债分成了置换债和新增债。二是专项债出现。2014年以前，地方政府债只有一种。2015年推出专项债后，地方政府债分为一般债（原来地方政府债改名）和专项债两类。2015年新增专项债为1000亿元，专项债不计入财政赤字。三是部分置换债采取定向承销方式。2014年以前，地方政府债都是公开招标。2015年，置换债推出定向承销方式，要求承销团由该地区存量债务的债权人组成。四是地方一般债务比照中央国债实行余额管理。2015年以前，地方政府债每年发行额等于地方财政赤字。比如，2014年地方政府财政赤字为4000亿元，地方政府债全年发行额就为4000亿元。剔除到期量993亿元后，2014年净融资额是3008亿元。而2015年后，开始实行余额管理，即财政赤字规模是当年的净融资额，因此2015年新增一般债券是6714亿元。

目前已经发行的地方政府债中，从期限品种看，包括1年、3年、5年、7年和10年五个。其中1年期地方债较少，仅发行过4只，5年期品种发行只数和发行额占比均最高。2018年5月9日，财政部发布《关于做好地方政府债券发行工作的意见》，将公开发行一般债券增加2年、15年、20年期限品种，将公开发行普通专项债券增加15年和20年期限品种。从债券置换情况看，2015～2018年4月共发行置换债11.2万亿元。其中，2015～2017年置换额度分别为3.04万亿元、4.8万亿元、2.77万亿元。置换债中定向发行规模占比33%。

第二节 金融债券市场的发展

广义的金融债,指所有金融机构为筹措资金而发行的债券,如国家政策性银行为筹措资金而发行的债券,商业银行为扩大负债筹措营运资金而发行的债券,商业银行为补充资本金而发行的次级债和可转换债券,证券公司、保险公司、资产管理公司等非银行金融机构所发行的债券,外国金融机构在中国发行的熊猫债以及中国金融机构在国外发行的国际债券。狭义的金融债,专指国家政策性银行主要是国家开发银行发行的债券,简称金融债、政策性金融债。政策性金融债出现较晚,但已成为中国金融债券市场主体。

一、政策性金融债券市场的发展

1994年,中国政策性金融机构和商业性金融机构分立,国家先后设立了国家开发银行、中国进出口银行和中国农业发展银行等3家政策性银行。它们面向其他金融机构发行政策性金融债券,以筹措政策性信贷资金。在政策性金融债券发行中,国家开发银行占据主体地位。

1994年国家开发银行成立,接收当时由专业银行剥离出来的政策性业务,明确了支持国家基础设施、基础产业和支柱产业建设的主要任务。鉴于当时宏观经济形势和货币政策需要,发行金融债券成了国家开发银行融资的首要选择。但1994年中国债券市场缺乏债券市场化发行基础,投资者认为国家开发银行支持的政策性项目风险较高,因此,国家开发银行发行的金融债券最终面向商业银行等金融机构派购:即通过行政手段实行指令性发行,每年根据项目贷款需要和还本付息额确定当年资金缺口,以此为依据确定当年发债规模,再参照各商业银行新增贷款规模的一定比例,确定向各商业银行的派购额。派购债券发行利率、发行债种、认购人、认购数量等都由中央银行决定。

随着国家开发银行资金需求量的不断增加,商业银行等机构投资者也对债券投资提出自主选择要求，继续沿用派购方式发行金融债券将难以为继。1998年9月2日，国家开发银行在中国人民银行支持下，以市场化招标方式在银行间债券市场上成功发行了第一只50亿元1年期金融债券，此后，在不到两年时间内，实现了债券发行完全市场化。1998～2007年，国家开发银行通过市场化累计发行金融债券3.74万亿元。此外，中国进出口银行也于1999年开始尝试市场化发行业务。1998～2007年，中国进出口银行累计发行人民币债券4830亿元。中国农业发展银行自2004年7月2日开始发行第一笔人民币债券，至2007年累计实际发行债券6911亿元。

从1998年政策性金融债市场化招标发行以来，政策性银行在银行间市场不断推出创新产品。从品种看，国家开发银行先后推出了长期浮动利率债券、20年期和30年期长期固定利率债券、投资人选择权债券、发行人选择权债券、本息分离债券、新型浮动利率债券、含利率掉期期权债券、远期利率债券、可互换债券、以7天回购利率和Shibor利率为基准的浮动债、境内美元债、次级债、资产支持证券等。同时采用增发方式、滚动发行等创新发行方式对债券进行合理定价。2003年9月19日，国家开发银行发行5亿美元、5年期美元金融债券，这是中国境内第一只通过招标发行的外币债券。2003年以后，以国家开发银行为主的政策性银行金融债券的收益率曲线，已经成为普通金融债券、企业债券、短期融资券发行定价和二级市场交易的重要基准，这对推进中国债券市场发展和完善有着重要意义。

二、金融机构债券市场的发展

中国金融机构债券种类繁多，主要包括商业银行债券和非银行金融机构债券等。商业银行债券包括次级债和普通债券。2004年初，中国银监会发布了《商业银行资本充足率管理办法》，要求各家商业银行严格执行《巴塞尔协议》的有关规定，切实落实资本充足率的规则，指出资本补充方式既包括国家注资、资本市场新增发股、发行次级债和可转债等外部方式，也包括各银行通过加大利润留成、提高资产质量从而降低拨备缺口等内部方式。尽管商业银行资本补充有多种渠道，但发行次级债就成为许多商业银行的首要选择。为规范次级债发行，引导商业银行探索利用多种渠道补充资本，银监会将符合规定条件的次级定期债务计入银行附属资本。此外，银监会联合中国人民银行发布《商业银行次级债券发行管理办法》，对通过银行间市场发行次级债券进行规范。2003年12月，兴业银行发行次级债30亿元，这是商业银行首次成功发行次级债。截至2009年6月底，国内金融机构发行次级债券余额1.29万亿元。通过次级债发行补充资本，缓解了商业银行资本不足和资本补充渠道单一的状况，为商业银行稳健运行和国民经济健康发展提供了有力支持。

与次级债相比，银行发行普通债历史要更长一些。早在1985年，商业银行就已开始发行金融债券，所筹集资金主要用于发放特种贷款。截至1988年底，共发行160亿元人民币债券。2005年以后，商业银行再次掀起普通金融债发行高潮。2005年8月12日，上海浦东发展银行在全国银行间债券市场通过公开招标成功发行2005年浦发银行债券（第一期）70亿元，这是中国金融市场首次发行商业银行普通金融债券。截至2009年6月底，商业银行累计发行金融债1000亿元。但相对于银行存款和债券市场，商业银行普通债券发行量微不足道。

特种金融债券，是指经中国人民银行批准，由部分金融机构发行，筹集资金专门用于偿还不规范证券回购债务的有价证券。1997年，中国人民银行出台《特种金融债券托管回购办法》，以发行特种金融债券来清理不规范债券回购所形成的债务关系。这一措施实质是将其回购债务从场内移到场外，是对回购债务进行延期，意图为发债机构腾挪3年时间窗口来改善经营管理、调整不良资产结构，使公司经营活动走上规范发展轨道。发债资金运用方面，发行特种金融债券筹集资金只能用于回购债务。发债机构必须在发行特种金融债券后明显降低回购债务规模。发行特种金融债券，对化解金融机构风险、引导金融机构发展方向、培育中国债券市场、完善金融市场体系和促进国有企业改革等方面都有深远意义。

非银行金融机构债种类繁多，有保险公司债、证券公司债、资产管理公司债等。从政策层面看，2000年11月，《金融资产管理公司条例》颁布，允许长城、东方、华融、信达等四家金融资产管理公司以发行金融债券方式筹措资金。2004年10月，中国人民银行发布《证券公司短期融资券管理办法》，允许符合条件的证券公司在银行间债券市场向合格机构投资人发行短期融资券。2005年，允许商业银行和企业集团财务公司发行金融债券；2006年，推出商业银行混合资本债券；2009年，允许金融租赁公司和汽车金融公司发行金融债。从市场实践看，2004年11月1日，国泰君安证券股份有限公司发行16.5亿元证券公司债后，包括湘财证券和中信证券在内，迄今共发行41亿元证券公司债。2006年10月25日，中国建银投资有限责任公司发行了30亿元金融债券。截至2009年6月底，非银行金融机构债累计发行超过500亿元。

除了以上金融债券外，还发行过熊猫债券。2005年10月，国际金融公司和亚洲开发银行分别获准在中国银行间债券市场发行人民币债券11.3亿元和10亿元，这是中国债券市场首次引入外资机构发行主体，也是中国债券市场对外开放的重要举措。2006年11月15日，国际金融公司又获准在中国银行间债券市场发行人民币债券8.7亿元。

2000～2006年，银行间债券市场累计发行金融债券27.1万亿元，其中政策性金融债22万亿元，商业银行债1.1万亿元，商业银行次级债2万亿元，证券公司短期融资券1.2万亿元。

第三节 企业债券市场的发展

一、企业债券市场的最初探索

企业债券出现于20世纪80年代中期。1984年开始，中国一些企业自发向社会或内部职工发行不同形式有价证券进行集资。1985年5月，沈阳市房地产开发公司向社会公开发行5年期企业债券，这是改革开放后第一只企业债券。

1987年1月7日，上海金山石油化工总厂为建设30万吨乙烯工程项目发行长期企业债券1.38亿元，这是重点工程项目首次通过发行债券筹集建设资金。1987年国家重点企业开始发行债券，先由建设银行代理电力、冶金等中央部委下属企业发行。1987年1月5日，发行了电力建设债券20亿元，并向社会发行一部分利率可高于银行存款的个人债券。1987

年 2 月和 3 月国务院相继发布了《关于发行重点建设债券和重点企业债券的通知》及《企业债券管理暂行条例》，标志着国家对企业债券开始实行集中管理，同时对发行条件进行严格限制，如规定债券发行人必须是全民所有制企业，企业债券利率不得高于同期银行存款定期储蓄利率的 40%等。同年，国家计划委员会（以下简称"国家计委"）开始编制企业债券发行计划，首次安排 75 亿元发行规模。其中，地方项目 30 亿元、重点建设项目 45 亿元。

1988 年，为了充实国家投资基金，专业投资公司委托金融机构代理发行企业债券。1988 年 7 月 15 日，中国银行与上海信托咨询公司包销发行了上海大众汽车有限公司债券 2950 万元，这是中国中外合资企业首次发行债券，承销机构首次以包销方式发行企业债券。

二、企业债券市场的初步尝试

1989 年 3 月，机关、团体、事业单位和非生产性企业内部债券发行一律被禁止；未完成购买国家债券任务的生产性企业，也不得发行内部债券；企业发行内部债券，由中国人民银行统一管理、分级审批；企业发行内部债券所筹集资金，一般只能用作补充流动资金，凡用于固定资产投资的，其投资项目须经有关部门审查批准，纳入国家控制的固定资产投资规模，并相应核减银行固定资产投资贷款；企业内部债券期限最长不得超过 1 年，利率最高不得超过银行同期居民定期储蓄利率的 40%。当时，企业债券利率和发行规模都受到严格限制。

20 世纪 90 年代，中国企业债券市场得到初步规范。国家计委与中国人民银行于 1990 年 4 月联合制定企业债券额度审批制度及管理办法，规定企业债券资金用途仅限于国家计划内且符合国家产业政策的续建项目，发行企业债券被纳入国民经济和社会发展计划管理，成为全社会固定资产投资资金来源。1993 年 4 月国务院要求，国债发行完毕之前，一律不得发行其他债券，且企业债券利率不得高于国债利率。这一要求违背了利率风险结构理论，企业债券市场发展受到人为抑制。同年 7 月，国务院决定将 1993 年的企业债券发行绝大部分转由新增银行贷款解决，8 月国务院颁布了修订后的《企业债券管理条例》，将发行主体扩大到中国境内具有法人资格的企业，明确发行债券是企业进行的有偿集资活动，对发行主体经营规模、财会制度、偿债能力、经济效益和资金用途以及承销商资格提出严格要求。1993年12月29日，《公司法》授权通过，对发行公司净资产额、累计债券额占净资产额比重、偿债能力等进行具体指标规定。

20世纪90年代后期，中国政府加强企业债券市场监管。1998年10月，中国人民银行对地方债券审批、债券承销、担保都作出新的规定，要求必须进行债券信用评级，债券利率与评价挂钩。同时，国务院批准证监会职能、内设机构和人员编制"三定"方案，规定证监会负责批准企业债券上市，监管企业债券交易活动，监管可转换债券发行、交易、托管和清算。1998年12月颁布《中华人民共和国证券法》规定，发行公司债券须依照《公司法》报经国务院授权的部门审批，债券上市需经国务院证券监督管理机构批准，中国企业债券市场已经基本形成了国家计委审批额度、中国人民银行审批发行、证监会监管流通市场的模式。企业债券市场监管是分割的。1998~1999年实名制记账式发行方式成为企业债券发行主流，不仅有利于企业和项目对资金安排掌握，也为投资者提供了新的投资品种，优化了投资结构。实名制记账式企业债券发行方式为培育具有同一托管、结算体系的企业债券交易市场提供了条件，为多元化企业债券二级市场奠定了基础，也为企业债券的无纸化发行创造了前提。1999年，全面推出了浮动利率计算的企业可转换债券和7~10年期长期企业债券。例如，1999年1月发行的"98三峡"债券是8年期付息债券。1999年，中国企业债券衍生产品也得到发展，发行了茂名炼化等可转换债券。20世纪90年代中后期企业债券发行和交易，不仅拓宽了中国资本市场广度，而且发挥了支持国家重点建设、调整产业结构等积极作用，但企业债券二级市场发展缓慢，债券转让交易十分困难，企业债券发行规模和种类调控依然高度行政化，企业债券利率并非根据企业资信等级确定。

三、企业债券市场的市场化发展

2002年，企业债券市场迎来新一轮快速增长，13家企业累计通过发行债券融资 325 亿元。2000 年后，证券交易所对企业债券上市公司也日益重视，制定了一系列措施促进交易所内企业债券市场发展。2000 年 9 月 1 日，上海、深圳证券交易所颁布实施新的《企业债券上市规则》。2002 年，随着一级市场发行限制放松，企业债券发行规模不断扩大，交易所又陆续推出相应措施降低企业债券交易成本，提高二级市场流动性。2002 年 10 月 14 日，上海证券交易所将企业债券交易佣金和经手费整体下调 50%。2002 年 12 月 30 日，上海证券交易所正式推出 1 天、3 天和 7 天三个短期品种的企业债券回购交易，增强债券资产的融资功能和流动性管理功能，而且回购交易作为货币市场基本工具，也为完善中国利率体系发挥了重要作用。2003 年 1 月 2 日，深圳证券交易所正式推出 3 天和 7 天两个企业债券回购交易，同时将债券交易费率调低 50%。2003 年，中央国债登记结算有限责任公司与八家主要企业债券承销商柜台交易系统联网，通过系统办理企业债券发行分销及协议转让过户清算。2005 年 12 月 13 日，中国人民银行推出了规范公司债券交易流通、促进公司债券市场发展举措。12 月 19 日，中国人民银行要求完善公司债券包括企业债券的市场信息披露机制。同时，交易所也加快了企业债券上市步伐。

企业债券继 2002 年发行规模迅速增加后，2003 年又有所增长，累计发行 358 亿元。2003 年 8 月 1 日发行的 2003 年三峡债券，期限 30 年，这也是中国境内迄今发行期限最长的企业债券。2004 年企业债券出现了新的设计和安排，如华电集团发行了投资人选择权兼掉期的企业债券，另一些企业债券进行了浮动利率加固定利率保底的品种设计，债券品种设计中开始引入了期权机制。2004 年 12 月 7 日，中国人民银行发布《全国银行间债券市场债券交易流通审核规则》，建立了较为全面的信息披露制度，对信用评级和担保要求作出相应规定，以促进企业债券市场化定价机制形成和发行管理方式转变，对提高直接融资比例、改善我国融资结构具有重要意义。2004 年 12 月 30 日，中国人民银行发布公告，针对在银行间债券市场发行债券信用评级具体事项进行要求。

2005 年，企业债券发行量大幅上升。2005 年 5 月 23 日，中国人民银行印发《短期融资券管理办法》，以规范短期融资券的发行和交易，保护短期融资券当事人合法权益。2006 年还发行了可分离债券，全年发行企业债券总额995亿元,增长52.1%。2007年受到国家加快债券市场发展和鼓励直接融资政策影响,信用类产品发行量大幅增加,企业债发行量比2006年增长73%,达到1709亿元。

2009年1月7日,中国人民银行发布公告,取消债券发行规模须超过5亿元才能交易流动的限制条件,为中小企业通过发行债券进行小额融资创造宽松政策条件。至此,中国企业债券市场开始步入了快速发展轨道,并成为企业重要融资渠道之一,对深化金融体制改革、完善金融结构,乃至推进银行体系改革都具有重要意义。

四、"城市建设投资债券"市场的发展

1992年7月22日,为拓展城市建设融资渠道,上海市政府批准成立一家针对城市建设和维护资金进行筹措和管理的城市建设专业投资和开发控股公司——上海市城市建设投资开发总公司。1993年4月15日,该公司首次发行城市建设投资债券(以下简称"城投债"),发行金额为5亿元,发行期限2年,票面利率为10.5%,成为中国第一只城投债。随后,其他地方政府纷纷效仿上海,城市建设投资公司不断涌现,发行城投债规模不断增加。特别是2004年后,城投债发展更为迅速,平均每年以36.3%的速度增加。截至2010年6月30日,城投债发行总规模达到4342亿元。

中国城投债主要依托于企业债券市场。从品种上看,主要包括企业债、中期票据和短期融资券,其发展大致经历了三个阶段:一是起步阶段。2005年以前,中国城投债本质是中央企业债,发债主体集中于直辖市和大型省会城市,发行量非常有限。二是快速发展阶段。2005年以后,地方企业债启动使城投债发展步伐明显加快。上海市城市建设投资开发总公司于2005年7月率先发行总额为30亿元的地方企业债,此后城投债全部被纳入地方企业债范畴。企业债发行政策调整降低了发行门槛,推动了城投债发行数量和规模快速增长和扩大。单从企业债来看,城投债成为企业债的重要品种,2008年城投类企业债共发行363亿元,占企业债发行总额的15.24%。截至2008年底,中国城投类企业累计发行企业债、中期票据和短期融资券共计126期,累计金额达到1610亿元。三是跨越式发展阶

段。2009年以来，中国实施积极财政政策，扩大投资规模，地方政府也加大了基础设施投资。2009年3月，中国人民银行联合银监会发布《关于进一步加强信贷结构 调整促进国民经济平稳较快发展的指导意见》，提出"支持有条件的地方政府组建投融资平台，发行企业债、中期票据等融资工具"。重新启动发行的中期票据业成为城投债发展新亮点。在宽松货币政策和积极财政政策背景下，大规模基础设施建设资金需求带动企业债市场升温，发行制度改革以及债券增信方式创新在2009年度被广泛应用并进一步深化，而货币供应量延续了高速增长态势，充裕的流动性推动了信用债市场快速增长，企业债市场发行总量突破4000亿元，规模和期数均创历史新高。在企业债强势带动下，2009年城投债发展迅猛。2009年，全国共发行城市建设投资公司企业债券108期，发行金额为1530亿元，发行期数和发行金额分别是2008年全年发行量的5.14倍和4.21倍；城市建设投资公司中期票据共发行12期，发行金额为512亿元；城市建设投资公司短期融资券共发行11期，发行金额为173亿元。截至2009年12月31日，我国尚未到期的城投债有203期，金额为3199.5亿元。其中，企业债为2543.5亿元，中期票据为551亿元，短期融资券为105亿元。

已发行城投债中，无论是从发行期数和发行金额来看，企业债都占据绝对优势，占比分别为76.3%和68%；中期票据发行期数较少，只有13期，但是由于单笔发行金额较大，总金额占城投债总额的14.4%；而短期融资券虽然发行期数远多于中期票据，但由于单笔发行金额较小，两者在发行总金额上相差不大。从城投债发行过程以及债券发行之后的运作来看，较好地解决了地方基础设施建设资金短缺问题。

第四节 信贷资产证券化市场的发展

一、资产证券化的最初尝试

资产证券化是将缺乏流动性但其未来现金流可预测的资产组合为资产池，以资产池内的资产所产生之现金流作为偿付基础，通过风险隔离、信用增级等机制,在资本市场上发行以资产为支持且标准化的债券的金融活动。资产证券化是30多年来世界金融领域最重大和发展最迅速的金融创新和金融工具。20世纪70年代以后,美欧各国陆续放松金融管制,为资产证券化市场发展提供了良好的市场环境。《巴塞尔新资本协议》对银行资本充足率和风险资产的关注与约束,激励了欧美各国金融机构从事资产证券化需求,从而推动了资产证券化在欧美各国以及亚洲新兴市场经济国家发展。

相对而言,中国资产证券化起步较晚,但在监管机构大力推进和金融机构积极参与下,中国资产证券化经历从无到有、快速发展和不断突破的过程。20世纪90年代初,资产证券化开始引入中国。1992年,海南省三亚市开发建设总公司发行的三亚地产投资券是中国最早的资产证券化探索。接着,又出现了1996年珠海高速公路的证券化和1997年中国远洋运输公司北美航运应收款支撑票据证券化等案例。随后,由于资产证券化的操作比较复杂,国内市场及法律等条件不甚具备,资产证券化一度陷入停顿。2000年,中国建设银行和中国工商银行相继获准实行住房抵押贷款证券化的试点,但由于诸多原因,一直没有得到实施。

二、资产证券化的试点启动

2004年出台《国务院关于推进资本市场改革开放和稳定发展的若干意见》,明确提出"积极探索并开放资产证券化品种",为推进多层次资本市场的发展指明了方向。选择部分具备条件的金融机构开展信贷资产证券化试点,不仅是深化我国金融业改革开放的现实需求,而且是改善我国金融机构资产质量、完善资本结构和加速资金周转的必然选择。

在国务院统一部署下,中国人民银行会同相关部门并邀请市场专家,对资产证券化的可行方案进行了深入研究和探讨,牵头国家发展和改革委员会、财政部、银监会、证监会等十部委成立"信贷资产证券化试点协调小组",具体负责组织协调信贷资产证券化试点相关工作。2005年3月,信贷资产证券化试点协调小组召开第一次会议,我国信贷资产证券化试点工作正式启动。首轮试点期间,中国人民银行会同相关部门出台了《信贷资产证券化试点管理办法》等一系列政策文件，搭建了涵盖基本法律关系、交易结构、参与主体、信用评级、信息披露、发行交易及登记托管结算等方面的制度体系。截至2006年5月末，国家开发银行、中国建设银行共成功发行3单信贷资产支持证券，首批试点150亿元额度基本使用完毕。

在首轮试点取得阶段性成果的基础上，相关部门进一步总结经验，改进和完善相关制度。2007年，国务院批准扩大试点机构和发行规模，中国人民银行会同相关部门针对首批试点阶段暴露出来的问题，认真研究扩大合格机构投资者范围，加强基础资产池的信息披露，规范引导信用评级机构评级行为等制度措施，确保扩大试点工作顺利进行，制定发布公告，强调资产池信息披露的完整性和信息的易得性；准许资产支持证券进行质押式回购，以增强资产支持证券的流动性。不断完善的政策法规为信贷资产证券化试点工作创造了条件，第二批试点期间共发行538.56亿元信贷资产支持证券，加上首批试点的发行金额，截至2008年末，我国共发行信贷资产支持证券667.86亿元。

三、资产证券化的试点扩大

随着2008年美国次级抵押债券风险暴露，我国资产证券化市场受到了较大的舆论压力，试点变得更加谨慎。虽然2008年后，试点过程中一度没有新项目发行，但在此期间国内相关部门和市场参与机构也充分地总结、反思并消化了美国资产证券化模式的利弊得失，再次开展信贷资产证券化试点的基础也更加充分。

2012年5月17日，中国人民银行、银监会和财政部联合印发《关于进一步扩大信贷资产证券化试点有关事项的通知》，信贷资产证券化试点正式启动，试点额度为500亿元。结合国际金融危机以后国际资产证券化业务监管的趋势性变化，试点重启阶段，相关制度进一步强调了基础资产、风险自留、信用评级、信心披露等方面的要求，明确规定信贷资产证券化产品结构要简单明晰，禁止进行再证券化，对信贷资产支持证券提出双评级要求。支持对资产支持证券采用投资者付费模式进行信用评级，要求发起机构、受托机构、信用评级机构及其他证券化服务机构做好信贷资产证券化业务信息披露工作,鼓励创造条件逐步实现对每一笔入池资产按要求进行规范信息披露。截至 2013 年 6 月末,信贷资产支持证券共发行 23 单,总计 896.3 亿元。

试点重启之后,信贷资产证券化市场相关制度建设和市场实践均平稳推进,信贷资产证券化对盘活存量资产、支持经济结构调整和转型升级的导向作用不断显现。2013 年 8 月 28 日,国务院第 22 次常务会议指出,进一步扩大信贷资产证券化试点,是落实金融支持经济结构调整和转型升级决策部署的具体措施,也是发展多层次资本市场的改革措施,可以有效优化金融资源配置、盘活存量资金,更好地支持实体经济发展。

根据会议精神,中国人民银行会同相关部门就扩大信贷资产证券化试点工作有关问题进行了深入研究,明确了扩大信贷资产证券化试点的工作原则,即"坚持真实出售,破产隔离;总量控制,扩大试点;统一标准,信息共享;加强监管,防范风险;不搞再证券化"。在具体工作开展方面,一是继续按照《信贷资产证券化试点管理办法》等管理制度的规定推进扩大试点有关工作;二是在前期试点的 1250 亿元规模基础上,扩大试点新增 3000 亿元规模;三是引导试点机构将有效信贷向经济发展的薄弱环节和重点领域倾斜;四是推动跨市场交易,信贷资产证券化产品可在银行间市场和交易所市场上市交易;五是充分发挥金融监管协调机制作用,完善相关法律法规,统一产品标准和监管规则,加强证券化业务各环节的审慎监管,不搞再证券化,确保不发生系统性区域性金融风险。截至 2015 年 4 月,金融机构共发行 89 只信贷资产支持证券,累计融资 3550 亿元,余额为 2972 亿元,新增的 3000 亿元试点规模基本用完。

四、资产证券化的完善发展

2015 年 3 月 26 日,中国人民银行发布公告,进一步完善发行管理制度,提高发行管理效率和透明度,强化信息披露等市场约束机制。一是简化发行管理流程,鼓励符合一定条件的受托机构和发起机构申请一次注册、自主分期发行;二是强化信息披露要求,建立正向激励的市场约束机制,并发挥自律组织作用,加强事中事后管理;三是按照投资者适当性原则，可由市场和发行人双向选择信贷资产支持证券交易场所；四是明确最低档次信贷资产支持证券发行可免于信用评级；五是明确采用簿记建档方式发行信贷资产支持证券的相关要求。

2015年5月13日，国务院第92次常务会议决定，新增5000亿元信贷资产证券化试点规模，继续完善制度、简化程序，鼓励一次注册、自主分期发行；规范信息披露，支持证券化产品在交易所上市交易。中国人民银行积极落实国务院工作部署，一是推动一次注册、自主分期发行加快落地，2015年5月，接受上汽通用汽车金融公司、招商银行等4家金融机构共计640亿元的注册申请，首批注册发行的信贷资产证券化产品正式上线；二是取消资产支持证券交易审批许可，2015年5月9日印发公告，完善信贷资产支持证券交易流通有关管理政策；三是加强信息披露，指导中国银行间市场交易商协会研究制定6个信息披露指引，并建立信息披露事中事后评价机制。

第五节 债券交易市场的发展

一、债券市场的交易工具

中国债券市场交易工具主要包括现券交易、质押式回购、买断式回购、债券借贷、债券远期交易等，其中绝大多数是在2004年发展起来的。

现券交易起步于1986年，企业债获准进入柜台转让时现券交易便已经出现。随着市场发展，现券交易量快速增长。以银行间债券市场为例，2003年现券交易量仅为市场托管量的85.4%，但2012年这一比例就超过3倍。从现券交易主体来看，2012年商业银行现券交易量占银行间市场现券交割总量的66.5%，基金公司和证券公司分别为3.8%和17.5%，保险公司仅占0.3%。

债券回购交易始于1990年12月5日，中国证券交易自动报价系统（STAQ）开通试运营。1992年4月，天津、武汉等地证券交易中心陆续展开国债回购业务。地方性交易所和STAQ系统促进了国债二级市场繁荣，但也出现卖空、买空国债回购交易行为。1995年中国人民银行、财政部和证监会发布《关于重申对进一步规范证券回购业务有关问题的通知》，规定回购方必须将100%的国库券和金融债券抵押在证券托管机构。回购市场整顿后，债券回购业务主要集中在上海证券交易所。随着1995年后股票市场逐步活跃，一些证券公司通过债券回购从商业银行获取资金后转而进入股市，交易所国债回购开始成为银行资金流入股市的重要渠道。1997年，为防止信贷资金流入股市，中国人民银行发布通知要求商业银行全部退出证券交易市场。同年6月，银行间债券市场成立，相应的债券回购制度开始建立。

债券借贷包括双边借贷、依托中央托管结算机构的自动借贷、通过代理进行债券借贷。2006年11月，中国人民银行发布《全国银行间债券市场债券借贷业务管理暂行规定》，正式推出中国债券市场双边借贷业务。随着债券市场交易工具供给和需求矛盾日渐突出，推出具有避险功能的金融衍生品迫在眉睫。2005年5月，为促进债券市场发展和规范债券远期交易业务，中国人民银行颁布《全国银行间债券市场债券远期交易管理规定》。2005年6月，为完善债券市场债券交易信息披露制度，建立和健全风险监测和预警指标体系，中国人民银行颁布《关于全国银行间债券市场债券远期交易信息披露和风险监测有关事项的通知》。

二、债券市场的交易机制

中国债券交易市场可分为银行间市场、交易所市场和商业银行柜台市场三类，它们采取不同的交易机制。

银行间债券市场的交易机制包括询价交易机制和做市商机制。询价交易机制是目前银行间债券市场最主要的交易方式。实际操作中，市场参与者大多通过外汇交易中心交易系统询价交易功能，也有通过电话或即时通信系统进行。2006年7月，中国人民银行在银行间市场建立经纪制度。目前银行间债券市场货币经纪公司主要包括上海国利货币经纪有限公司、上海国际货币经纪有限公司以及平安利顺货币经纪有限公司三家机构。做市商制度始于2001年，是银行间债券市场最为重要的制度安排。经过十多年的发展,银行间债券市场的做市商制度已经建立起来,对活跃债券交易,提高市场流动性发挥了积极的作用。目前银行间债券市场共有做市商25家。其中,中资商业银行20家、证券公司2家、外资银行3家。从实际运行情况来看,银行间债券市场做市商在引导市场理性报价,活跃市场交易等方面发挥了重要作用。2009年,银行间债券做市商报价券种约占市场总券种的30%,双边报价总量达到49.47万亿元。做市商双边报价已经成为其他市场参与者进行债券定价最重要的参考指标,也成为编制收益率曲线的基础。

交易所债券市场债券交易机制包括竞价撮合交易机制和综合电子平台以及协议转让平台机制。沪、深交易所主要采用两种竞价方式,即在每日开盘时采用集合竞价方式,以及在日常交易中采用连续竞价方式。债券交易竞价遵从"三先"原则,即价格优先、时间优先和客户委托优先。价格优先原则是指价格较高的买进申报先于价格较低的买进申报,价格较低的卖出申报优先于价格较高的卖出申报。时间优先原则是指同价位申报,依照申报时序决定优先顺序,先后顺序按证券交易所交易电脑主机接受申报的时间确定。客户委托优先主要是指要求证券公司在自营买卖和代理买卖之间,优先进行代理买卖。

2007年后,沪、深证券交易所分别开发了电子平台,采取了以做市商为核心的报价驱动交易机制。以上海证券交易所固定收益证券综合电子平台为例,平台将参与者分为一级交易商、普通交易商和间接参与人。其中,一级交易商在平台交易中提供双边报价及对询价提供成交报价,也就是做市级交易商也可组织自己的投资者通过协议交易方式间接进入电子平台。目前电子平台共有一级交易商14家,除了2家是保险公司的资产管理公司外,其余一级交易商均为证券公司。除了具有做市义务的一级交易商,普通交易商也可以在平台上进行报价和交易。目前电子平台共有95家普通交易商。场外投资者虽然不能直接进场交易,但可以通过中国证券登记结算有限公司参与人远程操作平台(PORP)系统一级签署债券买卖协议方式,与交易商进行协议交易来投资电子平台固定收益证券。除了现券交易,固定收益证券综合电子平台还提供隔夜回购交易。

三、债券交易市场的国际化

2017年6月21日,中国人民银行出台了《内地与香港债券市场互联互通合作管理暂行办法》,推进了中国境内债券市场和香港债券市场的互联互通,迈出了中国境内债券市场对外开放的重要一步。到2019年1月,外资持有的中国境内债券余额大约为2500亿美元。

根据国际清算银行的数据,2018年中国债券市场的总规模占全球第三位。2018年9月,中国境内债券市场余额为12.42万亿美元,与日本的12.63万亿美元相差无几,但远低于美国的40.72万亿美元。

2019年1月31日,彭博正式确认,共有363只以人民币计价的中国债券(主要是国债和政策性银行债券)将从2019年4月起被纳入彭博巴克莱全球综合指数,并在未来20个月内分批次纳入,这将给中国境内的债券市场带来2万亿美元左右的投资。同时,人民币债券纳入彭博巴克莱全球综合指数之后,人民币即成为这一指数的第四大币种,这标志着中国债券市场在国际化道路上又迈出了重要的一步。

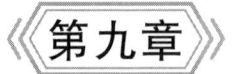

中国股票市场的发展

在中国经济发展中,股票市场是在从计划经济体制向市场经济体制转轨的背景下发展起来的。中国股票市场的发展先后经历了自发兴起、全国性市场形成、股市规范化和股市的市场化完善等阶段。随着股票市场步入规范化发展阶段,市场化改革得以不断推进,各项市场基础制度先后出台,多板块股票市场架构持续充实,市场功能不断丰富和完善,上市公司质量明显提高,市场投资者和服务中介趋于理性。2018年底,上市公司总数量达到3583家,沪深两市总市值近49万亿元。随着资本市场国际化步伐的加快,中国股票市场在国际市场的影响力将不断增强,目前稳居全球前三大股票市场之列。

第一节 中国股票市场发展的简要历程

回顾中国股票市场30多年的发展历史,大致可以分为如下四个阶段。

一、股票市场的自发兴起阶段(1980~1991年)

20世纪80年代初期,随着股份制乡镇企业在中国农村地区的不断涌现,城市中一些小型国有企业和集体企业也开始通过半公开、公开的渠道向企业职工等特定对象发行股票，1985年以后，为了缓解经营运作的资金困难，越来越多的企业通过进行股份制试点向内部职工和全社会发行股票融资，中国股票发行市场的雏形逐渐形成。随着股票一级市场的逐渐形成，股票的民间非正式交易市场开始出现。股票的私下交易在1984年就已出现，股票的柜台交易市场从1987年开始展开。1987年9月，全国第一家证券公司深圳经济特区证券公司成立。1990年11月和12月上海证券交易所和深圳证券交易所相继挂牌营业，中国股票市场由此第一次具备了资源配置的功能，两家交易所于次年7月和4月分别开始公布上证综合指数和深证综合指数，股票二级市场是在上海和深圳区域试点为主的情况下逐步形成的。此阶段是中国股份制改革起步初期，股票市场在自我演进发展状态中初步建立，整个市场以分隔的区域性试点为主，股票发行和交易缺乏全国统一法律规范和集中监管。

二、全国性股票市场起步阶段（1992～1998年）

1992年初邓小平同志"南方谈话"拨开了股市"姓资姓社"以及能否长期存在的困扰，党的十四大将"建立社会主义市场经济新体制"确立为经济体制改革的目标，股份制成为国有企业改革的方向。同年10月，国务院证券管理委员会和中国证券监督管理委员会成立，标志着中国股市的中央监管机制开始形成。

1993年股票发行试点正式由上海、深圳推广至全国，更多的国有企业和民营企业通过股份制改造开始在股票市场发股上市。这一阶段资本市场相关制度和法规体系初步形成。1992年12月国务院发布《进一步加强证券市场宏观管理的通知》，要求理顺和完善证券市场管理体制，严格规范证券发行。1993年4月22日，国务院出台了《股票发行与交易管理暂行条例》，使得股票市场发展有了第一个行政法规可遵循。此后，在国家体制改革委员会的支持下"联办"（即"证券交易所研究设计联合办公室"的简称）在1990年12月就已设立的全国证券交易自动报价系统（STAQ）上推出了法人股交易，中国人民银行的中国证券交易系统有限公司在全国电子交易系统（NET）中也推出了法人股交易，同时，一些地方政府相继设立了 20 多家地方证券交易中心，由此，多种类型的股票交易市场开始形成，为多层次股票市场的建立奠定了基础。

受计划经济体制影响，同时，也为了抑制股票发行混乱、投资过热的局面，从 1993 年起，中国的股票发行就选择了由证券监管部门审核批准的管理制度，其中，1993～1995 年实行的是"额度管理"，1996 年以后开始实行"家数管理"。1998 年，在亚洲金融危机冲击下，为了防范金融风险，国务院决定关闭 STAQ、NET 和地方证券交易中心等 26 家证券交易市场，由此，中国股市仅剩沪深两家证券交易所。

由于可交易的股票限制在公开发行的范畴内，作为发起人股的国有股和法人股缺乏必要的制度安排，因此，处于不可交易的境地；同时，也有人担忧国有股的交易可能引致"国有资产流失"，主张限制国有股的可交易性质，所以，在 2004 年之前的 10 多年历史中"股权分置"及其引致的诸多负面效应成为困扰股票市场发展的主要制度缺陷之一。

1997 年 9 月，党的十五大在宪法中确认"股份制是公有制的一个特殊形式"，确立了股票市场的法律地位和长期存在与发展的法理基础。

中国股票市场从起步就确立了对外开放的取向。1992 年，中国境内公司就开始发行人民币特种股票（即"B 股"），它以人民币标明面值，以外币认购和交易，在中国境内证券交易所上市。B 股市场的发展，支持了中国境内公司的对外开放，同时，为 1993 年以后中资公司赴海外发股上市积累了必要的经验。

股票市场的发展推进了企业的股份制改革、资产负债表的实施、投资者的发育成长和相关制度的建设，为各类企业步入市场经济创造了必要条件。

三、股票市场法制化发展阶段（1999～2007 年）

1999～2001 年火爆的市场行情缺乏企业基本面的支撑，上市公司大量违规行为不断暴露。1999 年 7 月《证券法》的颁布实施，标志着中国股票市场迎来规范发展的新阶段。根据《证券法》的相关规定，中国证监会改审批制为核准制，为了有效调控上市公司数量和股市扩容节奏，在 2001 年推出"通道制"，将推荐发行人的权利从地方政府转交给了证券承销商。

"通道制"弱化了地方政府对发行人的行政选择、改变了券商为争取发行人而对地方政府的"攻关",但由于缺乏对券商责任的追究机制,容易引致券商和发行人之间的联手造假现象。2001年6月为了解决推进国有企业改革发展的资金需求和完善社会保障机制,国务院出台了有关国有股减持的规定,引致股票二级市场大幅回落,投资者信心受到严重影响。为妥善解决原STAQ、NET系统挂牌公司的流通股交易等遗留问题,2001年6月12日中国证监会批准设立代办股份转让系统(即老三板市场)。

2004年1月31日,国务院出台了《关于推进资本市场改革开放和稳定发展的若干意见》,其中明确提出了完善IPO核准制、鼓励合规资金入市、推进股权分置改革、发展多层次市场、提高上市公司质量等一系列具体要求。2004年2月,中国证监会出台《证券发行上市保荐制度暂行办法》,开始实施以"保荐制"基础的核准制度,强化市场机制对股票发行上市的约束力度。2004年5月17日,经国务院批准,中国证监会批准在深圳证券交易所设立中小企业板块,由此,推进了股票交易市场的结构调整。2004年8月,《证券法》进入修改程序,对股票发行方式进行重大改革,取消了新股发行价格须经监管部门核准的规定。2005年初,中国证监会推出了国际上新股发行通常采用的累计投标询价方式。

2005年4月29日,经国务院批准,中国证监会出台了《关于上市公司股权分置改革试点有关问题的通知》,标志着股权分置改革工作正式起步。此后,2005年8月23日,中国证监会、国有资产管理委员会、财政部、中国人民银行、商务部又联合出台了《关于上市公司股权分置改革的指导意见》,9月4日中国证监会出台了《上市公司股权分置改革管理办法》,由此,股权分置改革进入全面展开阶段。中国股票市场自诞生起,为国有企业融资解困是其基本功能定位之一,这导致股权分置问题的长期存在和上市公司质量参差不齐。为引导和鼓励市场主体的创新发展,在此前国有股减持的探索性尝试未果的情况下,针对股权分置造成的股东利益冲突分化、母公司调用上市公司资金、财务造假、并购重组动机扭曲和关联交易侵占上市公司利益等不良后果,2005年4月,作为资本市场改革核心内容的股权分置改革开始推进,并在此后的两年左右时间里基本完成,股票市场的融资和资源配置功能得以发挥。

2006年1月1日，新修订的《证券法》和《公司法》开始实施，使股票市场的规范发展迈上新台阶。2009年6月，中国证监会出台了《关于进一步改革和完善新股发行体制的指导意见》，力图通过完善制度进一步强化市场约束。2012年4月28日，中国证监会又出台了《关于进一步深化新股发行体制改革的指导意见》，推进以信息披露为中心的发行制度建设。

四、深化股票市场体制改革阶段（2008年至今）

2009年下半年，随着为抵御金融危机影响所采取的宏观调控政策取得了积极效果，A股市场从2008年的调整中恢复，进而开启了股票市场近十年的体制改革不断深化的进程，多板块股票市场建设在此过程中迈出重要且坚实的发展步伐。

2009年10月，深圳证券交易所发布了《创业板股票上市规则》，10月30日首批28家企业在创业板挂牌上市。创业板市场的设立，为中小型创业企业提供了公开发股上市的重要通道。2012年9月，国务院批准设立全国中小企业股份转让系统（即新三板市场），成为中国多层次资本市场的重要场外市场。随着市场迅速扩容和各项基础制度的迅速完善，新三板市场已步入由量到质发展的新阶段。多层次股票市场的发展来源于股票市场基本制度改革不断推进与深化。针对行政化的新股发行制度及不尽合理的申购机制，中国证监会分别于2009年6月和2010年8月发布了《关于进一步改革和完善新股发行体制的指导意见》和《关于深化新股发行体制改革的指导意见》，开启了新股发行制度渐进式改革的前两轮探索，为未来发行注册制改革奠定制度和市场基础。2014年5月9日，国务院发布《关于进一步促进资本市场健康发展的若干意见》，为未来深化资本市场改革指明方向。在后续几年中，股票市场虽然经历了2015年的剧烈波动，但加快多层次股权市场建设、提高上市公司质量、上市公司合理分红制度、鼓励市场化并购重组和完善退市制度等一系列制度改革还是得以稳妥有序地推进和实施，切实促进了中国多层次股票市场的建设。随着未来股票发行注册制改革的积极稳妥推进，股票市场的市场化资源配置效率不断

第九章
中国股票市场的发展

提高,股票市场开始步入新时代发展阶段。

第二节 中国股票交易的市场化改革

一、股票交易制度的改革

自20世纪90年代以来,中国股票交易制度的改革发展主要表现在如下几个方面:

第一,竞价制度。上海证券交易所和深圳证券交易所按照"价格优先、时间优先"的交易原则撮合成交。两个交易所都规定,各只股票开盘价在每个交易日的9:15~9:25的开盘集合竞价时间产生;如果不能通过集合竞价产生,则以连续竞价方式产生。对于收盘价的形成,上海证券交易所和深圳证券交易所的规定有所差别。上海证券交易所股票收盘价在前市(9:00~11:30)和后市(13:00~15:00)的连续竞价时间产生,即以当日该股票最后一笔交易前一分钟所有交易的成交量加权平均价(含最后一笔交易)为收盘价;深圳证券交易所的股票收盘价在14:57~15:00的收盘集合竞价时间产生,并且发生收盘集合竞价不能产生收盘价或未进行收盘集合竞价时,以当日该证券最后一笔交易前一分钟所有交易的成交量加权平均价(含最后一笔交易)为收盘价。当日无成交的,以前收盘价为当日收盘价。

第二,回转交易。沪深股市的股票回转交易制度经历了从日内回转交易向次日回转交易制度的调整。在沪深证券交易所成立之初,市场成交量小且交易不活跃,为增加股票流动性,上海证券交易所率先对A股和基金实行日内回转交易制度(T+0)。随着投资者在交易日内频繁地交易,使得股价波动不能真实反映公司经营状况,为抑制市场投机炒作,A股和B股分别于1995年1月1日和2001年12月1日将日内回转交易调整为次日回转交易制度(T+1),并沿用至今。回转交易由"T+0"调整为"T+1"后,股价波动率和买卖价差显著降低,这表明股市交易的稳定性有所提高。随着市场规模日益扩大，相关法律法规逐渐完善，股票市场不断成熟，是否要恢复日内回转交易制度已经成为股票市场参与者争论的一个焦点。

第三，稳价机制。中国A股市场在涨跌幅度限制的不断完善中构建了价格稳定机制。中国股市建立初期，对股价涨跌幅限制进行了多次调整。上海证券交易所曾于1990年12月28日设定了价格涨跌幅限制，随后，于1992年5月21日取消价格涨跌幅限制，当日上证综指从616.99点涨到1266.49点，日涨幅高达105.27%。从1996年12月16日起，上海证券交易所对股票实施10%的价格涨跌幅限制。深圳证券交易所成立时规定价格涨跌幅限制为5%，后在一年的时间里不断（非对称地）调低涨跌幅限制，直至1991年8月1日全面放开股价涨跌幅限制。目前上海证券交易所和深圳证券交易所对股票交易均实行10%价格涨跌幅限制，但对首次公开发行上市、增发上市、暂停上市后恢复上市的股票以及退市后重新上市的股票，两个交易所市场对首个交易日均不实施价格涨跌幅限制。两个证券交易所的差别是，上海证券交易所对被实施特别处理的股票设定了5%的价格涨跌幅限制。

第四，融资融券机制。在A股市场发展中，融资融券制度经历了从禁止到筹备、再由试点到常规发展的崎岖过程。1993年国务院颁布的《股票发行与交易管理暂行条例》中，明确禁止金融机构或者证券公司为他人提供融资融券交易，以降低股市投资风险和股市运行的波动程度。1999年开始实施的《证券法》规定，证券交易必须以现货交易，禁止融资融券交易。显然，在这些制度规定背景下，融资融券属于违法违规行为。

2006年1月1日开始实施的《证券法》修订版中规定，在达到证券监管部门要求的条件下，证券公司可以开展融资融券业务。2006年6月至7月，中国证监会分别出台了《证券公司融资融券业务内部控制指引》和《证券公司融资融券业务试点管理办法》，对证券公司开展融资融券业务的条件、规则、债权担保、融资融券业务中的权益处理和监督管理等有关问题做了详细规定，证券市场开始引入融资融券交易机制。经过2008年"两融"业务的全面测试，2010年1月22日，中国证监会发布《关于开展证券公司融资融券业务试点工作的指导意见》，首次就证券公司开展融资融券业务试点门槛予以明确，融资融券制度正式进入试点阶段。融资融券标的股票共90只，来源于上证50和深成指样本股。3月底，首批6家试点券商正式试水融资融券业务，随着融资融券试点规模的不断扩大，市场交易也日益活跃，中国股票市场从此由"单边市场"过渡到"双边市场"。2011年11月25日，上海、深圳证券交易所发布《融资融券交易实施细则》，同时废止《融资融券交易试点实施细则》，标志着融资融券业务正式由试点阶段进入常规发展阶段，融资融券标的股票范围也扩容至285只。

"两融"业务的发展，在提高市场流动性、缓冲市场波动、发现市场合理价格等方面发挥了积极效应，但同时融资融券业务发展不平衡、发展迅速但不平稳的问题凸显出来。2012年8月27日，中国证券金融股份有限公司出台了《转融通业务规则》和《融资融券业务统计与监控规则》，同日上海和深圳交易所也发布了转融通业务配套细则，转融通业务试点实质性启动。转融通业务增加了可融资金和证券的规模，促进了融资融券业务发展。2015年6月股票市场进入大幅动荡期间，融资融券发展迅速但不平稳的问题暴露。中国证监会7月1日公布新修订的《证券公司融资融券业务管理办法》，在坚持审慎性和稳健性的前提下，允许证券公司根据客户信用状况等因素与客户自主商定融资融券合约的展期次数，同时允许券商自主确定强制平仓线。为了进一步控制市场投机行为，2015年8月3日，上海、深圳证券交易所将融券卖空业务的交易机制从日内回转交易调整为次日回转交易。2016年1月，证监会颁布《证券公司风险控制指标管理办法》，对达到开展融资融券标准的券商，在其规模和净资本的比例方面做了进一步明确，为融资融券的平稳健康发展奠定了基础。

二、完善股票市场退市制度

挂牌股票的退市制度，是股票市场的一项基础性制度，对于推进供给侧结构性改革，优化资源配置，促进优胜劣汰，提高上市公司质量有着重要机制作用。中国股票市场的退市制度改革从2001年开始经历了由局部到整体、由宽松到严格执行的渐进演化过程。

1998年4月22日，沪深证券交易所同时宣布，根据1998年实施的股票上市规则中的相关规定,将对财务状况或其他状况出现异常的上市公司的股票交易进行特别处理。其中,"异常"主要指两种情形:一是上市公司经审计两个会计年度的净利润均为亏损;二是上市公司最近一个会计年度经审计的每股净资产低于股票面值。对这些"异常"股票实施"ST"(即英文"Special Treatment"的缩写)制度。从1999年7月9日起,沪深交易所对于那些连续亏损3年的上市公司实施PT(即英文"Particular Transfer"的缩写)制度,将这些暂停上市的股票转入三板市场,实行"特别转让服务"。但即便如此,这些长期亏损的股票依然没有完全退市。

2001年2月23日,中国证监会发布了《亏损公司暂停上市和终止上市实施办法》,并于11月进行了修订,规定连续三年亏损的上市公司将暂停上市,由此,上市公司退市制度正式开始实行。但是,随着资本市场发展改革的逐步深化,退市制度在实际运行中逐渐暴露出退市标准单一、退市程序冗长和退市难等问题。上市公司通过包装粉饰业绩以规避退市的现象时有发生,上市公司"停而不退"也引发了"壳资源"的炒作,干扰了市场正常的风险溢价的形成,影响了市场的正常秩序和理性投资理念。2004年1月31日,针对股市连续多年低迷及市场长期积累的股权分置的矛盾,国务院发布了《关于推进资本市场改革开放和稳定发展的若干意见》(即"国九条"),明确提出要"完善市场退出机制""在实现上市公司优胜劣汰的同时,建立对退市公司高管人员失职的责任追究机制,切实保护投资者的合法权益"。但这些措施并没有能够真正落实,一个很重要的原因是很多陷入亏损的上市公司都有历史上的缘由,如果强行退市会引起社会公众股东的强烈不满。

退市制度改革由创业板取得突破。2012年3月18日,国务院转批国家发展和改革委员会《关于2012年深化经济体制改革重点工作的意见》的通知,提出深化金融体制改革,健全新股发行制度和退市制度,强化投资者回报和权益保护。2012年4月20日,深圳证券交易所正式发布《深圳证券交易所创业板股票上市规则》,自2012年5月1日起施行。创业板退市制度明确了创业板退市条件,规定创业板公司退市后统一降板至代办股份转让系统挂牌,不支持上市公司通过借壳恢复上市,开启了中国股票市场退市制度改革。2012年6月28日,上海证券交易所和深圳证券交易所公布新退市制度方案，连续三年净资产为负，或者连续三年营业收入低于1000万元，或连续20个交易日收盘价低于股票面值的公司应终止上市。2016年8月22日，股票欣泰电气（300372）停止交易，正式从创业板摘牌。该公司因为欺诈发行及信息披露违法违规触发退市条件，成为创业板退市第一股。为保证因欺诈发行受害的投资者利益能够得到赔偿，创业板对欣泰电气实际控制人以及涉案的董事、监事和高管人员持有的股份采取冻结等限制转让的措施，同时配合相关部门积极协调公司保荐机构兴业证券设立5.5亿元先行赔付专项基金。该股票的退市表明股票市场监管者整顿和规范市场秩序的决心。

从增量入手推进退市制度的完善。2014年5月9日，国务院出台了《国务院关于进一步促进资本市场健康发展的若干意见》，从增量入手提出"构建符合中国实际并有利于投资者保护的退市制度，建立健全市场化、多元化退市指标体系并严格执行。支持上市公司根据自身发展战略，在确保公众投资者权益的前提下以吸收合并、股东收购、转板等形式实施主动退市。对欺诈发行的上市公司实行强制退市。明确退市公司重新上市的标准和程序。逐步形成公司进退有序、市场转板顺畅的良性循环机制"。2014年10月15日，中国证监会公布《关于改革完善并严格实施上市公司退市制度的若干意见》，内容包括健全上市公司主动退市制度、实施重大违法公司强制退市制度、严格执行不满足交易标准要求的强制退市指标、严格执行体现公司财务状况的强制退市指标、完善与退市相关的配套制度安排、加强退市公司投资者合法权益保护、进一步落实退市工作责任等七部分内容，自2014年11月16日起施行。退市意见的出台健全了主动退市机制，落实了重大违法强制退市安排，进一步优化交易类、财务类退市指标，并对决策程序、投资者保护等做了较为全面的安排。经过几年的探索实践，中国股票市场已初步形成包括重大违法强制退市在内的多元化退市指标体系，较为稳定的退市实施机制也得以建立。2018年3月2日，证监会宣布就修改《关于改革完善并严格实施上市公司退市制度的若干意见》公开征求意见，在总结退市制度实施以来的经验基础上，调整了重大违法强制退市的内容，强调证券交易所的退市工作主体责任，加大退市执行力度，以期更加有效地推进供给侧结构性改革，提高上市公司质量，优化市场资源配置功能。

三、提高上市公司质量

(一)股权分置改革

20世纪80年代末期至90年代初期,随着国有企业股份制改革的推进,国有企业为了既满足筹资需求又满足掌握控制权的需求,在股票市场中选择了增量发行股票的方式,引致原始股票成为非流通股的现实状况,同时也就形成了仅有占1/3股份的社会公众股可以在股票市场中交易流通的股权分置格局。

中国2001年开始尝试通过国有股减持的方法解决股权分置问题。2001年6月6日,国务院出台了《减持国有股筹集社会保障资金管理暂行办法》,旨在通过向公共投资者转让上市公司国有股的方法来解决国有企业改革发展中的资金需求问题。7月26日,国有股减持在新股发行中正式开始,但由于股票市场在随后数月对国有股减持反应强烈而大幅下跌,国有股权价值保值受到影响,该办法仅实施了4个月就宣布暂停。

随着股票市场的发展和国有企业改革的推进,股权分置在加剧股东利益冲突、股权流动性分裂、加剧并购重组投机动机等方面的不良后果日益凸显,股权分置问题成为影响上市公司治理水平和盈利能力提高的主要障碍,股权分置改革的呼声日益高涨。2004年1月31日,国务院发布《关于推进资本市场改革开放和稳定发展的若干意见》,围绕着党的十六大和十六届三中全会的政策精神,就推进资本市场的稳定发展,明确指出"积极稳妥解决股权分置问题"。该意见提出要规范上市公司非流通股份转让行为,防止国有资产的流失,同时尊重市场规律,保持市场稳定,切实保护投资者特别是公众投资者的合法权益。2005年4月29日,经国务院批准,中国证监会发布《关于上市公司股权分置改革试点有关问题的通知》,启动了股权分置改革的试点工作,三一重工、紫江企业、清华同方、金牛能源四家上市公司成为首批股权分置改革试点公司。2005年8月23日,中国证监会、国有资产管理委员会等五部委联合发布《关于上市公司股权分置改革的指导意见》,中国证监会在9月4日发布《上市公司股权分置改革管理办法》，标志着中国的股权分置改革进入全面铺开阶段。

股权分置改革历时两年基本完成，使得原来不可上市流通的国有股和法人股进入市场流通，从根本上解决了上市公司股权结构问题，提高了股东利益的一致性，为后续上市公司质量的提高奠定了微观基础。股权分置改革也盘活了市场存量资源，促进市场化资产定价机制的建立，纠正了并购重组的扭曲动机，恢复并完善了资本市场资源的配置功能。股权分置改革也在宏观层面为市场后续的基础制度改革的深化创造了条件。改革过程中也存在非流通大股东利用信息不对称，通过合谋、内幕交易等违规行为侵占流通股股东权益等问题。市场和监管也在改革后的一段时期面临大小非解禁对普通投资者利益的冲击、投资市场信心缺失等新局面的考验。此外，股权分置改革也留下股权激励等尚未解决的问题。

（二）完善上市公司股票分红制度

2001年以后，证券监管部门持续强化分红政策规定，由最初的定性监管逐步过渡到约定分红比例的定量监管，之后通过提高规定的分红比例和限定现金分红与再融资资格的挂钩等方式提高了分红定量监管的力度，最后于2013年分红政策通过差异化战略得以进一步完善。十几年间大约经历了三个阶段：

第一阶段为定性监管阶段。2000年之前，由于《公司法》规定，股份公司的利润分红由股东大会决定，所以股票市场监管部门并未就上市公司分红问题出台专门的政策。为完善上市公司新股发行制度，改善资本市场不重视股东回报、重融资轻分红等问题，中国证监会在2001年3月28日发布的《上市公司新股发行管理办法》中做出规定：上市公司最近三年未有分红派息，董事会对于不分配的理由未给出合理解释的，主承销商应重点关注，并在尽职调查中予以说明。该项规定首次在新股发行中加入了对股票分红的要求。它虽没有做出强制性的要求，但却开启了半强制分红政策的阶段。为了保护投资者权益，中国证监会于2004年12月7日发布的《关于加强社会公众股股东权益保护的若干规定》中首次将再融资资格与现金分红行为挂钩，规定上市公司应重视对投资者的回报；应将利润分配方法载于公司章程；董事会未做出现金利润分配预案的，应当在定期报告中披露原因，独立董事应当对此发表独立意见；上市公司最近三年未进行现金利润分配的,不得向社会公众增发新股、发行可转换公司债券或向原有股东配售股份。

第二阶段为定量监管阶段。由于缺乏明确的量化强制指标约束有再融资资格的上市公司,一些上市公司通过象征性的少量分红来达到再融资的资格。针对此种普遍存在的现象,中国证监会于2006年5月6日在《上市公司证券发行管理办法》中进一步规定:上市公司发行证券应满足最近三年以现金或股票方式累计分配的利润不少于最近三年实现的年均可分配利润的20%。随后又在2008年10月7日发布的《关于修改上市公司现金分红若干规定的决定》中将此比例调高至30%,并且通过限定只能以现金分红的方式满足再融资资格条件。2012年5月,中国证监会又进一步出台了《关于进一步落实上市公司现金分红有关事项的通知》,强化了上市公司利润分配政策的信息披露,要求披露现金分红政策的制定及执行情况、最近三年的现金分红比例与金额、未分配利润的使用安排情况,并作"重大事项提示"。上海证券交易所也在2013年1月发布的《上海证券交易所上市公司现金分红指引》中要求,细化现金分红监管要求,编制专项指数考察沪市上市公司分红水平及稳定性,并采取相应激励措施鼓励分红。

第三阶段为分红制度的完善阶段。随着量化分红政策的实施,半强制分红政策对业绩优良而无融资需求的上市公司缺乏约束力,而对成长性好、有再融资需求的公司影响较大。针对分红政策存在的双重效应,证监会在2013年11月出台了《上市公司监管指引第3号——上市公司现金分红》,提出上市公司董事会应当综合考虑所处行业特点、发展阶段、自身经营模式、盈利水平以及是否有重大资金支出安排等因素,按照公司章程规定的程序提出差异化的现金分红政策。从具体规定来看,公司发展阶段属成熟期且无重大资金支出安排的,进行利润分配时,现金分红在本次利润分配中所占比例最低应达到80%;公司发展阶段属成熟期且有重大资金支出安排的,进行利润分配时,现金分红在本次利润分配中所占比例最低应达到40%;公司发展阶段属成长期且有重大资金支出安排的,进行利润分配时,现金分红在本次利润分配中所占比例最低应达到20%。

第九章
中国股票市场的发展

四、新三板市场的发展

新三板市场设立于2012年9月。它聚焦于服务创新型、创业型、成长型中小微企业，一直致力于市场制度的建设与完善，确立了高度包容的市场准入制度、支持小额快速融资的定向发行制度、市场化程度较高的融资并购机制、以做市商制度为核心的交易制度、持续督导的主办券商制度，以及以自律监管为主的信息披露制度，使得一大批有发展前景和市场影响力的创新创业企业得以挂牌融资，有效拓展了资本市场服务实体经济的广度和深度。经过六年的探索与发展，新三板的建设运行逐步实现了常态化、法治化和规范化，形成了海量市场规模和贴近市场的具有普惠金融性质的制度特色。

从市场的运行情况来看，新三板市场仍处于基础制度体系的构建完善期，微观主体质量有待进一步提高。主要表现在：其一，挂牌公司的治理水平普遍不高。挂牌公司股权集中度过高导致公司大股东处于"强势"地位，董事会治理难度高。新三板独立董事不做强制性要求，没有保护小股东的约束机制。此外，目前全国股转系统尚未出台股权激励相关法律规范，限制性股权、期权的激励机制没有普遍有效地建立起来，存在较高的委托—代理成本。其二，公司质量不高。挂牌公司的经营绩效参差不齐，财务等信息披露的规范性和透明度不足。严重的信息不对称容易放大新三板市场的逆向选择效应，增加交易成本，投资者更趋谨慎，不利于流动性的提高。此外，与质量不高和信息披露不足相对应的，是新三板挂牌企业的违规问题。新三板市场尚未建立违规披露的法规体系，导致违规披露无法可依，挂牌企业的违规行为频发。根据东方财富"Choice数据"，截至2017年11月末，新三板挂牌企业违规行为达1065起，较上年全年（557起）增长近一倍。2017年由股转系统及附属部门进行处理的违规事项多达628起，同比增长1.24倍（2016年为280起）。触发监管的主要是挂牌企业涉信息披露违规、程序违规、交易违规、资金占用等问题。

制度供给也需要进一步逐步统筹深化。2017年12月22日，针对目前市场运行和制度亟待优化完善的情况，为贯彻落实党的十九大精神和全国金融工作会议部署，全国中小企业股份转让系统有限公司（以下简称"全国股转公司"）发布了新制定的《全国中小企业股份转让系统挂牌公司分层管理办法》（以下简称《分层管理办法》）和《全国中小企业股份转让系统股票转让细则》（以下简称《转让细则》），在深化新三板市场制度改革中迈出重要一步。此次制度改革的深化主要包括以下三个方面：

第一，稳中推进分层制度改革的优化。面对新三板的"海量市场"，市场需要通过分层制度安排为挂牌公司提供进一步的分类服务和管理，优化配置监管资源，同时使投资者信息收集成本得以降低。稳步推进市场分层制度改革是深化新三板制度改革的重要抓手，进而使发行、交易、信息披露、监管等各方面改革得以统筹推进。《分层管理办法》自2016年开始试行以来也暴露出一些不足。如分层标准方面，一批优质挂牌公司由于创新层的准入"标准一"的盈利要求偏高而未能及时纳入创新层，一批财务稳定性低、经营风险较高的公司却因"标准二"中偏低的营业收入规模要求进入了创新层。同时，创新层公司的公众化水平也因共同准入标准缺少对股东人数的要求而参差不齐。新修订的《分层管理办法》针对以上不足进行了相应调整。一是在差异化准入标准中，降低净利润标准，提高营业收入标准，新增竞价市值标准。指标的调整扩大了创新层对优质企业的覆盖面，同时防止了规模过小、经营不稳定、业绩波动大的公司进入创新层。二是在共同准入标准中增加"合格投资者人数不少于50人"的要求，从而进一步优化挂牌公司的股权结构，深化外部股东约束，进一步提高公司质量。同时，具有一定分散度的股权安排也为在差异化交易制度中创新层企业日内多次集合竞价的顺利实施奠定了基础，从而促进了市场分层管理后制度效应的有效释放。三是将原先以量化的财务指标为主的维持标准改为以合法合规和基本财务要求为主，从而提高了对企业正常业绩波动的容忍度，提升了创新层公司的稳定性，防止了"大进大出"，降低了市场操作风险和公司监管的难度。此外，《分层管理办法》还删除了"申请挂牌同时进入创新层"的规定，从而为挂牌公司在加入创新层之前留出了"规范"和适应时间。本次分层制度改革通过"降层"把控了风险控制底线。对于违法违规或持续经营能力存疑导致不符合上述维持条件的创新层公司，在每年分层定期调整时将被调整至基础层。除每年的定期调整之外,《分层管理办法》还就强制降层的情况进行了规定。对于更正年报数据、被认定存在财务造假或者市场操纵等情形导致不符合创新层标准的公司,全国股转公司将在20个转让日内直接将其调整至基础层。

第二,确立混合交易制度。与分层制度完善相配套的交易制度和信息披露制度改革也得以推进。针对协议转让方式中存在的不公允定价、市场认可度不高和监管难度大,以及大宗交易制度缺位等问题,新三板交易制度通过引入集合竞价、优化协议转让、巩固做市转让等具体措施进一步优化。一是引入集合竞价,与做市转让构成盘中混合交易制度。将原先采取协议转让方式的股票盘中交易统一调整为集合竞价,盘中时段的交易方式由挂牌企业自主选择。二是优化协议转让,发挥盘后大宗交易功能。为满足市场参与人合理的协议转让需求,此次交易制度改革提供了盘后协议转让与特定事项协议转让两种交易方式。对于符合一定数量、金额及相应价格限制的协议转让,可以通过交易系统在盘中申报、盘后成交;对于收购、对赌履约、同一实际控制人下的转让等合理的特殊转让需求,可以在线下通过申请办理特定事项协议转让予以满足。三是做市转让通过调整完善做市转让收盘价形成机制提升收盘价的稳定性和抗操纵性,同时协议转让方式一并适用于做市转让的挂牌股票。此次制度调整,引入的集合竞价制度,以最大成交量为成交原则,抗操纵性较强,适应了市场股权相对集中的特征和未来流动性需求的变化,为持续改善流动性奠定了基础。混合交易制度可以结合集合竞价在订单积累上的优势,发挥做市转让方式在满足投资者即时成交需求上的优势。同时,与市场分层配套,集合竞价的引入使得差异化的交易制度得以落地,即对采取集合竞价转让方式的股票实施差异化的撮合频次,基础层采取每日收盘时段撮合1次的集合竞价,创新层采取每小时撮合1次的集合竞价,每天共5次。集合竞价差异化安排充分考虑了基础层和创新层股票的流动性水平差异以及投资者的交易需求差异。此外,交易中的违规风险也得以把控。针对集合竞价、盘后协议转让交易制度的特点,监管方通过监察预警指标对异常交易行为、利用盘后协议转让进行利益输送等违法违规行为进行严密监控,以确保交易合规安全。

第三,信息披露实现差异化安排。市场分层后投资者对创新层挂牌企业的信息披露质量提出了更高的要求,部分创新层公司也可能有意愿主动披露更充分的信息以提升融资效率。为满足不同市场主体的差异化需求,本次信息披露制度改革在坚持信息披露真实、准确、完整、及时和公平的基础上,在创新层企业与基础层企业之间进行了差异化的信息披露制度安排。创新层挂牌公司股东人数较多,股票交易的撮合频次较高,公众化程度更高,新规因而从严要求其信息披露的频次、内容、及时性、专业性以及披露审计等。基础层公司继续执行现有信息披露规则,但对其中要求过严、明显不合理的个别规定进行了修改。值得一提的是,此次信息披露改革兼顾了挂牌公司成长期阶段的考虑,部分信息披露要求是建立在企业自愿基础之上的。如挂牌公司半年度报告、季度报告均无强制审计要求,可自愿审计;无须单独披露内部控制报告和社会责任报告,在年度报告中分别进行自我评价和自愿说明即可;设立业绩预告披露触发标准,没有要求定期强制披露;等等。

随着2017年末分层制度和交易制度改革迈出重要一步,差异化的制度安排在2018年逐步落地实施,市场也逐步进入重质量提升的发展新阶段。党的十九大报告明确指出中国经济已由高速增长阶段转向高质量发展阶段,正处在转变发展方式、优化经济结构和转换增长动力的攻关期。这对新三板市场未来的发展提出了新的要求。其一,新三板需要坚持其明确"服务创新型、创业型和成长型中小微企业"的定位,通过深化改革不断为中国经济高质量增长助力。其二,新三板继续深化制度改革,营造扎实的基础制度环境。相较于交易所市场制度而言,新三板具有"准注册制"特征,需切实发挥中国资本市场制度创新探索的基础与前沿作用,不断优化中小微企业的融资环境。其三,切实服务实体经济,主动有效防范系统性金融风险。新三板各项制度改革在稳中求进的基调中系统化推进,切实拓展了资本市场服务实体经济的广度和深度,未来需抓住不脱离服务实体经济这一根本角色定位,确保守住不出现系统性风险的底线。其四,构建以市场严格自律为主、行政协同的监管体系。新三板在进一步厘清自律监管与行政监管边界的同时,提高了二者的协调性,完善了市场监管理念。行政监管如实履行监管职责,使得监管与处罚权责统一。其五,有效保护投资者合法权益。建立并完善信息披露法律责任体系,明确违规披露的处罚措施和相应主体的法律责任，增加违规披露成本。赋予投资者民事诉讼的权利，有效保障投资者利益。

第三节 中国股票市场的新发展

一、科创板开启股票市场发展新阶段

2018年11月初，习近平主席在中国首届国际进口博览会开幕式主旨演讲中宣布，将在上海证券交易所设立科创板并试点注册制。2019年3月22日科创板申报正式开闸。随着股票市场的较快发展，设立科创板和试点注册制的条件基本成熟。一是股票市场广度、深度、开放度能经受市场化冲击。经过多年发展，中国上市公司超过3500家，总市值超过44万亿元，稳居全球前三大市场。股指产品丰富，不仅涵盖大盘行情，而且包括细分行业。二是中介机构执业能力不断增强。随着监管责任下移，保荐机构防范上市公司欺诈意愿提高，推荐企业更加勤勉尽责。三是监管机制不断完善。"跨部门、跨地区、央地结合"综合监管体系已经建立，大数据、云计算等技术应用显著提升监管效率。四是现有平台积累了丰富经验。五是投资者行为更加理性。

国际经验表明，实施股票市场注册制对增加股票市场包容性、优化公司融资结构、服务产业转型升级和促进社会创新创业等有着显著效应。设立科创板是股票市场各项制度转型发展的试验田，为全面实施注册制累积经验。设立科创板的必要性主要表现在三个方面：第一，完善股票市场基础性制度。从交易所竞争角度看，上海证券交易所设立科创板，与深圳证券交易所创业板的竞争将更加充分。从多层次市场角度看，科创板重点支持尚未进入成熟期但具有成长潜力的中小科技型企业和创新型企业，对企业财务指标约束相对宽松，与主板、中小板、创业板和新三板战略定位有所差异。第二，提升股票市场定价效率。股票市场定价效率由上市公司新陈代谢决定，退市是净化上市公司的不二法门。从实施效果看，一方面壳资源价值居高不下，上市公司退市意愿较

低；另一方面退市配套措施尚未建立，利益相关者权利保障难度较大。设立科创板并建立与注册制相匹配的发行、交易、退市、投资者适当性和证券公司资本约束制度，可以提升股票市场的价值发现功能。第三，加快产业结构优化升级。战略性新兴产业是高质量发展的关键，但资本市场融资功能与之尚不匹配。从目前情况看，一方面诸多承担维护国家安全的公司远赴境外上市，容易引起这些公司的控制权纠纷和产业发展主导权外移；另一方面新兴企业高速发展亟须大量资金，但股票市场对新技术、新产业、新模式支持力度明显不足。设立科创板发展新经济、培育新产业，有利于加快推进经济转型和结构调整。

设立科创板和试点注册制需要出台一系列举措：第一，设置财务指标、市场估值指标等差异化上市条件，允许发展前景良好但尚未盈利的企业上市。第二，公司发股上市审核权交由交易所决定，消除上市公司的政府隐性"背书"。第三，确立以信息披露为中心的审核理念，不断完善信息披露制度，强化发行企业信息披露的法律责任。第四，强化中介机构连带责任。加强保荐机构、会计师事务所、律师事务所核查责任，引导中介机构督导发行人。第五，强化证监会的监管职责，包括对交易所审核工作监督和对发行企业及中介机构的监督。与此同时，设立科创板并试点注册制还需配套一系列制度，其中包括：完善投资者利益保护制度，例如先行赔付制度、集体诉讼制度等；建立中介机构监管制度，考虑实施从事证券业务牌照管理制度；完善退市制度加快企业新陈代谢，尤其是对重大欺诈和违法行为的上市公司强制退市；强化司法保障，加大欺诈行为处罚力度，出台审核人员职务犯罪法律规定，完善投资者集体诉讼法律机制，加强司法协同。

二、股票市场发展的新机遇

对外开放与国际化贯穿在股市改革发展的全过程。中国股市中的各项开放制度安排均是在中国货币没有实现完全可自由兑换、资本项目尚未充分开放的条件下展开的，这决定了有限度地引进外资、开放股票市场常常是一项具有试探色彩或试点色彩的过渡性制度安排。

从股市建立初期发行人民币特种股票（B股），到通过合格境内投资者制度（QDII）鼓励境内公司到境外交易所发行股票，到实施合格境外机构投资者（QFII）以及RQFII制度，再到"沪港通""深港通"相继开启，到A股被纳入明晟公司（MSCI）指数，中国股票市场开放的深度与广度不断扩大。

随着科创板设立和试点注册制，股票市场的市场化发展新阶段得以开启，这标志着未来的中国股票市场将更加市场化、国际化和法制化。可以预见的是，中国股票市场将在双向开放中不断引入价值理性投资的国外机构投资者，通过稳步深化各项制度改革，不断提高资源配置效率，在经济发展的新时代中走出一条具有中国特色的高质量发展之路。

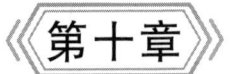

中国证券投资基金市场的发展

新中国成立以来,金融业发展相对滞后,证券业以及投资基金业的发展相对更加滞后,证券业发展约有 30 年的历程,投资基金业则仅有 20 年的历史。但作为改革开放以来金融领域一个较为新兴的子行业,中国投资基金行业[①]在过去 20 年的历程中蓬勃发展,展示了良好的发展势头。自 1998 年中国证券投资基金行业开始正式发端以来,投资基金行业的发展经历 2003 年的扩容和 2007 年的牛市扩张后保持了一个相对稳定的发展态势,直至 2012 年开始进入一个新的爆发式增长阶段。中国投资基金行业已经逐步成为中国金融体系重要的组成部分,在金融市场体系功能发挥、居民资产配置等领域发挥了重要的作用。

第一节 中国证券投资基金的发展简况

一、证券投资基金发展的简要历程

自 20 世纪 90 年代以来,中国证券投资基金市场的发展大致经历了四

---

① 投资基金行业涉及的基金种类繁多,在中国投资基金行业发展过程中,证券投资基金在 2012 年之前一直是主导的领域,至今仍然是投资基金行业核心业务板块。限于其他基金类型的历史和数据约束,本章主要以证券投资基金作为主要的研究对象。

第十章
中国证券投资基金市场的发展

个阶段：

第一阶段为萌芽发展阶段。在中国，虽然证券投资基金发展的正式起步是 1998 年，但是，从发展的角度看，它可追溯至 20 世纪 90 年代初。早在 1991 年，武汉证券投资基金和深圳南山风险投资基金分别由中国人民银行武汉分行和深圳南山区政府批准成立，这两支基金成为中国第一批投资基金，也是新中国成立之后第一批股权性投资基金。截至 1997 年底，全国各地共设立基金 75 个，基金类凭证 47 个，总募集规模约为 73 亿元（李红，1998），比较著名的基金有淄博乡镇企业投资基金、天翼基金、武汉基金第一期、宝鼎教育基金等。

在中国基金行业萌芽阶段，各地设立的证券投资基金缺乏完善的监管框架和运作机制，运作发展相对不规范。首先，基金运作相对不规范。在基金行业萌芽阶段设立的基金基本具有规模较小、投资策略较为模糊，以及基金的收益水平相差悬殊、投资范围宽泛但资产质量不高等共同缺陷。其次，基金监管相对不足。由于缺乏具有针对性的监管法律框架和制度安排，这个时期基金的设立、管理、托管环节都缺乏有效的监管规则和监管实践，一些基金的运作实际上是在监管体系之外，部分从事审批的部门亦没有动态及时跟进所审批基金的有效监管。加之这个时期股市低迷、行业行情不佳，发行受阻以及面临巨额赎回的压力，基金行业整体生存面临较大的压力。最后，基金的投资、管理和权益制度保障不足。早期基金缺乏有效的管理人、托管人、发起人等职能分工，管理人、托管人、发起人等职能混淆甚至三者混为一体都曾是较为普遍的现象，更甚者，基金资产与基金管理人的资产混合使用，基金资产被挪用以及损失的情况多有发生，投资者权益没有得到有效的保障。

第二阶段为初步发展阶段。由于早期萌芽阶段基金运行相对不规范，基金行业乱象重生，引发了一些金融和社会问题。在金融危机的冲击下，较多基金出现投资失误或失败，这使得基金行业的规范化发展提上了监管机构的议事日程。1997 年当时的国务院证券委员会联合中国人民银行和中国证监会研究制定了投资基金管理办法。1997 年 10 月，中国证监会基金监管部成立。1997 年 11 月 14 日，国务院证券委员会颁布了《证券投资基金管理暂行办法》。这是中国证券投资基金行业第一个较为全面的法律规范，标志着中国基金业发展开始走向了规范有序的道路。

规范化的制度框架使得中国基金行业获得了初步发展。1998年3月5日，国泰基金管理有限公司在上海正式揭牌成立，这是国内第一家规范成立的基金管理公司。随后，南方、华夏、华安、博时、鹏华等基金公司相继成立。1999年，基金公司数量增加到10家，它们也被称为"老十家"。

封闭式基金是中国基金行业初步发展阶段的主导品种。1998年3月27日，经中国证监会批准，新成立的南方基金管理公司和国泰基金管理公司分别发起设立了规模均为20亿元的两只封闭式基金——"基金开元"和"基金金泰"，这是根据《证券投资基金管理暂行办法》规范化发行的首批证券投资基金。在基金初步发展阶段，市场品种主要局限于封闭式基金。到2000年底，基金份额为560亿份，资产净值仅为845.62亿元。但是，封闭式基金主导的证券投资基金规范化运作水平相对较低，2010年10月《财经》杂志关于"基金黑幕"的报道引发巨大的社会影响，其后约1年时间基金行业进入一个重要的规范阶段，基金行业发展处于一个低潮。截至2001年9月开放式基金推出之前，中国共有47只封闭式基金，规模为689亿份。

在基金行业初步发展阶段，开放式基金作为重要的创新逐步引入到证券市场体系之中。2000年10月中国证监会颁布《开放式证券投资基金试点办法》。2001年9月，中国第一只开放式基金"华安创新"成立，这标志着中国基金产业进入开放式基金时代。

第三阶段为法制化发展阶段。《证券投资基金法》的颁布标志着中国基金行业正式走向了法制化的规范发展阶段。2003年10月，全国人民代表大会常务委员会通过了《证券投资基金法》（以下简称《基金法》），标志着中国基金业走向法制化发展的道路。政策的逐渐完善也催生了货币基金在2004~2005年的繁荣。当时货币市场型基金的资产净值从2003年末的42.54亿元飙升至2005年末的1867.9亿元。《基金法》颁布之后，中国基金行业在不断完善法律法规和推出新基金产品种类中走向不断发展的道路，银行系开放式基金、复制基金、拆分试点基金以及分级基金等品种在2005~2007年间不断推出。

由于遭受2008年金融危机冲击，公募基金市场在2008~2011年表现相对疲软。2012年新修订的《基金法》和《证券投资基金管理公司管理办法》放松了资产管理行业的监管,基金市场在2012年之后再次迎来一波繁荣。

第四阶段为互联网化发展阶段。在互联网金融的推动下,互联网货币基金爆发式发展起来,互联网销售成为基金销售的主要模式,这使得证券基金行业开启了又一个高速发展的阶段。在2013年6月成立的余额宝互联网货币基金的带动下,互联网金融蓬勃发展,2014年基金行业资产净值规模一举突破3万亿元和4万亿元两个大关至4.45万亿元。2015年是中国基金行业史上规模增长最快的年份,当年,基金行业资产规模总额增长87%,一举突破8万亿元至8.35万亿元。其中,货币市场基金资产飙升109%达4.58万亿元。[①] 2016年以来,由于利率水平保持低位以及监管当局对银行间市场的监管趋于严格,货币基金的规模有所回落,但是,其他基金产品继续保持高速增长,证券投资基金的资产规模整体呈现良好增长态势。

互联网化使得基金行业的销售发生重大的变革,实现了从代销向直销的转变。公募基金的销售主要有三种渠道:银行、直销和券商代销等。从基金发展起来至2013年中期之前,基金主要依赖银行作为销售渠道。随着信息技术的发展和智能手机的普及,互联网化成为基金行业发展和销售的一个重要变量,基金公司不断通过网络和手机端App进行基金产品的直销工作,致使其他销售渠道的占比被压低。直销渠道占比已经由2007年12月的11%上升至2016年末的84%。

根据中国证券投资基金业协会的数据,2015年开放式基金销售保有量中基金公司直销首次超过银行渠道,直销成为销售保有量最高的渠道(占比为62.6%),其次才是银行的26.5%和券商渠道的9.4%。第三方专业销售机构和证券投资咨询机构销售保有量占比仅为1.2%和0.3%。同上文所述,由于基金直销渠道销售量和保有量近些年来大幅增长,直销渠道在保有量中贡献了主要份额。

---

① 数据来源为Wind。

二、证券投资基金发展的业绩

1998年以来,随着中国市场经济体系建设不断深入,中国经济改革开放成果显著,经济高速成长,居民财富水平快速提升,投资需求日益强烈,证券投资基金行业迎来了发展的历史机遇,整个行业理性发展,规范运行,取得了重要的成绩。

第一,成为金融体系中重要的机构投资者。证券投资基金行业顺应居民财富增值的现实需求,成为金融市场重要的参与者。1998年中国基金行业基金总数为27只,基金资产净值仅为104亿元。截至2018年5月底,公募基金产品数量达到4930只,基金份额为12万亿份,资产净值为12.42万亿元。① 截至2018年底,中国共有131家公募基金管理人,合计管理基金数量5123只,其中130家已披露的管理基金资产净值近13万亿元,份额规模约12.8万亿份。② 证券投资基金(仅指公募基金)已成为中国居民投资理财的主要渠道之一,同时已经成为中国金融市场体系重要的机构投资者,是中国改革开放和金融体系发展的一个缩影。

第二,成为普惠金融的重要载体。公募基金大众化、普及化趋势十分明显,成为中国家庭实现财富长期保值增值的主要理财工具,也已经成为中国普惠金融发展的重要参与者。1998年以来,中国证券投资基金行业的基金产品不断创新,产品种类不断拓展,1998年仅有5只封闭式股票基金,2018年5月底,基金产品数量已接近5000只。截至2017年底,公募基金持有人户数约6亿户,管理各类养老金超过1.47万亿元,即平均每两个中国公民就有1个是基金持有人,公募基金已经成为中国国内大众化的投资理财工具,是普惠金融重要的载体之一。③

互联网货币基金的兴起使得公募基金大众化和普惠化的发展趋势得到强化。作为大众理财工具,公募基金已经成为中国居民实现财富长期保值增值的重要方式。在互联网化发展阶段,互联网货币基金快速兴起,由于

---

① 数据来源为 Wind。
② 数据来自中国银河证券基金研究中心。
③ 范勇宏:《中国公募基金20年巨变与思考》,搜狐财经,2018年3月15日。

货币基金具有安全性、高流动性、收益稳定性特点,大部分人把原来放在银行的活期储蓄转到了货币基金上。货币基金不仅流动性好,而且收益率比银行储蓄高,深受广大中小投资者的欢迎。典型的案例是余额宝和微信理财等,基于智能终端,链接货币基金,成为普通大众极其便利化的投资工具,超越了基金投资的时间和地域限制,摆脱了以银行销售为主导渠道的模式,使得普通大众获得了平等的金融参与权和市场化的金融收益权。以余额宝、微信理财为代表的货币基金的普及和大发展,是普惠金融的重大创新,不仅唤醒了亿万普通投资者的理财意识,极大地提升了公募基金规模,而且使公募基金更加大众化、普及化,成为普惠金融最重要的载体。互联网货币基金打破了传统金融机构依靠牌照收费的强势思维,是对传统金融业的一次深刻革命,有利于普惠金融体系的建立和发展,对于中国加快建立现代金融体系具有重要意义。[①]

第三,成为综合性资产管理机构。证券投资基金业务模式已从纯公募封闭式基金管理发展为综合性资产管理机构。公募基金的发展初期基本是以封闭式基金为主导,随后根据市场需要和行业发展趋势逐步调整业务模式,开放式基金日益成为主流。同时,除公募基金外,还管理社保基金、企业年金、机构专户等资产管理业务,业务范围不断扩大。2012 年以来,随着证券投资基金子公司的广泛设立,基金行业的业务范畴进一步拓展,已经成为一个全面、综合的大型资产管理子行业。

三、证券投资基金的发展趋势

中国的证券投资基金在进一步发展中具有如下趋势:

第一,融入大资产管理。随着中国改革开放的深入和金融体系的发展,中国已经进入一个大资产管理时代。2012 年,中国证券投资基金业协会成立,其重要的政策背景就是迎接大资产管理时代的到来。基于《基金法》的修订,中国证监会致力于在拓宽基金公司业务范围、扩大基金投资标的、松绑投资运作限制、优化公司治理、规范行业服务行为方面取得突

---

① 范勇宏:《中国公募基金 20 年巨变与思考》,搜狐财经,2018 年 3 月 15 日。

破性进展,为基金公司的改革发展尤其是向综合性财富管理机构转型发展提供制度支持。财富管理行业在中国大有前途,正处于重要的发展机遇期,基金管理公司应当加快向现代财富管理机构转型。①

在大资产管理时代,大资管行业发展的主要矛盾是不平衡、不充分的资产管理产品和服务供给与日益增长、不断升级的财富管理需求升级的矛盾。随着居民财富水平的快速提升,财富管理内在需求不断膨胀,需求亟待一个大规模和多元化的资产管理行业相互匹配。居民理财和养老金大发展,使得资产管理行业的需求基础不断被夯实,资产管理进入了一个大发展时期。规模日益扩大的养老金将成为资产管理行业基础性的长期资金来源,或所谓的第三支柱,将为资产管理行业的发展夯实资金基础。基金管理机构要加快以现代金融科技为手段,推动商业模式、业务结构、产品设计和服务方式创新,打造更加专业、高效、现代化的产品线,形成新的市场核心竞争力。

第二,依托互联网。自2013年余额宝成立以来,互联网化对于基金行业的影响日益深入,现在已经成为证券投资基金行业重要的发展推动力。值得注意的是,互联网化未来将进一步推进基金行业的转型发展,甚至将重构基金行业的发展格局。现代信息、移动互联、大数据等新兴技术及其应用正以其独特的技术支撑、经营模式和价值创造方式,影响着金融体系的发展理念、业务模式、组织架构和风险管控模式,逐步成为整个金融生态体系中日益重要的力量,并将引导并主导金融服务科技化的发展格局。伴随新兴技术的蓬勃发展,第三方支付成为金融体系重要的基础设施,支付结算及其相关的账户体系快速发展起来,第三方支付特别是移动支付深刻影响了国民的消费模式和财富管理模式,消费线上化、线上线下融合以及互联网金融等成为金融体系中无法忽视的力量。互联网化将使得基金行业或整个资产管理行业进一步大众化、普惠化和共享化。②

第三,迈入国际化。以QFII、RQFII和QDII为代表的证券投资制度安排,在过去10余年的发展历程中取得了重要的成绩,为基金公司业务国

---

① 郭树清:《基金管理公司要加速转型为现代财富管理机构》,载于《证券日报》2012年6月8日。
② 郑联盛:《共享经济:本质、机制、模式与风险》,载于《国际经济评论》2017年第5期。

际化提供了重要的实战经验和运行参考。"沪港通""深港通""债券通"等将为中国证券市场与外部证券市场互动提供基础设施支撑。随着中国与世界经济互动日益深入,中国居民全球化配置资产的需求在迅速提升,基金公司及整个资产管理行业的国际化运行将是一个必然的趋势。在未来资产管理行业国际化的过程中,将可能会出现以下几个重点:一是跨区域的资产配置诉求是国内居民资产管理的第一诉求,如投资海外的房地产、债券、股票等,这种诉求以高净值人群为主导,以私人财富保值增值及多元化配置为目标。二是海外实体资产的配置与管理将成为企业的重要需求。中国企业"走出去"将是一个重要的趋势,海外资产的咨询、出价、交易、重组以及相应的专业资产管理服务是未来资产管理行业一个重要的业务增长点。三是多币种的资产配置诉求将日益显著。随着企业国际化的深入发展和居民资产配置的多元化,企业部门和居民部门的海外资产配置将进一步扩大,逐步形成多币种的资产配置格局。这个过程中,币种错配是一个重要的风险,这为资产管理机构提供了重要的业务支撑。

第二节 证券投资基金市场简况

一、公募基金

公募基金是中国证券投资基金的基础构成部分,是中国基金行业发展的一个缩影。从历史发展的角度,公募基金从1998年开始算起已经整整走过20年的发展历程,公募基金从无到有、从小到大、从不规范到规范,取得了良好的成就。1998年,中国基金行业基金总数为27只,基金份额仅为100亿份,基金资产净值仅为104亿元。2002年,中国基金行业基金总数为71只,份额为1330亿份,资产净值仅为1207亿元。截至2017年底,中国境内共有基金管理公司113家,管理资产合计达11.6万亿元。截至2018年底,中国共有131家公募基金管理人,合计管理基金数量5123只,其中130家已披露的管理基金资产净值近13万亿元,大致为1998年基金行业净值的1250倍以及2002年基金行业资产净值的107倍。目前范围涵盖股票基金、混合基金、债券基金、货币市场基金、商品期货基金和交易型开放式指数基金（ETF）。同时，养老目标基金、基金中的基金（FOF）等以价值投资为理念、倡导获取长期稳定收益的新产品逐步推出，使得公募基金产品体系更加精细化，范围更加广泛，有利于满足不同投资者的需求，促使公募基金行业迈入资产配置的新时代。[①]

如表10-1所示，从证券投资基金行业的结构上看，截至2018年5月27日，货币型基金规模最大，为79855亿元，占比为64.28%。股票型基金、混合型基金、债券型基金分别为7171亿元、19188亿元、14429亿元，资产净值占比分别为5.77%、15.45%和13.67%。另外QDII基金规模十分有限，为833亿元。

表10-1　中国证券投资基金行业结构（截至2018年5月27日）

科目	全部基金	股票型	混合型	债券型	货币型	另类投资	QDII
数量（只）	4930	800	2316	1255	394	29	136
规模（亿元）	124230	7171	19188	14429	79855	133	833

资料来源：Wind。

从单体基金公司的发展来看，中国证券投资基金大致可以分为两个阶段。第一个阶段是以股票型或混合型基金为主导的阶段，大致是基金业开始发展至2013年中期，主要表现是基金公司基本发行股票型或混合型基金产品为主导，而债券型基金和货币型基金的种类和规模则相对有限。第二个阶段是2013年中期以来，主要以货币型基金为重要发展方向。重要的原因是互联网金融的兴起，以余额宝为代表的互联网货币基金成为普通投资者重要的投资品种，收益率相对较高、流动性良好、风险水平整体较低、相关费率极低，满足了互联网时代普通居民投资理财和流动性等多重要求，从而形成了一个"宝宝类"互联网型货币基金发展的新高潮。不过，这类基金的发展主要是依托基金公司股东背景尤其是商业银行在活期存款方面的巨大优势，从而是商业银行在竞争活期存款方面的一种竞争。

---

① 中国证监会：截至2017年底公募基金分红1.71万亿元，http：//www.gov.cn/shuju/2018-05/17/content_ 5291641.htm［2018-05-21］。

第十章
中国证券投资基金市场的发展

从单体基金公司对比看，前10大基金公司管理规模都超过3000亿元，前10大基金公司分别为天弘基金、工银瑞信基金、易方达基金、华夏基金、南方基金、建信基金、博时基金、招商基金、中银基金和嘉实基金。以货币基金为主导的基金公司有天弘基金、工银瑞信基金、建信基金、招商基金、中银基金等，除了天弘基金与支付宝的备付金账户相关之外，工银瑞信、建信、招商和中银基金等的膨胀都得益于互联网货币基金的膨胀，其余几大基金公司股票资产占比相对较高。

货币型基金创造了中国基金行业发展的新时代。以天弘基金为例，2013年6月23日推出余额宝关联货币基金之前，天弘基金是国内基金行业中的小基金公司。但是，余额宝推出之后，其关联的货币基金规模持续高涨，截至2018年5月27日，其资产规模接近2万亿元，其中余额宝货币型基金规模高达1.69万亿元，为全球最大单一基金。货币型基金在2013年后迎来了爆发式增长的阶段，2013年货币型基金资产净值为8800亿元左右，2014年一举突破2万亿元，达到2.19万亿元，2015年更进一步突破4.5万亿元。截至2018年5月27日，货币型基金规模接近8万亿元，为7.99万亿元。货币基金在基金市场体系中的地位和作用一路上升，2010年货币型基金市场占比仅为6.14%，2018年底，货币型基金市场占比约65%。即在过去8年的时间中，货币型基金的市场占比提升了10倍有余，是中国基金行业膨胀最为迅猛的一个子领域。

从投资回报看，基金行业整体给投资者带来较好的投资回报。截至2017年底，公募基金行业累计分红1.71万亿元，其中偏股型基金年化收益率平均为16.5%，超过同期上证综指平均涨幅8.8个百分点。除偏股型基金跑赢大盘外，债券型基金年化收益率平均为7.2%，超出现行三年定期存款利率4.5个百分点。同时，基金管理公司受托管理基本养老金、企业年金、社保基金等各类养老金1.5万亿元，在养老金境内投资管理人的市场份额占比超过50%，总体上实现良好收益。以社保基金为例，2001～2016年实现年化收益率8.4%，2017年收益率在9%左右。[1]

---

[1] http://news.sina.com.cn/c/2018-05-17/doc-iharvfhu7372617.shtml。

二、私募基金

在证券市场发展初期,私募投资基金基本处于空白阶段,这与金融市场体系和制度机制建设是紧密相关的。随着中国资本市场的深入发展,阳光私募基金亦迎来了快速发展的历程。与公募基金相似,私募投资基金的两个发展高潮是2007年的股票市场"牛市"和2014年后的市场繁荣。在2005年之前,私募证券投资基金的发展基本是非常初步的,规模亦十分有限,2002年私募投资基金仅有两只发行,发行规模只有2200万元。但是,股权分置改革之后,资本市场进入一个高度繁荣阶段,私募基金同样进入一个快速的发展阶段,2007年私募基金发行只数达到了443只,发行规模达到了453.63亿元。不过,全球金融危机的爆发使得中国私募基金领域的发展陷入了一个低潮,2008年私募基金发行只数只有322只,发行规模更是下降至不足270亿元。2009年私募基金发行只数虽上升至578只,但是,发行规模仍然不足260亿元。

在经历证券市场相对低迷的一个阶段后,随着政策当局对于证券投资基金行业发展的鼓励,基金公司子公司以及私募投资基金等在2012年之后迎来了新的发展阶段。私募投资基金在2014~2015年经历了一个爆发式增长的阶段,这主要在于这个时期中国股票市场迎来了新的上升周期以及政策当局对私募基金领域的肯定态度,同时私募基金阳光化进程不断深入,私募基金备案成为"阳光私募"成为一种政策及发展趋势,2014年私募基金备案制正式实施。根据证监会的数据,截至2015年9月底,私募基金发展进入了历史性高点,基金业协会已登记私募基金管理人20383家。已备案私募基金20123只,认缴规模4.51万亿元,实缴规模3.64万亿元。从认缴规模看,2015年9月底的规模是2007年的80倍。2015年私募证券投资基金加权平均收益率达到了26.58%,高于非货币型公募基金加权平均收益率月12个百分点。但是,由于私募证券投资基金备案之后出现诸多的运作不规范,比如以在证券投资基金业协会的备案作为基金发行募资的"令牌",误导投资者是"证监会审批通过"或"证券投资基金业协会审批通过",私募基金备案、募资及投资陷入了一个相对疯狂的阶段。随后，证券投资基金业协会对私募基金备案提出了更高的要求，对没有实质投资业务的私募基金进行清理，2015年四季度以后私募基金进入一个相对理性和内部整固的发展阶段。

从资产管理规模比较，私募基金管理资产规模已经和公募基金行业的资产规模相当。截至2018年12月底，基金业协会已登记私募基金管理人2.44万家。已备案私募基金7.46万只，管理基金规模12.78万亿元，私募基金管理人员工总人数24.57万人。[①]

从私募基金的结构看，证券投资私募基金发展迅速，其他股权投资基金发展更加迅猛。随着私募证券投资基金的合法化，近年来私募基金管理人数量和规模增长明显加快，截至2018年2月底，私募证券投资基金管理人8639家，管理私募证券投资基金规模2.60万亿元。如果简单对比私募证券投资基金规模与公募证券投资基金规模，前者比后者要小很多，但是，公募基金中有8万亿元是货币型基金，公募基金中的股票型和混合型基金规模合计为2.63亿元。考虑到私募证券投资基金主要是股票型或混合型基金，那么私募证券投资基金和公募证券投资基金在股票市场上的地位和作用就基本相当了。私募基金主要为高净值投资人群提供理财服务，是公募基金的有益补充。私募基金与公募基金并行发展，已成为资本市场不可或缺的重要机构投资者。

在私募证券基金快速发展的同时，私募股权基金得到了超常规大发展。2018年2月底，私募股权、创业投资基金管理人13682家，私募股权投资基金规模6.61万亿元、创业投资基金规模0.66万亿元。[②] 私募股权投资基金的发展得益于两个原因：一是中国证券市场和直接融资大发展，尤其是股票首次公开发行和再融资获得了较好发展，私募股权投资回报非常之高。二是随着公私伙伴关系模式（政府和社会资本合作，PPP）及产业投资基金的广泛兴起，社会资本以基金模式更为便利地参与其中，从而使得私募股权基金、创业基金等呈现在全国各地全面发展的态势。创业基金、私募股权基金的大发展，极大地推动了大众创业、万众创新，有力地

---

① 中国证监会：《私募投资基金登记备案总体情况》，2019年1月9日。
② 中国证券投资基金业协会：《私募基金管理人登记及私募基金产品备案月报》，2018年第2期。

促进了产业转型升级和新经济发展,对服务实体经济和资本市场健康发展发挥了重要作用。

从私募证券投资基金角度而言,它对二级市场行情相对比较敏感。随着2015年股票市场在5~6月和8月的大幅波动以及2016年初"熔断"机制的影响,私募基金在2016年出现了发行规模下行的情况。2016年发行规模为2152亿元,相比2015年的2376亿元下降了10.4%。2016年下半年以来私募基金发行规模、发行只数的增速都在放缓,与资本市场对于再融资特别是定向增发的监管强化存在较强相关性。2017年私募投资基金发展再度进入稳健发展阶段,当年发行规模达到2887亿元,创出私募投资基金发行规模的历史新高,截至2017年底,证券投资私募基金管理规模达到2.29万亿元。

在政府和社会资本合作模式兴起过程中,PPP项目、产业投资基金、创业基金以及政府购买公共服务等成为重要的市场融资和项目运营模式,社会资本广泛参与其中。私募基金行业在股权及创业投资基金的迅猛发展带动下,截至2018年底,行业管理基金只数为74642只,整体管理规模127783亿元,其中股权及创业投资基金家数达到了14683家,管理基金只数34993只,管理资产规模更是高达88999亿元,成为私募基金的主体(见表10-2)。

表10-2　中国私募投资基金基本状况(截至2018年底)

类型	私募管理人(家)	管理基金(只)	管理规模(亿元)
证券	8989	34440	21421
股权及创业投资	14683	34993	88999
其他	776	5209	17362
合计	24448	74642	127783

资料来源:中国证监会。

三、基金子公司

2012年以来,基金公司的子公司迎来了一个爆发式增长的阶段。基金子公司是由基金管理公司控股,经营特定客户资产管理、基金销售以及中国证监会许可的其他业务的有限责任公司。其中经营特定客户资产管理业务特指投资于未通过证券交易所转让的股权、债权及其他财产权利以及中国证监会认可的其他资产，这是目前各基金子公司的主要业务。

基金子公司业务发展极其短暂，但其发展速度极其迅猛。2012年基金子公司才开始发展起来，但是，资产管理规模膨胀很快，业务快速发展的同时也带来一些相对不规范的风险。随着金融监管强化，基金公司子公司专户资产管理中的通道业务和类信托业务被大量挤压，但截至2017年底，基金公司子公司专户资产管理规模仍高达13.7万亿元，仍然高于公募基金和私募基金的资产管理规模。但是，这个局面在2018年得到了改善，当年基金公司子公司专户资产管理规模下降至11.3万亿元。

第三节 证券投资基金的运作状况

一、公募基金稳健运作

公募基金运行相当稳健，行业整体不存在系统性风险。从基金行业各个子行业的情况看，公募基金资产规模较大，2017年底，其管理资产合计达11.6万亿元，但是，公募基金监管较为严格，基金公司和相关基金整体运营规范，风险应对机制较为充足。从结构看，公募基金逻辑上存在一定风险的领域是货币型基金的规模较大，是银行间市场的重要参与者，可能受市场整体流动性的影响较为显著，由此可能存在一定的流动性风险问题。

由于数据原因，基金类作为银行间市场一类机构进行统计，2012年以来，基金类的交易规模（以规模占绝对主导地位的质押式正回购为例）与整个市场的交易规模的比例大致是7%~16%，均值大致为10%。如果考虑了公募基金、私募基金等规模大致相当，那么，公募基金在银行间市场的交易占比就更低。为此，公募基金及其中的货币基金对于银行间市场的流动性具有依赖性，但是，其对银行间市场的流动性的冲击相对是较弱的。

公募基金运行的一个风险点是保本基金及其担保与反向担保问题。此前，由于2015年和2016年初股票市场的大幅波动使得投资者风险偏好明显下降，公募基金募集较为困难。为了促进公募基金产品的募集，保本基金成为2016年后新增基金发行的重要品种。保本基金的保本功能基本是在产品成立之时进入担保机制，公募基金每年按基金资产净值的一定比例向担保人支付费用，担保机构承担"保本"责任。在具体操作上，由于市场潜在波动的考虑，担保机构并不是特别愿意承担全部"保本"责任，为了实现"保本"功能，基金公司与担保机构签署"抽屉协议"实现反向担保，一旦出现亏损主要由公募基金公司来承担相应的风险。但是，这种反向担保实际上是基金公司从管理中介变化为信用中介，而公募基金的资本金在市场出现下行之时可能无法应对比资本金大数百倍的管理资产的价格下跌。

公募基金第二个风险点是对于二级市场价格形成机制的影响，但是，这个影响不会引发系统性的风险。比如，一家基金公司对于二级市场股票持仓过于集中，这可能使得标的股的价格决定出现扭曲。

公募基金第三个风险点是定制公募基金的出现。定制基金模式成为银行等金融机构委外资金的典型模式。2016年委外定制基金大量涌现，公募基金发行数量不断刷新纪录。定制公募基金实现了基金公司与其他金融机构特别是商业银行的跨界合作，通过借助于公募基金在固定收益、股票市场上的专业能力来定制特定的公募基金产品，一方面提升商业银行等金融机构资产的保值增值，另一方面可以降低商业银行等金融机构的税赋。截至2016年底，年内公告成立的基金数突破1000只大关，这也是公募基金19年来首次出现单年度成立基金数破千的情况，年度基金数量增加接近40%。特别是2016年四季度以来，多只百亿级委外定制基金密集成立，推动年内新基金首发规模突破万亿元大关，连续两年新基金首发规模超万亿元。定制基金的规模快速膨胀，强化了基金与银行的跨界融合，但是也使得风险传递链条跨越了至少基金和银行两个部门。定制基金的跨界风险是一个值得警惕的风险点。

二、私募基金差异化运作

私募投资基金在2014年以来随股市上涨和股权投资政策鼓励经历了

较快发展，私募投资基金规模在2017年底的资产管理规模超过11万亿元，与公募基金规模等量齐观，但是，由于私募基金及其产品的监管整体呈现备案制，投资对象既有二级市场，也有一级以及一级半市场，还有未上市的股权、票据、应收账款、期货、大宗商品等品种，基本覆盖了所有金融市场和产品。整体而言，在中国证监会和基金业协会的监管协同之下，尤其是随着私募基金备案制度的进一步完善，私募投资基金行业整体处于稳健发展的态势。

私募投资基金的运作差异化较大，私募投资基金行业监管的整体力度要低于公募基金，除了公募基金可能具有的相关风险之外，私募基金的风险可能比公募基金更为复杂。

第一，自融。很多企业主体缺乏顺畅的融资渠道，就借助于自己设立的或关联机构设立的私募基金来为自身的项目融资，不仅规避了传统融资渠道的约束，同时可以获得成本相对较低的融资资源。但是，这种自融式的私募基金可能导致未来现金流出现断裂、投资项目不达预期以及"庞氏骗局"式的自融甚至欺诈，最后导致虚设融资项目、进行保本承诺、甚至非法集资以及非法发行证券等问题。

第二，公募化。部分私募基金没有坚持合格投资者标准，存在大量投资低于100万元的个人投资者，在互联网金融兴起之后，部分私募基金以互联网理财为名将项目资金募集从私募化"拆分"为公募化产品，这使得私募基金的资金募集呈现公募化的特征。在此过程中，私募基金可能弱化投资风险提示、隐匿重要信息披露，最后导致较为严重的投资权益保护问题，甚至引发较大的社会群体事件。

第三，法律风险。目前，合伙制成为私募基金主流的组织架构，但是，作为承担无限连带责任的一般合伙人却往往是有限公司，有限责任公司股东以出资为限向公司承担有限责任。那么，在基金出现投资重大失误时，公司制一般合伙人如何承担无限责任，这是一个潜在的法律风险。

三、公募基金的子公司运作规范化

2012年以来，随着监管当局对基金公司子公司设立及运作的放开，公募基金子公司经营特定客户资产管理成为增长快速膨胀的领域，资产管理规模可能已经在10万亿元左右，是基金行业新兴的生力军。但是，基金公司子公司运作时间较短，监管规范程序相对较低，同时出现了较为复杂的运行机制。一方面管理资产规模较大，另一方面基金子公司综合化经营使得其与金融体系的内在关联性较为复杂，是基金行业存在重大风险的重要环节。

第一，公募基金子公司渠道化。《证券投资基金管理公司子公司管理暂行规定》只对基金公司子公司的注册资本有限制（不低于2000万元），并没有对业务提出风险资本和净资本要求。由于没有资本金限制，成本低，基金子公司在通道业务上占据优势地位。公募基金子公司法定具有开展专项资产管理业务的资格，但是，专项资产管理业务很大一部分是风险低、人才需求少、规模提升快的通道类业务，这使得整个公募基金子公司的作用呈现渠道化的特征，而非真正的资产管理业务专业机构。公募基金子公司以最低2000万元的注册资本金就管理十亿甚至百亿级的资产规模，渠道化业务占主导、主动管理业务占比较低，偏离了监管机构放开公募基金子公司监管约束的初衷。2018年4月的资产管理新规对其进行了针对性的监管，但是，这种爆发式的发展及其背后的体制机制因素值得反思。

第二，公募基金子公司信托化。信托公司在中国是具有综合化经营的金融机构，而其他类型的金融机构基本是分业性质的。相关法律法规对公募基金子公司的业务范围没有作出具体限制，从各家公募基金子公司的实践来看，银行资产池、股权质押、定向增发、同业投资、基建项目、PPP项目、私募股权投资、投贷联动等无所不包、无所不能，几乎成为全能型信托机构。这种跨界化操作是影子银行的重要组成部分，也是系统性金融风险的重要领域，值得进一步进行针对性地监管和处置。

第三，公募基金子公司影子银行化。公募基金子公司涉及非传统信贷业务，成为影子银行的组成部分。部分公募基金子公司以信托化操作手法与银行合作，实现了银行部门表内业务表外化和（或）表外业务信贷化。基金公司子公司发行资产管理计划、银行投资资产管理计划，是银行将表内资金转化为表外业务，本质是委托贷款；或者是表外理财业务通过基金公司子公司来进行非传统信贷业务，本质是信用业务。公募基金子公司对房地产部门、对地方政府平台及其相关项目等提供了较大规模的资金。公募基金子公司与银行关联起来，从事"银行的影子"业务，并成为影子银行的一个组成部分。

第四节 证券投资基金的监管体系

一、基金业的监管特征

在中国，基金业虽发展历史较短，但从1998年真正意义上的证券投资基金面世以来，基金行业处在较为有力和有效的规范监管框架之中。1997年11月国务院《证券投资基金管理暂行办法》的出台为基金行业的发展奠定了法治基础，证券投资基金是中国金融体系中先有法、再有机构和市场的一个领域。20年来，监管当局对于基金业的监管以基金公司稳健运行为载体，以投资者保护为目标，以信息披露机制为支撑，构建了一个较为有效的监督管理体系。中国的基金业监管有三个主要特征：

第一，依法监管。坚持依法监管的基金监管框架。基金行业监管秉承依法监管的政策逻辑。为了加强对证券投资基金的管理，保护基金当事人的合法权益，促进证券市场的健康、稳定发展，1997年11月国务院《证券投资基金管理暂行办法》颁布，成为证券投资基金行业实施有效监管的法制基础。《证券投资基金管理暂行办法》对证券投资基金的定义，基金持有人、基金托管人和基金管理人的职能定位，基金的设立、募集与交易，基金的投资运作与监管管理，信息披露，终止清算等进行了较为全面的规范。《证券投资基金管理暂行办法》是2003年《证券投资基金法》及2012年《证券投资基金法》修订的制度基础。

证券投资基金管理公司作为基金管理人是证券投资基金中的核心主体，其规范管理更加重要。除了《证券投资基金管理暂行办法》和后来《证券投资基金法》对证券投资基金管理公司的法定职责、设立运行、投资与监管等进行较为全面的规范之外，2004年10月1日开始实施的《证券投资基金管理公司管理办法》加强了对证券投资基金管理公司的监督管理,以规范证券投资基金管理公司的行为,进一步保护基金份额持有人及相关当事人的合法权益。该管理办法2012年随《基金法》修订实施,同时进行了完善并更名调整为《公开募集证券投资基金管理人管理办法》,成为约束证券投资基金管理公司以及开展公募业务的其他机构的重要配套制度安排。

第二,适时调整。坚持与时俱进的改革发展思路,客观上要求根据实践的变化适时调整对基金业的监管机制。监管当局对于基金行业在坚持依法监管的基础之上,同时坚持与时俱进的监管理念,结合中国改革开放和市场经济体系建设的现实发展趋势,不断完善基金业规范发展的制度框架和业务范畴。最为重要的是不断完善法律制度框架,尤其是2012年新修订的《基金法》对公募基金管理人的规范进行了大幅调整,主要包括:一是放宽公募基金管理人范围,允许基金管理公司以外的其他机构担任公募基金管理人;二是从主要股东的资质等方面,放宽公募基金管理人的准入条件,允许公募基金管理人通过专业人士持股等方式,强化激励约束机制;三是取消基金公司设立分支机构核准、5%以下股东变更核准,以及变更公司章程条款审批等项目,大幅减少行政审批;四是细化公募基金管理人及其股东、实际控制人的行为规范,丰富执法手段和监管措施,加大监管权力和责任。监管当局还对基金行业的管理机构范畴、基金业务范畴、投资管理制度、基金托管以及互联网属性的相关业务进行了动态有效的改革与监管。

第三,规范运行。坚持规范的投资基金管理制度。投资基金制度优势是基金业健康发展的关键因素。基金行业已经构建了一套适合国情、制度先导、严格执行、加强监管、不断完善的投资管理制度,并充分借鉴和吸收发达国家先进的投资基金制度经验和做法,逐步建立了一套完整、规范、有效的中国投资基金管理制度。公募基金行业始终坚守"受人之托、代客理财"的资产管理本源,坚持"组合投资、强制托管、公开披露、独立运作、严格监管"的制度优势,发展成为最规范和对投资者保护最充分的资产管理行业。这个制度框架以独立托管、净值管理、公开披露、严格监管、公司治理、诚信自律等法律体系和相对市场化的控制手段为支撑,在制度顶层设计层面最大限度地保护了基金持有人的合法权益。

二、基金业的监管完善

针对基金行业的主要风险点，监管机构以及自律组织基本出台了具有针对性的监管举措，这有效地降低了基金行业的风险水平，基本排除了重大的风险点，使得整个行业不具有系统性风险的威胁。但是，基金行业的稳定发展需要监管体系进一步完善监管框架，深化相关的监管制度，强化微观监管标准，以保障公募基金、私募基金和公募基金子公司的稳健运行，使得基金行业平稳健康可持续发展。2016年以来，针对系统性金融风险防范的要求，投资基金行业的监管也逐步深化。

（一）公募基金

对于公募基金，近期的监管主要是针对流动性、定制基金以及反向担保等问题。一是继续严格监管公募基金，重点警惕货币基金的流动性风险及银行间市场流动性变化及其影响。二是明确公募基金定制基金的相关监管标准，防止出现基金与银行等机构的跨界风险传染。三是强化公募基金保本基金反向担保的监管约束，防止担保机构以及基金公司担保头寸过大引致重大风险。

第一，强化对货币基金的流动性风险监管。2016年8月以来，监管当局开始致力于挤压银行间市场的杠杆风险和流动性风险。中国人民银行从2016年8月开始进行逆回购操作，货币基金紧密相关的银行间市场流动性相对紧张成为一种"常态"。在基金行业整体较快增长的状态下，货币基金规模在强监管中反而出现小幅下降，货币型基金的净值总规模从最高的4.58万亿元小幅下降至2017年5月的4.46万亿元。但是，其后货币基金的规模持续攀升，这与货币基金需求扩大是相关的，也与金融机构负债短期化紧密关联。

第二，加强对基金业的审慎管理。对于快速发展的定制基金而言，跨界的潜在风险以及基金自身风险控制角度使得监管当局对于定制基金的监管在强化。监管层已对有关于新基金申报特别是委外基金申报的窗口做出指导，基金公司申报产品将更加审慎，申报数量和节奏将受到控制。同时，委外定制基金的信息披露要求更加严格、更加细致，这对于未来一段时间定制基金发行速度将形成直接的约束。对于定制基金的主要委外者，银行2017年以来受到宏观审慎评估体系（MPA）的明显约束，2017年其银行表外理财资金纳入MPA考核指标，银行委外资金的规模会有所缩减，这直接导致定制基金发行速度的下降以及整个环节风险的可控性。

保本基金及反向担保的监管将逐步强化。2016年8月8日，证监会发布通知，就修订《关于保本基金的指导意见》公开征求意见。此次修订的主要内容包括：一是完善保本基金管理人相关审慎监管要求，对基金管理人和基金经理的投资管理经验做出规定。明确要求保本基金的基金经理应当具备两年以上混合型或债券型公开募集证券投资基金管理经验，或者在证券基金经营机构从事股票和债券投资管理工作且担任投资经理两年以上。二是加强风险监测，及早解决风险隐患。新增风险监控的规定要求基金管理人每日监控保本基金的净值变动情况，定期开展压力测试，及时化解风险。三是完善保本基金投资策略相关风险控制指标，降低保本基金运作风险，从严要求稳健资产的投资范围、剩余期限以及风险资产的放大倍数。四是适度控制保本基金规模，降低行业风险。明确基金管理人管理的保本基金，合同约定的保本金额乘以相应风险系数后的总金额，不得超过基金管理人最近一年经审计的净资产的5倍（保险资管公司为1倍）。同时规定，证券公司担任基金管理人的，应按照合同约定的保本金额乘以相应风险系数后总金额的20%计算特定风险资本准备。明确基金管理人及其子公司的特定客户资产管理业务不得募集保本产品。

对于担保和反向担保问题，《关于保本基金的指导意见》（征求意见稿）要求完善担保相关监管要求，增强担保实效。适度降低担保机构对外担保资产总规模，同时要求基金管理人审慎选择担保机构，并在定期报告中对担保机构的情况进行披露。但是，《关于保本基金的指导意见》（征求意见稿）并没有对反向担保的性质、风险及其监管提出具有针对性的监管举措。

（二）私募基金

第一，私募基金执法检查、登记以及募集管理等不断强化。针对私募基金违法违规操作以及结构性运作等风险，监管部门和自律组织都出台了较为有效的监管举措。2016年1月15日，证监会发布《2015年私募基金检查执法情况通报》，披露了检查发现的五类问题（分别是登记备案信息失真、资金募集行为违规、投资运作行为违规、公司管理失范、涉嫌违法犯罪），公布了对30家机构、8个相关责任人的处罚情况，以及对9家私募管理人立案稽查、21家私募管理人涉嫌违法犯罪线索移送公安机关或地方政府的情况。2016年以来，随着中国基金业协会发布《关于进一步规范私募基金管理人登记若干事项的公告》，从取消私募基金管理人登记证明、加强信息报送、法律意见书、高管人员资质要求等四个方面加强规范私募基金管理人登记相关事项，并致力于尽快颁布私募基金募集、基金合同内容与必备条款、私募基金管理人从事投资顾问服务、托管、外包等系列行业行为管理办法和指引，不断完善私募基金行业自律管理的规则体制，用以规范私募投资基金的募集行为，促进私募基金行业健康发展，保护投资者及相关当事人的合法权益。

第二，私募资产管理规定夯实监管制度基础。私募资产管理业务运作规定强化了私募基金运作的法律基础，私募基金的规范化达到较高的程度。证监会于2016年7月14日发布《证券期货经营机构私募资产管理业务运作管理暂行规定》，将2015年3月中国证券投资基金业协会发布实施的"八条底线"升级为证监会规范性文件，被业内人士称为"新八条底线"。"新八条底线"对资管产品的销售推介、杠杆率、结构化安排等都提出了较高要求。比如，新规进一步压缩了结构化资管产品的杠杆倍数，强调信息和风险披露，不得宣传预期收益率，资管计划名称中不得包含"保本"字样。重申禁止资金池业务，不允许不同资管计划混同操作，提高投资顾问模式门槛。在这个暂行规定出台之后，保本、结构化和投资顾问三大类产品成为整改重点，结构化产品锐减，投资顾问类业务随之萎缩，监管的强化进一步规范了私募资管业务的合法运行，避免了监管套利，引导行业提高风控水平。

（三）公募基金子公司

公募基金子公司的监管在2016年被有效地强化，公募基金子公司通道业务受到较大的约束。2016年5月中旬监管部门对《证券投资基金管理公司子公司管理规定》和《基金管理公司特定客户资产管理子公司风险控制指标指引》进行意见征求，拉开了对基金子公司的监管序幕，此后在监管强化和行业自律的基础上,基金子公司资产管理规模增速有所下降,但是,2016年9月末创出了17.4万亿元的专户资产管理规模的高点。

2016年以来,随着证监会正式下发《基金管理公司子公司管理规定》及《基金管理公司特定客户资产管理子公司风险控制指标管理暂行规定》(以下简称《暂行规定》),基金公司子公司的监管逐步强化,基金公司子公司资产管理规模开始出现下降。《暂行规定》严格要求基金子公司净资本不得低于1亿元、不得低于净资产的40%、不得低于负债的20%,调整后的净资本不得低于各项风险资本之和的100%,这将极大地约束基金子公司较为无序的扩张进程。《暂行规定》将主要通过净资本指标来限制基金子公司相关业务的无序扩张,推动基金公司在有效控制风险的前提下,审慎开展私募资产管理业务,回归专户资产管理的本源。《暂行规定》的出台意味着通道业务将受到较大的制度约束,可能无法继续成为基金子公司的主导方向,未来基金子公司转型发展的压力将日益呈现。当前基金子公司调整的主基调为按照准备金调整业务,瞄准非标股权、资产证券化、股权投行及标准产品投资等领域,但是,如果成为专户资产管理的专业化管理机构,基金子公司任重道远。此外,新规还禁止基金母子公司之间、受同一基金母公司管理的不同子公司之间的同业竞争。受此影响,基金公司子公司专户资产管理规模持续下行了5个季度,2017年底资产管理规模为13.7万亿元,仍为投资基金行业第一大资产管理子行业。2018年又进一步下降至11.3万亿元,但是绝对规模仍是较大的。

资产管理新规对于公募基金子公司的监管将进一步强化,市场化纪律约束将更加明显。2018年4月27日,为规范金融机构资产管理业务,统一同类资产管理产品监管标准,有效防控金融风险,更好地服务实体经济,中国人民银行、中国银行保险监督管理委员会、中国证券监督管理委员会、国家外汇管理局联合颁布了《关于规范金融机构资产管理业务的指导意见》。《关于规范金融机构资产管理业务的指导意见》主要适用于金融机构的资管业务,即银行、信托、证券、基金、期货、保险资管机构、金融资产投资公司等金融机构接受投资者委托,对受托的投资者财产进行投资和管理的金融服务。在非标准化债权类资产投资、产品净值化管理、消除多层嵌套、统一杠杆水平、合理设置过渡期等方面强化了市场纪律的要求，比如产品净值化管理上严格限制保本承诺，这将进一步打破刚性兑付；再比如严格限制多层嵌套和通道业务，而此前很多基金公司子公司的业务就是通道业务和类信托业务。

第十一章

中国资产管理市场的发展

资产管理业务是指银行、信托、证券、基金、期货、保险资产管理机构、金融资产投资公司等金融机构接受投资者委托,对受托的投资者财产进行投资和管理的金融服务。[①] 资产管理作为中国金融市场的一种新兴业态,在20年的发展历程中取得长足进展,既是中国经济增长、市场繁荣和居民财富积累的必然体现,又在改善居民和企业投融资需求、改善社会融资结构、促进经济增长和金融市场发展方面发挥了积极作用。

第一节 中国资产管理市场的起步

一、资产管理的萌芽

资产管理是在居民可投资资产积累到一定程度,同时金融市场体系和相关法律制度比较完善的基础上发展起来的一类金融服务,是金融生态发展成熟的体现,因此新中国成立后很长一段时期都不具备发展资产管理的条件。20世纪90年代中国资本市场建立以来,居民和企业的投资热情一度高涨,资产管理业务开始萌芽和起步,证券公司代理证券投资业务、证

[①] 参见《关于规范金融机构资产管理业务的指导意见》。

券投资基金、信托投资公司的投资基金业务、银行外币理财以及保险资金运用业务开始发展起来。

1993~1995年,中国股票市场大规模扩容,投资者群体快速壮大,但市场走势持续低迷。为了吸引客户,保障经纪业务收入,证券公司开展了最初的资产管理业务。[①] 1995年中国人民银行批准证券公司从事资产管理业务。当时,证券公司大多以"代客理财"等名义在二级市场管理客户资金。这一阶段,资产管理业务的服务对象主要是个人投资者,业务规模较小。1996~1997年资产管理规模快速发展,银行利率连续下调为证券市场提供了充沛的资金来源,沪深股市出现长达两年的大牛市,市场投资热情高涨,大量的机构投资者特别是资金充裕的上市公司加入资产管理客户群体中,各券商纷纷设立资产管理部门。这一阶段,资产管理业务和经纪、自营业务是混合操作的,很多证券公司将委托资产作为自营业务的补充资金,运作很不规范,增加了市场风险。1998年,相关法律法规陆续出台,证券公司资产管理业务开始走出混沌状态、规范发展。例如1998年底颁布的《证券法》要求证券公司将资产管理业务作为一项独立、规范的业务,和经纪业务、自营业务分开运作;1999年起,综合类券商经批准可以从事资产管理业务,接受委托管理现金、资产、国债或证券;2001年1月,证监会发布《证券公司内部控制指引》,规定了证券公司资产管理业务的风险控制措施;2001年11月,证监会发布《关于规范证券公司受托投资管理业务的通知》,整顿受托人挪用资产并造成严重损失的问题;2003年9月,证监会出台《证券公司资产管理业务管理试行办法》,为证券公司开展资产管理业务提供全面的业务指引,将业务类型分为定向、集合、专项三种。截至2003年11月,132家证券公司中有70家开展了资产管理业务,规模近700亿元。

二、金融各业介入资产管理

1991年,中国证券市场拉开序幕,公募证券投资基金同年开始出现。1991年,"武汉证券投资基金"和"深圳南山风险投资基金"分别由中国

[①] 陈跃东、李鹏程:《中国资产管理业的软肋在哪儿?》,载于《改革与理论》2001年第12期。

人民银行武汉分行和深圳市南山区政府批准成立，成为第一批投资基金。1992年，全国共有57家投资基金成立，被誉为基金发行年。由于投资方向混乱，1993年中国人民银行进行整顿，此后行业陷入停滞状态。1997年《证券投资基金管理暂行办法》及一系列细则和配套文件出台，公募基金的发行、运行、信息披露、从业人员资质、准入条件等各方面监管法规体系大致完备。同时，证监会就基金管理公司设立和证券投资基金设立出台一系列规范性文件，规范的证券投资基金和首批封闭式证券投资基金开始出现。1998年3月，国泰基金和南方基金管理公司经证监会批准正式成立，揭开了中国基金公司发展的序幕。2001年9月《开放式证券投资基金试点办法》发布，中国第一只开放式证券投资基金——华安创新推出，公募基金不再局限于封闭式基金，基金的品种创新开始加速，公募基金发展进入崭新的阶段。2002年底，南方基金、博时基金、华夏基金、鹏华基金、长盛基金、嘉实基金共六家基金公司成为首批社保基金管理人，拉开了基金公司全国社保基金管理业务的序幕。

在投资基金方面，中国银行和中国国际信托投资公司是中国较早开展投资基金业务的机构，但当时的规模较小。1991年，中国证券市场的迅猛发展为基金业务的成长提供了有利条件。中国新技术创业投资公司与汇丰集团和渣打集团在香港联合发起成立中国置业基金，首期募集数亿美元直接投资于广东珠江三角洲为中心的乡镇高科技企业，随后又在香港联交所挂牌上市，次年成功完成增资扩股。中国农村发展信托投资公司于1991年私募淄博基金5000万元用于山东省淄博市的乡镇企业发展，随后该基金于1992年获得中国人民银行的批准成为第一家国内基金，批准后的基金募集规模达3亿元，1993年获批在证券交易所公开挂牌上市。1992年，经中国人民银行批准的投资基金达十几只，总额近10亿元人民币，主要集中在沈阳、大连、深圳等城市，沈阳发行的5只基金募集2.2亿元，大连发行的4只基金共募集1.6亿元。1992年10月深圳公布了《深圳市投资信托基金管理暂行规定》，并于11月批准成立深圳投资基金管理公司。与此同时，国外投资基金业形成热潮，1992年，香港中银集团发起成立1.5亿美元的中银中国基金，中国国际信托投资公司与英国K.B.银行联合发起成立中国投资发展基金，规模6000万美元。1993年，中国投资基

第十一章
中国资产管理市场的发展

金业务得到突飞猛进的发展。2月,深圳蓝天基金经批准正式成立,3月,中国农村发展信托投资公司北京证券业务部发行证券共同投资基金8000万元,此外,中国企业发展基金、中国建设银行建业基金、上海万国宝鼎基金、广州基金、金龙基金等一大批国内和国外基金陆续成立。

中国商业银行理财业务始于外币理财。中资银行推出理财业务主要是为了应对外资银行的冲击,留住客户。在外汇利率管理体制改革的背景下,外币理财业务成为商业银行理财业务初创期的布局重点。早在20世纪90年代,中国工商银行就推出了理财咨询、存单抵押贷款等理财顾问服务。2003年中国银行发行了中国首款外币理财产品——"汇聚宝",之后招商银行等相继推出了多款外币理财产品。截至2004年,有11家中资银行和数家外资银行从事个人外汇理财业务。[①]

中国保险资金运用开始于1984年,1984~1990年是试点阶段,监管严格,保险资金运用以银行存款为主,缺乏投资意识。1991~1995年开始进入混业和宽松监管阶段,投资范围几乎涉及所有的投资领域和金融产品,甚至包括融资租赁、房地产投资、国债期货和商品期货,由于投资方向混杂无序,出现很多风险问题。[②] 1995年《保险法》出台后,对保险资金投资活动进行整顿规范,逐步实现健康有序发展。1998年保监会成立后,保险资金运用实行分业管理和严格管制,投资范围仅限于银行存款、买卖政府债券、金融债券等。1999年,允许保险公司通过基金间接进入证券市场。2000年左右,保险公司通过投连险开始资产管理业务试水,成为保险公司开展资产管理业务的序曲。

第二节 中国资产管理市场的探索发展

一、证券类资产管理

从国际经验来看,人均GDP达到3000~10000美元之间的中等收入阶

[①] 杨硕:《商业银行理财业务监管回顾、困境及建议》,载于《债券》2013年第4期。
[②] 缪建民:《我国保险资产管理行业的发展与展望》,载于《中国金融》2010年第3期。

段,资产管理将进入高速发展时期;人均GDP达到10000美元以上,财富管理需求就会开始高速增长。根据统计,2008年中国人均GDP突破3000美元,与此同时资产管理市场开始显著增长。各类金融机构纷纷开拓资产管理业务,扩展的热情与经营中的不规范问题相互交织,资产管理行业在探索中不断前进。

券商资产管理业务在经历混乱和整顿后逐渐规范发展。这一阶段,由于资产管理制度缺乏,对资产管理的风险认识不清,证券公司习惯性地把资产管理业务作为融资工具,对客户进行保底承诺并进行高风险活动,例如将公开募集的资金在二级市场坐庄或跟庄,最终在2002~2004年证券市场低迷期间,资产管理业务风险爆发。2004年8月,按国务院部署,证监会开始对证券公司实施综合治理工作,其中包括清理资产管理业务。同时,在监管部门的指引下,规范的资产管理业务逐渐发展起来。2004年10月,中国证监会发布《关于证券公司开展集合资产管理业务有关问题的通知》,开始集合资产管理业务试点。2005年2月,证监会批准第一只集合资产管理计划——"光大阳光集合资产管理计划",国泰君安证券、东方证券等证券公司也相继获得试点资格。[①] 2007年证券公司综合治理完成后,证监会陆续放开审批,允许创新试点类证券公司开展资产管理业务。为适应业务发展需要,证监会于2008年颁布《证券公司定向资产管理业务实施细则(试行)》和《证券公司集合资产管理业务实施细则(试行)》形成证券公司资产管理业务的基本规则体系。2010年1月,业内首只券商小集合产品——东方红—先锋1号成立。2010年,东方证券成立首家全资资产管理子公司。

2004年6月,《基金法》开始实施,同时,监管部门出台了6部规章,为基金行业建立了完善的法律制度体系。基金行业进入高速增长阶段,基金管理公司数量和资产规模快速扩张,基金可投资范围从股票市场扩展到债券市场和货币市场,基金品种也从股票型基金发展到债券基金、混合基金、货币市场基金和保本基金等,成为资产管理市场的领军和典范。尤其2006~2007年,在股市快速上行的带动下,基金规模爆发式增长,到2007

---

① 中国证券投资基金业协会:《2015年证券公司资产管理业务发展评估报告》。

年底,基金规模达到341只,总资产净值规模达到3.1万亿元,基金持股占股市的份额从2003年底不到10%增长到2007年的超过30%,成为股市中最大的机构投资者。2008年,受股市暴跌影响,基金行业的发展遭遇了"瓶颈",从2008~2013年底,资产规模一直在3万亿元左右徘徊。

二、银行理财的发展

随着居民可支配收入的不断增长,理财意识的觉醒以及个人外币持有量的限制,人民币理财产品占比开始提升。2004年,光大银行推出了国内首款人民币银行理财产品"阳光理财B计划"。2004年9月,银监会批准6家中资银行开展人民币理财业务。截至2005年底,约有26家银行开展了理财业务,产品余额约0.2万亿元。资本市场的爆发式增长及2006年6月第六次IPO重启推动银行理财步入"快车道"。面对日益旺盛的客户理财需求及存款市场的激烈竞争,各银行纷纷转变经营理念,加大理财产品发行力度,不断创新和丰富理财产品体系,2006~2008年理财产品发行数量和募集资金连续3年翻番。2008年到期理财产品平均收益率为4.52%,远高于同期定期存款利率,受到投资者的热烈追捧。同时,2007年,中国出现了第一家私人银行——中国银行私人银行部,标志着面向富裕阶层专业服务机构的诞生。

2008年以前,银行理财产品设计处于模仿阶段,主要是效仿外资银行的结构性产品设计、嵌入衍生品等。但由于不掌握交易模型,且在衍生品市场没有定价权,结构性产品操作十分被动。2008年全球金融危机爆发,A股市场暴跌,大量结构化理财产品遭受惨重损失。为此,商业银行开始总结经验,探索理财业务自主发展路径,并结合中国实际情况推出期限短、收益稳定、资金门槛不高的固定收益类产品。由于很好地迎合了投资者的喜好,自2009年起,人民币理财产品超越外币理财产品成为主流;固定收益类取代结构性产品成为主流;非标融资类取代新股产品和权益类产品成为主流;理财产品发行主体日益增多,国有银行凭借其丰富的网点和客户资源以及品牌优势取代股份制银行成为主流。

推动理财发生划时代转变的是"四万亿"刺激计划的推出和随之而来

的信贷额度管控。大规模的投资带来旺盛的社会融资需求，引发信贷投放猛增。2010年，监管部门开始对信贷增长过猛问题进行管控，合意贷款、差别准备金率、限贷令等多管齐下，控制信贷规模及投向，尤其是对房地产等领域进行严格限制。在此背景下，银行理财在规避监管要求、进行流动管理、突破贷款限制方面的作用受到重视，开始被用于转移表内信贷资产，腾挪贷款额度，银行资金投放渠道由信贷转向理财，非标从此兴起。房地产和基础设施建设，由于融资规模巨大、对融资成本容忍度高，因而吸引了大量的理财资金，并推动理财投向由以债券为主转向非标与债券并重。2012年银行理财产品余额超越保险资金，成为规模最大的资产管理品种。

这一阶段，银行理财运作中的问题和矛盾开始凸显。一是通道盛行。为规避信贷监管约束以及突破投资范围限制，银行理财开始与其他金融机构合作，借助通道规避监管。2010年，银信合作全面增速。二是理财运作违规问题层出不穷。例如，"刚性兑付"下风险收益没有完全过手给投资者，资金池运作下信息披露不足、产品透明度低、产品之间互相调节收益等问题，期限错配潜藏流动性风险，多层嵌套脱实向虚等。银行理财开始被纳入监管。为规范商业银行理财业务，2005年9月，银监会颁布了《商业银行个人理财业务管理暂行办法》和《商业银行个人理财业务风险管理指引》，对商业银行理财业务以及商业银行发行的个人理财计划进行规范，至今仍作为纲领性文件指导着理财业务的发展。2006~2009年，银监会就商业银行个人理财业务下发一系列通知及规范性文件，监管重点主要是个人理财业务和境外代客理财业务。

三、信托类资产管理快速发展

2001~2002年，"一法两规"的出台标志着中国信托业步入规范化发展的新阶段，信托公司摆脱停滞状态、重新开始发展，但在2007年之前仍然是前路不明的探索时期。由于社会财富积累和市场需求不足，信托公司仍处于边缘地位，同时信托公司仍然未能确定信托业务的主营地位，违规经营问题导致信托业出现重大风险，2006年遭受新一轮的整顿。直至2007年3月，"新两规"奠定了信托公司的制度红利基础。得益于政策赋予的制度红利以及国民经济的快速增长，从 2008 年开始，信托业进入了规模和收入双双高速扩张的黄金发展时代。2009 年，"四万亿"刺激政策出台后，巨大的融资需求推动信托资产管理规模爆发式增长。由于中国人民银行限制贷款增速，大量资金为规避监管限制和优化资产负债表而绕道信托，带动了整个行业发展。同时，社会流动性充裕，个人和机构的投资理财需求大大增加，而股市持续低迷、房地产调控、投资渠道匮乏等因素，使得信托作为银行理财之外的固定收益品种受到普遍欢迎。2010 年开始，随着宏观调控和银行信贷收紧，大量在建项目和企业投资面临后续资金不足问题，纷纷转向信托融资，银信合作、房地产信托、基建信托等融资渠道快速扩张，成为银行信贷的有效补充。尤其受银信合作等通道业务推动，信托资产管理规模急剧增长。2010 年，信托公司超越了公募基金；2012 年，超越了保险公司，成为仅次于银行的第二大资产管理机构。

四、保险类资产管理起航

随着法律法规制度演变和监管思路调整，保险资产管理逐步从保险资金运用中分离出来。2003 年以前，保险公司主要依靠内部投资部门或财会部门对保险资金进行投资运作，没有市场化、专业化的团队，部分保险资金甚至由各地方分公司自行投资。2003 年 7 月，首家保险资产管理公司——中国人保资产管理股份有限公司成立，标志着中国保险资产管理业务的正式起航，保险资金运用方式发生根本性变革，保险资金收归总部集中管理，满足条件的大中型保险公司设立专门的保险资产管理公司进行保险资金管理。2004 年 4 月，《保险资产管理公司管理暂行规定》颁布后，保险公司纷纷成立各自的保险资产管理公司，委托保险资金进行管理，保险资产管理正式从保险资金运用中分离出来成为独立的资产管理业务。但这一阶段，保监会对保险资产管理公司的定位仍局限于"受托管理保险资金"这一狭窄的领域，并且以"股东保险资金"和"股东控制的保险公司资金"为主要来源。各保险公司、保险集团旗下的保险资产管理公司业务主要局限于受托管理本集团内部或关联保险公司的保险资金。同时，保险资产管理的业务范围有所扩大，2004 年 5 月，《企业年金基金管理试行办法》允许符合条件的保险资产管理公司成为企业年金基金的投资管理人。保监会在《对中国人寿资产管理有限公司调整业务范围的批复》中，批准人寿资产管理公司的业务范围从"受托保险资金管理"扩大到"受托资金管理"。此外，保监会在保险资金运用方面不断放宽相关限制、拓展投资范围。2006年，国务院明确了保险资金可通过债权投资计划等方式间接投资于基础设施领域。

第三节 中国资产管理行业的高速发展

一、大资管高速发展的基本情况

2012年，监管部门先后出台了一系列鼓励资产管理发展的政策，证监会、保监会相继放松对资产管理行业的管制，证券公司、基金公司、保险机构的资产配置范围不断扩大，各类金融机构资产配置范围趋同，资产管理（以下简称"资管"）行业进入高歌猛进的爆发式增长阶段。截至2016年末，大资管行业总规模达到108.00万亿元（含通道业务）（见表11-1）。其中，银行理财（非保本）[①] 规模最大，达到23.11万亿元（见表11-2），在大资管行业中占比接近四分之一。

表11-1　　　　2013~2016年大资管行业总规模及同比增速

科目	2013年	2014年	2015年	2016年
大资管行业总规模（单位：万亿元）	36.93	52.98	81.36	108.00
同比增速（%）	—	43.46	53.57	32.74

资料来源：作者根据中国信托业协会、中国证券业协会、中国银保监会、中国证券投资基金业协会公布数据以及银行业理财登记托管中心每年发布的《中国银行业理财市场年度报告》整理得出。

[①] 银行理财主要有保本和非保本两大类。保本理财产品实为国际通行的结构性存款，其在法律关系、业务实质、管理模式、会计处理、风险隔离等方面与非保本理财产品"代客理财"的资产管理属性存在本质差异，已纳入银行表内核算，视同存款管理，相应纳入存款准备金和存款保险基金的缴纳范围，相关资产已按银监会规定计提了资本和拨备。只有非保本理财产品才是真正意义上的理财产品。因此，本章资管行业规模不包括保本理财。

表 11-2　　2012~2016 年资产管理各行业规模　　单位：万亿元

行业	2012 年	2013 年	2014 年	2015 年	2016 年
银行理财	—	6.53	10.09	17.43	23.11
信托公司（资金信托）	6.98	10.31	13.04	14.69	17.46
公募基金	2.87	3.00	4.54	8.40	9.16
基金公司专户	0.76	1.22	2.15	4.03	6.38
基金子公司专户	—	0.97	3.74	8.57	10.50
券商资管	1.89	5.21	7.95	11.89	17.58
保险资金运用余额	6.85	7.69	9.33	11.18	13.39
期货资管	—	0.002	0.01	0.10	0.28
私募基金	—	2.00	2.13	5.07	10.24

资料来源：作者根据中国信托业协会、中国证券业协会、中国银保监会、中国证券投资基金业协会公布数据及银行业理财登记托管中心每年发布的《中国银行业理财市场年度报告》整理得出。

二、银行理财爆发式增长

随着理财意识觉醒和利率市场化的推进，资金逐渐流向收益更高的领域，银行存款等传统负债方式受到严峻挑战，发展资产管理成为必然选择，大规模存款开始向银行理财迁徙。随着资金募集规模的增大，银行理财日益成为资产管理行业的主要资金来源。2012 年资管新政之后，券商资管计划、基金公司及其子公司的专户、保险资管计划纷纷成为理财资金新通道。银行理财资金开始转移投资渠道，除了信贷类、票据、股权类等产品，一些新的嵌套合作产品纷纷涌现，例如银证信（SOT）定向业务、特定收益权类业务、银行信用证划款通道业务、债券通道类投资业务、银证保存款业务等。2014 年下半年，随着股市走强，理财资金也努力寻求各种通道进入股市，例如打新基金配资、融资融券收益权、伞型信托、定增或以优先级购买券商集合资管计划等。在 2016 年整顿之前，通道业务高达资产管理市场规模的三分之一左右。

三、证券类资产管理快速发展

2012 年 10 月，证监会修订"一法两则"，扩大了资产管理业务投资范围，由审批制改为备案制。2013年6月，为与新《基金法》保持一致，证监会再次修订"一法两则"，删除人数超过200人的集合资产管理计划（大集合）相关条款，扩大投资范围、取消"双十"限制。得益于政策的放开，证券公司资产管理业务全面驶入快车道，其中通道业务是主要的推动力。2012~2013年主要是以银证合作为主的定向通道业务，2014年又增加了集合通道业务，2015年在券商资管规模和收入排名双重考核机制下，通道业务继续大规模扩张。2013年6月新《基金法》允许证券公司、保险等资产管理机构开展公募基金管理业务。2014年1月，首只券商基金"东方红新动力混合基金"成立，同年专项资产管理业务开始实行备案制。

2014年底新一轮牛市启动以来，公募基金又恢复了快速增长势头，2015年底达到8万亿元左右。同时产品结构发生明显变化，低风险产品保持了持续扩张的态势。2012年以来，证监会允许基金公司设立基金子公司，基金子公司的业务得到爆发式的增长，但也日益成为监管套利的"影子银行"。2016年以来，证监会进一步加强了对公募基金和基金子公司的监管，推动公募基金和基金子公司资产管理业务规范和健康发展。2016年基金公司管理资产总规模已经达到15.54万亿元，其中公募业务管理规模共计9.16万亿元，非公募业务（包括社保、企业年金和专户业务等）管理规模共计6.38万亿元。2016年12月，14家基金公司获得第一批基本养老保险证券投资管理资格。目前公募基金公司中有16家是社保基金管理人，11家是企业年金管理人，14家是基本养老保险管理人。2016年，社保和企业年金专户规模达到1.28万亿元，市场份额超过40%。①

2012年9月，证监会发布《基金管理公司特定客户资产管理业务试点办法》，允许基金公司通过设立专业子公司开展专项资产管理业务。同年10月，证监会发布《证券投资基金管理公司子公司管理暂行规定》，规定了基金子公司设立、治理与运营、日常监管和法律责任等问题。基金子公司成立的初衷是支持公募基金开展多元化资产管理业务，并与券商资管和信托形成竞争，因此，监管机构放开了公募基金通过设立子公司参与标准

---

① 数据来源：中国证券投资基金业协会官网。

化投资之外的非标准化业务范围。从 2012 年 11 月第一家基金子公司获批到 2015 年，短短三年时间，基金子公司发展为 79 家，资产管理规模达到 8.57 万亿元。凭借宽泛的投资范围、较少的监管限制，基金子公司迅猛扩张，不仅在承接银行信贷出表方面成为信托通道的有力竞争者，而且还成为券商、私募等其他机构的通道。

由于急剧扩张的通道业务蕴含了大量风险，对基金子公司的监管也逐渐建立和加强。2014 年 4 月底，证监会印发了《关于进一步加强基金管理公司及其子公司从事特定客户资产管理业务风险管理的通知》，对基金子公司的成立和运营、通道业务运作提出了更高要求。同时，自 2014 年 5 月 1 日起，要求基金公司及其子公司专户产品向中证资本市场发展监测中心进行备案。2016 年以来对基金子公司的监管进一步加强。2016 年 12 月，证监会出台《基金管理公司特定客户资产管理子公司风险控制指标指引》《证券投资基金管理公司子公司管理规定》，新规要求基金子公司通道类业务按照要求计算风险资本，并根据特定客户资产管理业务管理费收入计提风险准备金；提高基金子公司准入门槛，开启净资本约束时代；此外，还对子公司的经营范围、母公司的持股比例、同业竞争、关联交易、固有资金运用等问题作出明确规定。2016 年下半年，受监管政策影响，扩张态势明显收缩，年末资产管理规模 10.5 万亿元，同比增速下降至 22.5%。

四、保险类资产管理突破性发展

2012 年，随着大资管时代的到来，"新国十条""十三项新政"等政策陆续出台，在"放开前端、管住后端"方针指导下进一步深化保险资金运用及监管体制的改革，为规范和发展保险资金运用奠定了坚实基础。保监会从保险资金投资和保险资产管理两方面放宽限制，业务范围实现突破性发展。其中《保险资金委托投资管理暂行办法》和《关于保险资金投资有关金融产品的通知》两个文件打通了保险资金运用与大资产管理行业之间的通道，使得保险资产管理公司从委托代理业务逐步过渡到受托资产管理，为保险资产管理公司资产管理业务的发展打开了政策空间。《保险资产管理公司有关事项的通知》鼓励保险资产管理公司开展业务创新、产品创新和组织创新,拓展了其资金来源,明确可以设立资产管理产品开展相关服务,并确认可以申请开展公募性质资管业务。此外,新政中的《保险资金境外投资管理暂行办法实施细则》和《基础设施债权投资计划管理暂行办法》等则在具体的投资种类、范围等方面对保险资产管理公司的资管产品设计和受托投资开展等进行具体规范。在多项新政的推动下,保险资金的资产配置空间和弹性不断扩大,实现了与银行、信托、证券公司等机构同台竞技,保险资产管理公司逐步实现了从被动受托管理资金到主动开展资产管理业务的转变。2016 年 6 月,上海保险交易所正式成立。该平台为保险资产管理产品的发行、登记、交易、资金结算和信息披露等提供专业服务和技术支持,有利于增强产品流动性、提高行业投融资效率。截至 2015 年末,保险资产管理业市场主体主要包括 21 家综合性保险资产管理公司、10 多家专业性保险资产管理机构、11 家保险资产管理公司香港子公司、6 家养老基金管理（或养老保险）公司、2 家私募股权投资管理（GP）公司、1 家财富管理公司。此外,还有 173 家保险公司设立了保险资产管理中心或保险资产管理部门。①

五、信托类资产管理的调整

随着政策红利削弱,信托开始告别高速增长。随着资管政策逐步放开,来自券商、基金子公司、保险资管等机构的竞争使得信托公司的通道业务和传统融资业务模式受到冲击,2014 年以来,信托业政策红利逐步削弱,逐渐告别高速增长时代,进入平稳发行阶段。经济增速放缓,房地产市场调控,地方政府债务置换,政府融资平台收紧,实体经济融资需求下降,融资类业务高速增长的经济基础逐渐退化。2014 年末开始,中国人民银行多次降准降息,市场资金充裕。受信托风险事件频发影响,监管力度加强,信托公司被迫放慢扩张步伐。诸多因素汇集在一起,导致传统融资业务增速放缓,占比逐渐下降。与此同时,信托业的转型步伐开始加快。

---

① 数据来源：中国保险资产管理业协会发布的《2015 年中国保险资产管理发展报告》。

各家公司纷纷求变,发挥自身优势,进行业务和产品的创新。例如,发力资产证券化业务、试水互联网信托、探索PPP等政信合作新空间、布局新三板市场、开拓国际化业务等。资产管理业务占比逐渐提高,证券投资类信托大量发行,基金化产品、另类投资产品开始增多,"融资+资产管理"双轮驱动的业务模式开始形成。此外,财富管理业务逐步推进,家族信托、公益信托开始试水。

六、期货资产管理开始起步

2012年9月,证监会颁布《期货公司资产管理业务试点办法》,期货公司正式进入资产管理市场。2012年11月,永安期货、中证期货、国泰君安期货、申银万国期货等18家期货公司成为首批获得资产管理业务资格的期货公司,期货资管业务开始起步。

在发展初期,监管机构为了降低风险,对期货资管业务作出了较为严格的限制,如只能开展"一对一"专户业务、净资本不低于5亿元人民币的期货公司才可申请资产管理业务试点资格等。相对"一对多"集合资产管理计划,"一对一"模式下单一客户参与门槛过高,且投资管理效率低下,投资组合、多策略、跨市场投资策略难以有效运用,无法形成资产管理的规模效应。因此,在最初两年,期货资管规模发展较为缓慢,截至2014年底,期货公司资产管理业务规模仅124.82亿元,仅占证券期货经营机构资产管理业务的0.06%,与基金管理公司及子公司、证券公司、私募基金管理机构以万亿计的资管规模相比相差甚远。

2014年10月,证监会颁布《期货公司监督管理办法》,将期货资管业务范围由"一对一"扩展至"一对多"业务。2014年12月,中国期货业协会发布《期货公司资产管理业务管理规则(试行)》,期货公司开展资产管理业务的门槛由此前的5亿元净资本降低至1亿元,同时,期货公司资管业务资格由中国证监会许可改为向期货业协会备案。随着"一对多"业务模式放开和门槛降低的"双重松绑",期货资管开始走上发展的快车道,2015年末规模即突破千亿元。

进入2016年后,大宗商品牛市行情推动期货资管规模爆发增长,尤其是在其他传统资产收益率下降的情况下,吸引了众多资金进入期货市场,期货公司的资管业务迅猛发展,到 2016 年底规模达到 2792 亿元。2016 年 7 月,证监会发布《证券期货经营机构私募资产管理业务运作管理暂行规定》(以下简称"新规"),新规加强了对结构化资管产品的监管,进一步提高了期货资管的杠杆比例、投资顾问、资金池以及代销等方面的要求,结构化杠杆上限由 10 倍大幅下降为 1~3 倍;① 对投资顾问资质的要求也更加严格,符合条件的投资顾问资源较少。新规的出台对期货公司资管产品发行产生较大影响,结构化产品发行受限,原有的结构化产品也要到期清盘,导致期货公司备案资管产品数量急剧下降,通道类结构化产品基本停滞。从基金业协会公示的期货资管产品备案信息来看,2016 年 1~7 月期货公司月平均发行 306 个资产管理产品,8~12 月平均发行 97 个资产管理产品,较 1~7 月平均发行数量下降 68.3%。结构化产品发行更是基本停滞,从对比情况来看,1~7 月结构化产品发行数量为 1304 个,占比 60.8%;而 8~12 月结构化产品发行数量仅仅 18 个,占比仅 3.7%。②

第四节 中国资产管理市场的规范发展

一、简要背景

在资产管理行业高速增长时期,中国经济增长速度开始下降。在实体经济增速放缓、资产端风险高企而负债端成本居高不下的大背景下,资产管理行业规模却实现了高速增长,各类资管产品通过加杠杆、多层嵌套,实现了与基础资产收益率不匹配的高收益率,刚性兑付、多层嵌套、监管套利等现象突出,行业粗放式的增长模式使得金融风险逐渐积聚,成为系统性风险的重要隐患。2017 年中央经济工作会议提出,"要把防控金融风

---

① 《证券期货经营机构私募资产管理业务运作管理暂行规定》明确了证券期货经营机构设立结构化资产管理计划,股票类、混合类结构化资产管理计划的杠杆倍数不得超过 1 倍,固定收益类结构化资产管理计划的杠杆倍数不得超过 3 倍,其他类结构化资产管理计划的杠杆倍数不得超过 2 倍。

② 数据来源:作者根据中国证券投资基金业协会公示的期货资管产品备案信息整理得出。

险放到更加重要的位置""确保不发生系统性金融风险"。2017年7月，国务院金融稳定委员会成立并强化中国人民银行宏观审慎管理和系统性风险防范职责。2018年中央经济工作会议将"防范化解重大风险"列为三大攻坚战之首。在金融严监管的大背景下，资产管理行业面临前所未有的转型调整压力。

二、资管新规落地

2018年4月27日，中国人民银行、银保监会、证监会、国家外汇管理局联合印发《关于规范金融机构资产管理业务的指导意见》（以下简称"资管新规"），标志着首个针对资管业务顶层设计的纲领性文件正式出台，资管行业进入统一监管的新时代。"资管新规"主要针对资产管理业务存在的刚性兑付、多层嵌套、杠杆不清、套利频繁等问题，目的在于打破刚性兑付、消除多层嵌套、统一监管标准，防止资产管理业务成为逃避资本金监管的"影子银行"，引导资产管理行业回归代客理财本源。

2018年7月20日，中国人民银行发布《关于进一步明确规范金融机构资产管理业务指导意见有关事项的通知》，按照"资管新规"的原则和精神，进一步明确了执行要求，为避免影响金融市场波动和实体经济融资，作出了一些"减压"安排。主要是允许公募资管产品适当投资非标资产，扩大摊余成本法适用范围，对非标资产回表作出安排，允许金融机构自主有序制定整改计划，不硬性提出阶段性压降要求，维护金融市场稳健运行。

此后，"资管新规"的监管配套细则相继落地。2018年9月28日，银保监会正式下发《商业银行理财业务监督管理办法》（以下简称"理财新规"），在打破刚兑、限制非标期限错配、限制资金池、去除通道、控制杠杆水平、加强投资者适当性管理等方面都延续了"资管新规"的基本精神和要求，并进一步细化了银行理财监管要求，与"资管新规"充分衔接，共同构成银行开展理财业务需要遵循的监管要求。

2018年12月2日，银保监会发布《商业银行理财子公司管理办法》。作为"理财新规"的配套制度，《商业银行理财子公司管理办法》

与"资管新规"和"理财新规"共同构成理财子公司开展理财业务需要遵循的监管要求。《商业银行理财子公司管理办法》对"理财新规"的部分规定进行了适当调整,使理财子公司的监管标准与其他资管机构总体保持一致,体现了资管业务与银行其他业务隔离、推进银行理财净值化转型的导向。

2018年10月22日,证监会正式出台《证券期货经营机构私募资产管理业务管理办法》及《证券期货经营机构私募资产管理计划运作管理规定》(以下简称"私募新规")。"私募新规"的出台是在系统整合证券期货经营机构私募资管业务现行监管规定的基础上,全面落实"资管新规"要求,对证券期货经营机构私募资管业务进行系统规范的文件。新规的出台提高了私募资管的透明度,有利于促进统一资产管理产品监管标准,提升证券期货经营机构私募资管业务的合规管理和风险控制水平,实现证券期货经营机构存量私募资管业务平稳过渡,防范系统性风险。

整体来看,配套细则与"资管新规"的核心原则保持了一致,严监管大方向不变,只是在"资管新规"的大框架下对细节进行了明确和详细补充;同时,考虑短期内市场调整难度以及近期金融市场的变化,监管政策执行力度和节奏明显调整,部分要求有所放松,引导机构平稳过渡。

随着强监管周期开启,在破刚兑、去通道、控非标、降杠杆的多重打压下,银行理财规模开始略微下降,以往占资管行业约三成规模的通道业务[①]增长停滞,主要表现在单一资金信托规模、事务管理类信托规模持续减少;券商资管、基金公司、基金子公司被动管理类业务迅速萎缩。2017~2018年,资管行业增长速度大幅下降,并于2018年首次出现规模负增长。2017年末,资管行业总规模112.57万亿元,同比增速从2016年的32.7%大幅下降至4.23%(2015年增速高达53.6%)。2018年末,资管行业总规模萎缩至108.03万亿元,同比下降4.54%(见表11-3)。

---

① 通道业务主要包括券商资管、基金公司、基金子公司被动管理类业务,信托公司事务管理类信托,另外还包括少量的保险资管机构的保险协议存款。经作者测算,2014~2017年,通道业务规模占资管总规模的比重分别为28%、27%、30%、32%。

第十一章
中国资产管理市场的发展

表 11-3   2017~2018 年资产管理各行业规模

行业	2017 年 规模（万亿元）	2017 年 同比增速（%）	2018 年 规模（万亿元）	2018 年 同比增速（%）
银行理财（非保本）	22.17	-4.00	22.04	-0.59
信托公司（资金信托）	21.91	25.49	18.95	-13.51
公募基金	11.60	26.60	13.03	12.30
基金公司专户	6.43	0.80	6.00	-6.69
基金子公司	7.31	-30.38	5.30	-27.50
券商资管	16.88	-3.98	13.40	-21.00
保险资金运用余额	14.92	11.43	16.40	9.92
期货资管	0.25	-12.00	0.13	-48.10
私募基金	11.10	8.40	12.78	15.14
合计	112.57	4.23	108.03	-4.54

资料来源：作者根据中国信托业协会、中国证券业协会、中国银保监会、中国证券投资基金业协会公布数据以及银行业理财登记托管中心每年发布的《中国银行业理财市场年度报告》整理得出。

三、银行理财的转型发展

随着"资管新规""理财新规"和《商业银行理财子公司管理办法》等监管文件连续出台，2018 年被称为银行理财改革元年。打破刚兑、净值化管理、禁止资金池、禁止非标资产期限错配等要求都给银行理财带来前所未有的挑战。一方面，负债端不能再发行保本理财。传统理财产品大多是预期收益型的，负债端通过刚兑保收益来吸引资金，同时被动抬高负债成本。而一旦转向净值化，负债端打破刚兑之后，理财产品将逐渐"公募基金化"，传统的业务模式面临转型。另一方面，资产端大量的非标资产面临处置。以往银行理财的资产端通过资金池操作，期限错配和增配非标等方式来提高收益，新规禁止非标资产期限错配将导致大量非标资产不得不通过回表、非标转标等形式进行处置。截至 2017 年末，银行理财非标资产配置比例为 16.22%，占比第二（仅次于债券）。在近两年监管机构对银行理财的整治以及"资管新规"的约束下，银行理财已经进入转型调整阶段。

第一，理财规模略微下降。根据银行业理财登记托管中心发布的《中国银行业理财市场报告（2018年）》，截至2018年底，非保本理财产品4.8万只，存续余额22.04万亿元，与2017年相比略有下降，但未出现大幅波动。

第二，同业理财大幅压缩。2017年上半年，监管机构开展"三三四"检查，重点限制同业业务，抑制金融机构"资金空转"，以往通过吸收同业存款、发行同业存单等同业融资对接银行理财的模式被打压。在监管文件频发的环境下，银行同业理财规模连续两年大幅下降。截至2017年底，金融同业类产品存续余额为3.25万亿元，较2017年初大幅减少3.4万亿元，降幅为51.13%；占全部理财产品存续余额的比例由2016年底的20.6%降至11%。2018年底，金融同业类产品存续余额降至1.22万亿元，较2017年末减少2.04万亿元，降幅为62.57%；占全部理财产品存续余额降至3.8%，与2016年之前相比，占比大幅下降。①

第三，权益类资产占比提升。从资产配置情况来看，2017年债券、非标债权、现金与银行存款、货币市场工具仍然是主要配置品种，但占比均有所下降。与2016年相比，债券占比下降1.57个百分点，至42.19%；非标债权占比下降1.27个百分点至16.22%；现金与银行存款占比下降2.71个百分点至13.91%；货币市场工具占比下降1.68个百分点至11.46%。相比之下，权益类资产占比在2017年达到9.47%，较2016年末提升幅度达3个百分点以上。②

第四，银行理财组织形式将转变为设立具有独立法人地位的理财子公司开展理财业务。理财子公司运营有利于强化理财业务风险隔离，也有利于建立符合资管业务特点的风险控制制度和激励机制，促进理财业务规范转型，未来理财子公司将作为独立法人成为资管市场的重要机构类型。截至2019年4月底，五大国有银行以及招商银行、光大银行等七家银行理财子公司已获批，正在筹建。目前，监管机构正在制定理财子公司净资本管理办法和流动性管理办法。

从发展趋势来看，在过渡期结束之前的两年多时间里，一方面理财老产品要逐步压缩退出；另一方面需要找到理财新产品的发展模式和路径。

---

①② 数据来自银行业理财登记托管中心发布的《中国银行业理财市场报告（2017年）》《中国银行业理财市场报告（2018年）》。

短期比较确定的是类货币基金的现金类理财,由于可以使用摊余成本法计价,在过渡期内有望迎来发展机会。但长期来看,理财净值化仍然是大趋势,产品线需要全面重构。以传统的固定收益类理财为主,逐渐发展权益类、混合类、衍生品类等理财产品,丰富产品结构和业务模式。此外,通过理财子公司将理财业务从母公司中分离,对于中小银行的冲击较大。由于自身规模较小、产品体系单一、管理能力和投资研究能力薄弱,在销售网点、客户数量方面也处于劣势地位,中小银行理财业务的开展将面临较大挑战。而对于大中型银行,其相对于公募基金等的优势是可以依托母公司的优质客户和线下渠道资源,但急需弥补的是投资研究能力和线上渠道的开发。未来行业竞争加剧,理财加速转型,会更加市场化、差异化,整个行业将进入一个全新的发展阶段。

四、信托资管向主动管理转型

2017年4月以来,银保监会组织开展了"三三四十"等系列专项整治活动,信托公司的政信合作业务、房地产信托业务、同业业务受到较大约束。2017年12月22日,银保监会下发《关于规范银信类业务的通知》,将银信合作范围扩大至所有表内外和收益权业务,反映了表内外统一管理、防范机构监管套利的整体方向;同时,规范了银信合作资金流向,且信托公司不得接受委托方银行担保或抽屉协议,对于部分通过信托通道开展的非标项目、明股实债、非标转标等业务造成影响,目的在于逐步打破刚兑,银信合作进一步面临收缩压力。"资管新规"关于消除通道和嵌套的要求对信托公司通道业务影响较大,净值化转型也将给信托公司的负债能力带来较大压力。

2018年以来,在监管政策引导下,信托资产规模增速双降,通道业务收缩,这是信托规模有统计数据以来的首次负增长。从资金端来看,单一资金信托大多是银行的通道业务,新规关于嵌套和上下穿透的要求,导致公募理财资金无法投资私募性质的信托产品。2018年,单一资金信托规模持续下降。从信托资金的功能结构来看,事务管理类信托近五年首次出现下滑。受 2016 年银行"理财新规"① 导致的券商与基金子公司通道业务回流的影响,2017 年事务管理类信托占比持续上升,但随着《关于规范银信类业务的通知》、"资管新规"等监管政策落地,以事务管理类信托为代表的通道业务规模从 2017 年末的 15.65 万亿元下降至 2018 年末的 13.25 万亿元,占比从 59.62% 下降至 58.36%(见表 11-4)。银信合作业务降幅明显,银信合作余额由 2017 年末的 6.17 万亿元下降至 2018 年末的 5.25 万亿元,降幅 15%。

表 11-4　　　　单一资金信托、事务管理类信托规模

类型	余额及占比	2017 年四季度	2018 年一季度	2018 年二季度	2018 年三季度	2018 年四季度
单一资金信托	规模(万亿元)	12	11.66	10.84	10.25	9.84
	占比(%)	45.73	45.54	44.68	44.31	43.33
事务管理类信托	规模(万亿元)	15.65	15.14	14.30	13.61	13.25
	占比(%)	59.62	59.12	58.93	58.82	58.36

资料来源:中国信托业协会官网。

在通道类信托业务下降的同时,集合资金信托占比提升,信托资产结构日趋均衡。截至 2018 年末,集合资金信托规模为 9.11 万亿元,占比为 40.12%,同比上升 2.38 个百分点,表明投资者门槛相对较低的集合资金信托业务在满足投资者财富管理需求上发挥着日益重要的作用,体现了行业正在向主动管理业务转型。

五、公募基金优势显现

在资管行业统一监管开启后,与其他资管机构规模下滑形成鲜明对比的是,公募基金规模在 2018 年增长了 12.3%,达到 13.03 万亿元,比 2017 年末增加了 1.43 万亿元。主动管理能力是基金公司区别于其他资管机构的核心竞争力,在大资管新格局下,基金公司能够继续发挥权益投资

---

① 2016 年 7 月,银保监会下发《商业银行理财业务监督管理办法(征求意见稿)》,规定银行理财投资非标资产,只能对接信托计划,而不能对接其他资管计划。

第十一章
中国资产管理市场的发展

研究优势,成为各类资管产品的底层产品的提供者,公募基金在权益投资领域积累的优势短期内更是难以撼动。

货币基金因风险较低、收益稳定等特点受到投资者的普遍青睐,在公募基金总规模中的占比超过半壁江山,其产品性质的转变和规模的变化对基金市场的健康发展具有关键影响,一旦出现流动性风险,会对货币市场产生巨大的冲击。因此,货币基金的发展得到了监管部门的高度关注。2017年8月,证监会发布《公开募集开放式证券投资基金流动性风险管理规定》,针对货币基金的流动性风险管理作出特别规定。2018年5月30日,证监会与中国人民银行联合发布《关于进一步规范货币市场基金互联网销售、赎回相关服务的指导意见》,强化货币基金持牌经营要求,对"T+0赎回提现"实施限额管理等。虽然监管力度加大,但是由于货币基金利率远高于银行存款利率,加上互联网渠道使投资变得更为便捷,居民存款仍不断"搬家"至货币基金。截至2017年末,货币基金总规模6.74万亿元,相比2016年底大幅增加了2.45万亿元,增速高达57%;占公募基金总规模的58.07%。到2018年末,货币基金规模攀升至7.62万亿元,增速降至13%。①

从发展趋势来看,资管行业统一监管开启后,银行资管子公司、信托公募等相继推出,公募市场将出现更多的参与者;同时,外资基金公司加速布局中国市场,商品基金、房地产信托投资基金(REITs)正在积极探索中,多样化的投资主体将进一步丰富开放式基金市场的产品类型,为中国基金市场不断注入活力,为投资者带来更多的财富管理选择。

自2016年底基金子公司面临净资本约束以来,通道业务规模已经开始逐步缩减,2016年四季度,基金子公司资产规模首次出现下滑。"资管新规"出台以后,在严控非标的监管政策下,基金子公司传统业务面临更加严峻的挑战,非标通道业务失去生存空间;加上多层嵌套被禁止后,银行理财作为基金子公司最重要的资金来源难以为继,导致基金子公司资管规模短短两年缩水过半,从2016年末的10.5万亿元大幅下降至2018年末的5.3万亿元;2017~2018年,降幅分别为30.38%、27.5%。《中国证券

---

① 数据来源:中国证券投资基金业协会官网。

投资基金业协会资产证券化业务备案运行情况简报（2018年）》显示，2018年基金子公司备案产品为61只，同比减少21.79%；备案规模为1801.59亿元，同比减少37.79%。

在新的监管框架下，基金子公司的转型主要以业务创新为突破口，以净资本约束为核心走主动管理之路。资产证券化（ABS）作为"资管新规"的豁免业务，成为大多数基金子公司的转型重点。此外，股权投资、房地产信托投资基金等另类投资也是转型方向。目前，国内REITs市场刚刚起步，有很大发展空间，个别基金子公司在REITs方面有很大布局。但是，整体来看，由于缺乏相应的积累，专业人才团队的搭建以及销售渠道的开拓还需要时间，加上风险资本金的牵制，基金子公司主动管理转型步履维艰。

六、券商资管的创新转型任重道远

在降杠杆、去通道、破刚兑和统一监管的大背景下，券商资管短期内原有的盈利模式被打破，而新的增长点尚未建立，导致证券公司的资产管理规模已经连续两年下降，尤其以通道业务为主的定向资产管理计划规模持续萎缩。截至2018年末，券商资管规模13.4万亿元，比2017年末下降3.48万亿元，降幅达到21%。2016~2018年，定向资产管理计划规模分别为14.69万亿元、14.39万亿元、10.99万亿元，2018年全年萎缩24%。

虽然通道业务在逐步萎缩，但占比仍然较高，且主要来源于银行并以非标业务为主。根据基金业协会发布的《证券期货经营机构私募资产管理业务2017年统计年报》，截至2017年末，通道业务规模11.95万亿元，在券商资管业务规模中占比高达71%；券商资管来源于机构的资金为14.87万亿元，其中来源于银行及信托共12.65万亿元，占比78.62%；券商资管非标资产占比达63.6%。随着"资管新规"的影响逐步显现，"银行理财+券商资管"的业务模式将面临严峻挑战，债券委外、定增/员工持股计划等资管产品优先级、通道业务（信贷/票据资产收益权等非标业务）等银证业务将会受到不同程度的影响，尤其是通道业务将逐步萎缩，甚至消亡。此外，"集合计划+信托/基金子公司+非标"的业务模式也将逐步收缩。

第十一章
中国资产管理市场的发展

目前，券商资管的转型方向主要聚焦于 ABS、"公募+私募"FOF 等业务。2018 年，在券商资管规模大幅下降的同时，资产证券化业务由于不受"资管新规"的限制而出现逆势增长。截至 2018 年底，资产证券化累计发行规模已达 2.6 万亿元，比 2017 年底增加了 1 万亿元，增幅达 62.5%，成为证券公司 2018 年资管业务中的亮点。2018 年以来，多家券商或券商资管子公司密集设立私募 FOF，且募集规模较大。此外，公募基金也是一个重要方向，目前全国共有 13 家券商资管拥有公募基金业务资格，可以借助大集合公募化改造的契机，发挥券商资管在股票、债券等标准化投资方面积累的主动管理能力，逐步提升在公募基金领域的竞争力。尽管转型主动管理已经成为共识，但客户对净值型产品的接受需要一定的过程，客户培育和引导需要时间，券商资管转型依然任重道远。

七、保险资管回归本源

近两年，监管机构针对保险业的股权乱象、资本乱象、产品乱象、投资乱象及部分严重脱离保险主业的保险公司实施了严厉监管，针对保险公司治理、保险资金运用、保险资产负债管理等做了进一步严格要求，推动保险公司回归主业。2017 年 4 月以来，保监会下发了全面加强保险监管的"1+4"系列文件[①]，集中开展治乱象、防风险、补短板、服务实体经济相关工作，保险监管从严推动，引导行业强化长期保障的良性发展之路。2018 年 1 月 24 日，保监会发布了修订后的《保险资金运用管理办法》，将近几年有益的实践经验和规范性文件上升为部门规章，明确保险资金可以投资创业投资基金等私募基金和设立不动产、基础设施、养老等专业保险资产管理机构；规定保险公司除可以自行投资或委托保险资产管理公司投资外，也可以委托符合条件的证券公司、证券资产管理公司、证券投资基

---

① "1"指的是《关于进一步加强保险监管 维护保险业稳定健康发展的通知》，是大方向、总要求；"4"指的是防控风险、治理乱象、补齐短板、支持实体经济的四个配套文件，即《中国保监会关于进一步加强保险业风险防控工作的通知》《中国保监会关于强化保险监管 打击违法违规行为 整治市场乱象的通知》《中国保监会关于保险业支持实体经济发展的指导意见》《中国保监会关于弥补监管短板 构建严密有效保险监管体系的通知》。

金管理公司等专业投资管理机构开展受托保险资金投资业务；强化保险资金股票投资监管。2018年3月，保监会发布《保险资产负债管理监管规则（1—5号）》，促使保险公司提升资产负债管理能力，从源头上逐步化解资产负债错配风险，引导保险回归主业。2018年10月25日，银保监会发布《关于保险资产管理公司设立专项产品有关事项的通知》，允许保险资管公司设立专项产品，发挥保险资金长期稳健投资优势，为优质上市公司和民营企业提供长期融资支持。

从监管导向看，一是推动保险资管回归服务保险业的定位，坚守"保险姓保"。区别于其他类型机构，保险资管来源于保险业，服务于保险业。尽管保险资管要增强自身经营的独立性，但从导向上来看要恪守服务保险业的定位，这既是行业的本质属性，也是行业的优势所在。二是推动保险资管回归服务实体经济的金融属性。提升险资运用高度，服务国家发展战略。

由于保险资管目前主要还是承担母公司的资金管理责任，第三方资金占比不高，所以受到的资管新规影响并不突出。保险资管规模在近两年的严监管态势下仍然实现了稳步增长。截至2018年末，保险资金运用余额为164088.38亿元。其中，银行存款24363.50亿元，占比14.85%；债券56382.97亿元，占比34.36%；股票和证券投资基金19219.87亿元，占比11.71%；其他投资64122.04亿元，占比39.08%。[①]

与其他资管机构不同，保险资管机构在长期服务保险资金的实践中形成了具备行业特色的资产负债匹配管理体系、风险管理文化和资产配置能力。在大资管时代，保险资管一方面应确立以管理保险资金为比较优势的大资管市场综合资产管理人身份，将长期发展定位于服务保险主业不动摇，发挥保险资金的长期投资、价值投资、多元投资的主力军作用。另一方面要提升经营独立性，明确独立资产管理机构的定位，回归主动管理业务本源，持续发挥资产负债匹配管理能力优势和大类资产配置经验，不断提升投资研究能力，在服务保险资金的同时向全市场领域输出其专业投资能力。

---

① 数据来源：中国银保监会官网。

第十一章
中国资产管理市场的发展

八、私募基金纳入监管

自 2013 年私募基金纳入新《证券投资基金法》统一规范以来，行业监管不断完善，行业自律渐成体系，私募基金迎来爆发式增长，目前已经成为大资管行业重要组成部分，在推动产业升级、经济转型、国民经济提升等多方面也发挥着日益重要的作用。按照基金业协会公布数据，截至 2018 年底，已登记私募基金管理人 24448 家，较 2017 年末增加 2002 家，同比增长 8.92%；管理基金规模 12.78 万亿元，较 2017 年末增加 1.68 万亿元，同比增长 15.14%。其中，私募证券投资基金管理人 8989 家，管理基金规模 2.24 万亿元；私募股权、创业投资基金管理人 14683 家，管理基金规模 8.6 万亿元；其他私募投资基金管理人 776 家，管理基金规模 1.94 万亿元。[①] 伴随着规模的快速扩张，私募基金行业的商业模式、业务规则等正在逐步成熟，私募机构的内部管理、人才培养等机制正逐步完善，行业监管、自律规则等制度体系也在不断健全。

值得注意的是，近几年私募基金发展出现分化现象，与私募股权、创投基金和其他基金的快速发展不同，私募证券投资基金基本停滞不前，甚至规模下滑。2016~2018 年，私募证券投资基金规模从 2.77 万亿元下降到 2.24 万亿元；而私募股权和创投基金规模从 4.69 万亿元大幅跃升至 8.6 万亿元，接近 2016 年底的两倍。

2018 年，"资管新规"将私募基金纳入监管范围，明确了私募基金的适用规则，推动了私募基金的合规化发展。从新规与私募现有法律体系的关系来看，新规中明确了私募专门法规优先的原则。也就是说，新规作为各部门联合发布的部门规章，如果与上位法"私募投资基金专门法律、行政法规"（如《基金法》和尚未正式出台的国务院《私募投资基金管理暂行条例》，但不包括证监会和基金业协会的部门规章和行业自律规则）存在冲突的，以上位法的规定为准。

---

① 数据来自中国证券投资基金业协会《2018 年私募基金登记备案综述及 12 月私募基金登记备案月报》。

整体来看,"资管新规"为私募基金提出更严格要求的同时也为私募基金带来利好。一是可承接理财子公司的私募理财委外。符合条件的私募基金既可以通过投资顾问模式与银行公、私募理财合作,也可直接通过委托投资模式接受银行私募理财资金,优质私募基金将迎来更多发展机遇。二是鼓励充分运用私募产品支持债转股,鼓励投向符合国家战略和产业政策要求、符合国家供给侧结构性改革政策要求的领域,产业基金将迎来发展良机。

"资管新规"禁止多层嵌套、向上穿透合格投资者以及禁止非标期限错配等要求对私募股权基金的产品设计和交易结构影响较大,私募基金募资端将不得引入超过一层的资管产品作为投资者,私募股权行业原有的交易结构将面临较大调整。"银行公募理财+私募基金""保险资管+私募基金"等常见模式都不再可行。

第十二章

中国融资租赁市场的发展

融资租赁既是金融服务于实体经济的一种重要机制,也是金融体系中的一个重要产业。与其他诸多金融产业相同,中国在计划经济时期,虽然企业间存在着设备租赁、房屋租赁等方面的零星活动,但融资租赁市场基本不存在。中国的融资租赁市场起步于改革开放之后的1981年,经历了萌芽、调整、恢复和快速成长四个时期,体现了中国金融发展中的曲折历程,也展示了金融改革开放的强大生命力和良好前景。2017年10月,党的十九大胜利召开,中国特色社会主义进入新时代,中国经济发展从高速度增长转变为高质量发展,融资租赁市场作为与实体经济紧密结合的金融机制也将进入高质量发展的新时期。

第一节 融资租赁市场的萌芽发展

一、中国融资租赁市场的萌芽期概述

1981~1987年的6年,是中国融资租赁市场的萌芽发展时期。基本背景是,1978年12月,党的十一届三中全会召开,标志着中国进入改革开放的历史新时期。1979年,中国国际信托投资公司(以下简称"中信公司")作为利用外资的主要窗口之一在北京成立,继而提出创办国际租赁

业务，力求开辟利用外资的新渠道。

1980年初，中信公司派出考察小组就现代租赁业务去日本进行实地考察，并开始了早期的融资租赁业务实践。10月，中信公司邀请日本租赁公司等国外专家来华举办了首届租赁研讨会，融资租赁作为一种利用外资的"新技术"被正式引入到中国。

1981年，中信公司为更好地开展租赁业务，与日本东方租赁公司和北京机电设备公司共同创建了中国第一家现代意义上的租赁公司——中国东方租赁有限公司，又与国家物资局共同组建了中国第一家国营性质的融资租赁公司——中国租赁有限公司。1986年，中国租赁有限公司获得中国人民银行颁发的首个金融租赁公司牌照，成为中国真正意义上第一家金融租赁公司，标志着现代租赁业在中国诞生和现代租赁体制在中国基本建立。

到1988年上半年，中国批准成立中外合资租赁公司20家，中资租赁公司25家。其中综合租赁公司40家，专业租赁公司5家。兼营租赁机构主要由银行和非银行的金融机构组成。这些综合类、专业类和兼营类租赁机构共计达到百余家，组成了最初的中国融资租赁市场的主体，由此，新兴的融资租赁业在中国经济中初具雏形。

从业务增长来看，1981年设备租赁新合同全国成交额仅为200万美元，1981~1987年6月，全国租赁合同签订金额累计达到了近24亿美元，成功引进项目近3000个。①

从结构看，中外合资租赁公司累计租赁合同签订额为11.67亿美元，占比48.89%，租赁项目1400多个。中国东方租赁公司占第一位，累计租赁成交金额为5.1亿美元。中国环球租赁公司居第二，累计租赁成交额为2.3亿美元。中资租赁公司累计租赁合同签订额为7.9亿美元，占比33.10%，中国租赁公司跃居第一，金额约为5.4亿美元。兼营租赁业务机构累计租赁合同签订额为4.3亿美元，占比18.01%，中信公司租赁部占到全部业务量的一半以上（55%），约为2.37亿美元。②

中外合资融资租赁公司的境外投资人主要来自日本、法国、意大利、

---

①② 作者根据公开资料整理。

德国、英国、美国、新加坡等国，具体情况见表12-1。至1987年底，中外合资租赁公司的新签合同金额为13.57亿美元。

表12-1　　　　　　　　境外投资分布情况

国家	境外投资法人数（个）	投资比例（%）
日本	29	63.00
法国	4	8.70
意大利	3	6.50
德国	2	4.35
英国	2	4.35
美国	2	4.35
新加坡	2	4.35

资料来源：作者根据相关资料整理。

二、制度建设和监管机制

在中国融资租赁萌芽期，受到改革开放的春风滋润，最早成立的几家公司实现了快速发展，但从融资租赁行业的"四大支柱"来看，中国的法律、监管、会计和税收等方面都很不健全，初期发展得益于特别的扶持政策。这些情况导致了融资租赁市场存在后续发展乏力，问题频频暴露的风险隐患。

在制度建设方面，1983年9月，国务院发布《中华人民共和国中外合资经营企业法实施条例》，并于1986年1月和1987年12月进行了两次修订，规范了在融资租赁萌芽期，租赁合同签订额最大、交易最活跃的中外合资租赁公司的申请设立，促进了中外合资租赁公司的快速发展。总体来说，在融资租赁的萌芽期，为了引进外资，实现设备的更新换代和引进国外先进技术，国家从法律层面对中外合资租赁公司给予了支持和保护，为改革开放初期国民经济的发展注入了强大动力。

在业务监管方面，1981年7月，海关总署下发的《关于中外合营中国东方租赁有限公司经营范围和有关监管、征税、统计事项的通知》，专门针对中国东方租赁有限公司出台了规范文件，从经营范围、监管、税收和统计等四个方面给予了明确,有力扶持了中国东方租赁有限公司的发展。1982年7月,海关总署向中国东方租赁有限公司下发《关于租赁进口设备申请免税问题的复函》,明确了企业采取融资租赁方式,利用外资进口先进设备符合减免税政策的,由承租单位向海关总署申请免税,此次免税的复函降低了公司进口设备的成本,为中国东方租赁有限公司融资租赁业务规模的扩大奠定了基础。1981年至1987年6月,中国东方租赁公司累计租赁成交金额高达5.1亿美元,占全国中外合资租赁公司累计租赁成交金额的43.70%,成为全国中外合资租赁公司的龙头。

1984年10月,中国人民银行颁布了《关于金融机构设置或撤并管理的暂行规定》。该规定颁布后,以非银行金融机构为主要投资人设立的内资融资租赁公司,陆续申请中国人民银行颁发的金融机构执照。

1985年6月,对外经济贸易部、国家计划委员会、国家经济贸易委员会下发《关于设立中外合营租赁公司审批问题的通知》,明确中外合营的融资租赁公司或外商独资融资租赁公司一律由对外经济贸易部审批并颁发批准证书。当时境外金融机构投资融资租赁公司属于利用外资,因此,设立的中外合资融资租赁公司都集中归属于对外经济贸易部审批和管理,后沿革至商务部管理。

三、萌芽期的市场特点

融资租赁业从萌芽到早期的快速发展,主要得益于改革开放的春风,但此时的租赁业务尚处于探索阶段,加之市场发育不完全,所以,业务发展表现出了特定背景下的如下特征:

第一,早期的融资租赁公司主要以中外合资企业为主,外资和内资股东之间的目的差异为日后风险全面爆发埋下隐患。

第二,由于融资租赁业刚刚起步,新成立的租赁公司普遍存在注册资本小、租赁资产比低、脱离主业等问题,为后期的经营困难设置了障碍。

第三,政府部门对融资租赁业务的行政干预较为严重,极大损害了租赁公司的市场适应能力和应变能力,从而在一定程度上暗示着中国融资租赁业必然会经历一次大整顿。

第十二章
中国融资租赁市场的发展

第二节 融资租赁市场在调整中发展

一、中国融资租赁市场在调整中发展

1988～1998年的10年,是中国融资租赁市场在调整中发展的历史时期。进入调整期的背景是,在经历了萌芽期的快速发展后,在国内经济体制转轨的条件下,政府部门不能担任保证人,经济主体由政府部门转向企业,在企业尚未具备独立经济主体意识和信用体系不完备的情况下,融资租赁行业出现全行业的租金拖欠问题,最终导致了为期10年的行业整顿以解决欠租问题。同时,由于行业发展的外部环境并不健全,行业内部对融资租赁的认识也较为粗浅,加上这一时期内中国汇率体制的变革,导致以外汇结算的租金受到汇率风险的影响,融资租赁行业的发展面临来自各方面的挑战,各类问题和风险不断暴露,行业发展进入调整期。

第一,经济体制转轨导致政府担保无效,融资租赁全行业爆发租金拖欠。1988年4月13日,《中华人民共和国全民所有制工业企业法》公布,同年8月1日开始施行。1988年4月2日,最高人民法院印发了《关于贯彻执行〈中华人民共和国民法通则〉若干问题的意见(试行)的通知》,其中第106条规定:国家机关不能担任保证人。1988年,最高人民法院判决政府部门担保无效,很快出现了租赁行业全行业性的租金拖欠。1994年末,17家中外合资租赁公司面临欠租困扰,其中欠租超过千万美元以上的有10家,金额合计达到6亿美元(含逾期罚息),其中政府担保债务达5亿美元。

第二,融资租赁行业发展过程中面临资本金偏低和资本补充不足。1988～1996年,融资租赁公司接连设立,业务总量平稳增长。截至1996年末,行业总资产达到近140亿元人民币,但全部注册资本仅6亿多元人民币。注册资本占总资产的比例仅为4%左右,资本补充不足导致抵御风险的能力较弱。面临全行业租金拖欠后,大量融资租赁公司陷入困境。表12-2说明了中国融资租赁公司从1981年到1995年资本补充情况。

表 12-2　　　　　　　中国融资租赁公司资本补充情况

项目	1981 年	1982 年	1984 年	1985 年	1986 年	1988 年	1994 年	1995 年
新增公司数目（家）	1	1	1	2	1	1	3	2
新增资本金（亿元）	1.00	0.30	0.03	0.60	0.74	0.30	2.40	1.05
累计资本金（亿元）	1.00	1.30	1.33	1.93	2.67	2.97	5.37	6.42

注：此表未包含已破产清算的中国华阳联合租赁有限公司、武汉国际租赁有限公司、广东国际租赁公司和海南国际租赁公司。

资料来源：陈建中，《融资租赁理论与业务创新研究》，中南大学，2009 年。

第三，日方大量撤资，部分中外合资租赁公司陷入经营困境。伴随着亚洲金融危机的爆发，外方投资者的信心出现动摇，尤其是日方投资者纷纷撤资。同时，融资租赁行业前期发展中所埋下的风险隐患也在这一时期逐步暴露，大多数租赁公司的经营都因资金来源遇到困难或租金难以回收等问题而陷入困境。

第四，金融租赁公司牌照停发。金融租赁公司因持有金融许可证，可以从事金融业务，在融资租赁市场不景气的背景下，一些金融租赁公司开始从事高息揽存、炒股票、炒房地产、直接投资产业等偏离主业的业务，导致部分金融租赁公司经营风险逐渐暴露，最后濒临破产和清算。受此影响，中国人民银行暂停发放金融租赁牌照，直到 2007 年才重启审批大门。

在上述因素的影响下，融资租赁进入了全行业调整和负增长时期。1988～1998 年，融资租赁行业出现了两次明显的起伏和波折。第一次为 1989～1992 年，1989 年出现小幅回落，其后反弹回升，1992 年出现高点。第二次为 1993～1998 年，1993 年之后行业进入较长的调整期，业务规模持续回落且幅度较大，直到 1997 年才重拾升势。

1993 年后的行业整体低迷和调整主要受到当时经济环境影响：一是计划经济体制向市场经济体制转轨，政府行政干预弱化，国有企业面临转型，以及全行业出现的租金拖欠问题；二是法律、法规及监管缺失等外部发展环境的弊端逐步显现；三是社会融资成本大幅攀升，1993～1997 年，银行的法定贷款利率出现了三次上调；四是 1993 年年中，中国宏观经济进入紧缩时期，固定资产投资受限，融资租赁交易额随之大幅下降。

二、调整期的业务发展

自1988年起,行业普遍面临欠租问题。从1988~1998年,在相关部门的多方协调下,租金拖欠问题最终得到圆满解决。同时,随着行业发展,关于从法律角度维护行业整体利益和促进行业发展的呼声逐步加大,推动行业立法的进程加快。

第一,长达十年的租金追讨最终得以基本解决。1988年,中外合资租赁公司面临租金拖欠问题日益严重,24家中外合资租赁公司代表集聚北京,宣布成立"中外合资租赁公司联谊会",后改为"中国外商投资企业协会租赁分会"。行业协会自成立以来就一直为欠租问题奔走呼吁,争取国家和相关部委的支持。

1998年底,在中国人民银行、财政部、国家经济贸易委员会等部委协调督办下,困扰融资租赁业十年之久的欠租问题取得实质性进展。截至1998年末,全国融资租赁行业业务规模达到60多亿美元,融资租赁公司实际坏账余额仅剩3亿美元,坏账率不足5%,欠租问题得以基本解决。

第二,融资租赁行业立法受到重视,立法工作正式启动。欠租问题的出现也使得整个行业意识到法律保护的重要性,推动行业立法的工作正式提上了议事日程。1991年,中国外商投资企业协会租赁业工作委员会组织业内人士呼吁启动融资租赁行业的立法。全国人民代表大会和国务院法制局、国家工商行政管理局都给予了高度重视,正式启动了融资租赁行业的立法工作。1996年5月,最高人民法院根据国际惯例和现行法律规定,结合中国司法实践,颁布了《关于审理融资租赁合同纠纷案件若干问题的规定》的司法解释,结束了审理及解决融资租赁合同纠纷无法可依的状况。

第三,积极开展融资租赁行业的国内外交流。行业协会先后多次开展海外调研和举办国内研讨会。1996年7月,由日本政府技术援助信托基金提供支持,国际金融公司为中国提供了租赁业"立法和管理"的技术咨询援助,来自美国的融资租赁专家和世界银行集团国际金融公司的官员在中国外商投资企业协会租赁业工作委员会的积极配合下,在北京开展工作。一些专家学者开始从事融资租赁的理论研究,一支由学者、政府官员、业内人士、法律工作者组成的理论研究队伍开始形成，这也是融资租赁业在成长中积蓄能量、蓄势待发的重要因素和希望所在。

三、调整期的市场特点

融资租赁的曲折发展过程中，主要有以下几个特点：

第一，社会信用意识和制度基础较为薄弱，征信体系不完善，地方政府也为本地企业违约提供保护，导致经济领域的"三角债"问题愈演愈烈。

第二，商业银行分业经营导致融资租赁行业"失血"严重。

第三，人民币兑美元汇率出现大幅波动，加大了承租人使用进口设备的租赁成本，以外汇结算的租金面临巨大的汇率波动风险。

第三节 融资租赁市场的恢复性发展

一、中国融资租赁市场在恢复中发展

1999~2006年的7年，是中国融资租赁市场的恢复性发展时期。经历长达十年的调整期后，随着欠租问题的逐步解决，相关部门开始从法律、监管、会计和税收"四大支柱"推动市场制度体系建设，由此，融资租赁市场发展逐步进入恢复期。这一时期的制度建设为融资租赁市场的长远发展和再次腾飞奠定了基础。

（一）监管部门对金融租赁公司开展全面清理整顿

2000年8月，中国人民银行发布公告，鉴于中国华阳金融租赁有限责任公司严重违规经营，不能支付到期债务，为维护金融秩序稳定，保护债权人合法权益，决定将其撤销，收缴《金融许可证》和《经营外汇业务许可证》，停止其一切金融业务。

2006年，银监会监管的16家金融租赁公司只有6家公司能够持续经营（见表12-3），有10家公司被摘牌或停业整顿。随着行业清理整顿并逐步规范，6家持续经营金融租赁公司业绩逐渐改善。截至2006年末，

6家金融租赁公司资产总额合计140亿元,利润总额1.37亿元,较2005年增长142%。

表12-3　　2006年末16家金融租赁公司清理整顿情况

序号	公司名称	成立时间	备注
1	华融金融租赁有限公司	1986年	持续经营,原为浙江金融租赁有限公司
2	深圳金融租赁有限公司	1984年	持续经营,首家重组成功
3	中国外贸金融租赁有限公司	1985年	持续经营,原为中国对外贸易租赁公司
4	河北省金融租赁有限公司	1995年	持续经营
5	江苏金融租赁有限公司	1985年	持续经营,原为江苏租赁有限公司
6	山西金融租赁有限公司	1992年	持续经营,原为山西租赁有限公司
7	西部金融租赁有限公司	不详	重组为信达金融租赁有限公司
8	中国租赁有限公司	1981年	2004年停业整顿
9	中国电子租赁有限公司	1982年	2004年停业整顿
10	四川租赁有限公司	1994年	2004年停业整顿
11	上海新世纪租赁有限公司	1994年	2002年停业整顿
12	新疆金融租赁有限公司	1995年	2002年停业整顿
13	中国华阳租赁有限公司	1982年	破产清算
14	广东国际租赁有限公司	1986年	随广东国际信托投资公司被清算
15	武汉国际租赁有限公司	1990年	随武汉国际信托投资公司被清算
16	海南国际租赁有限公司	1991年	随海南国际投资有限公司被清算

(二) 批准外商独资设立融资租赁公司

2001年8月,对外贸易经济合作部发布《外商投资租赁公司审批管理暂行办法》。2001年11月,中国加入世界贸易组织,根据承诺,中国将在3年内允许设立外商独资融资租赁公司。

2004年12月,商务部正式宣布允许外商独资成立融资租赁公司,并于2005年2月发布《外商投资租赁业管理办法》。与对外贸易经济合作部的《外商投资租赁公司审批管理暂行办法》相比,主要将外国投资者的总资产修改为不得低于500万美元,降低了准入门槛。

截至2006年底,经商务部(包括原对外贸易经济合作部)批准设立的中外合资及外商独资租赁公司共有54家,通过融资租赁方式累计引进外资近80亿美元，成为引进外资和进口设备的重要渠道，有力地支持了国内企业的技术改造和电讯等基础设施的建设。

（三）启动内资融资租赁企业试点

2004年12月，商务部、国家税务总局联合发布《关于确认万向租赁有限公司等企业为融资租赁试点企业的通知》，确认万向租赁有限公司等9家企业为融资租赁试点企业。2006年4月，商务部、国家税务总局联合下发《关于确认第二批融资租赁试点企业的通知》，确立远中租赁有限公司等11家企业为第二批融资租赁试点企业。截至2006年末，中国商务部公布的两批内资试点融资租赁公司数量达到20家。内资试点租赁公司新签融资租赁合同金额达到65.7亿元，较上年增长211%，实现利润1.35亿元，较上年增长62%。

（四）融资租赁行业三类经营主体形成"三足鼎立"

随着融资租赁行业逐步恢复，逐渐形成了由银监会、商务部分别审批和监管的金融租赁公司、外商投资租赁公司和内资试点租赁公司三类经营主体。截至2006年底，中国融资租赁公司共计80家，其中外商投资租赁公司54家，内资试点租赁公司20家，金融租赁公司6家。融资租赁业务涉及装备制造、冶金、电力、医疗、印刷、航空、铁路、城市公共交通等行业，不仅提高了融资租赁的社会认知度，也带动了相关行业和地方经济的繁荣。

二、恢复性发展的成效

在行业协会的推动下，对外交流和内部研讨不断深入，对融资租赁行业的认识也逐渐深刻，"四大支柱"的制度体系建设稳步推进。

1. "秦皇岛会议"明确了融资租赁行业发展的"四大支柱"。1999年8月，中国人民银行在河北秦皇岛举办了"中国租赁业研讨会"，会议从促进行业立法、完善外部发展环境以及理顺行业监管体制等方面进行了研讨。会议借鉴了国外成熟的发展经验，吸收了国际组织的研究成果，明确了支撑融资租赁业发展的"四大支柱"，从完善法律、监管、会计和税收着手，促进融资租赁业健康发展。"秦皇岛会议"统一了国内对融资租业发展的认识，为其后以"四大支柱"理论为核心，发展融资租赁相关制度奠定了基础。

2. 制度建设进一步完善。1999年3月，全国人民代表大会审议通过了《中华人民共和国合同法》，于当年10月1日正式实施。《中华人民共和国合同法》以及"融资租赁合同"专门章节的颁布填补了中国融资租赁交易立法的空白，为融资租赁业务的开展提供了有力的法律保障。

3. 强化金融监管。2000年6月，中国人民银行颁布《金融租赁公司管理办法》，规范了金融租赁公司准入和业务监管。2003年，银监会成立，对于金融租赁公司的监管职能划归银监会。2005年8月，银监会颁布《关于调整金融租赁公司业务范围的通知》，对金融租赁公司的经营范围进行了调整。

2001年8月，对外贸易经济合作部发布了《外商投资租赁公司审批管理暂行办法》。2004年10月，商务部、国家税务总局联合下发《关于从事融资租赁业务有关问题的通知》，将原国家经济贸易委员会、对外贸易经济合作部有关融资租赁行业的管理职能和外商投资租赁公司管理职能划归商务部。同年12月末，第一批9家试点企业获批。2005年2月，商务部发布《外商投资租赁业管理办法》，有力地促进了中外合资的融资租赁公司与外商独资融资租赁公司的发展。2006年4月，针对首批内资融资租赁试点公司经营与监管中出现的问题，商务部、国家税务总局联合下发《关于加强内资融资租赁试点监管工作的通知》，建立了退出机制，对不合格的试点企业将取消试点资格。

4. 租赁会计准则修订完善。2001年1月，财政部颁布了《企业会计准则——租赁》，规范了融资租赁业务中承租人和出租人的会计核算规则，提高了融资租赁业务会计信息的披露和相关信息的可靠性，对于推动融资租赁业务规范开展起到了积极作用。2006年2月，财政部颁布修订后的《企业会计准则第21号——租赁》，促进中国关于融资租赁业务的会计核算与国际会计准则接轨，进一步促进了中国融资租赁业务的规范开展，强化了融资租赁业务会计核算信息的公开与透明。

5. 税收制度的完善。2000年7月，国家税务总局下发《关于融资租赁业务征收流转税问题的通知》，明确了融资租赁行业营业税和增值税的征收问题。2001年4月，经国务院批准，金融保险业的营业税税率从2001年起分三年从8%降低到5%。2003年1月1日，财政部、国家税务总局《关于营业税若干政策问题的通知》正式执行，该通知统一了金融租赁、外商投资和内资试点三类不同经营主体的营业税缴纳税金。进一步明确和完善了符合《租赁会计准则》关于融资租赁交易的税种和缴纳税基的适用。

6. 业务创新展开。随着法律、监管、会计和税收"四大支柱"逐步建立和完善，融资租赁行业发展的外部环境不断优化，逐步规范了融资租赁市场主体的行为，培育了融资租赁行业的监管意识和合规意识，强化了融资租赁经营主体的内部控制与风险管理，激发了融资租赁市场主体业务创新的动力，融资租赁行业的业务范围从传统的机械、医疗、建筑等领域延伸到飞机、船舶等专业领域，打破了一直以来外资租赁公司在专业领域的垄断格局。同时，各种融资租赁产品不断推陈出新，各类新业务不断涌现，融资租赁行业开始恢复生机和活力。

三、恢复期的市场特点

融资租赁市场在恢复期的主要特点包括：

第一，金融租赁公司风险管理意识和能力薄弱，普遍缺乏完善的治理结构。

第二，控股股东将金融租赁公司作为融资工具，大量与股东及其关联方开展关联交易，进行利益输送，或通过各种方式为大股东提供资金，引发较大的金融风险。

第三，金融租赁公司资金实力不足，融资渠道受限。

第四节 融资租赁市场的快速成长

一、中国融资租赁市场的快速成长

2007~2017年，是中国融资租赁市场的快速成长时期。2007年，中国银监会启动了商业银行设立金融租赁公司试点,也是商业银行全面退出融资租赁行业后的再度回归,标志着中国融资租赁市场进入了新一轮的快速成长时期。同时,国家和地方也开始关注并重视融资租赁行业的发展,一系列扶持行业发展的政策陆续出台,有效促进了中国融资租赁市场的飞跃式发展。

1. 国务院出台扶持金融租赁和融资租赁发展的政策。2015年8月,国务院总理李克强主持召开国务院常务会议,确定加快融资租赁和金融租赁行业发展的措施,更好地服务实体经济。次月,国务院分别印发了《国务院办公厅关于加快融资租赁业发展的指导意见》和《国务院办公厅关于促进金融租赁行业健康发展的指导意见》。

2. 银行系金融租赁公司成为金融租赁行业主力军。2007年1月,银监会重新修订并颁布了《金融租赁公司管理办法》,允许符合条件的金融机构和大型公司可以向租赁公司直接投资入股。同年11月28日,工银金融租赁有限公司在天津成立,是中国第一家由商业银行发起设立的融资租赁公司。随后,交通银行、中国建设银行、招商银行、中国民生银行等作为首批试点银行先后设立了由银行控股的金融租赁公司。2008年,国家开发银行也通过收购深圳金融租赁公司成立了国银金融租赁。

2010年,中国农业银行、兴业银行、中国光大银行第二批获得金融租赁牌照。2014年3月,银监会发布修订后的《金融租赁公司管理办法》,将出资人制度调整为发起人制度,扩大了银行股东的范围,以城市商业银行、农村商业银行为主力的银行系金融租赁公司纷纷设立。同时,也允许大型制造企业作为发起人,产业系金融租赁公司也开始陆续成立。截至2017年末,商业银行控股的金融租赁公司达到42家,在66家金融租赁公司中占比达63.64%。

3. 商务部下放外商投资和内资试点融资租赁公司的审批权限。2009年2月,商务部发布了《关于由省级商务主管部门和国家级经济技术开发区负责审核管理部分服务业外商投资企业审批事项的通知》,通知将外商投资融资租赁公司的审批权限下放至省级商务主管部门和国家级经济技术开发区。审批权限的下放,大大提高了外商投资融资租赁公司审批效率和数量。截至2017年末,外商投资融资租赁公司数量达到了8745家。

国家也在大力支持自贸试验区融资租赁行业积极探索、先行先试，以促进融资租赁业加快发展。2017年6月6日，商务部、税务总局下发《商务部 税务总局关于辽宁等7个自由贸易试验区内资租赁企业从事融资租赁业务有关问题的通知》（以下简称《通知》），《通知》指出，自2017年6月15日起，商务部、税务总局将注册在自贸试验区内的内资租赁企业融资租赁业务试点确认工作委托给各自贸试验区所在的省、直辖市、计划单列市级商务主管部门和国家税务局。2017年6月23日，中国人民银行等《关于印发〈新疆维吾尔自治区哈密市、昌吉州和克拉玛依市建设绿色金融改革创新试验区总体方案〉通知》下发，支持融资租赁公司等机构以及专业性中介机构参与绿色金融业务，支持有条件的机构设立绿色专营部门。充分运用股票、租赁、资产证券化等产品和服务机制，为环保产业发展提供融资支持。

4. 地方政府响应国家号召，大力扶持本地区融资租赁行业发展。在国家政策的引导下，地方政府纷纷响应，加大对融资租赁行业的扶持力度，天津、上海、深圳等在内的多个地方相继出台了大批融资租赁的利好政策，内容涉及再融资优惠、降低子公司资本金门槛、税收优惠等。尤其是天津与融资租赁行业的紧密融合发展可以追溯至2007年，经过十多年发展，天津租赁业在全国确立了领先地位，成为中国融资租赁业的聚集区。天津融资租赁产业的快速集聚，依托于租赁政策红利的持续释放。如天津东疆实施的外汇意愿结汇、收取外币租金、跨关区申报等政策，为租赁企业开展业务提供了便利，吸引了越来越多的租赁企业落户东疆。同时，天津市金融工作局在搭建"专家+管家"式综合服务平台，构建租赁业创新服务基地，健全完善法律保障体系等方面也做了诸多工作。

5. 融资租赁业快速发展助力产业结构转型升级。如表12-4所示，2007年底，全国各类融资租赁企业总数仅109家。截至2017年底，全国各类融资租赁企业数量达到9090家，其中：金融租赁69家，内资租赁276家，外资租赁8745家，分别较上年增加10家、71家和1873家，增幅分别为16.95%、34.63%和27.26%。从单个企业来看，行业内涌现出一批龙头企业，总资产超过百亿元的融资租赁企业达33家，正引领租赁业稳步前进。

表 12-4　中国融资租赁公司数量和业务规模（2007~2017 年）

年份	公司数量（家）				业务规模（亿元）			
	金融租赁	内资租赁	外资租赁	合计	金融租赁	内资租赁	外资租赁	合计
2007	11	25	73	109	90	100	50	240
2008	12	36	94	142	420	630	500	1550
2009	12	44	114	170	1700	1300	700	3700
2010	17	44	172	233	3500	2200	1300	7000
2011	20	66	283	369	3900	3200	2200	9300
2012	20	79	544	643	6600	5400	3500	15500
2013	23	123	960	1106	8600	6900	5500	21000
2014	30	152	2020	2202	13000	10000	9000	32000
2015	47	190	4271	4508	17300	13000	14100	44400
2016	59	205	6872	7136	20400	16200	16700	53300
2017	69	276	8745	9090	22800	18800	19000	60600

资料来源：中国租赁联盟，Wind。

随着供给侧结构性改革的逐步推进，新旧产业转型升级动能增加，中国多个行业出现了巨大的资金需求。融资租赁业作为聚合金融资本和实体产业的"融合剂"，服务实体经济的能力逐步深化。

二、快速成长的成效

近年来，在国家政策引导下，融资租赁业进入蓬勃发展的黄金时代，对实体经济的渗透率不断增强，融资租赁市场在经济下行压力的背景下仍取得较快的发展，主要包括以下四个方面：

第一，发起人类型多元化，融资渠道不断拓宽。2007 年，银监会修订出台《金融租赁公司管理办法》，允许符合条件的商业银行投资设立金融租赁公司，正式启动了商业银行设立金融租赁公司的试点工作。这一政策不仅丰富充实了租赁行业的资金来源，也有利于强化金融租赁行业的风险监测意识，有效降低了风险。从商业银行的角度上看，通过发起金融租赁公司，银行可以将部分贷款转为租赁，消化存贷比压力，相当于增加信贷规模，同时盘活了资产。2014年3月，银监会再次修订《金融租赁公司管理办法》，把原来主要出资人的制度调整为发起人的制度，不再区分主要出资人和一般出资人，符合条件的五类机构都可以作为发起人设立金融租赁公司。

同时，金融租赁公司是一个资本消耗型行业，资本补充渠道对于行业发展至关重要。2014年银监会联合中国人民银行修订了金融租赁公司发行债券的有关规定，降低了发债门槛。在资本补充方面，除了传统的股东增资，还支持符合条件的公司上市、上新三板、发行二级资本债，为行业发展提供原动力。2015年9月，银监会报请国务院出台了《关于促进金融租赁行业健康发展的指导意见》，明确了允许符合条件的金融租赁公司上市和发行优先股、次级债，丰富了金融租赁公司的资本补充渠道。2016年9月，银监会又下发了《关于金融租赁公司发行二级资本债券的通知》。

此外，资产证券化业务是金融租赁公司重要的创新业务。2014年3月，银监会修订了《金融租赁公司管理办法》，首次提出允许经营状况良好、符合条件的金融租赁公司，经批准后可开展资产证券化业务。同年9月，交银金融租赁有限责任公司正式招标租赁资产支持证券，成为我国首家试点资产证券化的金融租赁公司。2015年以来，银监会加快对金融租赁机构开办资产证券化业务的批复。资产证券化一方面为金融租赁公司提供了新的融资渠道，另一方面有利于盘活存量资产、加速资金周转，降低金融租赁公司的流动性风险。

第二，创新空间不断加大，经营平台专业化。2010年，银监会发布了《关于金融租赁公司在境内保税地区设立项目公司开展融资租赁业务有关问题的通知》，其目的是实现税收优惠和风险隔离。这是探索保税区租赁业务模式的开始，是金融租赁发展中一个非常重要的里程碑。金融租赁公司开始组建专业化经营平台，为了打造专业化的能力，2014年，银监会出台了《金融租赁公司专业子公司管理暂行规定》，该规定一是突出机构专业化，鼓励在特定领域做专做强；二是促进业务运营市场化，增强竞争力，允许专业子公司在境外设立项目公司开展融资租赁业务，提升金融租赁公司参与国际竞争的能力；三是强调并表监管，有效管控风险。同年银监会修订的《金融租赁公司管理办法》扩大了金融租赁公司的业务范围，给予了金融租赁公司更多自主经营和创新的空间，放宽了股东存款业务的条件，拓展了融资租赁资产的转让对象，增加了固定收益类的证券投资业务，加强了流动性管理，为控股子公司和项目公司对外投资提供担保，所以金融租赁公司在传统的直接租赁、售后回租、经营性租赁的基础上，业务模式、发展方式逐步从追求规模的粗放式发展向注重内涵的集约式发展转变。

第三，制度建设日益完善。在法律制度方面，2014年2月，最高人民法院发布了《关于审理融资租赁合同纠纷案件适用法律问题的解释》，分别就融资租赁合同的认定及效力、融资租赁合同的履行和租赁物的公示、融资租赁合同的解除、违约责任以及融资租赁合同案件的诉讼当事人、诉讼时效等问题作出规定。同时，天津等地方出台了区域内的配套政策，推动了整个金融租赁公司的合法权益保护工作。

在税收制度方面，2012年，上海、北京、江苏等全国十个地区启动融资租赁"营改增"税收政策试点。2013年12月中旬，财政部、国家税务总局对售后回租等业务税收政策进行调整，保证了售后回租业务的稳步发展。2013年12月12日，财政部、国家税务总局发布《财政部 国家税务总局关于将铁路运输和邮政业纳入营业税改征增值税试点的通知》，将融资租赁行业纳入营改增试点，明确了融资租赁企业销售额，但于2016年3月23日下发的《关于全面推开营业税改征增值税试点的通知》，按照标的物不同，将融资租赁服务区分为"有形动产融资租赁服务"和"不动产融资租赁服务"，分别按照17%和11%的税率进行征税；按照融资租赁的不同性质，又将融资性售后回租业务定性为金融业务，按照6%的税率缴纳增值税；同时明确指出，融资性售后回租、押汇、罚息、票据贴现、转贷等业务取得的利息及利息性质收入，按照贷款服务缴纳增值税；还延续了对增值税实际税负超过3%的部分实行增值税即征即退的政策；将融资租赁下游企业全部纳入营改增范围，完善了税收抵扣链条。

在平台支持方面，中国人民银行征信中心在2009年7月开发建成"动产融资统一登记公示系统"（即中登网），利用融资租赁登记公示系统进行融资租赁交易登记与查询，有助于明确金融资产权属状况、预防交易风险、保护交易安全。2014年12月，商务部发布《商务部关于利用全国融资租赁企业管理信息系统进行租赁物登记查询等有关问题的公告》，在原有系统基础上搭建了全国融资租赁物权登记平台，新增租赁物登记公示和查询功能，明确租赁资产的权利状况，规范融资租赁业务流程，有利于融资租赁企业防范和规避经营风险。

第四，政策红利推动金融租赁行业快速发展。党的十八大以来，供给侧结构性改革、"十三五"规划、"一带一路"倡议、"中国制造2025"战略持续深入，为融资租赁业创造了跨越式发展机遇。此外，地方融资租赁业务的政策环境也在持续优化，带动区域性融资租赁业发展亮点频频。一方面，依托于区位优势及政策支持，中国现已形成了天津、上海、深圳等融资租赁行业集聚地。另一方面，随着新设7个自贸试验区总体方案落地，中国"1+3+7"自贸试验区试点格局正式形成。中国融资租赁业借助自贸试验区的落户潮，发展再次提速。

在国家战略引领和政策红利的推动下，一批租赁公司除传统飞机、船舶租赁外，还创造了基础设施、"三农"、小微企业、绿色租赁和保税租赁等模式，创造了良好的自身效益和社会效益；一批租赁公司积极进入境内外金融市场，开展不同层级、形式多样的资本补充机制，快速做大做强；一批租赁公司着力产业融合，延伸产业链增值服务，建立起专业化的盈利和风控模式；一批租赁公司积极拓展资产支持证券（ABS）、资产支持票据（ABN）等资产证券化模式，拓宽融资渠道，提升了资产流动性。中国融资租赁行业在国民经济中地位日益提高，未来发展可期。

三、快速成长时期市场发展的特点

2007年以后，在国家战略引领和地方政策利好的推动下，中国融资租赁行业获得快速发展，但也暴露出一些问题：

第一，市场存在多头监管，滋生监管竞争和监管套利。

第二，政策法规仍需健全，行业短板日益凸显。

第三，租赁公司平台类业务占比较高，面临转型。

第四，类信贷业务占比高，市场认识存在偏差。

第五，租赁行业面临转型，专业运营有待提高。

第六,风控体系仍需完善,专业人才储备短缺。

第五节 融资租赁市场进入新时代

2017年7月,第五次全国金融工作会议召开,会议提出,金融是实体经济的血脉,为实体经济服务是金融的天职,是金融的宗旨,也是防范金融风险的根本举措。2017年10月,党的十九大报告指出,中国经济已由高速增长阶段转向高质量发展阶段,正处在转变发展方式、优化经济结构、转换增长动力的攻关期。2017年12月,中央经济工作会议召开,会议指出,未来三年要打好"防范化解重大风险、精准脱贫、污染防治"三大攻坚战,防范化解重大风险的重点是防控金融风险。与此相对应,中国融资租赁市场也迈入了新时代。

2018年以后,各项制度和政策的完善、市场监管的强化、科技进步的发力和市场创新的展开都有效支持了中国融资租赁市场迈入新时代的健康可持续发展。具体来看:

一、法律法规逐渐完善,营造良好的外部发展环境

目前,在国家战略引领和政策利好的背景下,各级政府部门、实体企业、金融机构等对融资租赁业务的认识逐渐深入,大量大型国有企业、民营企业、上市公司开始成为租赁公司的承租人,租赁和产业的联系因而变得更为紧密。一方面,金融司法执行的有效性进一步提高,加大对出租人的保护力度,切实保护融资租赁公司合法权益。另一方面,银监会、商务部等监管部门通过出台管理办法、实施细则、指导意见等方式,不断加强对融资租赁行业的全面风险管理。

此外,地方政府在国家政策号召下大力扶持本地区融资租赁行业的同时,也在法律法规方面为规范融资租赁行业、促进行业长期发展努力。2018年1月26日,由浙江省租赁业协会作为主要起草单位编写的全国首部融资租赁行业省级地方标准——《融资租赁企业管理与服务规范》开始

实施。该标准的制定、发布和实施填补了中国融资租赁行业标准化工作的空白，对规范融资租赁企业管理与服务质量，增强融资租赁企业的市场竞争力，完善融资租赁企业的自律管理和行业的监督管理，促进融资租赁业的健康发展将起到积极推动作用。

二、市场进入统一监管，有利于实现健康有序发展

2018年5月14日，商务部办公厅发布《关于融资租赁公司、商业保理公司和典当行管理职责调整有关事宜的通知》，商务部已将制订融资租赁公司、商业保理公司、典当行业务经营和监管规则职责划给中国银行保险监督管理委员会（以下简称"银保监会"），自4月20日起，有关职责由银保监会履行，这标志着融资租赁行业由多头监管时代正式迈入统一监管时代。

融资租赁监管由商务部转为银保监会后，短期来看对融资租赁行业来说有利有弊，从有利的方面来看，统一监管后，融资租赁公司将可能受到与银行等金融机构类似的严格监管，有利于更好地控制社会金融风险，并且有利于融资租赁公司进一步拓展业务，推动行业健康有序发展。从不利的方面来看，统一监管在短期内将对融资租赁公司的"类信贷"和"通道"类融资租赁业务发展产生较大影响，特别是"类信贷"的融资性售后回租业务，整个融资租赁行业将会经历一个清理摸底、重新准入、规范经营的调整过渡期。

长期来看，融资租赁统一监管，将有利于融资租赁公司发挥自身专业特长、规范自身治理结构、优化业务模式，提升专业化经营水平，进而带动整个行业质量效益和资信等级的提升，为融资租赁公司进入金融同业市场、深化同业合作，突破融资"瓶颈"限制创造有利条件。

三、新租赁会计准则颁布，经营性租赁面临转型压力

2018年12月7日，财政部对《企业会计准则第21号——租赁》进行了修订（以下简称"新租赁准则"）。新租赁准则下，承租人不再将租赁

区分为经营租赁或融资租赁，而是采用统一的会计处理模型，对短期租赁和低价值资产租赁以外的其他所有租赁均确认使用权资产和租赁负债，并分别计提折旧和利息费用。

新租赁准则给经营租赁业务带来不利影响。由于新租赁会计准则之下经营租赁承租人资产负债率增加、租赁初期利润下降等原因，承租人可能会结束一些出于调节资产负债率动机开展的经营租赁业务。同时，新租赁准则对短期租赁和低价值租赁可以应用会计处理豁免，但这一豁免由于其金额过小、期限过短很难在租赁行业应用。

四、税收政策更趋科学合理，有利于行业持续健康发展

"十二五"期间，中国融资租赁行业整体发展迅速。各地区、各级地方政府积极响应政策号召，据当地经济和产业发展规划制定实施办法，结合国家建设地区金融中心、航运中心等战略规划，积极研究扶持本地区融资租赁企业的政策措施，推动本地区融资租赁业快速发展，包括自贸区的税收优惠政策、地区的财政补贴政策、界定税收征管标准等政策。2016年3月，财政部、国家税务总局出台《关于全面推开营业税改征增值税试点的通知》，将融资租赁行业增值税税率划分为三种：不动产融资租赁按11%征收，有形动产融资租赁按17%（后降至16%）征收，融资租赁售后回租视同贷款按6%征收。这一政策降低了融资租赁行业的整体纳税负担，有利于融资租赁行业的长期规范发展。

2016年，财政部、海关总署、国家税务总局等部门发布了《关于在全国开展融资租赁货物出口退税政策试点的通知》，在全国开展融资租赁货物出口退税政策试点；财政部、国家税务总局联合发布了《关于明确金融房地产开发 教育辅助服务等增值税政策的通知》，规定金融租赁公司发放贷款后以结息日起90天为节点，差别缴纳增值税；海关总署发布了《关于修订飞机经营性租赁审定完税价格有关规定的公告》来修订飞机经营性租赁完税价格。展望未来，随着"十三五"期间"供给侧改革"的持续推进，"一带一路"倡议、"中国制造2025"战略等导向型政策的持续深入，产业经济结构调整、技术革新将带动大量固定资产投资需求，融资租

赁与实体经济的结合将日益紧密，从而在助推产业结构转型升级和中国企业"走出去"的道路上发挥重要的作用。

五、金融科技发展迅速，推动融资租赁业务不断革新

金融的本源在于服务实体经济，融资租赁作为一种功能性金融业态，其服务实体经济的优势在于发挥资产价值管理的优势。融资租赁行业创新可乘金融科技东风，抓住中国高端制造和创新产业发展、"一带一路"和人民币国际化的机遇，依托互联网、大数据、云计算、区块链等新技术，从而实现业务模式的跨越式升级，提高专业化服务能力。金融科技在租赁的应用上有广阔的空间，通过数据集中、数据挖掘，既有利于发现、甄别和筛选客户，设计符合客户个性化要求的营销方案；又有利于强化识别风险、评估风险和管理风险的能力，提高防控风险水平；还有利于完善业务流程、提高业务运作的质量效率、推进业务创新。

六、特色化和专业化成为趋势，行业进入高质量发展阶段

随着融资租赁行业进入统一监管时代，融资租赁公司将出现两极分化，专业化发展道路势在必行。一类是由银行发起设立的金融租赁，承担银行资金的投放渠道，侧重金融属性，经营"租金"业务（类信贷业务），以售后回租等形式，为评级比较高的企业提供融资，租赁物只是形式，风险防控仍旧集中在主体信用及担保抵押，以做大规模为目标，追求覆盖面，做强金融产业。一类是大量的第三方融资租赁公司，业务向直租或经营性租赁转型，与国际惯例接轨，逐步削弱资金功能，更加立足于产业，做产业金融，开展专业化经营，在飞机、船舶、汽车等流通性强的领域，开展"融物"为主的业务，形成专业化竞争优势。

要做到专业化高质量发展，首先，要做好资产端和负债端的细化管理。在竞争激烈的金融租赁市场，资金成本成为金融租赁公司获取项目的核心关键点。控制好资金成本，不仅有利于业务开展、风险抵御，更是特殊时期公司的"安全网"，公司要充分调动各种资源，确保资金成本在市

场中具有竞争力。其次，要进行高质量、全流程的投资组合管理，打通全产业链条，提升资产处置能力，在扩大市场范围的同时完善租赁资产残余价值的运作能力，从而有效降低资产减值风险和改善盈利能力，配合负债端成本结构优化。最后，服务细节管理，提高服务质量，深度挖掘客户需求，提高资产周转率和交易水平，实现资产价值跨越生命周期的循环。

第十三章

中国外汇市场的发展

外汇市场由国际经贸往来支付清算需要的货币兑换而产生。外汇供求双方以及进行外汇买卖的中介机构是外汇市场的主要参与者，外汇供求关系的总和即为外汇市场。改革开放前，中国对外汇收支实行高度集中的指令性计划管理，并没有外汇市场的概念。伴随1994年、2005年和2015年以来人民币汇率改革和外汇管理体制变革，中国外汇市场从形成到发展，并且在"新时代"将迎来新的发展阶段。

第一节 中国外汇市场发展的历史演进

新中国70年历程中，中国外汇市场发展先后经历了艰难探索期、形成发展期、创新拓展期等三个历史时期，其中，以第二时期最具代表性。

一、艰难探索的历程

计划体制时期，由于对外汇收支实行高度集中的指令性计划管理，还没有外汇市场的概念。这一时期，伴随中国经济体制围绕管理权的收放经过三次较大变动，在外汇资源的配置上也相应有所体现。例如，所有的外汇收入必须售给国家，用汇实行计划分配，体现了"收"；而期间"外汇分成"，则体现了"放"。

（一）艰难探索的第一步：币制建立（1949 年前夕～1953 年初）

新中国成立前，中国的货币主权曾受到列强侵犯。新中国成立后如何在全国范围内建立人民币本币制度成为首要任务。为了使人民币成为唯一法定货币，迅速占领全国市场，中央和各级政府采取了一系列措施整顿币制。其中，与外汇相关的是，禁止外国货币在中国市场流通，由中国人民银行统一管理和经营外汇。当时，在外汇问题上的矛盾有二：一是外币流通，投机盛行；二是美国等帝国主义国家对中国的封锁禁运，外汇资源又相对匮乏。1949 年新中国成立前夕，在中国主要城市流通的美钞高达 3 亿美元，成为实行人民币统一流通的一大障碍；一国多币（人民币、金圆券、黄金、白银和外币等）不仅使货币体制异常混乱，而且导致投机盛行。新中国成立后，中国对外贸易和国际技术合作较少，外汇资金十分匮乏。

伴随全国性打击投机倒把活动的斗争展开，人民币币制得以整顿，新中国金融机构体系逐步建立，国内通货膨胀也得到有效遏制。在外汇管理上，主要采取的措施包括：禁止一切外国货币在中国市场上流通、买卖和计价结算；规定无论中国公民或外国侨民，凡持有外币者，必须在规定时间内，到中国人民银行或其指定机构按牌价兑换成人民币，或作为外币存款换取外汇存单；因公务或旅行进入中国境内者，所持有的外币，必须在入境时兑换成人民币或作为外币存款，离境时可以兑回外币等。[①]

百年来贸易逆差与外汇负债的时代，从 1950 年起完全改变了，同时，在国际贸易上也取得了主动权。1951 年开始，中央贸易部按出口货物的重要程度，将其分为甲、乙、丙三类：甲类出口货物与重要的进口货物交换，乙类出口货物与次要的进口货物交换，丙类出口货物则换成货物或出口后收取瑞士法郎、英镑等外汇，记账外汇由此产生。随着经济逐渐趋向稳定，1950 年中国人民银行开始公布全国统一的人民币汇率。此后，人民币汇率频繁调整。其中，人民币兑美元汇率是根据人民币对美元的出口商

---

① 中国人民银行编著：《中国共产党领导下的金融发展简史》，中国金融出版社 2012 年版，第 139 页。

品比价、进口商品比价和华侨日用品生活费比价三者的全加权平均数来确定，并按照国际市场相对价格水平的变动进行调整。

（二）艰难探索的第二步："一五"计划（1953~1957年）

1953年，中国政府制定了开展大规模经济建设的第一个五年计划，即"一五"计划。在《关于发展国民经济的第一个五年计划的报告》中，陈云（1955）指出中国进口工业设备和建设器材所需要的外汇，绝大部分是农产品出口换来的。此后，陈云（1955）再次提出，应出口一些工业品，出口换外汇，进口机器搞建设。① 在《建设规模要和国力相适应》中，陈云（1957）进一步明确，财力物力就是指投资、机器设备和原材料、消费物资、外汇四个方面。② 为了鼓励地方积极完成国家出口计划和争取若干工农业产品超额出口，中央决定实行外汇分成，将所得外汇分别给地方一定比例的提成（陈云，1957）。③

"一五"时期，国家在经济工作中比较重视"财政、信贷和物资"的各自平衡和综合平衡。由于外汇既具有货币形态又兼有实物资源的双重属性，从而，外汇与一国的本币（一国货币当局发行的通货）既有本质上的区别，又是国民经济"财政、信贷、物资和外汇"综合平衡的有机构成。但由于人民币汇率不再充当调节对外经济交往的工具，外贸盈亏实际上全部由国家财政负担与平衡。

从外汇看，整个"一五"时期，国家共收入贸易外汇68亿美元，平均每年13.6亿美元，比1952年的8亿美元增长了70%。到1957年末，银行发放的外贸贷款从1952年末的7.4亿元增加到14.9亿元，增长了1倍多，积极支持了进出口贸易发展。④ 从人民币汇率看，在这一时期，自1955年实行新版人民币以后，人民币汇率盯住英镑并保持1美元=2.46元人民币水平长期稳定。

（三）艰难探索的第三步：曲折前行（1957~1978年）

在这20多年期间，国内经历了"大跃进"（1958~1960年）和"文

---

① 《陈云文集（第二卷）》，中央文献出版社2005年版，第611页、第659~660页。
② 《陈云文选（第三卷）》，人民出版社1986年版，第54页。
③ 《陈云文选（第三卷）》，人民出版社1986年版，第98页。
④ 中国人民银行编著：《中国共产党领导下的金融发展简史》，中国金融出版社2012年版，第157页。

化大革命"（1966～1976年），国际上布雷顿森林体系崩溃（1971～1973年），西方国家开始普遍采取浮动汇率制。在内外冲击下，尽管国民经济的各种经济比例关系严重失控，经济发展受到了摧残，但人民币汇率除对个别外币公开贬值或升值及时调整外，人民币汇率基本上仍是稳定不变。

尽管经历了"大跃进""文化大革命"的坎坎坷坷，但这一阶段，在国民经济调整过程中，中国外汇收入仍出现了增长。从1963年开始，中国对外贸易复苏，银行的外贸贷款连年增加（1963年为27亿元，1964年为39亿元，1965年为53亿元），银行的外汇收入也迅速增加，积极支持了外贸扩大进出口业务所需资金。

为了避免汇率风险，中国在1968年开始尝试使用人民币在对外贸易中计价结算。1973年西方各国普遍实行浮动汇率制后，各国间汇率变动日益频繁，为了推行人民币对外计价的作用，1973年人民币汇率的制定方法进行了相应改变，即选取与中国对外贸易有关的若干种主要货币，采用了盯住一篮子货币的形式，根据这些货币加权平均的汇率变动情况，在维持人民币名义有效汇率基本稳定的基础上对人民币汇率做相应的调整。

二、外汇市场形成的发展历程

1978～2013年，中国外汇市场的发展大致可分为三个阶段：

（一）外汇市场的早期雏形（1978～1989年）

1978年12月，党的十一届三中全会正式宣布中国开始实行经济改革和对外开放总方针。在邓小平同志"要把银行真正办成银行"思想的指导下，中国开始了有计划有步骤的金融体制改革。此后，中国外汇管理开始逐步缩小指令性计划，有序地由高度集中的计划体制向与市场经济相适应的体制转变。

在由计划经济向市场经济的转型过程中，"分权"构成改革的突出内容，"渐进"描绘了这种分权改革的基本路径。同时，在改革开放的头十年中，"宏观稳定"与"微观搞活"一直就是矛盾的两个对立统一体，"一放就乱、一统就死"成为当时典型的经济现象。在计划经济体制下，中国形成了"大一统"的金融体制。与经济体制改革中资源配置权利由政府计划转向市场主导的取向相一致,在金融领域,"大一统"金融体系开始被拆散、分解为包括银行、非银行金融机构和金融市场的日益复杂的金融体系,金融资源的配置越来越多的由这些主体分散决策共同决定。[①]

实行对外开放政策需要明确指导思想,即"不是收,而是放"。[②] 1979年以前,中国的外汇业务由中国银行统一经营。1979年以后,中国开始逐步建立健全外汇管理机构和多家金融机构经营外汇体制。此外,中国从1979年开始实行外汇留成,即允许企业保留部分额度或现汇外汇留成。为照顾创汇企业的经济效益和用汇企业实际需要,经国务院批准,1980年10月起中国银行开始办理外汇调剂业务,1981年8月以后允许外汇额度实行有偿调剂。1985年贸易结算价的取消,为建立规范的外汇调剂市场创造了条件。

1985年11月,深圳首先设立外汇调剂中心;1988年9月,上海首先开办外汇调剂公开市场,实行会员制,公开竞价交易和集中清算制度,同时放开了外汇调剂市场汇率,让其随市场供求状况浮动。伴随着调剂外汇的汇率放开,中国人民银行通过制定"外汇调剂用汇指导序列"对调剂外汇的用途(或外汇市场准入)加以引导,市场调节作用日益增强。

中国外汇市场的早期雏形是外汇调剂市场。1979年开始实行的外汇留成制度,产生了调剂外汇的需要,伴随外汇留成制度的实行、对国内居民外汇限制的放宽以及外汇调剂市场的建立,中国的外汇市场由此形成。从1984年党的十二届三中全会到1987年党的十三大召开,随着经济金融体制改革的展开,中国外汇市场逐步建立和发展。

(二)外汇市场基本框架的形成(1989~1994年)

为满足居民用汇需要,对境内居民的外汇管理开始逐步放宽。从1991年11月起,已经允许个人所有的外汇参与外汇调剂。实际上,外汇调剂与外汇留成密切相关,由于国内各地不同行业、企业间存在差异,从而也就存在着对外汇的使用权利进行调剂的可能性和必要性。伴随在外汇分配领域逐步引入了市场调节机制,到1993年末,受外汇调剂市场汇率调节

---

① 李扬等:《新中国金融60年》,中国财政经济出版社2009年版,第104页。
② 《邓小平文选(第三卷)》,人民出版社1993年版,第51页。

的外汇收支活动占到了80%。

伴随外汇调剂业务的发展，中国形成了官方汇率和市场汇率并存局面。从1991年4月9日起，官方汇率由以前的大幅度一次性调整转为小步缓慢调整。从1992年下半年开始，在外汇调剂市场上人民币汇价急剧贬值并产生负面影响。在中央强调整顿金融秩序下，1993年7月12日，中央银行第一次入市干预外汇调剂市场，平抑汇价，最终使人民币兑美元汇率基本稳定在1美元合8.6元到8.8元人民币之间。

在基本框架上，1993年11月党的十四届三中全会通过的《中共中央关于建立社会主义市场经济体制若干问题的决定》明确要求："改革外汇管理体制，建立以市场为基础的有管理的浮动汇率制度和统一规范的外汇市场。逐步使人民币成为可兑换的货币。"1994年1月1日起，人民币汇率开始并轨，转而实行以市场供求为基础的单一的有管理的浮动汇率制。

作为初级形式的外汇市场，外汇调剂市场还是中国从计划经济向市场经济转变的产物，尚不属于以金融机构为主体的规范化的外汇市场。直到1993年11月，中共十四届三中全会提出改革外汇管理体制、建立统一规范的外汇市场。从1994年1月1日起，实行银行结售汇制度，企业、个人符合规定的外汇收支按照市场汇率在银行办理兑换，形成了银行与客户间的零售外汇市场。1994年4月，全国统一的银行间外汇市场（即中国外汇交易中心系统）在上海正式成立运营。从此，中国外汇市场进入了新的发展阶段。

（三）**外汇市场的市场化发展（1994~2013年）**

中国外汇市场的基本格局自1994年以来体现为银行结售汇制下的银行零售外汇市场（即企业和个人在银行办理结售汇业务）和全国统一的银行间外汇市场（即银行之间平盘结售汇头寸并开展自营交易）的双层市场体系。从1994~2013年，中国外汇市场经历了从银行零售外汇市场为主到银行间外汇市场为主的转变。

银行间交易在整个外汇市场的比重不断提升，又与2005年汇改相关联。2005年汇改后人民币汇率弹性增强，银行自营交易大幅增长，并带动了银行间交易在整个外汇市场的比重不断提升。此外，从外汇资源丰沛度来看，20世纪90年代初期中国的外汇短缺阶段直到2005年汇改后才得以根本改变。因此，2005年汇改不仅对中国外汇市场发展有重要影响，而且

2005年也是中国外汇市场向市场化方向发展的一个关键性节点。

2005年汇改后,中国人民银行出台了一系列配套措施,推进了外汇市场建设,外汇市场的市场机制逐步成熟,其中包括:通过建立外汇一级交易商制度,完善人民币汇率间接调控体系;通过引入国际通行的询价交易方式、做市商制度,改进人民币汇率中间价的形成方式,促进了银行间即期外汇市场的发展;银行间人民币远期市场、调期市场也取得长足发展。

从交易工具看,2005年前仅有即期和远期两类产品,目前已扩大至即期、远期、外汇掉期、货币掉期和期权产品,具备了国际市场基础产品体系。从交易币种看,从此前的人民币对美元、欧元、日元和港币4种交易货币逐步增加至涵盖中国跨境收支的主要结算货币。交易品种和币种的不断丰富,满足了多样化汇率风险管理需求。

从市场主体看,2005年汇改前,中国外汇市场相对封闭。2005年汇改后,银行间外汇市场已打破了原先单一的银行参与者结构,市场主体不断扩大,形成了多样化的市场主体层次。

从交易模式看,2005年前银行间外汇市场采用电子集中竞价单一模式,现已形成电子集中竞价、电子双边询价、做市商制度和货币经纪公司声讯经纪服务多样化的交易模式。

从基础设施看,2005年以后中国外汇市场已在场外交易中尝试开展集中净额清算,交易报告库建设初具雏形,中国外汇交易中心作为交易主平台和定价中心、上海清算所作为中央对手集中清算机构的专业化服务功能日益成熟。

从交易量看,经过1994~2004年的10年发展,2004年中国外汇市场交易量达到9583亿美元(其中银行零售外汇市场和银行间外汇市场分别为7493亿美元和2090亿美元)。与此相比,经过2004~2013年近10年发展,2013年外汇市场交易量达到11.25万亿美元,其中,银行零售外汇市场和银行间外汇市场分别为3.72万亿美元和7.53万亿美元(较2004年分别增长4倍和35倍)。[①]

[①] 王春英、贾宁:《中国外汇市场发展回顾与展望(上)》,载于《清华金融评论》2014年第4期,第77~80页。

第十三章
中国外汇市场的发展

值得一提的是,从 1994~2013 年,中国外汇市场在跨世纪发展的同时,经历了国际上两次金融危机(1997~1998 年亚洲金融危机和 2008~2009 年国际金融危机)的外部冲击。在外汇市场发展节奏把握上,国际金融危机爆发期间,中国主动放慢外汇市场发展节奏。在 2005 年汇改后和 2009 年开始人民币国际化后,发展外汇市场的节奏又开始主动加快。这体现了外汇市场发展的主动、渐进、可控之基本原则及其与汇率市场化改革的相互配合。

三、创新发展迈入"新时代"

(一)"新常态"下的外汇市场新发展(2013~2015 年)

党的十八大后,中国经济发展进入"三期叠加"(即增长速度换档期、结构调整阵痛期和前期刺激政策消化期)的"新常态"阶段。习近平总书记指出:"要把适应新常态、把握新常态、引领新常态作为贯穿发展全局和全过程的大逻辑"。[①]

在"新常态"下,中国外汇供求在波动中趋向基本平衡。从微观层面来看,外汇市场上主体结售汇动机意愿逐步改变,为了更好地满足企业和居民需要,需要进一步发展外汇市场,丰富外汇产品,扩展外汇市场的广度和深度。[②]

2013 年 11 月,党的十八届三中全会通过《中共中央关于全面深化改革若干重大问题的决定》,明确提出要"使市场在资源配置中起决定性作用和更好发挥政府作用""建设统一开放、竞争有序的市场体系,是使市场在资源配置中起决定性作用的基础",对于金融改革强调要"完善金融市场体系",并且强调"建立健全宏观审慎管理框架下的外债和资本流动管理体系",进一步明确了外汇管理的目标和职能,为进一步深化外汇市场发展指明了方向。

---

① 中共中央宣传部:《习近平总书记系列重要讲话读本(2016 年版)》,学习出版社、人民出版社 2016 年版,第 141 页。
② 周小川:《全面深化金融业改革开放 加快完善金融市场体系》,选自《〈中共中央关于全面深化改革若干重大问题的决定〉辅导读本》,人民出版社 2013 年版,第 95 页。

伴随经济下行压力，金融风险不容忽视，作为中国金融市场体系的重要组成部分，外汇市场上的供求变幻、价格波动等也发生了重要变化。到2014年，从银行和企业结汇意愿来看，受当时美联储的量宽政策退出和美元指数走强影响，银行和企业结汇意愿下降而购汇意愿增强，私人部门和金融机构的外汇存款增长较为明显并且波动明显高于其他时期。综合来看，外汇市场供求虽基本上趋于平衡，但跨境资金却经历了从净流入到基本平衡再到净流出的转变。

2015年10月，党的十八届五中全会通过《中共中央关于制定国民经济和社会发展第十三个五年规划的建议》，习近平总书记在《关于〈中共中央关于制定国民经济和社会发展第十三个五年规划的建议〉的说明》中进一步指出，"现代金融发展呈现出机构种类多、综合经营规模大、产品结构复杂、交易频率高、跨境流动快、风险传递快、影响范围广等特点。""近来频繁显露的局部风险……再次提醒我们必须通过改革保障金融安全，有效防范系统性风险"。[1] 为此，配套更加及时、完整、有效的跨境资金流动监测体系和应急预警机制已成为必要之举。

（二）外汇市场面对的新挑战（2015～2017年）

中国外汇市场经历了2015年下半年以来一轮高强度的外部冲击后，防范跨境资本流动的风险，为改革开放创造健康稳定良性的市场环境，成为外汇管理的重要任务。自2015年8月11日人民币兑美元汇率中间价贬值近2%后，人民币汇率贬值与2015年12月至2016年1月中国股市异常波动相互叠加，中国外汇储备快速下降，汇率波动和跨境资本流动外部冲击风险加大。从守住底线看，外汇市场非理性波动已成为当时宏观审慎管理的系统性风险来源之一。

党的十八届五中全会提出，推动人民币加入特别提款权。2016年10月1日，人民币"入篮"，纳入国际货币基金组织（IMF）特别提款权（SDR）正式生效。伴随人民币加入SDR，人民币国际化迎来新起点。回顾人民币加入SDR的历程，特别是在冲击阶段，如何开放外汇市场和债券

---

[1] 习近平：《关于〈中共中央关于制定国民经济和社会发展第十三个五年规划的建议〉的说明》，选自《〈中共中央关于制定国民经济和社会发展第十三个五年规划的建议〉辅导读本》，人民出版社2015年版，第77~78页。

市场成为重要的急需解决的操作性问题。在2015年7月中国人民银行向境外央行、国际金融组织、主权财富基金开放银行间债券市场的基础上，2015年9月人民币向上述三类机构开放了银行间外汇市场。截至2015年9月，已有27家境外央行类机构进入银行间外汇市场。

习近平总书记在讲话中指出，从全球经济联系中进行谋划，重视提高在全球范围内配置资源的能力。2016年3月，《中华人民共和国国民经济和社会发展第十三个五年规划纲要》正式公布。"十三五"规划纲要提出了全面建成小康社会新的目标要求。其中，"发展协调性明显增强"明确要求"对外开放深度广度不断提高，全球配置资源能力进一步增强，进出口结构不断优化，国际收支基本平衡。"[①]

对外汇市场，从市场深度看，外汇市场交易量在2005~2016年期间年均增长29%，2016年各类产品累计成交20.3万亿美元，较2004年（0.96万亿美元）增长20.1倍。其中衍生品交易量占交易总量的比重2016年为56.5%，较2004年（1.8%）增长30多倍，衍生品交易量增长576倍。[②]

（三）新时代提出的新要求（2017年至今）

2017年5月，《中国外汇市场准则》正式发布。作为中国外汇市场自律机制基础性制度，这是中国外汇市场改革和发展的重大举措，也是中国外汇市场规则与国际接轨的重要标志。有助于促进和规范外汇市场的发展，进一步提高中国人民币汇率形成机制的市场化程度。

2017年7月，习近平总书记在第五次全国金融工作会议上强调"要坚定深化金融改革。要优化金融机构体系，完善国有金融资本管理，完善外汇市场体制机制。"正如习近平总书记所强调的，"要把主动防范化解系统性金融风险放在更加重要的位置，科学防范，早识别、早预警、早发现、早处置，着力防范化解重点领域风险，着力完善金融安全防线和风险应急处置机制。"[③]

2017年10月，习近平总书记在党的十九大报告中指出，中国特色社

[①] 中共中央宣传部：《习近平总书记系列重要讲话读本（2016年版）》，学习出版社、人民出版社2016年版，第56~57页。
[②] 孙天琦主编：《外汇管理体制改革与创新》，中国金融出版社2018年版，第118~119页。
[③] 习近平：《习近平谈治国理政（第二卷）》，外文出版社2017年版，第280页。

会主义进入新时代。中国特色社会主义进入新时代，是全面建设社会主义现代化强国的时代，是中国日益走近世界舞台中央的时代。正如党的十九大报告所指出，"坚决打好防范化解重大风险的攻坚战""有效维护国家安全"。金融安全，是国家安全的重要组成部分，是经济平稳健康发展的重要基础。①

当前和今后一个时期，中国金融领域尚处于风险易发高发期，既要防止"黑天鹅"事件发生，也要防止"灰犀牛"风险发生，涉外金融要注意国际经济复苏乏力、主要经济体政策外溢效应等使中国面临跨境资本流动和汇率波动等外部冲击风险（周小川，2017）②。对外汇市场而言，主要任务是把防范化解外汇领域的各种风险隐患放到更加重要的位置，坚持综合平衡、科学监管，切实维护国际收支平衡和外汇市场稳定。③

第二节 人民币汇率形成机制的历史演进

从历史上看，伴随着中国外汇市场的从无到有、培育和发展，在高度集中计划体制下，由于不存在外汇市场，人民币汇率仅仅是充当核算工具而并没有发挥经济杠杆的作用。新中国成立至今，人民币汇率体制经过了由官定汇率到市场决定，从固定汇率到有管理浮动的演变。

一、单一汇率体制

在计划经济时期，中国经济处于封闭状态（基本上不存在外部平衡问题），人民币汇率体制经历单一盯住英镑、盯住一篮子货币再到单一盯住

---

① 2017年4月25日，习近平总书记在中共中央政治局第四十次集体学习时强调，维护金融安全，是关系中国经济社会发展全局的一件带有战略性、根本性的大事。金融活，经济活；金融稳，经济稳。必须充分认识金融在经济发展和社会生活中的重要地位和作用，切实把维护金融安全作为治国理政的一件大事，扎扎实实把金融工作做好。

② 周小川：《守住不发生系统性金融风险的底线》，《党的十九大报告辅导读本》，人民出版社2017年版，第103页。

③ 孙天琦主编：《外汇管理体制改革与创新》，中国金融出版社2018年版，第23页。

美元的演变,并经历了以下三个阶段。

(一) 单一浮动官定汇率 (1949年前夕~1953年初)

人民币从诞生的第一天起就没有与黄金建立直接联系(即没有规定含金量)。1949年1月19日在天津一度对美元挂牌,以中国大宗商品进出口商品与美国同类商品的物价之比作为主要依据,并随两国物价的变化进行调整。[①]

在1953年前的经济恢复时期,采取"物价对比法",即先分别计算出口商品理论比价、进口商品理论比价和侨汇购买力比价,然后以出口商品的理论比价加上一定的利润为依据,参照进口商品理论比价和侨汇购买力比价具体确定人民币汇率水平。从1949~1953年初,人民币汇率"先抑后扬",随着国内外相对物价的变动不断调整。

(二) 单一固定官定汇率 (1953~1972年)

1953年后,中国进入了社会主义建设时期,开始实行高度集中的计划经济管理体制。在此条件下,汇率主要不是作为调节进口和出口外汇收支的经济杠杆,更多的是作为外贸经营的一种内部核算工具。根据当时外汇收支指令性计划管理和布雷顿森林体系下固定汇率制的普遍实行,中国则开始实行单一盯住英镑的固定汇率制。

布雷顿森林体系下,人民币汇率盯住英镑并保持1美元=2.46元人民币水平长期稳定。官方汇率仅用于非贸易外汇的结算,对进口不起调节作用。人民币官方汇率坚持稳定的方针,在原定的汇率基础上,参照西方各国公布的汇率进行调整,逐渐与物价相脱离。

(三) 以"一篮子货币"计算的单一浮动官定汇率 (1972~1978年)

布雷顿森林体系解体后,人民币汇率频繁调整。随着英镑浮动,中国从1972年6月23日开始改按"一篮子货币"计算调整人民币汇率,构成该货币篮子的主要货币是美元、日元、英镑和马克,这个篮子中的货币先后变动过多次。

到1975年11月,人民币汇率主要定在了美元集团和当时联邦德国马克集团货币汇率的中间线上,选取美元、马克等13种货币加权平均,后

[①] 陈彪如等:《人民币汇率研究》,华东师范大学出版社1992年版,第43页。

来开始又逐渐以美元为主导。以"一篮子货币"计算的单一浮动官定汇率，参照了西方国家货币汇率的变动情况及时进行调整，以保障出口收汇不会因西方国家货币贬值而遭受损失，有利于对外经贸往来。

二、人民币汇率并轨和形成机制改革

随着中国对外开放的日益扩大，外部平衡问题也开始产生，并经历了两个双重汇率时期：一是人民币官方双重汇率体制时期，二是官方汇价和外汇调剂价格（市场汇率）并存的双重汇率体制时期。此后又进行了两次重大改革：一是1994年汇率并轨，二是2005年人民币汇率形成机制改革。

（一）官方双重汇率体制（1978~1985年）

在内部双轨固定汇率制下，官方汇率（1美元＝1.5元人民币）用于非贸易外汇结算，与贸易内部结算价（1美元＝2.8元人民币）并存。官方汇率沿用原来"一篮子货币"计算调整，内部结算汇率根据出口换汇成本来制定。进入20世纪80年代以后，美元走软，人民币汇率升值，1980年达到1美元＝1.5元人民币；伴随美元升值，人民币兑美元汇率由1981年7月的1.50下调至1984年7月的2.30（人民币兑美元汇率贬值了34.8%），到1984年12月已下调至2.79（基本上与内部结算价持平）。

在改革方面，1979年，国务院决定改革汇率制度，除了人民币汇率官方牌价外，还实行贸易内部结算价，双重汇率体制正式形成。同年，中国实行了外汇留成制，即外汇由国家集中管理、统一平衡、保证重点使用的同时，可以给创汇单位一定比例的外汇额度，并可参与"调剂"。1980年，国务院批准中国银行开办外汇调剂业务。1985年，各地先后设立外汇调剂中心，市场化机制逐步引入汇率形成过程，成为人民币汇率形成机制的重要变革之一。

（二）人民币汇率的并轨（1985~1994年）

从1985年1月1日起，中国正式取消贸易内部结算价。1985年，外汇调剂市场成交量快速增加，贸易内部结算价取消，人民币兑美元汇率统一为1美元＝2.8元人民币，后贬值至1美元＝3.2元人民币。伴随外汇调剂市场建立，外汇调剂价格形成，人民币汇率形成的市场化机制重要性开始加强,汇率的调节功能逐渐恢复。

在事实上的爬行盯住加自由浮动的双轨汇率制下,官方汇率盯住美元,与外汇调剂价格自由浮动并存;官方汇率主要是按全国的出口换汇成本来制定,人民币与其他货币汇率根据人民币对美元汇率折算而成,同时产生了由市场供求决定的调剂市场汇率。到1991年,对官方汇率调整由以前大幅度、一次性调整转变为逐步微调的方式,即开始向有管理浮动汇率转变。

1993年11月,党的十四届三中全会通过的《中共中央关于建立社会主义市场经济体制若干问题的决定》明确了汇率改革的基本要求,"改革外汇体制,建立以市场供求为基础的、有管理的浮动汇率制度和统一规范的外汇市场,逐步使人民币成为可兑换货币。"

截至1993年底,中国有121个外汇调剂中心,其中18个为公开调剂市场,允许持有留成外汇的单位把多余的外汇额度转让给缺汇单位,汇率由买卖双方根据外汇供求状况议定,中国人民银行适度进行市场干预。到1994年汇率并轨前,外汇调剂市场规模是官方市场的4倍,全国全部进出口收付汇80%以上是以外汇调剂市场价格结算。

从严格意义上讲,1985年以后的外汇调剂价格可称作是另一种真正"汇率",官方汇率与调剂外汇价格并存的双重汇率制正式形成。1994年1月1日,人民币汇率并轨,之后经历了重大调整和进一步完善。

1994年1月1日,人民币官方汇率与外汇调剂价格正式并轨,基本奠定了中国外汇市场的格局。同时在全国建立统一的银行间外汇市场,标志着人民币汇率形成机制开始转向以市场供求为基础的新阶段。

汇率形成机制基本框架初步形成:企业和个人按规定向银行买卖外汇,银行进入银行间外汇市场进行交易,形成市场汇率。中央银行设定一定的汇率浮动范围,并通过调控市场保持人民币汇率稳定。自此,尽管后续改革有一些技术上的调整,但是,私人部门持汇限制和外汇交易限制两大核心特征始终未变。

(三)人民币汇率形成机制的市场化改革(1994~2013年)

以1994年和2005年两次汇改为分界点,从1994年到2005年,中国开始以市场供求为基础的、单一的、有管理的汇率制。1994年汇率并轨时1美元=8.7元人民币,1997年亚洲金融危机后事实上盯住美元,1美元=

8.28元人民币，累计升值4.8%。1996年12月实现人民币经常项目基本可兑换，但实施强制结汇、有条件售汇的外汇管制。1997～2005年7月，人民币事实上盯住美元并在较窄的范围内较为稳定。

2003年10月，党的十六届三中全会确定了人民币汇率改革的总体目标，即建立健全以市场供求为基础的、有管理的浮动汇率体制，保持人民币汇率在合理、均衡水平上的基本稳定。在有效防范风险的前提下，有选择、分步骤地放宽对跨境资本交易的限制，逐步实现人民币资本项目可兑换。同时对汇率改革与其他金融改革的顺序形成了大致共识，即汇率改革之前应先完成以下三项准备工作：一是商业银行改革，二是减少一些不必要的外汇管制（包括部分资本账户管制），三是改进和完善国内外汇市场。

从2005年7月21日起，中国开始实行以市场供求为基础、参考一篮子货币进行调节、有管理浮动汇率制。人民币对美元升值2%（从之前的1美元＝8.28元人民币调整为1美元＝8.11元人民币），人民币汇率不再单一盯住美元，而是按照中国对外经济贸易发展的实际情况，选择若干主要货币，赋予相应权重，组成货币篮子，以市场供求为基础，参考一篮子货币计算人民币有效汇率的变化。从而对人民币汇率（人民币对美元名义汇率）进行管理和调节，维护人民币汇率在合理均衡水平上的基本稳定。

2005年7月人民币汇率形成机制改革后，汇率形成机制灵活性不断提高，人民币汇率弹性不断增强，外汇市场也在不断发展。2006年1月3日，中国人民银行发布《关于进一步完善银行间即期外汇市场的公告》，宣布自2006年1月4日起，在银行间即期外汇市场上引入询价交易（OTC）方式，并保留撮合方式。

在银行间外汇市场引入做市商制度，为市场提供流动性。[1] 规定每日银行间即期外汇市场美元兑人民币交易价在中国外汇交易中心公布的美元交易中间价上下0.3%的幅度内浮动，欧元、日元、港币等非美元货币兑人民币交易价在中国外汇交易中心公布的非美元货币交易中间价上下3%的幅度内浮动。中国人民银行授权中国外汇交易中心于每个工作日上午

---

[1] 中国人民银行网站，货币政策司，http：//www.pbc.gov.cn/publish/zhengcehuobisi/361/1376/13765/13765_.html。

9时15分对外公布当日人民币兑美元、欧元、日元和港币等汇率中间价，作为当日银行间即期外汇市场（含OTC方式和撮合方式）以及银行柜台交易汇率的中间价。

2007年5月18日，中国人民银行发布《中国人民银行关于扩大银行间即期外汇市场人民币兑美元交易价浮动幅度的公告》宣布自2007年5月21日起将银行间即期外汇市场人民币兑美元交易价日浮动幅度由0.3%扩大至0.5%。[①]

2007年8月，中国开始实行意愿结售汇制。2005年汇改至国际金融危机的3年间，人民币对美元累计升值21%，危机期间人民币重新与美元挂钩。2008年国际金融危机影响扩大后，人民币汇率自2008年7月起开始实际盯住美元，人民币汇率再度收窄了浮动区间，在6.81～6.86元人民币/美元的小幅范围内波动。2010年6月19日，中国人民银行宣布进一步推进人民币汇率形成机制改革，增强人民币汇率弹性，实现汇率波动正常化，退出阶段性盯住美元政策。坚持以市场供求为基础，参考一篮子货币进行调节，继续按照已公布的外汇市场汇率浮动区间，对人民币汇率进行动态管理和调节。

2012年，增强双向浮动弹性成为人民币汇率体制改革的重点。自2012年4月14日起，银行间即期外汇市场人民币兑美元交易价浮动幅度由0.5%扩大至1%。粗略计算，若一年中有200个外汇交易工作日，当每天汇率连续单方向地变动0.5%，一年累计汇率变动幅度可高达2.7倍。若日波动幅度扩大到1%，一年累计汇率变动幅度则可高达7.3倍。显然，扩大人民币汇率日波动幅度有利于人民币汇率弹性的提升。

三、迈向"新时代"人民币汇率的改革深化

（一）经济"新常态"下的人民币汇率改革（2013～2015年）

在贯彻落实党的十八届三中全会精神，发挥市场在资源配置中起决定

[①] 中国人民银行网站，货币政策司，http://www.pbc.gov.cn/publish/zhengcehuobisi/361/1377/13770/13770_.html。

性作用的背景下,中国人民银行决定,自 2014 年 3 月 17 日起,人民币兑美元汇率交易价日浮动区间由 1% 扩大至 2%(即每日银行间即期外汇市场人民币兑美元的交易价可在中国外汇交易中心对外公布的当日人民币兑美元中间价上下 2% 的幅度内浮动)。

2014 年 6 月 19 日起,银行间外汇市场开展人民币对英镑直接交易,人民币兑英镑汇率中间价形成方式予以改进,由此前根据当日人民币兑美元汇率中间价以及美元兑英镑汇率套算形成改为根据直接交易做市商报价形成,即中国外汇交易中心于每日银行间外汇市场开盘前向银行间外汇市场人民币对英镑直接交易做市商询价,将直接交易做市商报价平均,得到当日人民币兑英镑汇率中间价。此外,中国外汇交易中心还发布了人民币对 84 种未挂牌交易货币参考汇率,使用人民币计价结算更加方便。上海清算所集中清算代理人民币利率互换(IRS)业务,构建利率与汇率的市场联动机制,使人民币汇率形成机制逐步完善。

2015 年 8 月 11 日,中国人民银行宣布完善人民币汇率中间价形成机制,做市商在每日银行间外汇市场开盘前,参考上日银行间外汇市场收盘汇率,综合考虑外汇供求情况以及国际主要货币汇率变化向中国外汇交易中心提供中间价报价。

2015 年 12 月 11 日,中国外汇交易中心(CFETS)发布人民币汇率指数。该指数参考 CFETS 货币篮子,具体包括中国外汇交易中心挂牌的各人民币对外汇交易币种,样本货币权重采用考虑转口贸易因素的贸易权重法计算而得。样本货币取价是当日人民币汇率中间价和交易参考价,指数基期是 2014 年 12 月 31 日,基期指数是 100 点。CFETS 人民币汇率指数的公布,为市场转变观察人民币汇率的视角提供了量化指标。

2015 年的人民币汇率改革,在机制上加大了市场供求对汇率形成的决定性作用,提高了中间价的市场化程度;同时,顺应了市场的力量对人民币汇率适当调整,使汇率向合理均衡水平回归。

(二)人民币"入篮"前后的汇率改革(2015~2017 年)

2015 年 9 月,《中共中央 国务院关于构建开放型经济新体制的若干意见》正式公布,其中第八部分"构建开放安全的金融体系"中强调要"完善汇率形成机制和外汇管理制度",明确提出要有序扩大人民币汇率浮动区间，增强人民币汇率双向浮动弹性。深化外汇管理体制改革，进一步便利市场主体用汇，按照负面清单原则推进外商投资企业外汇资本金结汇管理改革。创新国家外汇储备使用方式，拓宽多元化运用渠道。①

2015年12月11日，中国外汇交易中心发布人民币汇率指数，强调要加大参考一篮子货币的力度，以更好地保持人民币对一篮子货币汇率基本稳定。基于这一原则，目前已经初步形成了"收盘汇率＋一篮子货币汇率变化"的人民币兑美元汇率中间价形成机制。"收盘汇率＋一篮子货币汇率变化"是指做市商在进行人民币兑美元汇率中间价报价时，需要考虑"收盘汇率"和"一篮子货币汇率变化"两个组成部分。

2016年4月29日，中共中央政治局召开会议，分析研究当前经济形势和经济工作。会议强调要保持人民币汇率基本稳定，逐步形成以市场供求为基础、双向浮动、有弹性的汇率运行机制。2016年7月26日，中共中央政治局召开会议，分析研究当前经济形势，部署下半年经济工作，会议再次指出要有效防范和化解金融风险隐患，保持人民币汇率在合理均衡水平上基本稳定。2016年12月14日至16日，中央经济工作会议在北京举行，会议强调，要在增强汇率弹性的同时，保持人民币汇率在合理均衡水平上的基本稳定。2017年9月，习近平主席在第五次全国金融工作会上指出"要深化人民币汇率形成机制改革"。

（三）"新时代"汇率市场化改革的新要求（2017年至今）

党的十九大报告明确提出，"深化利率和汇率市场化改革"。2017年12月召开的中央经济工作会议再次强调，保持人民币汇率在合理均衡水平上的基本稳定。

为了更好地使市场在资源配置中起决定性作用、更好地发挥政府作用，2017年5月，外汇市场自律机制在人民币中间价报价模型中引入"逆周期因子"，人民币兑美元汇率中间价形成机制由"收盘价＋一篮子货币汇率变化"调整为"收盘价＋一篮子货币汇率变化＋逆周期因子"。2017年8月，《人民币兑美元汇率中间价报价行报价自律规范》的公告发布，进一步明确了人民币兑美元汇率中间价报价新模型，即报价行应依据"人

---

① 《中共中央国务院关于构建开放型经济新体制的若干意见》，人民出版社2015年版，第21页。

民币兑美元汇率中间价 = 上日收盘汇率 + 一篮子货币汇率变化 + 逆周期因子"的原则建立人民币兑美元中间价报价计算模型,并根据模型的计算结果报价。

在计算逆周期因子时,可先从上一日收盘价较中间价的波幅中剔除篮子货币变动的影响,由此得到主要反映市场供求的汇率变化,再通过逆周期系数调整得到"逆周期因子"。逆周期系数由各报价行根据经济等基本面变化、外汇市场顺周期程度等自行设定。由于适当对冲了外汇供求中的非理性因素,引入"逆周期因子"的中间价报价模型适当加大了参考篮子的权重,从而有助于保持人民币对一篮子货币汇率基本稳定,也能够更好地防止预期发散。"逆周期因子"从 2017 年 5 月引入人民币汇率中间价报价到 2018 年 1 月逐渐调整为中性,再到 2018 年 8 月又重新启动,有效稳定了市场预期,保持了人民币汇率的基本稳定。结合人民币汇率指数走势,伴随 2018 年 4 月美元汇率再次走强,CFETS 人民币汇率指数经历了"先升后贬"的调整。

第三节 金融开放中的"三位一体"协同效应

一、中国外汇市场发展取得的成绩

中国金融改革开放实践,是外汇市场管制逐步减少、人民币汇率形成机制改革以及金融开放"三驾马车"协同推进,"三位一体"相互配合的动态演进过程。

在此过程中,中国的外汇市场发展取得了一系列积极成果:第一,丰富了交易品种。目前已具有即期、远期、外汇掉期、货币掉期和期权等基础产品体系,可以满足多样化的外汇需求。第二,扩大了市场主体,构建了多元化的市场主体层次。第三,健全了基础设施,保障外汇市场健康发展。2018 年,国内外汇市场(人民币对外汇)交易量已达 29 万亿美元。其中,银行对客户市场为 4 万亿美元,银行间市场为 25 万亿美元,衍生产品在外汇市场交易总量中的比重为 62%,升至历史新高。与此同时,也存

第十三章
中国外汇市场的发展

在一些有待进一步完善的问题。

与此同时，人民币汇率形成机制改革也取得积极成果：第一，人民币直接交易市场不断发展。从2013年4月8日，人民币实现与澳元直接兑换，直兑货币3种，增加到目前的20多种。第二，人民币兑美元汇率弹性增强。2014年3月17日，银行间即期外汇市场人民币兑美元交易价浮动幅度由1%扩大至2%。第三，人民币兑美元汇率中间价形成机制不断完善。为更好反映市场供求，2015年8月11日，人民币兑美元汇率中间价形成机制开始参考上日银行间外汇市场收盘汇率；为更好保持人民币对一篮子货币汇率基本稳定，2015年12月11日，中国外汇交易中心开始发布人民币汇率指数；为更多发挥金融机构在维护外汇市场运行秩序和公平竞争环境方面的作用，2016年6月，成立了外汇市场自律机制；为更好地使市场在资源配置中起决定性作用、更好地发挥政府作用，2017年5月，外汇市场自律机制在人民币中间价报价模型中引入"逆周期因子"，人民币兑美元汇率中间价形成机制由"收盘价+一篮子货币汇率变化"调整为"收盘价+一篮子货币汇率变化+逆周期因子"。以上三个方面，人民币汇率形成机制改革，既是核心，也是难点所在。

二、中国金融进一步对外开放

2017年7月，习近平主席在第五次全国金融工作会上，指出"要扩大金融对外开放""稳步推进人民币国际化""要积极稳妥推动金融业对外开放，合理安排开放顺序"。从具体内容看，金融业进一步对外开放的重要举措包括：

第一，人民币国际化稳步推进。具体来看：一是人民币国际使用稳步发展。2013年9月国际清算银行（BIS）报告人民币首次跻身全球十大货币行列，2016年12月环球同业银行金融电讯协会（SWIFT）报告人民币成为全球第6大支付货币；主要离岸市场人民币存款余额从2014年历史峰值1.99万亿元，回到2016年末1.12万亿元。二是人民币加入特别提款权（SDR）。2016年10月1日，人民币正式纳入IMF特别提款权（SDR）篮子货币。在此之前，2016年8月世界银行在中国银行间债券市场成功发行了第一期 SDR 计价债券。三是根据 IMF 官方外汇储备货币构成（COFER）数据，截至 2018 年 9 月，人民币储备为 1925.4 亿美元，占标明币种构成外汇储备总额的 1.69%。

第二，资本市场双向开放、金融市场准入对外开放取得新进展。一是从 2014 年推出"沪港通"，2016 年推出"深港通"，2017 年推出"债券通"，2018 年在完善"债券通"的同时，落实"沪伦通"，为 2019 年"沪伦通"开通做好准备。二是 2017 年 6 月美国明晟公司（MSCI）公布了其 2017 年度市场分类评审结果，宣布从 2018 年 6 月开始将中国 A 股纳入 MSCI 新兴市场指数，届时人民币国际化进程会在纳入 SDR 后得到新的推进。三是 2017 年 11 月，金融业开放再提速，放开持股限制，单个或多个外国直接投资或间接投资证券、基金管理、期货公司的投资比例限制放宽至 51%，实施三年后，投资比例不受限制。为支持境外红筹公司在境内交易所发行股票或中国存托凭证（CDR），2018 年 3 月，国务院办公厅转发《证监会关于开展创新企业境内发行股票或存托凭证试点若干意见的通知》。四是中国债券加入全球性基准指数。2019 年 4 月 1 日，英国《金融时报》网站报道，3673 只中国债券将在今后 20 个月内分批纳入彭博巴克莱全球综合指数，这可能给中国境内债券市场带来 2 万亿美元的资金。

第三，跨境资本流动宏观审慎政策框架不断完善。落实党的十八届三中全会关于建立健全宏观审慎管理框架下外债和资本流动管理体系的要求，自 2016 年起，中国人民银行将差别准备金动态调整机制"升级"为宏观审慎评估体系（MPA）。其中的第六方面即跨境业务风险，考核的是跨境融资风险加权平均余额，金融开放的宏观审慎监管由此出发。

三、外汇市场改革的新举措

中国的改革开放永远在路上，与此对应，中国外汇市场的改革开放也还在路上。从进一步深化外汇市场改革来看，还有诸多可选之策，其中包括：

第一，从中国外汇市场组织的经济效率出发，大力拓展市场参与者的层次结构，切实拓宽市场深度和广度。提升更多有实力的商业银行在外汇市场中的地位，逐步吸收非银行金融机构释放的本币和外汇风险敞口头寸，实现外汇市场扩容。促进企业居民自主地决定外汇供需，在此基础上促进合理的市场汇率的形成。进一步优化中国外汇交易中心的资源配置功能，大力发展银行间人民币远期、掉期市场，促进外汇市场定价效率的提升，促进人民币汇率理性回归。伴随交易品种不断增加，交易主体逐渐成熟，自主定价能力增强，微观主体能够承受更大的汇率波动弹性，从而进一步发挥市场机制在汇率形成中更大的决定性作用。未来还需要进一步扩大汇率的波动幅度，来刺激企业避险的需求，从而刺激避险企业的发展伴随外汇市场基础设施趋于完善。

第二，提升要素价格的市场化和合理化，促进金融开放高效分配国内国外两种资源机制的形成。在金融市场深度上，应加大人民币债券市场和外汇市场的发展力度，扩大金融市场整体规模，提高市场流动性。在金融市场广度上，应进一步加快金融市场创新，提供多样化的人民币产品，进而增强人民币金融资产的吸引力。通过加强和进一步完善债券市场，为回流人民币提供安全稳定的资产池。在风险可控条件下，为国内外投资者提供更丰富的人民币产品和投资选择。中国货币金融经济与实体经济相互匹配的关键在于调整内外经济关系失衡，其中的人民币汇率问题是纲领性问题。在汇率走势上，伴随目前出口对经济发展支撑作用已减弱，尽管2015年以来人民币实际有效汇率已有所贬值，但从近十年来升值趋势看，其与2015年以来贸易条件恶化相互叠加，对于未来出口竞争优势的影响仍需要引起关注。

第三，将国内的宏观经济平衡放在优先地位，在此基础上，推进金融开放和人民币汇率市场化形成机制改革。完善人民币汇率市场化形成机制，应成为货币政策与汇率政策相互协调、保障开放大国经济平稳运行的重要"滤波器"和"稳定器"。随着"一带一路"建设的推进，金融开放程度将更加扩大，以打通金融血脉，保持币值稳定，降低企业成本，服务实体经济发展，由此，需要更加注重内外均衡相协调，促进国际收支基本平衡与宏观经济均衡货币政策空间优化。一方面，要发挥市场配置资源的决定性作用，加快外汇市场发展和资本项目可兑换，进一步完善人民币汇率市场化形成机制，有序推进金融对外开放；另一方面，要更好发挥政府作用，健全宏观审慎框架下的外债和资本流动管理体系，央行适时适度干预，以烫平金融市场波动，发挥好逆周期调节功能。

第四，破解"一带一路"贸易投资体系转型压力，稳步推进人民币国际化进程行稳致远。要加强中国与"一带一路"沿线国家的沟通与交流，积极引入沿线国家的银行机构与中方银行共同开展本币直接挂牌交易、平盘、现钞调运等业务，为双方经贸往来提供本币流动性和清算服务。鼓励商业银行主动与沿线国家商业银行加强联系和合作，建立代理行关系。在沿线国家政策允许情况下开展人民币境外贸易融资、项目融资业务和境外贷款等业务。在政策上支持鼓励企业进行跨国并购，通过大型境外项目合作，以基础设施、产业园区建设为切入点，扩大人民币对"一带一路"沿线国家的直接投资，扩大海外人民币市场的存量与资金池。总之，要在习近平新时代中国特色社会主义经济思想指引下，进一步提升开放型经济新水平，使"一带一路"建设、人民币国际化、金融对外开放与人民币汇率市场化改革在"新时代"形成良性循环。

第五，积极应对外部冲击，防控输入性风险，为经济转型提供必要的时间和稳定的金融环境。中国金融领域尚处于风险易发高发期，既要防止"黑天鹅"事件发生，也要防止"灰犀牛"风险发生，涉外金融要注意国际经济复苏乏力、主要经济体政策外溢效应等使中国面临跨境资本流动和汇率波动等外部冲击风险。伴随资本项目进一步开放，可能会出现规模大或币种、期限错配的风险，加强对短期债务、套利套汇交易及衍生交易等短期投机性资本流动进行微观和宏观审慎管理，对一些资本项目进行管制，仍是必要之策。与金融稳定维护相对应，健全本外币全口径外债和资本流动审慎管理体系，不仅是"十三五"时期中国金融开放的重要内容，更是应对外部冲击风险内控的关键所在。与货币政策传导机制相类似，跨境资本流动宏观审慎管理传导机制的确立，具有重要意义。实际上，从操作目标到中间目标之间的逻辑关系，即构成了（本外币全口径）跨境资本流动宏观审慎管理框架。在此基础上，有效协调推进汇率市场化、利率市场化及人民币资本项目审慎开放，为最终实现人民币资本项目可兑换做好准备。

中国金融大事记

（1949~2019 年）

1949 年

6 月，天津、上海、广州先后设立了外汇交易所，规定外汇指定银行为交易员，可以代理客户买卖外汇。此前，1948 年 12 月 1 日，中国人民银行成立，发行第一套人民币。

9 月 25 日，中国人民银行在北京召开第一次全国保险工作会议，确定了保险发展的基本方针和主要任务。

10 月 1 日，中华人民共和国中央人民政府成立。

10 月 20 日，新中国第一家国家保险机构——中国人民保险公司在北京成立。

1950 年

7 月 8 日，全国实行统一的人民币汇率，由中国人民银行总行公布。

8 月 11 日，第二次全国保险会议作出"努力由自愿保险走向强制保险"的决定。

10 月，中国人民保险公司与苏联国外保险局签订了一份 100 万美元的分保合约。

1951 年

8 月 4 日，中国人民银行制定了《个人申请结购及支领携带外汇管理暂行办法》。

1952 年

1 月，人民币兑美元汇率暂停挂牌，此后人民币汇率盯住英镑，并保持折算后 1 美元 = 2.46 元人民币水平长期稳定。

1953 年

3 月，为了纠正农村保险业务中的冒进问题，全国第三次保险会议提出"整理城市业务，停办农村业务"。

6月，中国人民银行制定《中华人民共和国外汇管理暂行条例（草案）》。

1954 年

6月，中国人民银行发出《关于对私押汇业务问题的指示》。

11月，第四次全国保险会议决定恢复农村保险业务。

1955 年

3月1日起，中国人民银行发行第二套人民币（与第一套人民币的兑换比为1∶10000）。

9月，中国人民银行、对外贸易部发出《关于外贸企业实行新结算办法及结算放款颁发的联合指示》。

1956 年

6月8日，农业保险"自愿保险"原则确立。

10月15日，中国人民银行发布《外币存款章程》。

1958 年

9月24日，国务院作出《关于进一步改进财政管理体制和相应改进银行信贷管理体制的几项规定（草案）》。

10月15日，全国财政会议作出"立即停办国内保险业务"决定。此后1959~1979年的20年是我国保险业停办时期。

1959 年

7月31日，中共中央作出《关于当前财政金融工作方面的几项规定》。

1962 年

6月13日，中共中央、国务院发出《关于改变中国人民银行在国家组织中地位的通知》。

11月19日，中共中央、国务院发出《关于当前财政金融方面若干问题的通知》。

1969 年

10月，对外贸易部军代表、中国人民银行军代表向国务院报送《关于秋交会进一步开展对外试用人民币计价结算问题的请示》。

1972 年

5月8日，国家决定取消私营侨汇业，由银行接办其业务。

1973 年

1月1日，中国人民银行、对外贸易部发出的《关于外贸信贷管理若干规定》生效。

1975 年

10月10日，中共中央、国务院召开全国财贸工作座谈会。

1977 年

11月28日，国务院发出《关于整顿和加强银行工作的几项规定》。

1978 年

1月1日，中国人民银行与财政部分立，标志着中国银行业迈开了改革开放的步伐。

1979 年

2月23日，国务院出台《关于恢复中国农业银行的通知》。

2月28日，国务院作出"逐步恢复国内保险业务"的重大决策。

3月13日，经国务院批准，中国银行从中国人民银行中分设出来，同时行使国家外汇管理总局职能，直属国务院领导。

10月，中国人民保险公司复业重开，财产保险业务得以恢复。

10月4日，中国国际信托投资公司经国务院批准成立。

1981 年

4月8日，中外合营的中国东方租赁有限公司取得营业执照开始营业。

1982 年

1月，寿险业务率先在上海恢复。

1月1日，中国人民银行上海市分行出台《票据承兑、贴现试行办法（草案）》，倡导推行"三票一卡"（汇票、本票、支票和信用卡），这是中国票据市场的开端。

4月10日，国务院下发《国务院关于整顿国内信托投资业务和加强更新改造资金管理的通知》，信托业的第一次整顿开始。

4月13日，中国人民银行发布《关于试行卖方信贷的若干规定》。

1983 年

1月1日，中国人民保险公司上海分公司试办的"上海市合作社职工医疗保险"开始实施，成为我国第一笔健康险业务。

1月2日，国家外汇管理局归属中国人民银行领导。

9月17日，国务院作出《关于中国人民银行专门行使中央银行职能的决定》。

1984年

1月1日，中国工商银行成立，中国人民银行正式开始专职履行中央银行职能。

10月8日，中国人民银行颁布《信贷资金管理暂行办法》，明确提出建立统一计划、划分资金、实贷实存、相互融通的新的信贷资金管理体制，允许各专业银行互相拆借资金。

11月3日，中国人民保险公司开始经营集体所有制职工养老保险，使城镇集体企业职工的退休养老金工作实现社会化。

11月18日，第一家公开发行股票企业上海飞乐音响股份公司成立。

12月4日，中国人民银行正式颁布《商业汇票承兑、贴现暂行办法》。

1985年

6月28日，对外贸易经济合作部、国家计划委员会、国家经济贸易委员会下发《关于设立中外合营租赁公司审批问题的通知》，明确中外合营的融资租赁公司或外商独资融资租赁公司一律由对外贸易经济合作部审批并颁发批准证书。

7月27日，《中华人民共和国国家金库条例》发布。

10月4日，国务院下发《关于进一步加强银行贷款检查工作的通知》，信托业的第二次整顿开始。

1986年

4月1日，邮政储蓄系统建设起步。

4月16日，中国人民银行颁布《中国人民银行再贴现试行办法》，央行首次开办再贴现业务，但商业汇票不得流转。

7月24日，交通银行重组，成立了以公有制为主的股份制全国性综合银行。

1987年

2月14日，中国人民银行发布《关于开办外汇抵押人民币贷款几个问题的通知》。

9月27日，第一家证券公司深圳特区证券公司成立。

1988年

3月21日，我国第一家股份制保险公司——平安保险公司成立。

6月，财政部在全国61个城市进行国债流通转让的试点。

8月，原中国人民保险公司受政府委托试点经营出口信用保险业务。

10月3日，中国人民银行根据《中共中央、国务院关于清理整顿公司的决定》对信托业进行第三次整顿。

1989年

8月20日，国家外汇管理局下发《关于国内企业偿付中外合资租赁公司外汇租金的管理规定的通知》，加快了解决融资租赁行业欠租问题的步伐。

1990年

5月8日，中国人民银行出台《同业拆借管理试行办法》。

12月19日，上海证券交易所开业。

1991年

5月13日，中国太平洋保险公司成立。

7月3日，深圳证券交易所正式开业。

1992年

8月8日，全国外汇调剂中心公开市场在北京开业。

9月25日，美国友邦保险公司以外商独资寿险公司的身份正式落户上海。

10月12日，国务院证券委员会、中国证券监督管理委员会成立，区域性试点推向全国。

11月，友邦保险公司将代理制度引入中国，并迅速被国内寿险业使用。

1993年

1月，股票发行试点正式由上海、深圳推广至全国。

4月1日，国家外汇管理局公布《外汇调剂市场管理规定》。

4月22日，《股票发行与交易管理暂行条例》正式颁布实施。

5月21日，中国人民银行发布《商业汇票办法》。

7月7日，国务院证券委员会发布《证券交易所管理暂行办法》。

8月20日，第一只上市的投资基金——淄博基金发行。

10月25日，上海证券交易所向社会公众开放国债期货交易。

12月25日，国务院公布《关于金融体制改革的决定》。

12月25日，国务院公布《关于进一步改革外汇管理体制的通知》。

1994年

1月1日，我国实施新的外汇管理体制，人民币官方汇率与外汇调剂市场汇率并轨。

3月、4月、11月，国家开发银行、中国进出口银行和中国农业发展银行等政策性银行相继成立。

4月1日，国务院印发《外资金融机构管理条例》。

4月18日，中国外汇交易中心暨全国银行间同业拆借中心成立。

10月27日，中国人民银行首次公布货币供应量统计。

11月18日，江苏省镇江市、江西省九江市进行了著名的"两江"试点，建立社会统筹与个人账户相结合的"统账结合"城镇职工医疗保险模式。

1995年

1月1日，A股市场实行"T+1"交易制度。

2月23日，国债期货"327"事件爆发；5月17日，中国证监会发出《关于暂停国债期货交易试点的紧急通知》。

3月18日、6月30日、9月10日，《中华人民共和国中国人民银行法》《中华人民共和国保险法》《中华人民共和国商业银行法》相继颁布并实施。

4月9日，中国人民银行正式启动以国债为主要工具的公开市场业务。

5月25日，国务院批准《中国人民银行关于中国工商银行等四家银行与所属信托投资公司脱钩的意见》，脱钩工作于1996年结束。信托业的第四次整顿开始。

6月25日，中国国际金融股份有限公司成立，成为中国内地首家中外合资投资银行。

7月，中国第一张自己的经验生命表顺利编制完成，中国寿险产品的定价有了精算基础。

7月11日，中国证监会正式加入证监会国际组织。

8月，国家正式停止一切场外债券市场，证券交易所变成了中国唯一合法的债券市场。

1996年

1月3日，全国银行间同业拆借市场开始运行，并生成由市场交易资金供求决定的全国银行间同业拆借利率（Chibor）。

1月8日，记账式国债开始在证券交易所发行。

1月14日，全国金融工作会议在北京举行，确定了1996年金融工作的主要任务。

1月29日，国务院发布《中华人民共和国外汇管理条例》。

5月28日，最高人民法院发布司法解释《关于审理融资租赁合同纠纷案件若干问题的规定》，结束了审理及解决融资租赁合同纠纷无法可依的状况。

7月23日，产险、寿险正式分业经营。

11月26日，我国第一家中外合资保险公司——中宏人寿保险有限公司设立。

12月1日，中国成为国际货币基金组织第八条款国，实行人民币经常项目下的可兑换。

1997年

1月4日，国务院发布实施《关于修改〈中华人民共和国外汇管理条例〉的决定》，同时公布修订后的《中华人民共和国外汇管理条例》。

3月5日，《中国人民银行对国有独资商业银行总行开办再贴现暂行办法》《支付结算办法》《票据管理实施办法》和《商业票据承兑、贴现与再贴现管理暂行办法》出台。

4月15日，《中国人民银行货币政策委员会条例》颁布实施。

6月16日，全国银行间债券市场成立，逐步增加债券回购业务、现券买卖业务，债券交易日益活跃。

6月23日，商业银行退出上海和深圳交易所的债券市场。同年，在中国外汇交易中心基础上建立了银行间债券市场，中国债券市场就此形成两市分立的状态。

11月5日，经国务院批准，国务院证券委员会颁布实施《证券投资基金管理暂行办法》。

11月17日，中共中央、国务院召开全国金融工作会议。

12月6日，中共中央、国务院发出《关于深化金融改革，整顿金融秩序，防范金融风险的通知》。

1998 年

1月1日，中国人民银行取消了对国有商业银行贷款限额的控制。

3月5日之后，国泰基金、华夏基金、南方基金等第一批合规性基金管理公司相继成立。

3月23日，中国人民银行批准外资银行加入全国同业拆借市场。

4月28日，辽物资A成为第一家被ST的公司。

6月2日，中国人民银行印发《关于加强商业汇票管理，促进商业汇票发展的通知》，票据市场的价格形成机制得以完善。

9月，国家开发银行通过银行间债券发行系统，采取公开招标方式首次市场化发行了金融债券。

10月5日，中国人民银行、国家外汇管理局颁布《关于停办外汇调剂业务的通知》。

10月12日，中国人民银行批准保险公司进入银行间债券市场。

10月17日，中国人民银行实行机构改革，决定成立中国人民银行跨省（自治区、直辖市）分行。

11月18日，中国保险监督管理委员会成立。

12月14日，国务院下发了《关于建立城镇职工基本医疗保险制度的决定》，城镇职工医疗保险（简称"城职保"）改革正式在全国范围内实施。

1999 年

1月，325家城乡信用社成为银行间债券市场成员。

1月20日，中国人民银行印发《商业银行实施统一授信制度指引》，中国银行业开始实施统一授信制度。

4月27日，财政部发布《信托投资公司清产核资资产评估和损失冲销的规定》，信托业的第五次整顿开始。

5月16日，国务院批准搞活证券市场六项政策。

6月24日，财政部、国家税务总局发布《关于融资租赁业营业税计税营业额问题的通知》。

7月1日，《中华人民共和国证券法》开始实施。

9月1日，部分证券公司和证券投资基金开始在银行间债券市场进行交易。

9月18日，中国人民银行发布《关于改进和完善再贴现业务管理的通知》。

2000年

3月，中国人寿保险公司卖出第一款分红险——国寿千禧理财。

3月10日，国务院办公厅转发国家计划委员会、中国人民银行《关于进一步加强对外发债管理的意见》。

6月16日、7月10日、7月25日，北京江泰、广州长城和上海东大三家保险经纪机构成立，标志着我国保险经纪业正式起步。

6月30日，中国人民银行颁布《金融租赁公司管理办法》。

8月23日，中国人民银行下发《关于清理由金融机构担保的中外合资融资租赁公司租赁项目租金拖欠有关问题的通知》。

9月13日，中国人民银行再度批准部分财务公司进入银行间债券市场。

10月8日，《开放式证券投资基金试点办法》颁布实施。

2001年

1月18日，财政部发布《企业会计准则——租赁》，该会计准则是中国第一部与国际接轨的会计准则。

2月5日，国际货币基金组织理事会投票通过《关于中国特别增资的决议》，中国在国际货币基金组织的份额位次由原来的第11位提高到第8位。

7月4日，银监会颁布《商业银行中间业务暂行规定》。

8月14日，对外贸易经济合作部发布《外商投资租赁公司审批管理暂行办法》。

9月11日，华安基金管理有限公司获准发行我国第一只开放式基金——华安创新证券投资基金。

10月1日,《中华人民共和国信托法》正式实施。

11月12日,中国正式签署加入世界贸易组织(WTO)议定书。

12月12日,中国人民银行调整银行美元挂牌汇价的定价方式,国务院公布《中华人民共和国外资金融机构管理条例》。

12月24日,中国人民银行公布《贷款风险分类指导原则》,中国银行业全面推行贷款风险分类管理。

2002年

1月10日和6月13日,中国人民银行颁布实施《信托投资公司管理办法》《信托投资公司资金信托管理暂行办法》,一法两规的监管框架正式形成。

2月26日,国家外汇管理局发布《关于同意中国外汇交易中心开办外币拆借中介业务的批复》。

6月1日,中国外汇交易中心正式为金融机构办理外币拆借中介业务,统一的国内外币拆借市场正式启动。

6月24日,国务院决定停止在国内证券市场减持国有股,证监会制定《关于进一步规范上市公司增发新股的通知》。

7月1日,《外资参股基金管理公司设立规则》实施。

10月,央行允许非金融机构法人加入银行间债券市场。

12月1日,中国证监会与中国人民银行联合颁布的《合格境外机构投资者境内证券投资管理暂行办法》开始正式施行。

12月27日,首家中外合资基金管理公司——招商基金成立。

2003年

1月1日,《财政部、国家税务总局关于营业税若干政策问题的通知》正式执行,统一了金融、外资和内资不同的融资租赁公司营业税的缴纳税金。

1月8日,国家计划委员会、财政部、国家外汇管理局发布《外债管理暂行办法》。

1月16日,全国开始建立新型农村合作医疗(简称"新农合")制度试点,并建立城乡医疗救助制度。

4月18日，中国银行业监督管理委员会挂牌成立。

7月16日，我国首家保险资产管理公司——中国人保资产管理股份有限公司成立。

10月28日，第十届全国人民代表大会常务委员会第五次会议通过《中华人民共和国证券投资基金法》，并于2004年6月1日起施行。

11月6日，人保财险在香港联合交易所上市；12月27日、12月28日中国人寿也分别在纽约、香港两地挂牌上市。

12月27日，第十届全国人民代表大会常务委员会第六次会议通过《中华人民共和国银行业监督管理法》，2004年2月1日起施行。

12月30日，中国首只货币市场基金——华安现金富利投资基金正式成立。

12月31日，2004年的中央一号文件《关于促进农民增加收入若干政策的意见》，首次提出建立政策性农业保险试点。

2004年

1月31日，国务院发布了《关于推进资本市场改革开放和稳定发展的若干意见》，即"国九条"。

5月17日，深圳证券交易所获准设立中小企业板块，恢复停止3年多的新股发行。

6月26日，巴塞尔委员会正式颁布了《巴塞尔协议Ⅱ》。

7月8日，上海证券交易所获准推出交易型开放式指数基金（ETF）。

7月14日，光大银行发行中国第一只面向个人客户的人民币理财产品——"阳光理财B计划"。

8月24日，国内首只上市型、开放式基金（LOF）开始募集。10月，深圳证券交易所推出LOF；11月上海证券交易所推出交易型开放式指数基金（ETF）。

9月16日，证监会颁布《证券投资基金管理公司管理办法》。

9月17日，我国第一家专业性股份制农业保险公司——安信农业保险股份有限公司成立。

10月22日，商务部与国家税务总局下发《关于融资租赁有关问题的通知》，内资租赁发展融资试点工作启动。

11月10日,中国人民银行发布《金融机构外汇存款准备金管理规定》。

11月11日,我国第一家相互制保险公司——阳光农业相互保险公司成立。

11月18日,我国第一家专业健康保险公司——中国人民健康保险股份有限公司成立。

12月8日,证监会正式发布《关于加强社会公众股股东权益保护的若干规定》,出台分类表决制度。

12月20日,中国第一只上市开放式基金——南方积极配置在深圳证券交易所上市交易。

2005年

1月1日,银监会出台《信托投资公司信息披露管理暂行办法》,35家信托投资公司披露年报,首次集体亮相。

2月17日,商务部颁发《外商投资租赁业管理办法》。

4月29日,经国务院批准,中国证监会发布了《关于上市公司股权分置改革试点有关问题的通知》,5月9日以后,股权分置改革试点正式启动。

5月14日,中国信托业协会在北京正式成立。

5月24日,中国人民银行发布了《短期融资券管理办法》等制度,银行间市场推出短期融资券等品种。

7月21日,中国人民银行发布《关于完善人民币汇率形成机制改革的公告》,人民币汇率形成机制改革开启并稳步推进。

8月25日,银监会颁布《关于调整金融租赁公司业务范围的通知》,金融租赁公司的营业范围发生重大调整。

9月5日,中国人民银行下发了《关于完善票据业务制度有关问题的通知》。

9月24日,银监会出台《商业银行个人理财业务管理暂行办法》和《商业银行个人理财业务风险管理指引》。

2006年

1月3日,中国人民银行发布《关于进一步完善银行间即期外汇市场的公告》。

1月24日，中国人民银行发布《关于开展人民币利率互换交易试点有关事宜的通知》。

2月25日，财政部发布《企业会计准则第21号——租赁》。

3月17日，《证券投资基金产品创新鼓励措施》实施。

3月21日，在《中华人民共和国道路交通安全法》基础上，国务院发布《机动车交通事故责任强制保险条例》。2006年7月1日，"机动车交通事故责任强制保险"（简称"交强险"）正式实施。

4月12日，商务部、国家税务总局联合下发《关于加强内资融资租赁试点监管工作的通知》。

4月17日，中国人民银行、银监会和外汇管理局联合下发《商业银行开办代客境外理财业务管理暂行办法》，允许商业银行受境内居民个人委托开办代客境外理财业务。

5月15日，沪深证券交易所发布新交易规则，为"T+0"。

5月26日，商务部出台《关于外商投资举办投资性公司的补充规定》，2006年7月1日实施，经商务部批准，允许被认定为地区总部的投资性公司从事经营性租赁和融资租赁业务。

8月24日，中国证券监督管理委员会、中国人民银行、国家外汇管理局公布《合格境外机构投资者境内证券投资管理办法》。

10月31日，《中华人民共和国反洗钱法》通过。

12月11日，银监会施行修订后的《外资银行管理条例》。

2007年

1月4日，上海银行间同业拆借利率（Shibor）正式运行。

1月23日，中国银监会颁布新的《信托公司管理办法》和《信托公司集合资金信托计划管理办法》，被称为"新两规"。

2月28日，企业年金基金获准进入全国银行间债券市场。

3月1日，银监会发布修订后的《金融租赁公司管理办法》。

3月21日，中国邮政储蓄银行成立。

4月28日，G30第57次全会在中国杭州召开，G30会议在中国举行尚属首次。

7月10日，城镇居民医疗保险（简称"城居保"）建立。由城镇职工基本医疗保险、城镇居民基本医疗保险和新型农村合作医疗组合的中国基本医疗保险制度基本完成搭建。

9月3日，中国银行间市场交易商协会成立。

10月16日，上证指数达到历史最高点6124.04点。

11月28日，工银金融租赁有限公司在天津成立，系中国第一家由商业银行发起设立的融资租赁公司。

2008年

1月，中国人民银行决定组织建设电子商业汇票系统（ECDS）并于当年6月正式立项。

1月1日，《中华人民共和国企业所得税法》和《中华人民共和国企业所得税法实施条例》颁布实施。

3月25日，中国人民银行、银监会、证监会、保监会四部委联合下发《关于金融支持服务业加快发展的若干意见》。

4月16日，银行间债券市场推出创新性债务融资工具——中期票据。

8月5日，国务院公布修订后的《中华人民共和国外汇管理条例》。

11月11日，中国政府宣布4万亿投资计划。

12月4日，银监会印发《银行与信托公司业务合作指引》，首次规范银信合作。

12月13日，国务院办公厅发布"金融30条"，多项内容涉及债市发展。

2009年

2月7日，商务部公布《商务部关于省级商务主管部门和国家级经济技术开发区负责审核管理部分服务业外商投资企业审批事项的通知》，将外商投资融资租赁公司审批权限下放至省级商务主管部门和国家级经济技术开发区。

4月3日，中国证监会发行审核委员会公告，已通过"会后事项发审委会议"否决了"立立电子"的上市申请。"立立电子"成为中国证券史上首例"募集资金到位但上市申请最终被否"的公司。

4月6日，《中共中央 国务院关于深化医药卫生体制改革的意见》正式发布，标志着中国新一轮医疗改革正式启动。

5月12日，中国证监会颁布《关于基金管理公司开展特定多个客户资产管理业务有关问题的规定》，并于6月1日施行。

7月6日，中国银行业协会金融租赁专业委员会成立。

7月20日，中国人民银行征信中心融资租赁登记公示系统上线，并颁发《中国人民银行征信中心融资租赁登记操作规则》。

8月18日，中国人民银行发布公告，允许符合条件的金融租赁公司和汽车金融公司发行金融债券。

9月20日，深圳证券交易所发布了《创业板股票上市规则》，10月30日首批28家企业在创业板挂牌上市。

10月12日，国家外汇管理局发布《合格境外机构投资者境内证券投资外汇管理规定》和《境内企业内部成员外汇资金集中运营管理规定》。

11月17日，中国证监会颁布《证券投资基金评价业务管理暂行办法》，并自2010年1月1日起施行。

2010年

1月8日，国务院原则同意股指期货和融资融券试点。

1月13日，银监会下发《关于金融租赁公司在境内保税地区设立项目开展融资租赁业务有关问题的通知》。

4月16日，中国股指期货正式上市交易。

6月21日，第三方支付纳入监管体系。

7月，外汇非现场检查系统正式上线运行。

7月28日，中国首家"券商系"资产管理公司——东方证券资产管理有限公司成立。

8月24日，银监会出台《信托公司净资本管理办法》，对信托公司实施以净资本为核心的风险监管。

9月8日，国家税务总局公布《关于融资性售后回租业务中承租方出售资产行为有关税收问题的公告》。

2011年

2月17日，国家外汇管理局首次发布《2010年中国跨境资金流动监测报告》。

4月14日，中国人民银行首次对外公布中国社会融资规模。

6月19日，中国银监会下发《关于切实加强票据业务监管的通知》，对信用社"逃避信贷规模"的做法予以纠正，要求彻底整改。

6月27日，银监会颁布《信托公司参与股指期货交易业务指引的通知》，允许信托公司可以集合或单一信托方式、以套期保值和套利为目的参与股指期货交易；10月，发布《关于规范信托产品营销有关问题的通知》，正式允许信托公司异地设立营销中心，并鼓励直销业务的发展。

7月7日，银监会发布了《商业银行杠杆率管理办法》和《商业银行贷款损失准备金管理办法》。

11月24日，国务院下发了《关于清理整顿各类交易场所，切实防范金融风险的决定》。

12月15日，商务部发布《关于"十二五"期间促进融资租赁业发展的指导意见》，提出"十二五"期间将创新融资租赁企业经营模式，优化融资租赁业发展布局，拓宽企业融资渠道，进一步促进融资租赁业的发展。

12月19日，银行间市场清算所股份有限公司正式向银行间市场提供现券交易净额清算服务。

2012年

3月30日，交强险开始向外资保险公司开放。

5月23日，上海证券交易所发布《中小企业私募债券业务的试点办法》。

6月7日，银监会发布《商业银行资本管理办法（试行）》。

7月31日，证监会颁布《期货公司资产管理业务试点办法》，期货公司正式进入资产管理市场。2012年11月22日，首批期货公司资产管理业务资格获批，国泰君安期货等18家期货公司首批获得资管牌照。

8月3日，中国银行间市场交易商协会发布实施《银行间债券市场非金融企业资产支持票据指引》。

9月20日，全国中小企业股份转让系统有限责任公司在国家工商行政管理总局注册成立，注册资本30亿元。

10月29日，证监会发布《证券投资基金管理公司子公司管理暂行规定》。

12月3日，中国银行间市场交易商协会对外发布了《中国银行间市场债券回购交易主协议（2013年版）》文本，标志着债券回购市场的"中国标准"诞生。

2013年

1月，中国人民银行创设常备借贷便利（SLF）。

1月18日，中国人民银行宣布启用公开市场短期流动性调节工具（SLO），作为公开市场常规操作的必要补充。

3月12日，保监会发布《保险公司城乡居民大病保险业务管理暂行办法》，明确大病保险市场准入与退出条件。

3月25日，银监会发布《中国银监会关于规范商业银行理财业务投资运作有关问题的通知》，对理财投资非标准化债权资产进行规范。

6月1日，公募基金公司牌照放开。

6月13日，阿里巴巴集团支付宝与天弘基金合作推出的互联网基金产品——"余额宝"正式上线。

6月14日，全国银行业理财产品信息登记系统正式启用。

7月11日，商务部下发《关于加强和改善外商投资融资租赁公司审批与管理工作的通知》。

7月20日，中国人民银行全面放开对金融机构贷款利率上下限的管制。

8月15日，金融监管协调部际联席会议制度建立。

8月16日，发生"光大乌龙指"事件。

9月，中国人民银行创设中期借贷便利（MLF）。

9月6日，国债期货在中国金融期货交易所再度上市交易。

9月18日，商务部下发《融资租赁企业监督管理办法》，自2013年10月1日起施行。

11月6日，我国首家互联网保险公司——众安在线财产保险有限公司成立。

11月22日，《国际收支统计申报办法》修改后公布。

12月7日，中国人民银行以公告形式发布了《同业存单管理暂行办法》。

12月14日，国务院出台《关于全国中小企业股份转让系统有关问题的决定》，新三板全国扩容，多层次资本市场建设取得实质性进展。

12月20日，国务院办公厅出台《关于加快飞机租赁业发展的意见》。

2014年

1月7日，国务院办公厅下发《关于加强影子银行业务有关问题的通知》，对影子银行进行了分类。

1月17日，证监会发布《私募投资基金管理人登记和基金备案办法（试行）》，私募基金开始实行备案制，私募基金管理人须在基金业协会登记为会员。

1月26日，中国人民银行发布《关于商业银行理财产品进入银行间债券市场有关事项的通知》，重新放开对银行理财产品银行间债券账户开户政策。

2月24日，最高人民法院发布了《关于审理融资租赁合同纠纷案件适用法律问题的解释》。

3月11日，银监会公布首批5家民营银行试点名单。

3月13日，银监会发布修订后的《金融租赁公司管理办法》。

3月21日，《优先股试点管理办法》正式发布。

3月26日，中国人民银行出台《中国人民银行关于使用融资租赁登记公示系统进行融资租赁交易查询的通知》。

4月8日，中国银监会发布《关于信托公司风险监管的指导意见》，开启信托公司业务转型序幕。

4月10日，中国证监会与香港证券及期货事务监察委员会就开展沪港通试点发布联合公告。

5月9日，国务院出台了《国务院关于进一步促进资本市场健康发展的若干意见》（"新国九条"）。

5月19日，中国银监会下发《关于规范商业银行同业业务治理的通知》。

6月11日，平安财险、太平洋产险、大地财险三家试点开展短期出口信用保险业务。

7月1日，北京、上海、广州、武汉实施老年人住房反向抵押养老保险试点。

7月14日，银监会发布《金融租赁公司专业子公司管理暂行规定》。

8月10日，国务院《关于加快发展现代保险服务业的若干意见》（简称"新国十条")发布。

9月1日,《对外金融资产负债及交易统计制度》正式实施,《国际收支和国际投资头寸手册(第六版)》发布。

10月29日,中国证监会颁布《期货公司监督管理办法》,将期货资管业务范围由"一对一"扩展至"一对多"业务。

11月15日,中国证监会发布《公司债券发行与交易管理办法》。

12月12日,银监会与财政部共同制定《信托业保障基金管理办法》,设立中国信托业保障基金及中国信托业保障基金有限责任公司。

2015年

1月20日,银监会设置信托部,独立于非银部,承担监管信托公司的职责。

2月9日,上证50ETF期权于上海证券交易所上市。

3月20日,保监会印发《深化商业车险条款费率管理制度改革试点工作方案》,并于当年4月1日开始在黑龙江等6个保监局所辖地区进行第二轮车险改革试点。

4月4日,中国人民银行推出信贷资产支持证券发行注册制。

5月1日,《存款保险条例》实施。

5月15日,中国证监会发布《关于加强非上市公众公司监管工作的指导意见》。

6月2日,中国人民银行发布《大额存单管理暂行办法》并正式实施。

6~7月,A股市场出现大幅调整。

7月10日,前海人寿第一次举牌万科,拉开万科股权争夺战序幕。

7月23日,《基本养老保险基金投资管理办法》发布。

8月11日,中国人民银行发布《关于完善人民币兑美元汇率中间价报价的声明》。

9月8日,国务院发布《关于促进金融租赁行业健康发展的指导意见》。

10月24日,中国人民银行宣布取消存款利率上限。

11月13日,国务院办公厅印发《关于加强金融消费者权益保护工作的指导意见》,指出加强金融消费者权益保护工作,是防范和化解金融风险的重要内容。

11月30日,国际货币基金组织决定将人民币纳入特别提款权(SDR)货币篮子。

12月2日,国家发展和改革委员会颁布《关于简化企业债券审报程序加强风险防范和改革监管方式的意见》。

12月29日,中国人民银行宣布从2016年起将现有的差别准备金动态调整和合意贷款管理机制升级为宏观审慎评估体系(MPA),将狭义信贷扩展到广义信贷。

2016年

1月1日,商业健康保险个人所得税优惠政策在全国31个试点城市正式启动。

1月8日,A股市场熔断机制正式实施4个交易日后便告暂停。

2月1日,《货币市场基金监督管理办法》正式实施。

3月17日,商务部、国家税务总局发布《关于天津等4个自由贸易试验区内资租赁企业从事融资租赁业务有关问题的通知》。

3月29日,全国首单基于票据收益权发行的资产证券化产品——华泰资管—江苏银行"融元1号专项资产支持计划"成功发行,标志着中国票据业务证券化(ABS)之门正式开启。

4月27日,中国人民银行和银监会共同发布《关于加强票据业务监管促进票据市场健康发展的通知》。

4月29日,本外币一体化全口径跨境融资宏观审慎管理试点扩大至全国范围内的金融机构和企业。

7月7日,欣泰电气收到证监会《行政处罚决定书》及《市场禁入决定书》。欣泰电气因欺诈上市成为创业板退市第一股,也成为中国证券市场第一家因欺诈发行被退市的上市公司。

7月14日,证监会发布《证券期货经营机构私募资产管理业务运作管理暂行规定》,加强对结构化资管产品的监管。

8月9日,全国银行间同业拆借中心发布《全国银行间同业拆借市场业务操作细则》,标志着同业拆借市场入市流程进一步规范优化。

10月1日,人民币"入篮"特别提款权(SDR)正式生效。

10月25日，中共中央、国务院发布《"健康中国2030"规划纲要》，强调要健全以基本医疗保障为主体、其他多种形式补充保险和商业健康保险为补充的多层次医疗保障体系。

11月29日，证监会发布《基金管理公司子公司管理规定》及《基金管理公司特定客户资产管理子公司风险控制指标管理暂行规定》，开启基金子公司净资本约束时代。

12月5日，"深港通"开始实施。

12月8日，由中国人民银行筹建的具有全国性质的上海票据交易所正式成立，标志着票据业务迈入全面电子化、参与主体多元化、交易集中化的新时期。

12月26日，中国信托登记有限责任公司揭牌成立，成为全国唯一的信托产品集中登记平台、统一发行交易平台和信托业运行监测平台。

2017年

1月6日，银监会发布《信托公司监管评级办法》。

3月19日，中国人民银行发布《关于全口径跨境融资宏观审慎管理有关事宜的通知》。

3月27日，中国人民银行发布《关于实施电子商业汇票系统移交切换工作的通知》，明确指出票据交易所将于2017年10月接收电子商业汇票系统，标志着全国统一票据市场的建成。

5月8日，商务部发布《关于开展融资租赁业风险排查工作的通知》。

5月16日，中国人民银行与香港金融管理局宣布开展内地与香港"债券通"合作。

6月6日，商务部、国家税务总局下发《关于辽宁等7个自由贸易试验区内资融资租赁企业从事融资租赁业务有关问题的通知》。

6月7日，环境污染强制责任保险开始启动。

6月21日，美国明晟公司（MSCI）宣布，从2018年6月起将中国A股纳入MSCI新兴市场指数和全球基准指数。

7月14日，第五次全国金融工作会议在北京召开，习近平总书记做重要讲话。

7月26日，银监会和财政部发布《慈善信托管理办法》。

8月31日，中国证监会发布《公开募集开放式证券投资基金流动性风险管理规定》，针对货币市场基金作了特别规定。

9月8日，首批公募FOF获批。

11月8日，国务院金融稳定发展委员会成立。

12月22日，全国中小企业股份转让系统有限责任公司发布了新制定的《全国中小企业股份转让系统挂牌公司分层管理办法》和《全国中小企业股份转让系统股票转让细则》，在深化新三板市场制度改革中迈出重要一步。

2018年

1月9日，全国第一家科技保险公司——太平科技保险公司成立。

2月9日，保监会颁布了《保险公估人监管规定》和《保险经纪人监管规定》，于2018年5月1日起实施。

2月11日，证监会发布《养老目标证券投资基金指引（试行）》。

3月13日，银监会和保监会进行职责整合，组建中国银行保险监督管理委员会。

4月10日，国家主席习近平在"博鳌亚洲论坛"重要讲话中明确宣布进一步扩大中国金融业对外开放的力度。

4月27日，中国人民银行、银保监会、证监会、外汇管理局联合发布《关于规范金融机构资产管理业务的指导意见》。7月20日，发布《关于进一步明确规范金融机构资产管理业务指导意见有关事项的通知》，就过渡期内有关具体的操作性问题进行明确。

5月1日，上海市、福建省（含厦门市）、苏州工业园区试点实施税延型养老保险。

5月14日，商务部发布《关于融资租赁公司、商业保理公司和典当行管理职责调整有关事宜的通知》，宣布将制定融资租赁公司、商业保理公司、典当行业务经营和监管规则职责划给中国银保监会。

6月1日，中国人民银行决定适当扩大中期借贷便利（MLF）担保品范围。

9月8日，中国人民银行、财政部联合发布《全国银行间债券市场境外机构债券发行管理暂行办法》，同时废止《国际开发机构人民币债券发行管理暂行办法》。

9月28日,银保监会发布《商业银行理财业务监督管理办法》。

10月22日,证监会发布《证券期货经营机构私募资产管理业务管理办法》及《证券期货经营机构私募资产管理计划运作管理规定》。

11月5日,国家主席习近平在首届中国国际进口博览会开幕式上宣布设立科创板(科创板是独立于现有主板市场的新设板块),并在该板块内进行注册制试点。

12月2日,银保监会发布《商业银行理财子公司管理办法》。

2019年

1月28日,证监会发布《关于在上海证券交易所设立科创板并试点注册制的实施意见》,3月22日科创板申报正式开启。

参 考 文 献

[1] 巴曙松、杨倞等:《2016年中国资产管理行业发展报告》,中国人民大学出版社2016年版。

[2] 曹德云:《保险资管业改革与创新》,载于《中国金融》2015年第18期。

[3] 陈彪如等:《人民币汇率研究》,华东师范大学出版社1992年版。

[4] 陈赤:《后十万亿时代的信托突围》,载于《中国金融》2014年第16期。

[5] 陈建中:《融资租赁理论与业务创新研究》,中南大学,2009年。

[6] 陈文辉:《保险资金运用的回顾与展望》,载于《中国金融》2013年第18期。

[7] 陈文辉:《保险资金运用的市场化改革》,载于《中国金融》2014年第4期。

[8] 陈文辉:《中国保险中介市场报告》,中国财政经济出版社2009年版。

[9] 陈文源:《荣毅仁和中信公司》,载于《世纪》2007年第3期。

[10]《陈云文集》(第二卷),中央文献出版社2005年版。

[11]《陈云文选》(第三卷),人民出版社1986年版。

[12] 程东跃:《金融租赁与企业融资》,中国财政经济出版社2002年版。

[13] 崔晨、吴凡:《政策工具更趋灵活 流动性保持合理充裕——2018年货币市场走势回顾及2019年展望》,载于《中国货币市场》2019年第1期。

[14]《党的十九大报告辅导读本》,人民出版社2017年版。

[15] 邓芳芳、陈娟、周亚虹:《银行业不良贷款率的国际比较及中国商业银行的对策研究》,载于《现代管理科学》2016年第6期。

[16]《邓小平文选》(第三卷),人民出版社1993年版。

[17] 丁志杰、严灏、丁玥:《人民币汇率市场化改革四十年:进程、经

验与展望》，载于《管理世界》2018 年第 10 期。

[18] 段国圣：《资产管理实务、方法与理论》，社会科学文献出版社 2018 年版。

[19] 方力：《人身保险产品研究机理、发展与监管》，中国财政经济出版社 2010 年版。

[20] 封丽：《泛资产管理背景下中国券商资产管理业务的发展》，载于《对外经贸》2015 年第 4 期。

[21] 管贻升：《中国机动车保险条款与费率监管制度研究》，对外经济贸易大学，2014 年。

[22] 郭亚慧：《大资管时代下保险资产管理的发展》，载于《河北金融》2015 年第 6 期。

[23] 国家外汇管理局国际收支司：《人民币汇价汇编：1949－2005 年》，经济科学出版社 2006 年版。

[24] 国务院新闻办公室：《发展权：中国的理念、实践与贡献》，www.gov.cn/zhengce/2016－12/01/content_5141177.htm，2016－12－01。

[25] 何广文：《中国农村金融发展与制度变迁》，中国财政经济出版社 2005 年版。

[26] 洪磊：《资产管理业的自律与监管》，载于《中国金融》2017 年第 8 期。

[27] 胡立峰：《新基金法规制资产管理新格局》，载于《中国金融》2013 年第 10 期。

[28] 黄达：《黄达文集（1952－1986）》，中国人民大学出版社 1999 年版。

[29] 黄敏：《回归本源：金融租赁行业的未来之路》，载于《中国银行业》2017 年第 10 期。

[30] 纪志宏：《金融市场创新与发展》，中国金融出版社 2017 年版。

[31] 江西财经大学九银票据研究院：《票据市场发展新变化、新趋势和新思考》，中国经济网，2017－06－15。

[32] 江向阳：《大资管背景下公募基金行业发展探析》，载于《清华管理评论》2016 年第 9 期。

[33] 姜超：《国际比较：看我国货币基金的前世、今生与未来》，金融界网站，2017-10-12。

[34] 姜涛：《大资管时代下的保险资产管理》，载于《银行家》2014年第3期。

[35] 姜仲勤：《融资租赁在中国问题与解答》，当代中国出版社2008年版。

[36] 孔繁晔：《中国纸币制度变迁研究》，山西财经大学，2017年。

[37] 寇业富：《保险蓝皮书（2017）》，中国经济出版社2017年版。

[38] 兰虹：《论加快中国机动车辆保险费率市场化的进程》，载于《财经科学》2002年第4期。

[39] 李超：《推进私募基金业健康发展》，载于《中国金融家》2016年第6期。

[40] 李芳、于海纯：《中国食品安全责任险作用研究》，载于《保险研究》2017年第1期。

[41] 李伏安、王廷科、张兴胜等：《从引入境外战略投资者看国有银行改革》，载于《银行家》2005年第11期。

[42] 李刚：《当前中国进出口政策性银行改革与发展浅析》，载于《金融与经济》2008年第9期。

[43] 李海燕：《中国现代租赁业的现状与发展》，载于《经济与管理》1998年第3期。

[44] 李鲁阳、张雪松：《融资租赁的监管》，当代中国出版社2007年版。

[45] 李胜：《信托业的发展机遇和挑战》，载于《中国证券期货》2013年第4期。

[46] 李晓峰：《处置不良资产的市场化路径选择》，载于《北京师范大学学报（社会科学版）》2005年第1期。

[47] 李心丹：《金融市场与金融机构》，中国人民大学出版社2013年版。

[48] 李扬：《中国金融改革30年》，社会科学文献出版社2008年版。

[49] 李扬、王国刚、刘煜辉：《中国金融改革开放30年研究》，经济管理出版社2008年版。

[50] 李扬等：《新中国金融60年》，中国财政经济出版社2009年版。

[51] 李志辉：《中国银行业的发展与变迁》，格致出版社2008年版。

[52] 梁慧星：《融资性租赁契约法性质论》，载于《法学研究》1992年第4期。

[53] 梁慧星：《融资性租赁若干法律问题》，载于《法学研究》1993年第2期。

[54] 廖岷：《银行系金融租赁公司的可持续发展道路研究——基于商业银行综合化经营视角》，载于《新金融评论》2016年第1期。

[55] 廖岷：《中美两国融资租赁业的比较研究》，载于《新金融评论》2012年第2期。

[56] 廖岷、凌涛、钟伟：《金融租赁研究》，中国金融出版社2013年版。

[57] 林章悦：《中国融资租赁支持实体经济发展：机制与风险评估》，天津财经大学，2017年。

[58] 刘国新、陈云光：《机动车辆保险制度改革及其影响》，载于《汽车工程学报》2003年第1期。

[59] 刘红：《中国融资租赁现状及发展趋势》，中国社会科学院，2002年。

[60] 刘明康：《中国银行业改革开放30年（上下册）》，中国金融出版社2009年版。

[61] 刘涛：《我国金融租赁业发展研究》，西南财经大学，2011年。

[62] 马庆泉：《中国证券史（1978－1998）》，中信出版社2003年版。

[63] 欧阳卫民：《中国金融租赁业的现状和出路》，中国金融出版社2000年版。

[64] 潘敏：《经济发展新常态下完善中国货币政策体系面临的挑战》，载于《金融研究》2016年第2期。

[65] 破产清算组：《重庆针织总厂破产纪实》，重庆出版社1993年版。

[66] 祁群：《中国货币市场的发展与创新》，法律出版社2012年版。

[67] 上海票据交易所：《2017年票据市场运行分析报告》，载于《中国货币》2018年第1期。

[68] 盛斌：《天津自贸区：制度创新的综合试验田》，载于《国际贸易》2015年第1期。

[69] 史燕平：《关于中国融资租赁的反思及其在后WTO金融业中的重

构》，载于《会计师》2007年第10期。

[70] 宋士云：《中国银行业市场化改革的历史考察：1979-2006》，载于《中国经济史研究》2008年第4期。

[71] 宋艳伟：《资产管理和银行理财市场发展展望》，载于《银行家》2017年第4期。

[72] 苏迪尔·阿曼波：《国际租赁完全指南》，北京大学出版社2007年版。

[73] 苏薪茗：《转型向未来——中国资产管理行业发展与监管》，中国金融出版社2018年版。

[74] 粟芳：《保险营销学》，上海财经大学出版社2015年版。

[75] 孙祁祥：《中国保险业发展报告（2016）》，北京大学出版社2017年版。

[76] 孙天琦：《外汇管理体制改革与创新》，中国金融出版社2018年版。

[77] 唐双宁："应对WTO挑战，加快中国银行业改革开放步伐"，在"WTO与中国：北京国际论坛（2003）"上的发言。

[78] 庹国柱、李军：《中国农业保险试验的成就、矛盾及出路》，载于《金融研究》2003年第9期。

[79] 庹国柱、谢小亮：《十年农业保险发展特点和未来期望》，载于《中国保险》2017年第7期。

[80] 万峰：《慧保天下保险大会，和讯保险》，http://insurance.hexun.com/2018-01-17/192252170.html，2018-01-17。

[81] 万晓芳：《金融租赁业发展路径》，载于《中国金融》2017年第19期。

[82] 万志宏：《货币政策前瞻指引：理论、政策与前景》，载于《世界经济》2015年第9期。

[83] 汪劲：《中国环境污染责任保险现状》，载于《世界环境》2011年第4期。

[84] 王翀：《我国金融租赁业发展的问题反思和对策研究》，厦门大学，2008年。

[85] 王春英：《夯实做市商制度建设 协力推进外汇市场发展》，载于《中国货币市场》2014年第7期。

[86] 王春英、贾宁：《中国外汇市场发展回顾与展望（上）》，载于《清华金融评论》2014年第4期。

[87] 王春英、贾宁：《中国外汇市场发展回顾与展望（下）》，载于《清华金融评论》2014年第5期。

[88] 王德宝：《政策性出口信用保险功能的理论及实证研究——兼论中国政策性出口信用保险改革与发展》，对外经济贸易大学，2017年。

[89] 王国刚等：《中国金融体系改革的总体构架和可选之策》，中国社会科学出版社2015年版。

[90] 王和：《对建立中国巨灾保险制度的思考》，载于《中国金融》2005年第7期。

[91] 王静：《IFRS16评价及对中国租赁业务影响探析》，载于《财会通讯》2017年第28期。

[92] 王平：《与时偕行 中流击水——银行间市场20周年发展历程回顾》，《金融时报》—中国金融新闻网，2017-11-07。

[93] 王守泠：《〈巴塞尔协议〉原则与中国专业银行资本充足率探析》，载于《金融研究》1992年第2期。

[94] 王卫东：《我国融资租赁公司的融资问题研究》，西南财经大学，2012年。

[95] 王志伟：《论中国融资租赁业的发展》，载于《经济论坛》2006年第1期。

[96] 魏迎宁：《光荣与蹉跎，听魏迎宁讲个险营销体制流变与出路》，http：//www.yidianzixun.com/article/0J0H9vur，2018-5-9。

[97] 吴定富：《2003年全国保险工作大会》，搜狐财经，http：//business.sohu.com/90/02/article206090290.shtml，2003-01-31。

[98] 吴念鲁、陈全庚：《人民币汇率研究（修订本）》，中国金融出版社2002年版。

[99] 吴晓灵：《中国金融体制改革30年回顾与展望》，人民出版社2008年版。

[100] 吴雪峰、刘增龙：《天水市机动车辆保险市场调查》，载于《甘肃金融》2006年第7期。

［101］伍戈、李斌：《货币数量、利率调控与政策转型》，中国金融出版社2016年版。

［102］习近平：《习近平谈治国理政（第二卷）》，外文出版社2017年版。

［103］夏秋、罗然然：《金融混业经营趋势下中国金融监管改革探讨——基于商业银行视角》，载于《西南金融》2016年第6期。

［104］熊毅：《中国货币政策演进中的去财政化》，武汉出版社2009年版。

［105］徐妮娜：《中国人民币汇率制度改革的回顾及前瞻》，载于《湖北农村金融研究》1997年第9期。

［106］徐维鑨、王忆华、王成芝：《租赁实务与会计》，中信出版社1990年版。

［107］徐忠：《中国稳健货币政策的实践经验与货币政策理论的国际前沿》，载于《金融研究》2017年第1期。

［108］许光建、吴珊：《全球金融危机以来中国的货币政策工具及其创新》，载于《行政管理改革》2015年第11期。

［109］杨博钦：《中国融资租赁市场发展的制度分析》，中国社会科学院，2013年。

［110］杨津琪、廉欢、童志胜：《融资租赁税务与会计实务及案例》，中国市场出版社2016年版。

［111］杨强等：《货币市场与投资》，山东人民出版社2001年版。

［112］佚名：《辉煌之路启示录——档案中的云南烟草发展历程》，载于《云南档案》2013年第5期。

［113］应家佳：《市场经济条件下现代租赁的发展研究》，载于《经济与管理研究》2000年第5期。

［114］余勋盛：《中国保险行业大事记》，中国财政经济出版社2017年版。

［115］曾刚：《深度解读中国银行业的金融科技之路》，中国电子银行网，2018年。

［116］张吉光：《商业银行应对互联网金融挑战的八大趋势与六大问题》，载于《中国银行业》2015年第3期。

［117］张丽：《中国金融租赁业发展瓶颈及对策研究》，大连海事大学，2003年。

[118] 张奇：《租赁与一座城》，载于《21世纪经济报道》，2018-04-12（009）。

[119] 张晓慧：《货币政策的发展、挑战与前瞻》，载于《中国金融》2015年第19期。

[120] 张延军、柯大纲：《股份制商业银行未来发展的五个趋势》，载于《金融研究》2003年第8期。

[121] 张友诚：《现代租赁在中国的发展与面临的问题》，载于《中国设备工程》1998年第4期。

[122] 张稚萍：《融资租赁法律手册》，当代中国出版社2010年版。

[123] 张自力、林立：《中国货币市场运作导论》，经济科学出版社2010年版。

[124] 赵桂才：《金融租赁推动实体经济发展》，载于《中国金融》2017年第20期。

[125] 赵文兴：《政策套利与规则优化：外商融资租赁井喷增长》，载于《金融发展研究》2014年第10期。

[126] 赵晓阳：《对机动车辆保险代理高回扣问题的探讨》，载于《汽车工业研究》2005年第7期。

[127] 赵志君：《人民币汇率改革历程及基本经验》，载于《改革》2018年第7期。

[128] 郑鹏：《统一化车辆保险费率与消费者福利探析》，载于《价格月刊》2006年第10期。

[129] 智信资产管理研究院：《中国资产管理行业发展报告（2018）》，社会科学文献出版社2018年版。

[130] 智研咨询：《2017－2022年中国人寿保险行业市场运营态势及发展前景预测报告》，智研咨询，2016年。

[131] 中共中央党史研究室第三研究部：《中国改革开放30年》，辽宁人民出版社2008年版。

[132] 《〈中共中央关于全面深化改革若干重大问题的决定〉辅导读本》，人民出版社2013年版。

[133] 《〈中共中央关于制定国民经济和社会发展第十三个五年规划的建

议〉辅导读本》，人民出版社2015年版。

[134]《中共中央国务院关于构建开放型经济新体制的若干意见》，人民出版社2015年版。

[135] 中共中央宣传部：《习近平总书记系列重要讲话读本（2016年版）》，学习出版社、人民出版社2016年版。

[136]《中国保险史》编审委员会：《中国保险史》，中国金融出版社1998年版。

[137] 中国经济导报社、北京世经未来投资咨询有限公司：《2011年融资租赁行业风险分析报告》，2011年。

[138] 中国平安：《2006年A股招股说明书》，http://www.pingan.com。

[139] 中国人民大学信托与基金研究所：《中国信托业发展报告（1979－2003）》，中国经济出版社2004年版。

[140] 中国人民银行：《中国共产党领导下的金融发展简史》，中国金融出版社2012年版。

[141] 中国人民银行：《中国人民银行六十年：1948－2008》，中国金融出版社2008年版。

[142] 中国融资租赁三十人论坛，零壹融资租赁研究中心：《中国融资租赁行业年度报告》，中国经济出版社2018年版。

[143] 中国社会科学院金融研究所课题组：《中国货币市场的未来发展之路》，载于《科学发展》2013年第4期。

[144] 中国外商投资企业协会租赁业工作委员会，北京市汇融律师事务所：《中国融资租赁业发展大事》，2011年。

[145] 中国信托业协会：《中国信托业年鉴（2005－2017）》。

[146]《中国银行业监督管理委员会2008－2017年年报》。

[147] 中国银行业监督管理委员会"公司治理改革"课题组：《完善公司治理是国有商业银行改革的核心》，载于《中国金融》2005年第3期。

[148] 朱铭来、丁继红：《中国医疗保障制度再构建的经济学分析》，载于《南开经济研究》2006年第4期。

[149] 邹东涛、欧阳日辉：《新中国经济60年（1949－2009）》，人民出版社2009年版。